Charles Larmore · Das Selbst

Charles Larmore

Das Selbst

in seinem Verhältnis zu sich
und zu anderen

KlostermannRoteReihe

Zum Andenken an meine Mutter

Bibliografische Information der Deutschen Nationalbibliothek

Die Deutsche Nationalbibliothek verzeichnet diese Publikation in der
Deutschen Nationalbibliografie; detaillierte bibliografische Daten sind
im Internet über *http://dnb.dnb.de* abrufbar.

© 2017 · Vittorio Klostermann GmbH · Frankfurt am Main
Alle Rechte vorbehalten, insbesondere die des Nachdrucks und der
Übersetzung. Ohne Genehmigung des Verlages ist es nicht gestattet,
dieses Werk oder Teile in einem photomechanischen oder sonstigen
Reproduktionsverfahren oder unter Verwendung elektronischer
Systeme zu verarbeiten, zu vervielfältigen und zu verbreiten.
Gedruckt auf Alster Werkdruck der Firma Geese, Hamburg,
alterungsbeständig ⊚ ISO 9706 und PEFC-zertifiziert.
Satz: post scriptum, www.post-scriptum.biz
Druck: betz-druck, Darmstadt
Bindung: Litges & Dopf, Heppenheim
Printed in Germany
ISSN 1865-7095
ISBN 978-3-465-04274-7

Inhalt

Einleitung 9

I. Die normative Struktur des Selbst 23

§ 1 Subjektivität heute 23
§ 2 Sackgassen der modernen Subjektphilosophie 25
§ 3 Ein neuer Ansatz 33
§ 4 Subjektivität und Gründe 39
§ 5 Kritik der Autonomie 43
§ 6 Wie Selbstwissen möglich ist 50

II. Selbstwissen und Selbstfestlegung 56

§ 1 Erste- und Dritte-Person 56
§ 2 Andere verstehen 61
§ 3 Den eigenen Geist erkennen 66
§ 4 Zur Überwindung der cartesianischen Tradition 73

III. Person und Anerkennung 80

§ 1 Der Mensch und seine Eigenschaften 80
§ 2 Personsein und Intersubjektivität 84
§ 3 Bedingungen des Personseins 91
§ 4 Erkennen und Anerkennen 95
§ 5 Spaemanns Argument 97
§ 6 Honneths Argument 102

IV. Was Autonomie sein und nicht sein kann 106

§ 1 Politische und juristische Vorgeschichte 107
§ 2 Das Selbstdenken 112
§ 3 Selbstführung 117
§ 4 Kants Autonomiebegriff 122
§ 5 Vernunft und Welt 126

V. Der Zwang des besseren Arguments 131

§ 1 Eine Grundspannung 131
§ 2 Der Begriff der Wahrheit 132
§ 3 Begründbarkeit 135
§ 4 Empirische und moralische Urteile 139
§ 5 Gründe 143
§ 6 Affektion durch Gründe 147

VI. Die Freiheit verstehen, aufzubrechen, wohin man will 154

§ 1 Hölderlins Einsicht 154
§ 2 Kant über Freiheit und Natur 158
§ 3 Handeln und Erkennen 166
§ 4 Sollen und Können 175
§ 5 Gründe und Ursachen 181
§ 6 Freiheit und Dankbarkeit 189

VII. Zur Ethik des Lesens 196

§ 1 Das Leseverhältnis 197
§ 2 Die Intention des Autors 201
§ 3 Sinn und Bedeutung 210
§ 4 Lesen und Respekt 213

Inhalt

**VIII. Interpretation und Gespräch: Reflexionen
zu Gadamers *Wahrheit und Methode*** 219

§ 1 Odi et amo 219
§ 2 Gadamers Einsichten 222
§ 3 Gadamers Selbstmissverständnisse 228
§ 4 Horizonte 233
§ 5 Geschichtlichkeit 238
§ 6 Die Meinung des Autors 244

IX. Schluss: Warum noch Philosophie 250

§ 1 Die Krise der Philosophie 250
§ 2 Der Ausweg 256

Danksagung und Textnachweise 263
Personenregister 265
Sachregister 267

Einleitung

§1

Dieser Band enthält die meisten Aufsätze, die ich in den letzten zwanzig Jahren auf Deutsch geschrieben habe. Ich habe die Gelegenheit wahrgenommen, sie alle aus meiner heutigen Sicht inhaltlich zu revidieren sowie auch mit Querverweisen zu versehen, damit die Kontinuität bestimmter Themen deutlicher zum Vorschein kommt. Obwohl es meine Absicht gewesen ist, ein einheitliches Buch anstelle einer bloßen Sammlung vorzulegen, sind alle die Aufsätze relativ eigenständig und sprechen hoffentlich für sich selbst. Was sich nicht von selbst versteht, ist, dass ich als amerikanischer Philosoph direkt auf Deutsch geschrieben habe. Dazu möchte ich hier am Anfang ein paar Erklärungen abgeben.

Es ist sicherlich ungewöhnlich, dass ein Philosoph, besonders heute, in mehr als einer Sprache schreibt. In dieser Hinsicht sei ferner anzumerken, dass ich neben vielen englischsprachigen Veröffentlichungen nicht nur bereits ein Buch auf Deutsch,[1] sondern auch mehrere Bücher auf Französisch verfasst habe. Offensichtlich bin ich von Sprachen, von ihren Strukturen und Ausdrucksfähigkeiten fasziniert. Hinzu kommt aber auch, dass ich beim Schreiben in einer anderen Sprache oft ein größeres Gefühl von Freiheit empfinde: Ich spüre dann nicht den Blick all der ehemaligen und jetzt internalisierten Philosophielehrer, die mir auf die Finger schauen, und ich werde dementsprechend risikofreudiger – obwohl ich manchmal, falls ich nachträglich Gelegenheit habe, das Geschriebene auf Englisch zu übersetzen, das Gefühl bekomme, dass ich in der Tat etwas Unsinniges gesagt habe!

Es gibt jedoch besondere, philosophische Gründe, warum ich Philosophie in anderen Sprachen als nur meiner Muttersprache schreibe. Seit meiner Jugend habe ich mich in vielen europäischen

---

[1] Larmore, *Vernunft und Subjektivität* (Berlin, 2012).

Kulturtraditionen zuhause gefühlt, und obwohl ich gewissermaßen als analytischer Philosoph ausgebildet wurde, habe ich mich daran gewöhnt, mich nicht nur in verschiedene Perioden der Philosophiegeschichte zu vertiefen, sondern auch genauso viel von deutschen und französischen Denkern der beiden letzten Jahrhunderte zu lesen wie von denjenigen, die zum Mainstream der anglo-amerikanischen Philosophie gehören. Zudem bin ich der Ansicht, dass die Grundlehren, die einst den Kern der analytischen Philosophie bildeten – so vor allem die Reduzierbarkeit aller umfassenden philosophischen Probleme auf eine Reihe kleinerer Fragen, die sich wie in den Wissenschaften stückweise angehen und insbesondere durch logische Formalisierungen oder durch Rekurs auf den alltäglichen Sprachgebrauch endgültig beantworten ließen – ihre Plausibilität verloren haben. Jedenfalls glaube ich selber nicht daran, wie ich weiter unten erläutern werde. Die eigentliche Leistung dieser Strömung als solcher, neben den besonderen Beiträgen ihrer Repräsentanten, besteht meines Erachtens darin, dass sie sich von Anfang an um Klarheit des Ausdrucks und das Vorbringen sorgfältiger Argumente für die eigene Position bemüht hat – freilich Tugenden, die unschätzbar sind und in anderen philosophischen Richtungen der letzten Jahrhunderte allzu oft vernachlässigt oder verachtet wurden. Ansonsten fühle ich mich der analytischen Tradition nicht enger verbunden als den verschiedenen sogenannten »kontinentalen« Traditionen. Soweit ich Anlass gehabt habe, Philosophen oder Probleme aus den letzteren Richtungen zu diskutieren, schien es mir also häufig natürlich und sogar einfacher, die Sprache zu wählen, in der die Diskussion bereits stattfand.

§ 2

So verhält es sich mit den Aufsätzen dieses Bandes, die sich nicht nur weitgehend mit deutschen Philosophen befassen, sondern auch mit Begriffen wie Subjektivität (Kapitel I–III und VI), Anerkennung (Kapitel III), Autonomie (Kapitel I und IV) und Hermeneutik (Kapitel VII und VIII), die eine wichtige Rolle in der deutschsprachigen Philosophie gespielt haben. Sie alle kreisen um die grundlegenden Beziehungen, in denen wir als handelnde und erkennende Wesen zu uns selbst sowie zu anderen stehen. Dennoch unterscheidet sich ihr leitendes Prinzip, das an vielen Stellen – ob das Thema etwa das

Einleitung

Wesen von Gründen (Kapitel I, V und VI), das Verhältnis zwischen Person und Anerkennung (Kapitel III) oder der Sinn eines Textes (Kapitel VII und VIII) ist – erkennbar wird, erheblich von der Perspektive, die für einen großen Teil der deutschen Philosophie seit Kant charakteristisch ist: Ich lehne nämlich den Idealismus in allen seinen Formen ab, soweit er auf die eine oder andere Weise behauptet, dass alles, was wir als wahr erkennen können, durch unsere Erkenntnisvermögen bedingt sei.[2] Meines Erachtens besteht das Ziel der Erkenntnis eher darin, die Welt so zu erfassen, wie sie an sich ist, unabhängig von unseren Bemühungen, sie zu erkennen, sowie von den Bedingungen, unter denen wir uns darum bemühen. Wahr ist, was ohnehin der Fall ist, ob wir es wissen – ob wir es wissen könnten –, oder nicht.[3] Die Wahrheit eines Satzes lässt sich daher nicht mit seiner Rechtfertigbarkeit gleichsetzen, nicht einmal mit seiner Rechtfertigung unter epistemisch »idealen« Bedingungen, es sei denn, solche Bedingungen werden insofern als »ideal« angesehen,

---

[2] Idealismus in diesem weiteren Sinne bezeichnen Paul Guyer und Rolf-Peter Horstmann in ihrem Artikel zu »Idealism« in der *Stanford Encyclopedia of Philosophy* als die »Standarderkenntnislehre« (*default epistemology*) nicht nur der deutschen, sondern der modernen Philosophie überhaupt.

[3] Mir ist nicht klar, inwiefern der »neue Realismus«, für den Markus Gabriel in der letzten Zeit eingetreten ist, von der überwiegend idealistischen Tendenz der deutschen Philosophie tatsächlich abweicht. In seiner Einleitung zu dem von ihm herausgegebenen Sammelband, *Der neue Realismus* (Berlin, 2014), charakterisiert er ihn folgendermaßen:

»Wenn wir davon ausgehen, dass es eine vom Geist und allen mit ihm assoziierten diskursiven Praktiken unabhängige Wirklichkeit gibt (was man in der Tat nicht bestreiten sollte), folgt daraus nicht ohne weiteres, dass diese Wirklichkeit das Paradigma unseres viel allgemeineren Wirklichkeitssinnes ist. Da die Realismusdebatte aber auch der Frage nachgeht, was wir etwa im Kontrast zu Illusionen, Halluzinationen oder diskursiven Konstruktionen für wirklich halten sollten, können wir den Geist und all seine Produkte nicht durch begriffliche Festlegung aus dem Bereich der Wirklichkeit ausschließen« (9).

Ich bin der entgegengesetzten Ansicht, dass eine vom Geist unabhängige Wirklichkeit eben doch das Paradigma unseres Wirklichkeitssinnes sein muss. Denn auch wenn der Geist selbstverständlich zum Bereich der Wirklichkeit gehört, sollten wir die Wahrheit unserer Äußerungen darüber, gerade wie die Wahrheit unserer Äußerungen über alles, was wirklich ist, als unabhängig von der Ausübung der geistigen Vermögen betrachten, durch die wir zu solchen Äußerungen gelangen.

als sie es uns ermöglichen, die Welt zu erkennen, wie sie an sich ist. Denn sonst – so meine ich – wären sie eben gar nicht ideal.

Dieser mein *Realismus* ist, entgegen den Protesten eines Fichte oder anderer Idealisten, keineswegs dogmatisch. Erstens gehört es zu unserer alltäglichen Erfahrung, dass sie sich als ein Ereignis innerhalb einer sie umgebenden, von ihr unabhängig bestehenden Welt versteht: Unmöglich einen einfachen Baum wahrzunehmen, ohne davon auszugehen, dass er so existiert, wie er ist, ob irgendjemand ihn wahrnimmt oder nicht. Und zweitens haben wir gute Gründe – nicht dogmatische, sondern empirische Gründe – zu denken, dass wir über die Dinge, wie sie an sich sind, tatsächlich viel wissen. Denn wenn wir aus der Erfahrung schließen, dass sich die Dinge so oder anders verhalten, und wenn uns die Erfahrung selbst keinen Anlass gibt, diesen Schluss auf die Bedingungen unseres Zugangs zur Welt zu relativieren (einer solchen Überprüfung können freilich viele – obwohl keineswegs alle – unserer Überzeugungen nicht standhalten), dann haben wir keinen Grund, an die unabhängige Wahrheit des Schlusses zu zweifeln.

Natürlich bleibt es möglich, dass wir einen Fehler gemacht haben und dass die Dinge selbst nicht so sind, wie wir sie uns vorstellen. Aber der Fallibilismus steht in keinem Gegensatz zu dem Realismus, den ich vertrete. Es gibt einen wichtigen Unterschied zwischen der Möglichkeit des Irrtums und dem begründeten Verdacht, dass wir uns im gegebenen Fall geirrt haben. Solange wir keinen positiven Grund zum Zweifeln entdeckt haben, sind wir berechtigt zu glauben, dass wir die Dinge in ihrer Wirklichkeit erfasst haben. Und auch wenn wir einsehen, dass dem nicht so ist und dass eine Überzeugung in den Grenzen unseres eigenen Standpunkts (in falschen Annahmen, beschränkten Horizonten, usw.) gefangen bleibt, nehmen wir doch an, dass wir diese Grenzen ihrerseits so erfasst haben, wie sie wirklich sind, ob sie uns bekannt werden oder nicht. Jede Relativierung unserer Erkenntnisansprüche auf die Bedingungen, unter denen wir sie erheben, beruht – das wollen Idealisten nicht sehen – auf einer nichtrelativierten, absoluten Behauptung darüber, wie die Welt an sich ist. Schließlich können wir nicht umhin, wie gesagt, all unser Denken und Tun – von außen her – als Teil einer uns umgebenden Welt zu verstehen, die unabhängig von unseren Vermögen, sie zu erfassen, besteht. Als endliche Wesen sind wir zwar immer der Möglichkeit des Irrtums ausgesetzt. Aber unsere Endlichkeit, infolge deren wir manchmal irregehen, ist auch solcher Art, dass sie

Einleitung 13

uns die Welt selbst, wie sie ist, erschließt. (Diese realistische Epistemologie wird in den Kapiteln V, § 3, und VIII, § 5, weiter dargelegt). Einzelnen Themen bin ich in verschiedenen Teilen des vorliegenden Buches in diesem realistischen Geist nachgegangen. So habe ich etwa in den Kapiteln VII und VIII, die Fragen der Hermeneutik gewidmet sind, die weitverbreitete Position angegriffen, nach der das Verstehen eines Textes immer dessen Aneignung im Rahmen der Perspektiven und Interessen des jeweiligen Lesers – eine »Horizontverschmelzung«, wie Gadamer meinte – darstellen müsse. Im Gegensatz dazu vertrete ich eine realistische Auffassung des Textverstehens: Beim Lesen eines Textes müssen wir davon ausgehen, dass sein Sinn – was der Text sagt – durch die Intention seines Autors, so wie sie sich im Text verwirklicht hat, bestimmt ist und daher unabhängig von unserem eigenen Standpunkt besteht, genauso wie wir vorgehen, wenn wir den Sinn, d. h. die Intention der Handlungen anderer verstehen wollen. Natürlich zielt jede Interpretation auch darauf ab, die Bedeutung oder Relevanz eines Textes für unsere eigenen Zwecke zu ermitteln. Aber nur aufgrund eines Verständnisses von dem, was der Text sagt, kann er sich in der einen oder anderen Hinsicht als relevant erweisen.

Derselbe realistische Ansatz kommt in der Theorie der Subjektivität zum Ausdruck, die eines der Hauptanliegen dieses Buches bildet. Offenbar kann der Subjektbegriff von einem solchen Standpunkt aus nicht den Rang eines ersten Prinzips genießen, wie das in der idealistischen Tradition die Regel gewesen ist. Was wir von der Welt erkennen können, hängt nicht nur von den Grundvermögen unseres Geistes ab, sondern auch davon, wie die Welt tatsächlich beschaffen ist. Aber darüber hinaus: Diese Grundvermögen selbst – und d. h. auch diejenigen, die unserem Subjektsein zugrunde liegen –, lassen sich nicht ohne Bezugnahme auf die Aspekte der Welt verstehen, mit denen sie zu tun haben. Bei Aristoteles findet sich eine allgemeine These zur Natur des Geistes, die den Nagel auf den Kopf trifft. Jedes geistige Vermögen, bemerkt er, bestimmt sich durch die Tätigkeit, die als seine charakteristische Ausübung gilt, und diese Tätigkeit wiederum durch die Art von Gegenständen, auf die sie sich richtet.[4] Dieses aristotelische Prinzip verkörpert eine charakteristische Einstellung der antiken Philosophie überhaupt, die im Gegensatz zur idealistischen Strömung der modernen Philosophie

---

4 Aristoteles, *Über die Seele*, II.4 (415 a 14–23).

die Natur des Geistes von außen her erklärt, durch die Art und Weise, wie er sich in die Welt einfügt. Bei Descartes, einem der Gründungsväter dieser Strömung, gibt es eine ausdrückliche Abweisung der aristotelischen Position in seiner Behauptung, dass »nichts vor dem Intellekt erkannt werden kann, da die Erkenntnis alles anderen von dem Intellekt abhängt und nicht umgekehrt«.[5] Man könnte also den Eindruck gewinnen, ich sei mit meinem Realismus eine Art anti-moderner Denker, der irgendeine Rückkehr zur Antike predige.

Das wäre ein falscher Eindruck. Die ersten drei Kapitel genügen, um dies zu zeigen.[6] Denn sie belegen, wie sehr es mein Anliegen gewesen ist, eben den typisch modernen Begriff der Subjektivität aus den Sackgassen, in die er geraten ist, zu befreien und damit entgegen einigen heute verbreiteten Bedenken zu rehabilitieren. Zusammen mit vielen Vertretern der idealistischen Tradition, der ich mich ansonsten widersetze, bin ich also davon überzeugt, dass jeder von uns ein Subjekt oder Selbst ist, und zwar aufgrund einer wesentlichen Beziehung, in der er immer zu sich selbst steht. Es gibt jedoch zwei wichtige Unterschiede, die durch meinen realistischen Ansatz geprägt sind.

Der erste Punkt, an dem ich von den meisten von ihnen abweiche, ist die Natur dieser konstitutiven Selbstbeziehung. In der Regel hat man sie entweder als ein reflexives Bewusstsein seiner selbst oder, etwas vorsichtiger, als eine präreflexive Selbstvertrautheit begriffen – in beiden Fällen also als eine Beziehung der Selbsterkenntnis. Daraus folgen meines Erachtens gerade die Sackgassen, die Zirkularität bzw. Rätselhaftigkeit, in denen moderne Theorien der Subjektivität regelmäßig steckengeblieben sind. Den Ausweg habe ich in der Zurückweisung dieser gemeinsamen Annahme zugunsten der Auffassung gesucht, dass das wesentliche Verhältnis zu uns selbst, das jeden von uns zu einem Subjekt macht, keine erkenntnisartige Beziehung, sondern eher praktischer oder normativer Natur ist: Es besteht nämlich in der Beziehung des *Sich-Richtens nach Gründen*. In allem unserem Denken und Handeln legen wir uns darauf fest, die Gründe

---

[5] Descartes, *Regulae ad directionem ingenii*, VIII (in ders., *Œuvres*, hg. von Ch. Adam und P. Tannery, rev. Ausg. 1964–76, Band X, 395).
[6] Man könnte aber auch betrachten, was ich anderenorts zu Themen der politischen Philosophie geschrieben habe. S. etwa die einschlägigen Kapitel von *The Autonomy of Morality* (Cambridge, 2008) sowie den Aufsatz »Political Liberalism: Its Motivations and Goals«, in *Oxford Studies in Political Philosophy* (Oxford, 2015), vol. 1, 63–88.

Einleitung 15

zu beachten, die, soweit wir sehen, für die eine oder andere unserer Möglichkeiten sprechen. Jede Überzeugung und jeder Wunsch, ob wir uns ihrer bewusst sind oder nicht (und allein durch die Reflexion werden sie übrigens zum Gegenstand der Selbsterkenntnis), enthalten an sich eine solche Selbstbeziehung. Denn wir können nichts glauben oder wünschen, ohne uns nach den Gründen zu richten, die es anscheinend gibt, die Überzeugung für wahr oder den Gegenstand des Wunsches für gut zu halten, sowie ohne darauf festgelegt zu sein, so zu denken und zu handeln, wie es den Gründen entspricht, die uns die angenommene Wahrheit der Überzeugung oder das angenommene Gutsein des gewünschten Gegenstandes aufweist.

Ein zweiter Unterschied folgt unmittelbar aus dem ersten und verkörpert das aristotelische Prinzip, das ich als Teil meines Realismus bezeichnet habe. Wie jedes Vermögen des Geistes, lässt sich auch die Subjektivität, die grundlegende Selbstbeziehung, die jeden von uns zu einem Subjekt macht, allein unter Bezugnahme auf die Gegenstände verstehen, mit denen sie ihrem Wesen nach zu tun hat. Nun kommt dieser Umstand gerade in der von mir vorgebrachten Bestimmung des betreffenden Selbstverhältnisses zum Ausdruck: Wenn die konstitutive Selbstbeziehung des Subjekts in seinem Sich-Richten nach Gründen besteht, dann kann offenkundig diese Beziehung zu sich allein durch ihre Beziehung zu Gründen und daher allein durch das Wesen von Gründen selbst verständlich werden. Da Gründe wiederum davon abhängen, wie die Welt beschaffen ist, kann Subjektivität nur durch ihre Beziehung zur Welt begriffen werden. Wie ist aber das Wesen von Gründen näher zu begreifen? Das ist eine der Hauptfragen, mit denen ich mich in diesem Buch befasse, und die Position, zu der ich gelange, entfernt mich noch weiter von herkömmlichen Theorien der Subjektivität.

§ 3

Mein Ausgangspunkt bei dieser Frage lautet: Ein Grund besteht generell darin, dass etwas in der Welt – eine physische oder psychische Tatsache (der Seelenzustand eines anderen oder unser eigener) – für eine unserer Denk- oder Handlungsmöglichkeiten spricht. Gründe selbst, im Unterschied zu solchen Tatsachen, haben somit einen normativen Charakter. Wenn wir einen Grund haben, etwas zu tun, bedeutet dies, dass wir es tun *sollten*, sofern nichts anderes dagegen spricht. Genau deshalb habe ich gesagt, dass die grundlegende Beziehung jedes Subjekts zu sich selbst praktischer oder normativer Natur ist. Obwohl die Gründe, die es gibt, auf den relevanten physischen oder psychologischen Tatsachen beruhen, sind sie also nicht mit diesen Tatsachen gleichzusetzen. Der Grund, an den Strand zu fahren, ist nicht mit der Hitze oder dem Wunsch, schwimmen zu gehen, und auch nicht mit der Kombination der beiden identisch, da er in dem Sachverhalt besteht, dass diese Umstände eine solche Handlung rechtfertigen oder, wie ich sagte, dafür sprechen. Ferner unterscheiden sich Gründe von psychologischen Zuständen auch in einer weiteren Hinsicht: Sie existieren unabhängig von unseren Vorstellungen von ihnen, da diese Vorstellungen den Denk- und Handlungsgründen, die wir eigentlich haben, entsprechen oder nicht. Sie sind wahr oder falsch. Sonst hätte etwa Deliberation keinen Sinn, da wir überlegen, um zu erkennen, für welche unserer Möglichkeiten es tatsächlich gute Gründe gibt. Die Gründe, nach denen ein Subjekt sich jeweils richtet, bestehen also, zumindest aus seiner Sicht, unabhängig von seinem Sich-Richten selbst – wenngleich sich natürlich herausstellen kann, dass es sich darin irrt.

Das bedeutet, dass wir nicht selbst den Gründen, die wir haben, so oder anders zu denken und zu handeln, ihre Autorität verleihen. Es liegt nicht an uns, festzulegen, welche Umstände in der Welt als Gründe gelten sollen. Vielmehr muss es uns darum gehen, die Gründe anzuerkennen, die in ihrer Unabhängigkeit von unseren Einstellungen ihnen gegenüber ihrerseits bestimmen, wie wir denken und handeln sollten. Gründe machen daher eine irreduzibel normative Dimension der Wirklichkeit aus. Zwar gibt es Gründe nur insoweit, als es Wesen wie uns gibt, für deren Möglichkeiten etwas sprechen kann, also Wesen, die nicht nur Möglichkeiten haben, sondern fähig sind, diese Möglichkeiten zu ergreifen. Wenn wir die Welt in Abstraktion von der Existenz solcher Wesen betrachten, werden wir darin keine Gründe erkennen können. Aber Gründe selbst – nicht bloß unsere Vorstellungen von ihnen – sind nicht deshalb weniger wirklich, weil sie einen relationalen Charakter haben. Soweit es solche Wesen wie uns gibt, gewinnt die Welt eine normative Dimension, die in der Relevanz verschiedener physischer und psychologischer Tatsachen für die Möglichkeiten dieser Wesen besteht. Gründe entstehen nicht durch unser Zutun, als ob wir die Urheber ihrer Autorität wären, sondern durch unser Dasein selbst. In diesem Sinne sind Gründe auch realistisch zu begreifen.

Einleitung

So lautet die Position, die ich hier wie in anderen Schriften einen *Platonismus von Gründen* nenne. Daraus folgt eine Reihe wichtiger Konsequenzen. Eine erste Konsequenz sollte unmittelbar klar sein: Der Begriff der »Autonomie«, der nicht nur in Kants Philosophie, sondern im modernen Denken überhaupt und besonders in seinen charakteristischen Auffassungen der Subjektivität eine Schlüsselrolle gespielt hat, muss aufgegeben werden. Nach diesem Begriff bestimmten wir selbst, aufgrund der Denk- und Handlungsprinzipien, die wir uns selbst durch eine Art von Selbstgesetzgebung auferlegen, welches Gewicht die Tatsachen der Erfahrung für uns haben werden und somit als Gründe gelten sollen. Wie schon angedeutet und wie ich in den Kapiteln I und IV ausführlich erkläre, ist ein solcher Gedanke nicht haltbar. Seine Inkohärenz wird schon dadurch offensichtlich, dass wir uns selbst nur dann ein Prinzip auferlegen können, das sonst für uns nicht verbindlich wäre, wenn wir Gründe einsehen, das Prinzip zu adoptieren – Gründe, deren Autorität mithin nicht von unserer »Autonomie« herrühren kann.[7] Dass wir niemals autonome Wesen sein können, bedeutet jedoch nicht, dass Freiheit eine Illusion ist. Ganz im Gegenteil, wie ich im Kapitel VI erkläre: Frei sind wir insofern, als wir nach unserem Verständnis der relevanten Gründe denken oder handeln, anstatt von bloßen Ursachen bewegt zu werden. Ferner schließt diese Kritik nicht aus, dass wir »autonom« in zwei weiteren gängigen Sinnen des Wortes sein können: nämlich dass wir für uns selbst denken und ohne Rücksicht auf Lohn und Drohung das Richtige tun. In diesen beiden Hinsichten geht es um unsere Beziehung zu anderen Menschen (oder zu Gott), während »Autonomie« im kritisierten Sinn unsere Beziehung zu Gründen und Prinzipien betrifft.

Eine zweite Implikation besteht darin, dass das herrschende naturalistische Weltbild, nach dem alles, was existiert, Teil der Natur sei und mithin allein aus physischen und psychologischen Tatsachen bestehe, zurückzuweisen ist. Die Ablehnung des Naturalismus ist ein Thema, das sich durch viele Kapitel dieses Buches zieht, obwohl ich mich auch (noch einmal im Kapitel VI) darum bemühe zu zei-

---

7 In den in der vorangehenden Anmerkung zitierten Arbeiten zeige ich, dass es im politischen Bereich ein Analogon zu diesem Aspekt meines Realismus gibt: Die Selbstgesetzgebung einer demokratischen Gesellschaft beruht auf der Anerkennung bestimmter, davon unabhängig geltender moralischer Grundsätze, und insbesondere eines Prinzips des gleichen Respekts.

gen, wie das Sich-Richten nach Gründen und unsere damit zusammenhängende Freiheit, als Teil der einen Welt, die es gibt, dennoch ihren Platz in der kausalen Struktur der Natur haben. Und schließlich – eine dritte Konsequenz – führt mich mein Platonismus von Gründen dazu, eine Form des moralischen Realismus zu vertreten. (Siehe Kapitel V, §§ 4–5). Moralische Urteile sind wahr oder falsch, je nachdem, ob sie den Gründen moralischer Natur, die für oder gegen die betreffenden Handlungen, Gefühle oder Charakterzüge sprechen, entsprechen oder nicht. Auf diese Weise kann man dem sonst umstrittenen Begriff des moralischen Wissens einen plausiblen Sinn geben.

Es sollte jetzt schon deutlich sein, wie sehr sich die hier skizzierte Auffassung der Subjektivität von den meisten vorhergehenden Theorien unterscheidet. Wir sind in unserem innersten Wesen – gerade im intimen Verhältnis zu uns selbst, das uns zu Subjekten unseres Denkens und Handelns macht, – durch unsere Beziehung zu einer normativen Ordnung von Gründen konstituiert, von deren Autorität wir nicht die Urheber sind. In gewissem Ausmaß deckt sich zwar diese Auffassung (wie ich im ersten Kapitel bemerke) mit Heideggers Theorie des In-der-Welt-Seins, die er in *Sein und Zeit* in Opposition zur Haupttendenz der modernen Subjektphilosophie darlegte: Als Subjekt oder »Dasein« sei man sich selbst nicht zuerst in irgendeiner inneren Sphäre gegeben, um sodann in eine Beziehung zu den Objekten der Außenwelt zu treten, sondern man verhalte sich allein insofern zu sich selbst, als man sich zugleich irgendwie zur Welt verhält. Die Ähnlichkeit lässt sich erblicken, wenn daran erinnert wird, dass jedes Sich-Richten nach Gründen eine Beziehung zu den Tatsachen in der Welt darstellt, auf denen diese Gründe beruhen. Was Heideggers Theorie dennoch fehlt, ist der wesentliche Punkt, dass sich unser In-der-Welt-Sein allein durch sein Gerichtetsein nach Gründen vollzieht.

§ 4

Meiner Ablehnung des Idealismus, meinem aristotelischen Prinzip und meinem Platonismus von Gründen zum Trotz, bin ich, wie gesagt, kein anti-moderner Denker. Ich glaube auch nicht, dass ich ein reiner Eklektiker bin, der mit einem bloßen Mischmasch aus antiken und modernen Themen und Einsichten aufwartet. Wie dieser Um-

Einleitung 19

riss der folgenden Kapitel gezeigt haben soll, betrachte ich mich als einen systematischen Philosophen, der eine umfassende Vision der menschlichen Situation entwickeln will. Dennoch fühle ich mich verpflichtet, einen Schritt zurück zu machen, um zu erklären, wie ich die Aussichten der systematischen Philosophie überhaupt einschätze.

Meines Erachtens hat die philosophische Reflexion kein natürliches Ende. Die Lösung, die wir für ein philosophisches Problem vorschlagen, zieht normalerweise neue Schwierigkeiten nach sich, mit denen wir bis dahin nicht konfrontiert waren. Wir können etwa gezwungen werden, andere Überzeugungen zu überdenken. Oder wir können dabei auf weitere Fragen stoßen, von deren Existenz wir vorher keine Ahnung hatten. Die Philosophie unterliegt einem Gesetz, das sich »*die Erhaltung des Ärgers*« nennen lässt. In gewissem Ausmaß verhält es sich nicht anders in den verschiedenen Wissenschaften, oder sogar im Leben selbst. Es ist eine allgemeine Wahrheit, dass je mehr wir lernen, umso mehr sehen wir, was wir noch zu lernen haben. In der Philosophie nimmt jedoch, angesichts des Charakters der Probleme, mit denen sie sich befasst, die Erhaltung des Ärgers eine komplexere und anspruchsvollere Form an. In der Regel sind philosophische Probleme grundlegender Natur, und zwar derart, dass sich ihre Implikationen über unterschiedliche Bereiche unserer Erfahrung erstrecken und sich viele verschiedenartige Faktoren damit als relevant für ihre Lösung erweisen. Zugleich zeichnen sie sich durch eine besondere Kohäsion aus: Ihre verschiedenen Elemente sind meist so eng miteinander verbunden, dass unser Urteil darüber, wie erfolgreich ein bestimmter Aspekt behandelt worden ist, davon abhängt, wie wir das Problem in seiner Gesamtheit verstehen. Diese beiden Züge wirken zusammen, um den Problemen der Philosophie ihre charakteristische Hartnäckigkeit zu geben. Nur eine umfassende Lösung wird genügen, aber häufig scheint keine dazu geeignet, all die relevanten Faktoren völlig überzeugend miteinander zu verknüpfen. Die Theorie, die sich empfiehlt, wenn gewisse Elemente als ausschlaggebend angesehen werden, kann zweifelhaft oder einfach falsch erscheinen, wenn das Problem aus einem unterschiedlichen Blickwinkel angegangen wird, in dem andere Erwägungen schwerer wiegen.

Infolgedessen sind stückweise Lösungen, wie sie in den Wissenschaften regelmäßig entwickelt werden, in diesem Bereich selten von Nutzen. Philosophische Probleme entziehen sich der Aufteilung in handhabbare Fragestellungen einerseits, die zur Zufriedenheit aller gelöst werden können, und in tiefergehende Fragen andererseits, die auf einen späteren Moment verschoben werden können. Notorisch erzielt die Philosophie wenige feste Ergebnisse. Alles lässt sich aus irgendeinem, nicht unplausiblen Gesichtspunkt in Frage stellen. Deshalb bin ich der Ansicht, dass die philosophische Reflexion dazu verurteilt ist, nie zur Ruhe zu kommen. Kein Argument, keine Gesamtvorstellung zeigt sich in einer Hinsicht erfolgreich, ohne in einer anderen Bedenken zu erregen.

Die meisten Philosophen würden zweifellos zustimmen, dass die Philosophiegeschichte bis zu ihnen eine endlose Reihe von Kontroversen gewesen ist. Nur wenige haben sich aber in einer solchen Situation zuhause gefühlt, und viele haben wohl geglaubt, dass es ihnen, ganz allein oder als Teil einer Bewegung, gelungen sei, über sie hinauszukommen. Einige davon haben sich natürlich eingebildet, dass sie zu endgültigen Antworten gelangt sind. Andere haben gemeint, dass sie im Besitz einer Methode seien, durch die sich philosophische Probleme schließlich doch schrittweisen Lösungen zuführen ließen. Philosophen beider Arten gewinnen kaum viele Anhänger oder behalten sie nicht sehr lange. Eine dritte Reaktion, die im letzten Jahrhundert zunehmend verbreitet wurde, besteht in der Suche nach einem radikaleren Ausweg: Die Probleme der Philosophie hätten sich nur deshalb als so hartnäckig erwiesen, weil sie, so wird gesagt, auf Annahmen beruhten, die, so verlockend sie auch seien, in Wirklichkeit aus Begriffsverwirrungen entstünden. Philosophische Probleme seien daher weniger zu lösen als vielmehr aufzulösen: Sie forderten nicht so sehr die Aufstellung von Theorien als vielmehr die Diagnose der Fehlvorstellungen, die ihnen zugrunde lägen. Wie bekannt, war Wittgenstein einer der einflussreichsten Vertreter dieses Ansatzes, dessen Fazit er in seinen *Philosophischen Untersuchungen* folgendermaßen beschrieb:

Die eigentliche Entdeckung ist die, die mich fähig macht, das Philosophieren abzubrechen, wann ich will. – Die die Philosophie zur Ruhe bringt, sodaß sie nicht mehr von Fragen gepeitscht wird, die *sie selber* in Frage stellen«.[8]

---

[8] L. Wittgenstein, *Philosophische Untersuchungen*, § 133.

Einleitung

Nun lässt sich aber leicht konstatieren, dass Wittgenstein selbst, und zwar auch nach Fertigstellung (1945) dieses Werkes, nicht aufhören konnte, über viele der darin behandelten Themen weiter zu philosophieren: Man braucht nur an die drei größeren Bände von Bemerkungen über psychologische Begriffe zu denken, die in den Jahren 1946–49 entstanden.[9] Ferner ist zu fragen, ob es überhaupt möglich ist, die fehlerhaften Annahmen eines philosophischen Problems aufzuzeigen, wenn nicht auf der Basis einer genaueren Konzeption des Gegenstands dieses falsch gestellten Problems. So hat man (wie ich selbst gelegentlich in diesem Band) gerade in Wittgensteins Auflösung traditioneller Vexierfragen implizite Konzepte der Sprache und des Geistes aufdecken können – Konzepte, die wie andere gute philosophische Theorien mit gewissen Phänomenen völlig übereinstimmen, mit anderen aber weniger. Die Philosophie kann nie zur Ruhe kommen, und in dieser Hinsicht ist Montaigne ein besseres Vorbild als Wittgenstein. »Unsere Erkundungen«, schreibt Montaigne, »kommen nie zum Ende. Unser Ende liegt in der andern Welt. Es ist ein Zeichen der Eingeschränktheit des Geistes oder der Ermüdung, wenn er sich zufriedengibt«.[10] Soweit dabei von Montaigne als Skeptiker die Rede sein kann, dann nicht in dem Sinn, dass er seine Zustimmung skeptisch zurückhielt, sondern weil er beim Beziehen von Positionen, die ihm besser begründet erschienen, sich zugleich der Notwendigkeit des Weiterdenkens und der ständigen Möglichkeit des Meinungswechsels bewusst blieb.[11]

In einem ähnlichen Geist wurden die Aufsätze dieses Bandes geschrieben. Meiner Ansicht nach sind die fundamentalen Probleme der Philosophie, von denen einige – das Wesen der Vernunft, der Freiheit, des Selbst, des Verstehens und der Anerkennung – hier angepackt sind, keineswegs Scheinprobleme, die es einfach aufzulösen gelte. Ihre Hartnäckigkeit erwächst vielmehr aus der Natur selbst,

---

[9] Wittgenstein, *Bemerkungen über die Philosophie der Psychologie* (Frankfurt, 1984). Die Texte, die in den ersten drei Ausgaben der *Untersuchungen* ohne Beleg als »Zweiter Teil« des Werkes veröffentlicht wurden, beruhen zum großen Teil auf diesen späteren Bemerkungen.
[10] Montaigne, *Essais*, III.13: »Il n'y a point de fin de nos inquisitions, notre fin est en l'autre monde. C'est signe de raccourcissement d'esprit quand il se contente, ou de lasseté«.
[11] Dazu mein Aufsatz, »Un scepticisme sans tranquillité: Montaigne et ses modèles antiques«, in V. Carraud und J.-L. Marion (Hg.), *Montaigne: Scepticisme, Métaphysique, Théologie* (Paris, 2004), 15–31.

der Vielfältigkeit aber auch Einheitlichkeit der grundsätzlichen Sachen, mit denen sie zu tun haben. Es ist nicht zu erwarten, dass wir zu einem reibungslosen Verständnis dieser Phänomene in allen ihren Aspekten gelangen können. Das ist aber kein Grund, das Handtuch zu werfen und damit aufzuhören, allgemeine Theorien aufzustellen. Wir müssen lediglich erkennen, dass jedwede philosophische Theorie auf bestimmte Aspekte ihres Gegenstands trifft, denen sie bestenfalls nur schwer Rechnung tragen kann, und dass es sich mithin bei der Wahl zwischen Theorien immer um das Abwägen des Für und Wider handeln muss. Zudem hat es keinen Sinn, die Schlüsse, die wir dann ziehen, nur halbherzig oder ausweichend zu vertreten. Es gilt vielmehr, die Ansichten, die uns im Großen und Ganzen am besten begründet erscheinen, gerade deshalb für wahr zu halten und sie demnach dezidiert auszuarbeiten, damit ihre Stärken und auch Schwächen deutlich werden. So bin ich in diesem Band verfahren, zumeist stillschweigend. Aber besonders in den Darstellungen meines »Platonismus von Gründen« habe ich auf dieses Vorgehen ausdrücklich hingewiesen. Meine Ethik der Philosophie lautet: ambitioniert, aber zugleich möglichst klar und offen zu denken.

Kapitel I
Die normative Struktur des Selbst

§ 1 Subjektivität heute

An einer berühmten Stelle in seinen *Vorlesungen über die Geschichte der Philosophie* versichert uns Hegel, dass wir dann, wenn wir endlich bei Descartes ankommen und seiner Einsicht begegnen, »das Selbstbewusstsein [sei] wesentliches Moment des Wahren«, uns sagen werden, »hier [...] sind wir zu Hause«, und »wie der Schiffer nach langer Umherfahrt auf der ungestümen See ›Land‹ rufen« können.[1] Heute würde dies vermutlich nicht mehr unsere Reaktion sein. Dass das Selbstbewusstsein oder die Subjektivität eine wesentliche Dimension aller unserer Erfahrung ausmacht, ist nicht mehr die Selbstverständlichkeit, die sie einmal war. Im Gegenteil, im Gefolge einiger der bedeutendsten Denkströmungen des letzten Jahrhunderts – von der linguistischen Wende und dem Seinsdenken über den philosophischen Naturalismus bis zur soziologischen Kommunikationstheorie – ist äußerst fragwürdig geworden, was es überhaupt heißen könnte, ein Subjekt zu sein. Vor zweihundert Jahren zählte »Subjektivität«, mit all ihren Varianten, zu den Hauptbegriffen der modernen Philosophie. Heute wird dieser Begriff häufig einer vergangenen Epoche zugerechnet, und davon losgeschnitten sind viele froh, sich wieder auf offenem Meer zu finden.

Ich bin nicht einer von ihnen. Der weitverbreiteten Ablehnung des Begriffs von Subjektivität pflichte ich selber nicht bei – obwohl es mir unbestreitbar scheint, dass die großen Subjektphilosophien der Vergangenheit, besonders in ihrer Tendenz, das Subjekt zu einem Wesen zu erklären, das sich selbst durchsichtig und der Welt

---

[1] Hegel, *Vorlesungen über die Geschichte der Philosophie* (Frankfurt, 1971), Bd. III, 120.

gegenüber prinzipiell souverän und selbstbestimmend (»autonom«) sei, oft den falschen Weg eingeschlagen haben. Ich trenne mich also von all denen, die heute der Ansicht sind, dass das Subjekt, einmal der unhaltbaren Eigenschaften der Selbsttransparenz und der souveränen Selbstbestimmung entkleidet, keine theoretische Zukunft habe und in der Tat nichts weiter als das Resultat begrifflicher Verwirrungen sei. Ein derartiges Urteil hat z. B. Vincent Descombes vor einigen Jahren in einem sehr wichtigen Buch *Le complément de sujet* gefällt.² Aufgrund einer oft scharfsinnigen Analyse der Sackgassen der großen Subjektphilosophien von Descartes bis zu Sartre kommt er zu dem Schluss, dass wir die herkömmliche Rede vom Subjekt durch den bescheidenen Begriff eines Handelnden ersetzen sollten, der für das, was er tut, verantwortlich ist, indem er selbständig (*de lui-même*) handelt. Darin kann ich ihm nicht folgen. Denn wie ich später (§ 3) verdeutlichen werde, handelt jemand nur insofern selbständig, als er aus Gründen handelt, und gerade in einer solchen Fähigkeit liegt meines Erachtens der eigentliche Kern des Subjektbegriffs.

Mit Descombes teile ich jedoch das Bemühen, nicht zu viel bei der Behandlung eines Problemkreises vorauszusetzen, der von den theoretischen Konstruktionen der Vergangenheit so sehr belastet ist. In einem dem Subjektbegriff gewidmeten Buch, *Les pratiques du moi*, das fast gleichzeitig mit dem Buch von Descombes erschienen ist, habe ich daher versucht, dieses Thema in Anlehnung an den weit nüchterneren Begriff des »moi« oder des Selbst neu anzugehen.³ Denn auch wenn wir nicht sicher sind, ob wir wirklich »Subjekte« sind, zögern wahrscheinlich wenige von uns, sich als ein Selbst zu verstehen. Eine solche Orientierung an dem Begriff des Selbst hat außerdem den Vorteil, dass dieser reflexive Ausdruck die bleibende Einsicht in den Vordergrund rückt, die den großen spekulativen Theorien des Subjekts trotz allem zugrunde liegt: All unser Denken und Handeln ist durch eine Beziehung geprägt, die wir notwendigerweise zu uns selbst haben und die jeden von uns zu einem Selbst macht.

---

[2] Descombes, *Le complément de sujet. Enquête sur le fait d'agir de soi-même* (Paris, 2004), 8–15.
[3] Larmore, *Les pratiques du moi* (Paris, 2004; engl. Übersetzung: *Practices of the Self*, Chicago, 2010).

Die normative Struktur des Selbst 25

Dieselbe Strategie verfolge ich in diesem Kapitel, dessen Ziel es ist, die neue, vorsichtigere Auffassung der Subjektivität bündig darzulegen, die ich zuerst in *Les pratiques du moi* und dann auf Deutsch in *Vernunft und Subjektivität* entwickelt habe.[4] Weil ich so weit wie möglich ohne philosophische Voreingenommenheiten verfahren will, habe ich in einem deutschsprachigen Kontext einen besonderen Grund, mich auf den Begriff des Selbst zu verlassen. Denn es gibt ein anderes Wort aus der Alltagssprache – nämlich »ich« –, das man ebenfalls substantiviert hat, um als Leitkonzept zum Verständnis der Subjektivität zu dienen. »Das Ich« trägt aber fast unauslöschlich die Spuren seiner Abnutzung durch die massiven Systeme des deutschen Idealismus. »Das Selbst« ist weniger kompromittiert. Und, wie gesagt, dieser Ausdruck lässt eindeutig erkennen, dass das Wesen der Subjektivität durch eine grundlegende Selbstbezüglichkeit gekennzeichnet ist.

§ 2 Sackgassen der modernen Subjektphilosophie

Was heißt es, ein Selbst zu sein? Menschen sind wir dadurch, dass wir einer besonderen biologischen Spezies angehören. Bürger sind wir dadurch, dass wir den Schutz eines Systems von Grundrechten genießen. Aber jeder von uns ist dadurch ein Selbst, dass wir eine Beziehung zu uns selber unterhalten, und zwar auf eine derart konstante Weise, dass es uns nicht freisteht, sie aufzunehmen oder nicht. Sogar unsere geringsten Gedanken zeugen von diesem konstitutiven Selbstbezug, denn sie ließen sich nicht für die unseren halten, wäre es nicht der Fall, dass wir uns in ihnen ausdrückten. Auch in den Augenblicken, in denen wir der Unaufmerksamkeit oder einer hinreißenden Leidenschaft unterliegen, nicht weniger als dann, wenn wir reflektieren und explizit »ich« sagen, kommt das Selbst, das wir sind, zum Ausdruck. Gerade in diesem fundamentalen Selbstbezug besteht, so meine ich, die Subjektivität, die alle unsere Erfahrung durchzieht.

[4] Larmore, *Les pratiques du moi*, Kapitel 3–4, und *Vernunft und Subjektivität* (Berlin, 2012), Zweite Vorlesung. Die Originalfassung des vorliegenden Kapitels erschien zwischen diesen beiden Büchern; ich habe deshalb den Text an einigen Stellen stark revidiert, damit er meinem gegenwärtigen Denken entspricht.

Dass jeder von uns ein Selbst ist und dass das Selbstsein darin besteht, eine wesentliche Beziehung zu sich selber zu haben – wer könnte dies wirklich verneinen? Zwar hat David Hume in seinem *Treatise of Human Nature* die Idee des Selbst schroff abgewiesen:

> When I enter most intimately into what I call *myself*, I always stumble on some particular perception or other […] I can never catch *myself* at any time without a perception, and never can observe any thing but a perception […] [We] are nothing but a collection of different perceptions.[5]

Dennoch wusste Hume ohne den leisesten Zweifel, dass es seine Wahrnehmungen waren, die er vor Augen hatte, was bedeutet, dass er sich immer noch von der Idee eines Selbst, seines Selbst, leiten ließ. Zudem suchte er das Selbst am falschen Ort, als ob es ein unter dem Wechsel unserer Wahrnehmungen beharrendes Substrat wäre, während der Selbstbezug, durch den jeder von uns zu einem Selbst wird, in diesen sogenannten »Wahrnehmungen«, d. h. im Gehalt unseres geistigen Lebens selber, zu finden ist, wie ich bald verdeutlichen werde.

Nein, dass jeder von uns ein Selbst ist, sollte sich von selbst verstehen. Man lasse sich übrigens durch diese Rede von »dem Selbst, das man ist« nicht irreführen: Sie soll nicht suggerieren, dass das Selbst etwas anderes sei als der Mensch, der man ist. Es handelt sich nur um sein Menschsein, soweit dieses unter einem bestimmten Aspekt betrachtet wird – nämlich insofern, als man eine notwendige Beziehung zu sich selbst unterhält. Als ein biologisches Wesen ist man nicht durch eine solche Selbstbeziehung charakterisiert. Aber als ein Wesen, das denkt und handelt, das Überzeugungen und Wünsche hat, verhält es sich – wie weiter unten (§ 3) näher erläutert wird – ganz anders, und in dieser Hinsicht ist man ein Selbst. Damit wird ferner nicht angedeutet, dass man ein Selbst sein könnte, ohne biologisch ein Mensch, ein lebendiges Wesen, zu sein. Es geht vielmehr darum, die Menschen, die wir sind, unter einem uns wesentlichen Aspekt zu analysieren, und zwar insofern als wir Wesen sind, die einen Geist haben.[6]

---

[5] Hume, *Treatise of Human Nature*, hg. Selby-Bigge (Oxford, 1975), 252.
[6] Das erwähnte Bedenken wird von Vincent Descombes geäußert, indem er skeptisch fragt, ob sich die philosophische Rede von dem Selbst (»*du Moi*«) wirklich auf mich selbst (»*sur moi*«) bezieht. In dem Buch, das wir

Dennoch treten sofort Schwierigkeiten auf, wenn es darauf ankommt, die Natur dieser notwendigen Selbstbeziehung zu definieren, die allem unseren Denken und Handeln innewohnt und die uns zu einem Selbst oder, wie die philosophische Tradition häufiger gesagt hat, zu einem Subjekt macht. Denn ehe man die Frage angehen kann, ob oder warum nicht das Subjekt als selbsttransparent oder selbstbestimmend gelten könne, muss man sich darüber im Klaren sein, wie seine grundlegende Selbstbeziehung begrifflich zu definieren ist, und da liegt in der Tat das tiefste Problem der herkömmlichen Subjektphilosophie. Damit die Vorzüge der von mir vorzuschlagenden Auffassung der Subjektivität deutlich werden, erkläre ich also zuerst, warum es sich als so schwierig erwiesen hat, diese Grundfrage zu lösen. Es handelt sich um ein Dilemma, das sich wie folgt abstrakt formulieren lässt: Keiner der beiden üblichen Ansätze zur Beantwortung dieser Frage ist wirklich haltbar. Denn bei der einen Antwort, die einem vermutlich sofort in den Sinn kommt, kann man nicht umhin, sich in einen Zirkel zu verwickeln, während die zweite, zu der man dann regelmäßig Zuflucht nimmt, nur insofern als erfolgreich gelten kann, als man bereit ist, unsere Grundbeziehung zu uns selber als etwas völlig Geheimnisvolles anzusehen. Ich werde erklären, was ich meine.

Anfangs mag man sich leicht vorstellen, die Beziehung zu uns selber, die jeden von uns zu einem Selbst macht, bestünde darin, dass unser Denken uns reflexiv bewusst und dadurch Gegenstand eines unmittelbaren Wissens ist. Wir können uns nicht, so lautet die Annahme, mit der Welt befassen, ohne unseren Blick zugleich und auf ähnliche Weise auf uns selber zu richten. Ein klassischer Vertreter dieser Auffassung war John Locke:

Thinking consists in being conscious that one thinks [...] It [is] impossible for anyone to perceive without perceiving that he does perceive [...] By this everyone is to himself that which he calls *self*.[7]

Der Gedanke, dass die konstitutive Beziehung des Selbst zu sich selbst eine Beziehung der Reflexion sei, führt aber zu Paradoxien,

---

gemeinsam veröffentlicht haben, bin ich seinem Einwand wie hier, aber ausführlicher, entgegengetreten. Vgl. V. Descombes u. C. Larmore, *Dernières nouvelles du moi* (Paris, 2009), 72 f., 118–21.

[7] Locke, *Essay concerning Human Understanding*, II.i.19 und II.xxvii.9.

die aufzudecken und zu analysieren das große Verdienst Fichtes war.[8] Damit es sich auf sich selber zurückbiege, um sich zu erkennen, müsste das Selbst schon existieren – nicht nur, um in der Lage zu sein, diese reflexive Bewegung zu vollziehen, sondern auch, weil es als Gegenstand einer solchen Kenntnisnahme so anvisiert sein müsste, wie es schon, d. h. unabhängig von diesem Akt der Reflexion selber besteht. Jeder Akt der Reflexion auf sich selbst setzt eine Unterscheidung zwischen Subjekt und Objekt, Erkennendem und Erkanntem, und damit die Existenz des Selbst schon voraus. Fichtes Einsicht ist eine der großen philosophischen Entdeckungen, deren Wichtigkeit auch zu seiner Zeit nicht genügend geschätzt wurde.

Fichte selber ist es aber nicht gelungen, die Natur des Selbst oder des »Ichs« ins Reine zu bringen. An die Annahme sich haltend, dass sich das Selbst durch ein Wissen seiner selbst konstituiert, kam er zum Schluss, dass es zu unserem Wesen gehört, eine Erkenntnisbeziehung zu uns selber zu haben, die, weit intimer als die Reflexion, keine Unterscheidung zwischen Subjekt und Objekt herbeiführe, und die er unter dem Namen der »intellektuellen Anschauung« konzeptualisierte. Aber damit wird die Paradoxie durch ein Rätsel ersetzt – sicher ein fragwürdiger Tausch. Denn haben wir die geringste Ahnung, was ein derart geheimnisvolles, angeblich präreflexives Erfassen seiner selbst sein könnte? Es hilft nicht viel, an die Vorstellung eines »inneren Sinnes« oder einer »inneren Wahrnehmung« zu appellieren, der all unser Denken begleiten solle. Denn nicht nur ist diese Vorstellung eine bloße Metapher (buchstäblich haben wir kein drittes Auge), so dass ihr Gehalt ziemlich dunkel bleibt. Darüber hinaus kann es manchmal in der normalen Wahrnehmung vorkommen, dass wir den Gegenstand, der vor uns liegt, falsch identifizieren. Aber solche Fehler scheinen im Fall der Grundbeziehung, die wir zu uns selber haben, ausgeschlossen zu sein, denn niemand verwechselt sich mit jemand anderem, wenn es um seine eigenen Gedanken geht.

Trotz seiner nicht zu behebenden Dunkelheit drängt sich dieser zweite, von Fichte erst systematisch dargelegte Ansatz immer wieder auf. Man kann anscheinend nicht umhin zu unterstellen, dass

---

[8] Zu Fichtes Kritik am Reflexionsmodell siehe die bahnbrechende Studie von Dieter Henrich, *Fichtes ursprüngliche Einsicht* (Frankfurt, 1967), und von Fichte selbst vor allem seinen *Versuch einer neuen Darstellung der Wissenschaftslehre* (1797).

Die normative Struktur des Selbst

sich die konstitutive Beziehung des Selbst zu sich selbst, da sie in irgendeiner Form des Selbstwissens bestehen müsse, allein auf dieser Basis ohne Zirkularität zu begreifen sei. Sogar Descartes, Vater der neuzeitlichen Subjektphilosophie, nahm Fichte in diesem Gedankengang vorweg. Gerade um die Gefahr eines unendlichen Regresses zu vermeiden, beteuerte er, dass das Bewusstsein, das wir notwendigerweise von uns selbst als denkenden Wesen haben, als eine präreflexive Kenntnis von sich (»*cognitione illa interna, quae reflexam semper antecedit*«) aufzufassen sei.[9] Sobald man, im Gegensatz zu Locke, etwas vorsichtig verfährt, kommt man fast zwangsläufig auf diesen Gedanken. Deshalb ist der Begriff einer präreflexiven Vertrautheit mit sich als Grundlage der Subjektivität seit Fichtes Tagen in zahlreichen Varianten aufgetreten. Man beruft sich auf ihn auch, um einige der wichtigsten Ausdrucksformen unserer Grundbeziehung zu uns selbst zu erklären, und zwar vor allem den »privilegierten Zugang«, den wir anscheinend zum eigenen Geist haben: Nur weil wir eine unmittelbare Vertrautheit mit uns selbst als denkenden Wesen genössen, seien wir imstande, unmittelbar zu erkennen, was wir glauben oder wünschen, ohne uns auf die öffentlichen Methoden der Beobachtung und Schlussfolgerung zu stützen, die nötig sind, um die Überzeugungen und Wünsche anderer Menschen zu erkennen.

Auf die Analyse dieses letzten Phänomens werde ich zurückkommen (§ 6). Jetzt gilt es zu erkennen, dass die Erklärungskraft des fraglichen Begriffs mehr Versprechen als Wirklichkeit ist. Das gemeinsame Kennzeichen aller dieser Theorien einer präreflexiven Kenntnis von sich ist das Bemühen, nicht so sehr positiv zu beschreiben, worin diese Selbstvertrautheit besteht – was gäbe es in dieser Hinsicht eigentlich zu sagen? –, als vielmehr sicherzustellen, dass ihr keine Züge zugeschrieben werden, die einer Unterscheidung zwischen Subjekt und Objekt, Erkennendem und Erkanntem gleichkommen. Denn aus einem derartigen Unterschied ergebe sich die Zirkularität des Reflexionsmodells. Leider liegt er aber dem normalen Wissensbegriff zugrunde, nach dem etwas erkennen heißt, es so erfassen, wie es tatsächlich ist, unabhängig vom Akt des Erkennens selbst. Daher die untilgbare Obskurität des Gedankens einer

---

[9] Descartes, *Œuvres*, hg. Adam und Tannery, Paris, 1964–76, VII, 422; auch 160.

präreflexiven Selbstkenntnis.¹⁰ Für uns als erkennende Wesen gilt, was Rilke unser allgemeines »Schicksal« nannte:

> gegenüber sein
> und nichts als das und immer gegenüber.¹¹

Die Situation scheint also verzweifelt zu sein. Nichts ist uns näher, hätte man sich vorgestellt, als das Selbst, das wir sind, und trotzdem scheint sich diese Nähe aufzulösen, sobald wir versuchen, sie auf den Begriff zu bringen. Man fühlt sich zum selben Schluss wie Schopenhauer getrieben, als er – gerade angesichts der anscheinend unausweichlichen Trennung zwischen Erkennendem und Erkanntem im Selbstbewusstsein – einmal schrieb: »[D]ieses Ich [ist] sich nicht durch und durch *intim*, sondern ist opak und bleibt daher sich selber ein Rätsel«.¹²

Nun verschwinden meines Erachtens diese Schwierigkeiten, wenn man sich von der Voraussetzung lossagt, die von den beiden Ansätzen geteilt wird und die immer in der philosophischen Tradition vorherrschend gewesen ist. Ich meine die Annahme, dass der für das Selbst konstitutive Selbstbezug eine Erkenntnisbeziehung sei. In Wirklichkeit ist dieses Selbstverhältnis praktischer oder normativer Natur. Das Verhältnis zu uns selber, das jeden von uns zu einem Selbst macht und das daher niemand anders an unserer Stelle einnehmen kann, besteht in der Beziehung des *Sich-Richtens nach*

---

¹⁰ Als prominentes, zeitgenössisches Beispiel einer derartigen Auffassung nenne ich die Subjektivitätstheorie von Manfred Frank. Ihr zufolge seien wir nicht nur (im »Selbstbewusstsein«) mit unseren verschiedenen mentalen Aktivitäten und Erlebnissen, sondern auch (in einem primären »Selbstwissen«) mit uns selbst als Träger dieser Ereignisse unmittelbar vertraut, ohne dass die präreflexive »Kenntnis«, die wir von ihnen und von uns selbst haben, irgendeine Trennung zwischen Subjekt und Objekt impliziere, wie diese bei der Reflexion vorkommen müsse. S. Frank, *Ansichten der Subjektivität* (Berlin, 2012), 9, 20, 324 ff., 353–68. Eine ähnliche Auffassung hat Dieter Henrich vertreten, und zwar in mehreren, ansonsten verschiedenen Varianten vom frühen Aufsatz »Selbstbewusstsein. Kritische Einleitung in eine Theorie« (in: Rüdiger Bittner et al. (Hg.), *Hermeneutik und Dialektik*, Tübingen, 1970, Band 1, 257–84) bis zum Buch *Denken und Selbstsein* (Frankfurt, 2007), 33, 49, 88.
¹¹ Rilke, *Duineser Elegien*, Achte Elegie, 33–34.
¹² Schopenhauer, *Die Welt als Wille und Vorstellung*, Ergänzungen II.18 (*Sämtliche Werke*, hrsg. Löhneysen, Frankfurt, 1986, Bd. II, 254).

Gründen: In allem unserem Denken und Tun legen wir uns darauf fest, die Gründe zu beachten, die, soweit wir sehen, für die eine oder andere unserer Möglichkeiten sprechen. Jede Überzeugung und jeder Wunsch, ehe sie durch die Reflexion zum Gegenstand unserer Erkenntnis werden, enthalten an sich eine solche Selbstbeziehung. Denn wir können nicht etwas glauben oder wünschen, ohne davon auszugehen, dass es Gründe gibt zu denken, dass die Überzeugung wahr oder der Gegenstand des Wunsches gut sei, sowie ohne darauf festgelegt zu sein, so zu denken und zu handeln, wie es den Gründen entspricht, die uns die angenommene Wahrheit der Überzeugung oder das angenommene Gutsein des gewünschten Gegenstandes aufweist. Diese Selbstbeziehung des Sich-Richtens nach Gründen ist zwar präreflexiv: Sie wird erst dadurch zum Gegenstand der Reflexion, dass wir über unsere Überzeugungen und Wünsche nachdenken und etwa überlegen, ob wir vielleicht nicht die Gründe haben, die wir zu haben glaubten, oder ob wir unsere Auffassung der relevanten Gründe revidieren sollten. (Weiteres dazu in § 5 unten). Aber sie ist keineswegs erkenntnisartig und hat daher nichts von der wesentlichen Dunkelheit, die dem Begriff einer präreflexiven Selbstkenntnis anhaftet.

So lautet im Kern die Theorie der Subjektivität, die ich vorschlage. Da nach dieser Theorie die Selbstbeziehung des Selbst zugleich eine Beziehung zu Gründen enthält, soll etwas sogleich zur Erläuterung des Begriffs eines Grundes gesagt werden.[13] Hier genügt es zu bemerken, dass ein Grund darin besteht, dass etwas in der Welt – eine physische oder psychische Tatsache (es kann sich etwa um die eigenen Wünsche oder Gefühle handeln) – für eine unserer Denk- oder Handlungsmöglichkeiten spricht. Gründe selbst, im Unterschied zu den Tatsachen, auf denen sie beruhen, haben mithin einen normativen Charakter: Wenn wir einen Grund haben, etwas zu tun, bedeutet dies, dass wir es tun *sollten*, sofern nichts anderes dagegen spricht. Deshalb habe ich gesagt, dass die grundlegende Beziehung des Selbst zu sich selbst, die in seinem Sich-Richten nach Gründen besteht, eine wesentlich normative Beziehung ist. Zwar unterscheidet man gelegentlich zwischen zwei Arten von Gründen – »normativen« Gründen, wie soeben beschrieben, und »motivierenden« Gründen oder den Motiven, aus denen tatsächlich gehandelt wird

---

[13] Auf die Natur von Gründen gehe ich in den Kapiteln II (§ 2), IV (§ 5), V (§ 5), VI (§ 5) und IX (§ 2) sowie auch in §§ 4 und 5 weiter unten tiefer ein.

und die, als psychologische Zustände des Handelnden, nicht normativer Natur sind. Es gibt aber nicht zwei Arten von Gründen. Bei diesen sogenannten »motivierenden Gründen« handelt es sich um eine verkürzte Redeweise. Gemeint ist damit eigentlich die Auffassung, die der Handelnde von den seine Handlung rechtfertigenden, d. h. von den betreffenden normativen Gründen hat. Daraus lässt sich ebenfalls die gewöhnliche Rede von »schlechten Gründen« richtig verstehen. Gründe zerfallen nicht in zwei Sorten, die guten und die schlechten. Streng genommen gibt es keine schlechten Gründe, sondern nur schlechte Auffassungen von den (normativen) Gründen, die es wirklich gibt.

Dass nun das Wesen des Selbst in einer Beziehung zu sich selbst – nämlich dem Sich-Richten nach Gründen – besteht, die ihrerseits, zumindest ihrer Intention nach, durch eine Beziehung zu Gründen vermittelt ist, ist von großer Tragweite. Wie man bald sehen wird (§ 4), folgt daraus, dass wir nicht jene souveränen oder selbstbestimmenden (im Sinne von »autonomen«) Wesen sein können, von denen die großen Philosophien des Subjekts so oft gesprochen, oder geträumt haben.[14] Um dahin zu gelangen, gilt es zuerst, diese Theorie der Subjektivität weiter zu skizzieren, um ihre verschiedenen Vorzüge deutlich zu machen.

---

[14] In dieser Hinsicht ist zu bemerken, wie sehr die nach meiner Auffassung wesentliche Verschränkung zwischen Selbstbeziehung und Beziehung zu Gründen und daher zur Welt dem ähnelt, was Heidegger, einer der wichtigsten Kritiker des neuzeitlichen Subjektbegriffs, als die Grundstruktur des Daseins bezeichnete: nämlich als das In-der-Welt-Sein eines Seienden, dem es dabei in einer eher praktischen als erkenntnisartigen Beziehung immer um sein eigenes Sein geht: »Das Sein, darum es diesem Seienden in seinem Sein geht, ist, sein ›Da‹ zu sein« (*Sein und Zeit*, Tübingen [11]1967, 133). Es sollte klar sein, dass Heidegger nicht, wie oft (s. etwa Frank, *Ansichten der Subjektivität*, 30 f.) zu Unrecht behauptet wird, dem Dasein eine ursprüngliche, konstitutive Beziehung zu sich selbst verweigerte. Vielmehr wollte er hervorheben, dass wir uns selbst als Subjekte nicht zuerst (wie die moderne Philosophie typischerweise angenommen hat) in irgendeiner inneren Sphäre gegeben sind, um sodann in eine Beziehung zu den Objekten der Außenwelt zu treten, sondern uns zu uns selbst nur dadurch verhalten, dass wir uns zugleich zur Welt verhalten. Die grundsätzliche Schwäche seines Denkens scheint mir eher darin zu liegen, dass er nicht anerkennen wollte, dass sich dieses In-der-Welt-Sein durch ein Gerichtetsein nach Gründen vollzieht.

Die normative Struktur des Selbst 33

§ 3 Ein neuer Ansatz

Ich werde damit beginnen, die vorhergehenden Bemerkungen zum Wesen von Überzeugungen und Wünschen weiter zu vertiefen.[15] Dadurch wird sich zeigen, wie sehr diese Grundelemente des Geistes, wie schon angedeutet, nicht das wären, was sie sind, ohne auf der Selbstbeziehung des Sich-Richtens nach Gründen zu beruhen, die jeden von uns zu einem Selbst macht.

Was heißt es genau, etwas zu glauben? Eine Überzeugung zu haben ist keine Empfindung, die wir erleben, noch lässt es sich durch die besondere Lebendigkeit definieren, mit der wir uns gewisse Dinge vorstellen. Es besteht auch nicht in der Zustimmung zu einem Satz, denn offenbar sind wir nicht immer dabei, unsere Zustimmung zu geben, wenn wir aufgrund unserer Überzeugungen handeln. Eine Überzeugung ist weder ein mentales Ereignis noch eine Reihe solcher Ereignisse. Sie ist eine Disposition, und zwar einer besonderen Art. Eine Überzeugung hat zu den Denk- und Handlungsweisen, die als ihr Ausdruck gelten, eine Beziehung, die wesentlich normativ ist: Sie müssen derart sein, dass wir angesichts der Überzeugung Gründe gesehen haben, so zu denken und zu handeln. Ja, die Überzeugung disponiert uns gerade dazu, uns so zu verhalten. Wenn ich sage, »ich glaube, dass es draußen kalt ist«, das Haus jedoch ohne einen Mantel verlasse und von meiner Absicht rede, am Strand zu baden, kann ich kaum glauben, was ich zu glauben behaupte. Natürlich kann es manchmal vorkommen, dass wir nicht unseren Überzeugungen entsprechend denken oder handeln. Aber sobald wir die Abweichung entdecken, erleben wir sie als ein Versäumnis: Wir haben, so fühlen wir, nicht gedacht oder gehandelt, wie wir denken oder handeln sollten. Jede Überzeugung verkörpert also die Festlegung, uns ihrer unterstellten Wahrheit gemäß zu verhalten, und d. h. uns nach den Gründen zu richten, die aus ihrer Wahrheit folgen.

Noch in einer anderen Hinsicht gehört das Sich-Richten nach Gründen zum Wesen von Überzeugungen. Sie entstehen nämlich allererst dadurch, dass wir die dafür anscheinend relevanten Gründe beachten. Wie oft bemerkt wird, können wir nichts glauben, ohne

---

[15] Im nächsten Kapitel (§ 2) findet sich eine ähnliche Analyse, aber nicht so sehr wie hier aus dem Standpunkt von jemandem, der diese mentalen Zustände besitzt, sondern aus dem Standpunkt, von dem aus man sie anderen zuschreibt.

es als wahr zu betrachten. Auch wenn wir uns täuschen wollen und versuchen, uns etwas glauben zu machen, was wir sehr wohl als falsch erkennen, müssen wir uns irgendeine Geschichte einreden, durch die wir es doch als wahr betrachten können. Wenn wir nun nicht imstande sind, etwas Beliebiges zu glauben, sondern nur das, was wir als wahr ansehen können, so ist das darauf zurückzuführen, dass wir nichts glauben können, ohne anzunehmen (oder wenigstens uns einzureden), dass wir Gründe dafür haben, es für wahr zu halten: Es steht uns etwa nicht frei zu glauben, dass die Anzahl der Sterne gerade ist. Also beruhen Überzeugungen in ihrem Entstehen sowie in ihrer Funktion wesentlich auf unserem Vermögen, uns nach Gründen zu richten. Oder genauer gesagt: nach dem, was wir für Gründe halten, denn es kann natürlich vorkommen, dass das, was wir als einen Grund betrachten, nicht wirklich einer ist, entweder weil wir die Tatsachen falsch verstanden haben, die zu dem Grund zu führen scheinen, oder weil wir uns darin geirrt haben, dass die Tatsachen uns einen solchen Grund geben.

Ähnliches gilt für Wünsche, auch wenn sie im Gegensatz zu Überzeugungen manchmal eher vorübergehende Ereignisse als Dispositionen sind. Erstens stehen Wünsche gleichfalls in einer normativen Beziehung zu dem Verhalten, das sie motivieren. Denn wenn wir etwas wünschen, sind wir insofern geneigt, das zu tun, was nach unserem Verständnis den Wunsch befriedigen wird, und d. h. nach unserer Schätzung der Gründe, diese oder jene Schritte vorzuziehen. Natürlich können wir uns weigern, einen gegebenen Wunsch zu verfolgen. Wir können versuchen, ihn im Zaum zu halten oder sogar zu unterdrücken: Die angedeuteten Gründe müssen nicht entscheidend sein. Aber soweit wir den Wunsch haben, wird unsere Aufmerksamkeit auf die Gründe ausgerichtet, die er uns aufzeigt, uns so oder anders zu verhalten. In diesem Sinne enthalten auch Wünsche so etwas wie Festlegungen, insofern jeder Wunsch uns dazu geneigt macht, der Attraktivität seines Gegenstands entsprechend zu denken und zu handeln.

Doch nicht nur in ihrem Verhältnis zu unserem Verhalten, sondern auch in ihrem Entstehen beruhen Wünsche wie Überzeugungen auf unserem Vermögen, uns nach Gründen zu richten. So wie wir nur das glauben können, was wir als wahr ansehen, können wir auch nicht etwas Beliebiges wünschen, sondern nur das, was wir in gewisser Hinsicht als wünschenswert oder gut ansehen. Selbst wenn wir etwas wünschen, das unseres Erachtens zu vermeiden ist, und

Die normative Struktur des Selbst 35

sogar, wie Ovid schrieb, das Bessere billigen aber dem Schlechteren folgen, muss uns das Schlechtere aus irgendeiner Sicht gut erscheinen.[16] Ich meine damit nicht, dass uns ein Gegenstand als gut erscheint, unabhängig davon, welche Interessen wir haben. Vielleicht betrachten wir ihn als gut, weil wir annehmen, dass er uns einige Freude bereiten wird oder dass wir, wenn wir ihn besäßen, gerade wie diejenigen sein würden, die wir hoch schätzen. Wir müssen aber, damit wir den Gegenstand wünschen können, an ihm gewisse Eigenschaften wahrnehmen, die ihn, sei es auch nur in Bezug auf unsere Interessen, reizvoll macht. Dies bedeutet, dass wir nichts wünschen können, ohne einen Grund zu sehen, es als wünschenswert oder gut anzusehen. Jeder Wunsch stellt seinen Gegenstand als etwas dar, zu dessen Verfolgung es Gründe gibt. Nicht als ob ein Wunsch der bloßen Meinung gleichzusetzen wäre, dass sein Gegenstand wünschenswert sei. Im Gegenteil: Das Wesen eines Wunsches besteht darin, dass wir uns dazu getrieben fühlen, an die angeblichen Reize seines Gegenstands zu denken und dementsprechend zu handeln. Gleichwohl hängt die affektive Dimension eines Wunsches mit seiner normativen Dimension zusammen. Wenn der Gegenstand eines Wunsches uns anzieht, dann deshalb, weil wir für die Gründe empfänglich sind, die ihn für uns reizvoll macht.

Noch weitere Elemente des Geistes wie Wahrnehmungen und Gefühle lassen sich ähnlich analysieren. Auch in diesen Fällen definieren sich das Wesen sowie die Funktion des jeweiligen Geisteszustands durch die besondere Art und Weise, mit der wir uns (aus eigener Perspektive) nach Gründen richten. Es ist zudem leicht zu verstehen, warum alle diese geistigen Zustände – Überzeugungen, Wünsche, Wahrnehmungen und Gefühle – wesentlich auf einem Gerichtetsein nach Gründen beruhen. Ihnen ist gemeinsam, dass sie *intentional* sind: Sie beziehen sich, jedes auf seine ihm eigene Art und Weise, auf einen realen oder zumindest angeblichen Gegenstand. Glauben heißt glauben, dass etwas wahr ist; fürchten heißt fürchten, dass etwas Fürchterliches passiert oder passieren könnte, und so weiter. Deshalb richten sie sich alle nach Gründen, da Gründe eben dazu dienen, die Weise zu bestimmen, in der sich solche Einstellungen, von welcher Art auch immer, auf ihre Gegenstände beziehen. Der Glaube etwa, dass es draußen kalt ist, bezieht sich insofern auf

---

[16] Ovid, *Metamorphosen* VII.20–21: »*video meliora proboque, deteriora sequor*«. (Medea spricht).

diesen Umstand, als er die Gründe beachtet, die es anscheinend gibt, den Umstand für wahr zu halten sowie unser Verhalten entsprechend zu lenken.

In diesem Sich-Richten nach Gründen, das unsere Geisteszustände zu dem macht, was sie sind, kommt nun die wahre Natur des Selbst, seine konstitutive Beziehung zu sich selbst, zum Vorschein. Nur aufgrund dieser grundlegenden Selbstbeziehung lässt sich sogar erklären, warum unsere Gedanken und Gefühle, unsere Überzeugungen und Wünsche als die unseren gelten. Es genügt nicht zu sagen, dass sie deshalb unsere sind, weil wir sie erzeugt haben; auch andere können uns dazu bewegen, etwas zu glauben oder zu wünschen. Dass wir ihre Urheber sind, muss zu ihrem Wesen selbst gehören, in ihnen sozusagen eingeschrieben sein, und dies ist gerade insofern der Fall, als sie als solche die Selbstbeziehung verkörpern, in der wir uns nach den für sie relevanten Gründen richten. Denn diese Beziehung uns gegenüber können wir allein einnehmen, niemand anderes an unserer Stelle.

Daher sollte es ebenfalls klar sein, warum die Selbstbeziehung, die zum Wesen unserer Geisteszustände gehört und die sie zu den unseren macht, keine erkenntnisartige Beziehung sein kann. Einerseits sind uns unsere Überzeugungen und Wünsche oft nicht reflexiv bekannt, und soweit wir versuchen, sie durch Reflexion zu erkennen, nehmen wir eine äußerliche Beziehung zu ihnen auf, die sich nicht wesentlich von der Beziehung unterscheidet, in der andere zu ihnen stehen, wenn sie versuchen, festzustellen, was wir denken und wollen. Und andererseits, selbst wenn man postuliert, dass wir eine präreflexive Kenntnis der eigenen Geisteszustände haben, kann man trotz aller Dunkelheit dieses Begriffs nicht umhin, letztlich entgegen seiner Intention doch eine Trennung zwischen Erkanntem und Erkennendem, zwischen dem jeweiligen Geisteszustand und der angeblich unmittelbaren Vertrautheit damit zu unterstellen. Denn Kenntnis haben wir generell *von* etwas, wir sind *mit* etwas vertraut, das als ein unabhängig von dieser Kenntnis Bestehendes vorgestellt werden muss, so dass die postulierte Selbstbeziehung nicht schließlich zum Geisteszustand selbst gehören kann. Also gilt: Nur wenn die Beziehung zu uns selbst, die jeden von uns zu einem Selbst macht, nicht mehr als irgendeine erkenntnisartige, sondern als die praktische oder normative Beziehung des Sich-Richtens nach Gründen begriffen wird, ergibt sich eine adäquate Definition der Natur des Selbst. Nur dann können wir die berühmten Paradoxien

Die normative Struktur des Selbst 37

des Reflexionsmodells umgehen sowie auch den von Fichte und so vielen anderen nach ihm gewählten Ausweg vermeiden, der die Beziehung zu uns selber, die jeden von uns zu einem »Ich« machen soll, als eine unmittelbare, alle Unterscheidung zwischen Subjekt und Objekt aufhebende, und daher unausweichlich rätselhafte Art von Selbstwissen interpretiert.

Aufgrund einer ähnlichen Kritik an der modernen Subjektphilosophie ist Vincent Descombes, wie schon erwähnt (§ 1), zum Schluss gekommen, dass der Begriff des Subjekts aufgegeben und durch den Begriff eines Handelnden, der selbständig (*de lui-même*) handelt, d. h. für seine Handlungen verantwortlich ist, ersetzt werden soll.[17] Dieser Vorschlag muss aber jetzt kurzsichtig erscheinen: Die Annahme, dass die konstitutive Selbstbeziehung des Subjekts, wenn es überhaupt Subjekte gibt, eine Beziehung der Erkenntnis sein müsse, hat sich als falsch erwiesen. Darüber hinaus: Was es heißt, dass jemand selbständig handelt und dass seine Handlungen daher als die seinen gelten, erklärt sich allein durch dieselbe grundlegende praktische Beziehung zu uns selbst, die es ermöglicht, dass unsere Geisteszustände als die unseren gelten. In diesem Fall auch genügt es nicht zu sagen, dass unsere Handlungen deshalb unsere sind, weil wir sie verursacht haben, da unsere Entscheidungen, so oder anders zu handeln, ihrerseits ihre Ursachen haben, und zwar unter ihnen die Handlungen anderer. Wie Descombes sagt, gelten sie als die unseren, soweit wir selbständig handeln. Aber worin kann diese Selbständigkeit bestehen, wenn nicht darin, dass wir dann aus Gründen handeln, anstatt von bloßen Ursachen bewegt zu werden – dass wir etwa einen Grund sehen, aus dem Weg zu gehen, anstatt einfach daraus geschoben zu werden?[18] Auch in einem Mischfall, wo wir infolge einer Drohung etwas tun, handeln wir nur insofern unselbständig, als wir sonst unter den Umständen keine Gründe

---

[17] Descombes, *Le complément de sujet*, 17, 96, 432. Für eine eingehende Debatte mit der Position von Descombes, s. unser gemeinsames Buch, *Dernières nouvelles du moi* (Paris, 2009).
[18] Diese Unterscheidung bedeutet nicht, dass Gründe nicht als Ursachen wirken können oder dass Ereignisse und Zustände in der Welt nicht zu den Ursachen unserer Handlung zählen, wenn wir sie als Gründe betrachten, so oder anders zu handeln. Ganz im Gegenteil. Zu diesen beiden Fragen s. Kapitel VI, § 5, sowie meinen Aufsatz, »Die Bedingungen menschlicher Freiheit«, § 6, in G. Hindrichs (Hrsg.), *Konzepte 1:Praktische Identität* (Frankfurt, 2015).

hätten, so zu handeln; aber soweit wir Gründe sehen, der Drohung nachzugeben, anstatt ihr zu widerstehen, handeln wir selbständig. Wenn wir also aus Gründen handeln, verkörpert unsere Handlung selbst die Beziehung des Sich-Richtens nach Gründen, die uns zu einem Selbst oder Subjekt macht. Dadurch wird sie zur Handlung, die sie ist, und dadurch wird sie zugleich zu unserer. Die Alternative, die Descombes zum Subjektbegriff vorschlägt, ist schließlich keine.

Nun habe ich bemerkt, dass Überzeugungen, Wünsche, Gefühle und Wahrnehmungen alle auf einem Gerichtetsein nach Gründen beruhen, weil sie einen intentionalen, auf Gegenstände bezogenen Charakter haben. Doch wie, wird man vielleicht einwenden, verhält es sich mit jenen Geisteszuständen, die, wie reine Empfindungen, nicht einen intentionalen Charakter haben? Das bloße Empfinden von Schmerz oder von Rot etwa – im Gegensatz zum Empfinden, *dass* etwas schmerzhaft oder rot ist – enthält keine Einstellung dem Schmerz oder dem Rot gegenüber, weder zu ihrem Ort noch zu ihrer Herkunft. Wir erleben es nur. Da sich Empfindungen dieser Art nicht auf einen Gegenstand beziehen, enthalten sie auch kein Gerichtetsein nach Gründen. Stellen sie also ein Gegenbeispiel zur Auffassung der Subjektivität dar, die ich dargelegt habe? Das glaube ich nicht. Ein Wesen, dessen ganzes Leben – ich denke z. B. an Regenwürmer oder Fliegen – aus Empfindungen und dem daraus resultierenden Verhalten besteht, zählt nicht als ein Subjekt. Solche niederen Tierarten, soweit man überhaupt bereit ist, ihnen einen Geist zuzuschreiben, unterhalten überhaupt keine grundlegende Beziehung zu sich selbst. (Selbst Vertreter der herkömmlichen, erkenntnisbasierten Theorien der Subjektivität werden kaum behaupten, dass Fliegen mit ihren Empfindungen irgendwie »vertraut« sind!) Insofern als wir Menschen Empfindungen bloß erleben, sind wir also auch kein Selbst, obwohl wir unsere Empfindungen üblicherweise in unser Leben als ein Selbst durch die Wahrnehmung einbeziehen, dass wir sie empfinden.

Umgekehrt aber folgt aus dieser Auffassung des Selbst, dass die höheren Tierarten wie Hunde und Affen, denen Überzeugungen und Wünschen zugeschrieben werden können, und nicht nur Menschen als Subjekte gelten müssen. Darin sehe ich nichts Fragwürdiges, obwohl es immer noch Philosophen gibt, die dogmatisch behaupten, nur ein Wesen, das sprechen kann, habe Begriffe, und das »ich« sagen kann, sei ein Ich. Auch Hunde und Affen können offenkundig aus Gründen handeln, können (innerhalb bestimmter

Grenzen) Nützliches erkennen, Ziele verfolgen, und sogar überlegen, welche Mittel sie wählen sollen. Wenn sich Menschen von den anderen Tieren unterscheiden, dann nicht darin, dass sie allein Subjekte sind, sondern vor allem in ihrem weit größeren Reflexionsvermögen, das wahrscheinlich in der Tat mit ihrem Sprachvermögen eng verbunden ist. Menschen allein sind imstande, eine unpersönliche Perspektive auf die Welt einzunehmen.[19] Und sie allein sind dazu fähig, ihr Selbst zu einem Gegenstand ihrer Sorge zu machen und darüber nachzudenken, ob ihre je besondere Weise, Gründe zu beurteilen und dadurch ihr Denken und Handeln zu steuern, zu bekräftigen oder zu revidieren sei. Letzteres ist es, was es heißt, nicht nur ein Subjekt, sondern auch *eine Person* zu sein.[20]

§ 4 Subjektivität und Gründe

Soweit eine erste Skizze der praktischen oder normativen Auffassung des Selbst, die ich vorschlage. Ihr Hauptvorzug besteht darin, die konstitutive Selbstbeziehung des Selbst ohne die Zirkularität oder Rätselhaftigkeit zu erklären, die die herkömmlichen, erkenntnisbasierten Auffassungen heimsuchen. Jetzt gilt es, einigen ihrer wichtigsten Konsequenzen nachzugehen.

Wenn das Selbstverhältnis, das uns zu einem Selbst macht, und zwar vor jedem Akt der Reflexion oder jeder Kenntnis von uns selbst überhaupt, darin besteht, dass *wir uns* in allem unsern Denken und Handeln nach Gründen richten, dann nur insoweit, als wir die Gültigkeit dieser Gründe als etwas schon Bestehendes ansehen. Nur innerhalb eines »logischen Raumes der Gründe« (um den berühmten Ausdruck von Wilfrid Sellars zu benutzen), der ihre Bedingung der Möglichkeit ausmacht, kann so etwas wie Subjektivität entstehen. Diese Theorie des Selbst lässt sich also kaum mit dem für die moderne Philosophie des Subjekts so charakteristischen Begriff der »Autonomie« vereinbaren, nach dem das Subjekt dadurch selbstbestimmend ist, dass es selbst der Urheber und daher die Gültigkeitsquelle der Prinzipien seines Denkens und Handelns ist. In einem anderen Sinne des Wortes ist jedoch das Subjekt tatsächlich als »selbstbestimmend« zu betrachten: Obwohl es nicht imstande

---

[19] S. dazu nächstes Kapitel, § 2.
[20] Weiteres zum Personbegriff im Kapitel III.

ist, selbst zu bestimmen, welche Umstände als Gründe gelten sollen, besteht all sein Denken und Tun darin, sich nach den relevanten Gründen zu richten und sich entsprechend festzulegen. Souverän ist es dabei nicht, da es sich nur insofern bestimmt, als es sich durch die unterstellte Gültigkeit der Gründe bestimmen lässt. Gleichwohl ist es selbststeuernd, da das individuelle Subjekt allein, niemand anderes an seiner Stelle, sich festlegen kann, so oder anders zu denken und zu handeln.

Ich komme demnächst auf die Fragwürdigkeit des Autonomiebegriffs zurück. Zuerst möchte ich auf eine noch tiefer liegende Konsequenz der vorgeschlagenen Theorie des Subjekts oder des Selbst hinweisen: Sie ist mit dem bekannten Modell des Geistes unvereinbar, dessen Kernbegriff »Repräsentation« oder »Vorstellung« (*idea*) heißt, und das seit dem 17. Jahrhundert so einflussreich gewesen ist. Nach diesem Modell besteht die Grundtätigkeit des Geistes darin, sich Vorstellungen von Dingen zu bilden. Soweit man durch Gewohnheit oder Nachdenken davon überzeugt werde, dass seine Vorstellungen mit der Wirklichkeit übereinstimmen oder ihr widersprechen, halte man sie für wahr oder falsch. Etwas glauben bedeute also einfach zu denken, dass die Dinge so sind, wie man sich sie vorstellt. Sicher wird dabei zugestanden, dass der Inhalt einer Überzeugung, logisch gesehen, Implikationen für unser weiteres Denken und Handeln hat. Es wird aber verneint, dass die Überzeugung uns von selbst dazu bewegen könne, diesen Implikationen zu folgen. Jede Überzeugung sei als solche ein bloßes Für-Wahr-Halten des in ihr vorgestellten Sachverhalts. Irgendein zusätzlicher Vorgang des Geistes – möge er vom Willen oder der Gewöhnung herrühren – müsse daher ins Spiel kommen, damit wir veranlasst werden, der Überzeugung entsprechend zu denken und handeln.[21] Da auch

---

[21] Da moralische Überzeugungen an sich motivierend zu sein scheinen, sind unter den Anhängern dieses Modells viele Philosophen von Hume bis zur Gegenwart zum Schluss gekommen, dass sie deshalb nicht wirklich Überzeugungen seien und deshalb mit nichts in der Welt übereinstimmen könnten, sondern eher Ausdruck unserer Präferenzen und Einstellungen seien. Es sollte schon klar sein, warum ich diesen Schluss ablehne: Es existieren nicht nur physische und psychologische Tatsachen, die das ausmacht, was Natur heißt, sondern auch normative Tatsachen, die aus Gründen und darunter aus moralischen Gründen bestehen, und zudem sind alle unsere Überzeugungen derart, dass sie sich nach Gründen richten und deshalb von selbst motivierend sind. Zur Kritik des mit dem Repräsentationsmodell des Geistes

Die normative Struktur des Selbst 41

Wünsche eine Vorstellung ihres erwünschten Gegenstands enthalten, seien sie ebenfalls ein Ausdruck der angeblichen Grundtätigkeit des Geistes. In ihrem Fall gehe es jedoch nicht darum, diesen vorgestellten Gegenstand richtig zu beschreiben, wie er wirklich ist, sondern vielmehr darum, auszudrücken, wie wir uns getrieben fühlen, ihn zu haben und zu genießen. Zunächst würden Wünsche daher einfach erlebt, und zwar, wie man gewöhnlich sagt, als Leidenschaften (*passions*), die uns auf ihre Gegenstände hin drängen und zum Wert derselben wir erst in einem zweiten Schritt, eventuell durch die Vernunft, Stellung bezögen.

Andere vor mir, von Heidegger, Wittgenstein und Dewey bis zu Richard Rorty und Robert Brandom, haben die Hegemonie dieses Modells des Geists attackiert. Ohne verschweigen zu wollen, wie viel ich diesen Denkern verdanke, glaube ich, dass die hier skizzierte Auffassung des Selbst den Grundirrtum der Repräsentationstheorie besser erklärt. Es geht nicht darum, den Vorstellungsbegriff selbst zu verwerfen, etwa unter der verzweifelten Annahme, es habe keinen Sinn, die Dinge so erkennen zu wollen, wie sie in Wirklichkeit sind. Es kommt eher darauf an, diesem Begriff die grundlegende Rolle abzusprechen, die man ihm zugeschrieben hat. Das Beachten von Gründen liegt allen Operationen des Geistes zugrunde, selbst derjenigen, in der wir uns bloß etwas vorstellen, ohne es für wahr zu halten. Denn wie könnten wir auch nur den begrifflichen Inhalt einer Vorstellung erkennen, ohne Gründe dafür zu sehen, die Verbindungen zwischen ihren Bestandteilen sowie zu anderen möglichen Vorstellungen so oder anders zu verstehen? Da sich nach Gründen zu richten heißt, inferentielle Verbindungen zu erfassen, ergibt sich, dass das Schließen keine Tätigkeit ist, die nur nachträglich auf unsere schon existierenden Überzeugungen angewendet wird, wie das fragliche Modell unterstellt. Im Gegenteil: Das Schließen macht ein wesentliches Element jeder Überzeugung als solcher aus. Wie schon bemerkt wurde (§ 3), können wir nichts glauben, ohne anzunehmen, dass wir Gründe dafür haben, es für wahr zu halten, sowie ohne darauf festgelegt zu sein, uns der unterstellten Wahrheit des Geglaubten entsprechend zu denken und zu handeln. Etwas glauben besteht nicht einfach darin, sich die Dinge so vorzustellen, wie sie angeblich sind, als ob man nur einen Spiegel vor die Welt hielte. Um die Welt

zusammenhängenden Naturalismus, s. weiter unten sowie auch Kapitel IV, §§ 4–5, V, §§ 5–6, VI, § 5, und IX, § 2.

nur im geringsten Maße widerspiegeln zu können, muss man wissen, wonach man seine Aufmerksamkeit richten soll und welche Bedeutung dies haben wird. Es gilt also, das Prioritätsverhältnis zwischen Vorstellen und Schließen umzukehren.[22]

Ähnliches, wie wir auch schon gesehen haben, gilt für das Wesen von Wünschen. Ein Wunsch ist kein bloßer Drang, den wir zunächst als die Vorstellung eines erwünschten Gegenstandes einfach erleben, um erst danach bestimmen zu können, ob sein Gegenstand gut sei und wie eventuell er zu befriedigen wäre. Jeder Wunsch stellt als solcher seinen Gegenstand als etwas Gutes dar, zu dessen Verfolgung wir Gründe haben, und disponiert uns von selbst dazu, seinen Gegenstand so zu verfolgen, wie es dazu aus unserer Sicht gute Gründe gibt. Auch im Fall von Wünschen ist das Schließen, das Sich-Richten nach Gründen, kein fakultativer Zusatz. Seit je haben Philosophen – also nicht nur diejenigen, die an die Zentralität des Vorstellungsbegriffs glauben – von einem Gegensatz zwischen Vernunft und Begierde Gebrauch gemacht. Es sollte jetzt ersichtlich sein, dass dieser Gegensatz nur einen relativen Sinn hat. Wir können zwar überlegen, ob es vernünftig ist, einem gegebenen Wunsch nachzugeben. Soweit aber der Wunsch selbst durch sein Ausgerichtetsein an Gründen konstituiert ist, tritt er nicht erst dann in den Bereich der Vernunft ein. Er gehört schon dazu. Denn wie ist das Wesen der Vernunft letzten Endes zu begreifen, wenn nicht eben als unsere Empfäng-

---

[22] Hier lässt sich leicht erkennen, wie viel ich in diesem Zusammenhang dem großen Buch von Robert Brandom, *Making It Explicit* (Cambridge, MA, 1994; dt. *Expressive Vernunft*, Frankfurt, 2000), verpflichtet bin. Ich trenne aber seinen Inferentialismus von seinem Versuch, Gründe selbst durch das Zusammenspiel normativer Einstellungen zu erklären. Für meine Kritik an diesem Versuch, in dem Brandom explizit den kantischen Begriff der Autonomie neu formulieren will (z. B: »Die Institution der Autorität ist Menschenwerk«, *Making It Explicit*, 51; dt., 101), siehe *Vernunft und Subjektivität*, 37–38, sowie auch Kapitel V, § 6. Kurz gefasst ist mein Einwand wie folgt: Gründe gibt es zwar nur insofern, als es Wesen (wie etwa uns) gibt, die gewisse ihrer Möglichkeiten ergreifen können, da Gründe darin bestehen, wie bestimmte Tatsachen für aufnehmbare Möglichkeiten solcher Wesen sprechen. Aber das bedeutet nicht, dass die Einstellungen dieser Wesen – wie sie sich selbst aufgrund ihrer Auffassung der relevanten Denk- und Handlungsgründe festlegen und wie sie einander für ihre Festlegungen verantwortlich machen – darüber entscheiden, was für Gründe sie tatsächlich haben und was für Implikationen aus bestimmten Festlegungen tatsächlich folgen. Meine allgemeine Kritik an dem Autonomiebegriff findet sich in den nächsten Seiten und im Kapitel IV.

Die normative Struktur des Selbst 43

lichkeit für Gründe oder, wie ich lieber sage, als das Vermögen, sich nach Gründen zu richten?

Einer der großen Vorzüge dieser Auffassung des Selbst liegt gerade darin, dass sie die innere Verbindung zwischen Vernunft und Subjektivität deutlich erkennen lässt.[23] Die Vernunft ist nicht bloß ein höheres Vermögen, das über die Operationen der anderen Geistesvermögen zu Gericht sitzt. Sie ist immer schon am Werk in allem, was wir denken, fühlen und tun, insofern es uns darum geht, uns nach Gründen zu richten. Selbstverständlich denken und handeln wir nicht immer vernünftig. Aber unvernünftig sein heißt, seine Vernunft schlecht ausüben, was wiederum heißt: falsch beurteilen, was es für Denk- oder Handlungsgründe gibt. Nur weil dem so ist, kann die kritische Funktion der Vernunft an den Überzeugungen, Wünschen, Gefühlen oder Handlungen, die ihren Gegenstand ausmachen, Halt finden und darauf eine Wirkung haben. Dass wir unser Denken und Tun derart kritisieren können, beruht zudem nicht nur auf unserer Vernunft, sondern auch auf unseren Reflexionskräften. Denn soweit die höheren Tiere ebenfalls als Subjekte gelten, da sie sich auch nach Gründen richten können (§ 3), haben sie ihren Anteil an der Vernunft, wenngleich die Selbstkritik ihnen unbekannt ist. An dieser Implikation sehe ich abermals nichts Abwegiges. Wir müssen uns nicht einbilden, wir seien die einzigen vernünftigen Wesen, um sicher zu sein, dass es einen großen Unterschied zwischen unserer Vernunft und derjenigen anderer Tiere gibt, und zwar aufgrund unseres umfassenderen Reflexionsvermögens.[24]

§ 5 Kritik der Autonomie

Wie schon angedeutet, besteht eine weitere Konsequenz der hier dargelegten normativen Auffassung des Selbst darin, dass sie deutlich aufzeigt, wie abwegig der Begriff der Autonomie ist, der seine kanonische Darstellung in der Philosophie Kants fand und zum Leitmotiv der modernen Theorien des Subjekts geworden ist. Ehe ich weitergehe, möchte ich aber darauf aufmerksam machen, dass der

---

[23] Diese innere Verbindung ist das Thema meines Buches *Vernunft und Subjektivität*.
[24] Zu den unterschiedlichen Reflexionsvermögen zwischen uns und den höheren Tieren s. Kapitel II, § 2, und Kapitel III, § 2.

Ausdruck »Autonomie« ganz unterschiedliche Bedeutungen angenommen hat. Im gegenwärtigen Zusammenhang handelt es sich allein um Autonomie im Sinne der »Selbstgesetzgebung«, des eigenen Stiftens der Prinzipien, nach denen man denken und handeln soll, und nicht etwa um die Fähigkeit, für sich selbst zu denken oder das Richtige zu tun, ohne Rücksicht auf Drohungen und Belohnungen.[25] In den beiden letzten Bedeutungen geht es um unser Verhältnis zu anderen Wesen, während Autonomie, wie sie hier in Frage steht, unser Verhältnis zu den Gesetzen oder Prinzipien betrifft, aufgrund deren wir Gründe sehen können, so oder anders zu denken und zu handeln. In diesem von Kant erst formell eingeführten Sinne sei das Subjekt insofern autonom, als es selbst als der Urheber dieser Prinzipien gelten müsse. Nur soweit wir uns die Prinzipien unseres Denkens und Handelns durch die Ausübung unserer Vernunft auferlegten, besäßen sie für uns eine Gültigkeit, hätten sie aus unserer Sicht irgendeine Autorität. Auch wenn wir uns auf die Überlieferung verlassen oder uns Andere zum Vorbild nehmen, seien wir es selbst, die diesen Instanzen das Recht gewähren, unser Verhalten zu orientieren.

Nun setzt dieser Autonomiebegriff voraus, dass wir uns zuerst die Dinge in der Welt vorstellen, so wie sie uns erscheinen, bevor wir entscheiden, wie wir darauf in unserem Denken und Handeln reagieren werden, d.h. welche Prinzipien wir uns auferlegen werden, um dadurch Gründe sehen zu können, die eine oder andere Möglichkeit vorzuziehen. Dieser Gedanke beruht deshalb auf dem oben kritisierten Bild des Selbst, nach dem das Vorstellen allem Schließen vorausgeht. In Wirklichkeit sind wir aber nicht zunächst Zuschauer der Welt, um erst daraufhin zu den darin auftauchenden Dingen irgendwie Stellung zu beziehen. Wir können uns nicht einmal in groben Zügen vorstellen, wie die Dinge sind oder sein könnten, ohne uns dabei nach Gründen zu richten, die dafür sprechen, dass die Vorstellung wahr oder auch nur denkbar ist. Es hat also keinen Sinn zu sagen, dass wir durch Prinzipien, die wir uns selbst auferlegen, bestimmen, was es für Gründe gibt. Die Autorität von Prinzipien lässt sich nicht als unser eigenes Werk begreifen, und umso weniger, wenn der Gedanke lautet, wir erzeugten dieselben nicht willkürlich,

---

[25] Im Kapitel IV wird auf die verschiedenen Bedeutungen von Autonomie weiter eingegangen und die hier skizzierte Kritik an dem von Kant gemünzten Autonomiebegriff ausführlicher entwickelt.

sondern durch die Ausübung unserer Vernunft. Denn wie bemerkt, ist die Vernunft schließlich gerade das Vermögen, sich nach Gründen zu richten. Prinzipien können wir, soweit wir vernünftig denken, nur dadurch akzeptieren, dass wir Gründe sehen, sie für gültig zu halten. Die Gültigkeit von Prinzipien ist also nicht etwas von uns Gestiftetes, wodurch wir vorschreiben, welche Umstände als Gründe angesehen werden dürfen. Ganz im Gegenteil: sie ist etwas, das, wie die Gültigkeit von Gründen überhaupt, von uns einfach *anerkannt* werden muss. In gewissen Fällen kann es zwar vorkommen, dass wir einem Prinzip eine Autorität für unser Verhalten gewähren, die es sonst nicht hätte, wie wenn ich mir selbst die Regel auferlege, ein bestimmtes Prozent meines Einkommens für wohltätige Zwecke zu spenden. Aber dann gehen wir davon aus, dass wir gute Gründe haben, uns diese wesentlich untergeordneten Prinzipien zu geben.

Wenn sich die Frage stellt, wie kommt es denn, dass es so etwas wie Gründe gibt, dann lautet die Antwort, dass niemand – weder wir selbst noch irgendein höheres Wesen wie Gott – sie in die Welt eingeführt hat. Gründe, wie ich erklärt habe (§ 2), gibt es, soweit es Tatsachen gibt, die für unsere Denk- und Handlungsmöglichkeiten sprechen. Gründe kann es daher freilich nur geben, weil es auch Wesen wie uns gibt, die durch ihre Empfänglichkeit für Gründe, durch ihr Vermögen, sich nach Gründen zu richten, Möglichkeiten ergreifen können, sich so oder anders zu verhalten. Wenn die Welt keine Wesen wie uns enthielte, gäbe es (selbstverständlich) nicht so etwas wie Gründe. Dies bedeutet jedoch nicht, dass wir selbst irgendwie die Quelle ihrer Autorität oder Gültigkeit seien. Vielmehr wird, wie oben gesagt, jeder von uns nur dadurch zu einem Selbst oder Subjekt, dass er sich nach Gründen richtet, von deren Gültigkeit er sich eben nicht als der Urheber ansehen kann. Obwohl Gründe relational sind – sie bestehen in der Relevanz bestimmter Tatsachen in der Welt für unsere Denk- und Handlungsmöglichkeiten –, sind sie auch etwas Wirkliches, das unabhängig von unseren Einstellungen ihnen gegenüber besteht: Wir können sie richtig erfassen oder nicht.

Einige zeitgenössische Philosophen vertreten die Ansicht, dass Gründe zwar zu einem Gegenstand des Wissens werden können, ohne aber im vollen Sinne des Worts zu »existieren« oder zur Welt selbst wie Steine und Sterne zu gehören.[26] Diese Position ist unhalt-

---

[26] Derek Parfit, *On What Matters* (Oxford, 2011); Ronald Dworkin, *Justice for Hedgehogs* (Cambridge MA, 2011), und T. M. Scanlon, *Being Realistic*

bar. Normalerweise wollen wir in unserem Denken und Handeln von Gründen selbst gelenkt werden, und nicht bloß von Vorstellungen von Gründen, die schließlich falsch sein können. Wir gehen somit davon aus, dass Gründe eine kausale Wirkung auf uns haben können, und das ist nur insofern möglich, als sie Teil derselben Welt sind wie die Tatsachen, von denen sie abhängen und die ihrerseits nur durch sie unser Denken und Handeln beeinflussen. Wenn ich z. B. einen Grund sehe, jemandem in Not zu helfen, dann nehme ich an, dass mein Denken von diesem Grund selbst und nicht etwa von den Meinungen anderer bestimmt ist, und dass seine Not mich gerade durch ein solches Erkennen dieses Grundes dazu bewegt, ihm zu helfen.[27]

Sofern also Subjektivität keine Illusion ist, muss das heute herrschende naturalistische Weltbild, nach dem die Welt letztlich nur physische und psychologische Tatsachen (die Tatsachen der Naturwissenschaften) enthält, zurückgewiesen werden. Sie umfasst auch normative Tatsachen, die aus Gründen bestehen. In der Tat besteht zwischen dem naturalistischen Weltbild und der Konzeption des autonomen Subjekts eine intime Verwandtschaft, denn nur wenn die Welt selbst als leer von allen normativen Unterscheidungen vorgestellt wird, kann sich der Gedanke durchsetzen, es liege an uns, Gründe in die Welt einzuführen. Die Ablehnung dieses Weltbilds scheint mir nun gar kein zu hoher Preis, nicht nur wegen des vorhergehenden Arguments, sondern auch weil unklar ist, warum sich der Naturalismus – der selbst, es sei hervorgehoben, kein Lehrsatz der Naturwissenschaften ist – seinerseits nicht in einen Widerspruch verwickelt, wenn er behauptet, es gebe gute Gründe, ihn für wahr zu halten.

Anhänger des naturalistischen Weltbilds haben zwar manchmal versucht zu zeigen, dass sich die anscheinende Normativität von Gründen auf natürliche, d. h. physische und psychologische Tatsachen reduzieren lasse. Der führende Vorschlag lautet in allgemeiner Form: Dass irgendein Umstand in der Welt als ein Grund für jeman-

---

about Reasons (Oxford 2014). Für eine ausführliche Kritik, siehe meine Rezensionen von Parfit (»Morals and Metaphysics«, *European Journal of Philosophy* 21, 4 (2013), 665–675) und von Dworkin (»The Holes in Holism«, *European Journal of Political Theory* 12, 2 (2013), 205–216).

[27] Auf die kausale Wirksamkeit von Gründen gehe ich im Kapitel V, § 6, und im Kapitel VI, § 5, tiefer ein.

Die normative Struktur des Selbst 47

den gilt, etwas zu tun, bestehe darin, dass dieser Umstand ihm es ermöglichen würde, einen seiner gegebenen Wünsche zu befriedigen.[28] Die normative Beziehung des Sprechens-für, in der Umstände als Gründe für bestimmte Denk- oder Handlungsmöglichkeiten gelten, sei in Wirklichkeit ein naturalistisch erklärbares Kausalverhältnis, in dem diese Umstände zu unseren Handlungen und Wünschen stehen. Die vorgeschlagene Analyse ist jedoch kurzsichtig. Nicht nur kann es sein, dass wir Gründe – z. B. moralische Gründe – haben, so oder anders zu handeln, was auch immer wir wünschen mögen. Und nicht nur enthalten Wünsche selbst, wie bereits (§ 3) angedeutet, ein Gerichtetsein auf angebliche Gründe, indem wir nichts wünschen können, ohne irgendeinen Grund zu sehen, es als wünschenswert oder gut anzusehen. Auch – wenn es um die Frage geht, wofür uns unsere Wünsche Gründe geben – die Tatsache, dass ein gegebener Wunsch durch eine bestimmte Handlung befriedigt würde, ist nicht an sich ein Grund, die Handlung zu vollziehen. Vielmehr bietet sie einen solchen Grund. Denn ohne diese Tatsache im Geringsten zu bestreiten, kann man den Grund näher betrachten und sich überlegen, ob er entscheidend ist und ob man sich nicht anders verhalten sollte. Obwohl etwa die Verbreitung von Gerüchten über die Untaten meines Feindes sicherlich eine erfreuliche Vergeltung für seine schmerzhaften Beleidigungen wäre, kann ich zum Schluss kommen, nicht so zu handeln, da ich meinen Rachegelüsten nicht nachgeben sollte. Die naturalistische Reduktion lässt sich also nicht durchführen, und das Fazit kann nur lauten: Gründe – selbst wenn sie von unseren Wünschen abhängen – haben einen irreduzibel normativen Charakter.

In dem Maße jedoch, wie das naturalistische Weltbild, vorwiegend wegen der Erfolge und des wachsenden Ansehens der Naturwissenschaften, fast selbstverständlich geworden ist, hat der damit verbundene Autonomiebegriff in seinen Grundzügen einen großen Teil des modernen Denkens überhaupt geprägt. Die Überzeugung, dass wir selbst – individuell oder kollektiv, durch die Vernunft oder durch andere, affektive oder konative Aspekte des Geistes bestimmt – die Urheber aller normativen Unterscheidungen sein müs-

---

[28] Verschiedene Versionen dieses Ansatzes sind etwa zu finden bei Peter Stemmer, *Normativität. Eine ontologische Untersuchung* (Berlin, 2008), Kapitel 6, und Mark Schroeder, *Slaves of the Passions* (Oxford, 2007), Kapitel 4–5.

sen, hat sich weit verbreitet und tief eingewurzelt. Über die Grenzen der kantischen Tradition hinaus ist sie auch da am Werk, wo das Wort »Autonomie« üblicherweise nicht auftaucht, und vor allem in der sonst so entgegengesetzten humeanischen Tradition, von der eine zeitgenössische Hauptströmung der sogenannte Expressivismus ist. Nach seinen Vertretern wie etwa Allan Gibbard und Simon Blackburn hätten normative Urteile der Form »A hat einen Grund, zu X-en« nicht das Ziel, die Gründe zu beschreiben, die es wirklich gibt, sondern allein, die Billigung einer Norm auszudrücken, was wiederum bedeutete, die Präferenz zum Ausdruck zu bringen, dass alle, man selbst eingeschlossen, sich auf diese Weise verhalten, auch wenn sie selbst es nicht wollen. Der Sinn dieser Urteile sei, wie schon Hume behauptet hat, nicht deskriptiv, sondern rein expressiv. Normen, Prinzipien, Gründe überhaupt gälten daher alle in dieser Hinsicht als »autonomes« Menschenwerk.

In der Regel machen es sich Expressivisten dabei insofern leicht, als sie sich auf die Analyse moralischer Sätze konzentrieren. Denn obwohl wir uns vielleicht dazu überreden können, dass moralische Unterscheidungen unsere eigene Konstruktion sind, ist es weit schwieriger, diese Lehre in ihren allgemeinen Implikationen zu akzeptieren. Können wir uns wirklich vorstellen, dass die Maßstäbe, mit deren Hilfe wir wissenschaftliche Theorien beurteilen – etwa dass sie sich auf empirische Beweise stützen und mit schon erreichten Ergebnissen übereinstimmen müssen –, nur die Autorität haben, die wir ihnen verleihen? Drücken wir, wenn wir das Festhalten an diesen Prinzipien als berechtigt ansehen, nur unsere Billigung einer Norm aus, die besagt, dass man diese Prinzipien befolgen sollte, ob man es will oder nicht? Oder billigen wir eine solche Norm nicht gerade deswegen, weil wir überzeugt sind, dass die Prinzipien an sich gültig sind? Erklärt nicht die Anerkennung der Gültigkeit der Prinzipien unsere Billigung des unbedingten Festhaltens an ihnen, und nicht umgekehrt, wie der Expressivist behauptet?[29] Und müssten nicht Expressivisten in den Gründen selbst, die ihres Erachtens für die von ihnen vertretene Auffassung von Gründen sprechen, letztlich nichts anderes als den Ausdruck ihrer eigenen Denkpräferenzen sehen? Der Unplausibilität einer solchen Lehre zum Trotz

---

[29] Allan Gibbard, *Wise Choices, Apt Feelings*, Cambridge 1990, 164–166, und Simon Blackburn, *Ruling Passions. A Theory of Practical Reasoning*, Oxford 1998, 67.

Die normative Struktur des Selbst 49

ist offenkundig, warum jemand wie Gibbard so hartnäckig daran glaubt und den Gedanken, dass Gründe Teil der Wirklichkeit sind, von vornherein ausschließt. »Nichts«, behauptet er explizit, »in einem plausiblen, naturalistischen Bild unseres Platzes im Universum erfordert diese nichtnatürlichen Tatsachen«.[30]

Der Begriff der Autonomie, ob das Wort selbst verwendet wird oder nicht, und das naturalistische Weltbild sind aus einem Guss. Beide Auffassungen haben in der Moderne philosophische Herrschaft erlangt, und beide beruhen auf demselben Missverständnis der Grundstruktur unseres Denkens. Sie sind zusammen entstanden und sollten zusammen aufgegeben werden. Denn entgegen dem Autonomiebegriff, in allen seinen Formen, gilt es zu erkennen, dass wir ohne die Absicht, einer schon bestehenden Ordnung von Gründen zu gehorchen, überhaupt nicht denken und handeln können. Man könnte sogar sagen, dass wir in diesem Sinn tatsächlich »heteronome« Wesen sind. Die These, nach der die konstitutive Beziehung des Selbst zu sich selbst ein praktisches Selbstverhältnis ist, sollte nicht über das rezeptive Moment hinwegtäuschen, das zu ihrem Wesen gehört. Wenn wir uns in unserem Denken und Tun darauf festlegen, die relevanten Gründe zu beachten, ist es ihre von uns anzuerkennende Gültigkeit, die diese Festlegungen zu dem macht, was sie sind. Gerade wegen seiner normativen Strukturierung ist das Selbst daher nicht imstande, sich zu dem souveränen Subjekt zu machen, das sich moderne Philosophen so oft ausgedacht haben. Zudem ergibt sich diese Unfähigkeit aus den Bedingungen seiner Möglichkeit selbst und nicht, wie bei den gewöhnlichen Kritiken am Begriff der Autonomie, aus irgendeinem von außen her eintretenden, zusätzlichen Faktor, wie der Geschichtlichkeit oder dem Unbewussten – als ob es sich nur kontingenterweise herausgestellt hätte, dass das Subjekt immer »endlich« ist. Subjekt zu sein heißt nichts anderes als sich an Gründen zu orientieren, von deren Autorität man selber nicht der Urheber ist. Soweit Gott ein Subjekt ist oder ein Selbst hat, gilt auch für ihn, dass er endlich ist.

Es sollte offensichtlich sein, dass dieses wesentliche Gerichtetsein nach Gründen, oder – um den einigermaßen starken aber etymologisch passenden Ausdruck zu verwenden – diese unsere »Heteronomie«, nicht der Möglichkeit entgegensteht, »autonom« in den anderen gewöhnlichen Bedeutungen des Wortes zu sein: nämlich

---

[30] Gibbard, *Wise Choices, Apt Feelings*, 154.

das Richtige für sich selbst zu tun und selbständig zu denken und zu handeln. Es ist vielmehr die Grundlage davon.

§ 6 Wie Selbstwissen möglich ist

Eine weitere Reihe von Konsequenzen betrifft die Selbsterkenntnis selbst. Um zu rekapitulieren: Die herkömmliche Auffassung des Subjekts beruht auf der Annahme, dass seine konstitutive Beziehung zu sich selbst in einer Beziehung des Selbstwissens bestehe. Man ist sich zwar relativ früh bewusst geworden, dass diese Beziehung keine Beziehung der Reflexion sein kann, da man sonst in unüberwindliche Paradoxien gerät. Man hat sich aber wie Fichte und so viele andere in seinem Gefolge davon überzeugt, dass die Kenntnis von sich, die jeden von uns zu einem Selbst oder »Ich« mache, eine derart unmittelbare Selbstvertrautheit sei, dass jede Unterscheidung zwischen Subjekt und Objekt und daher jede Möglichkeit solcher Paradoxien fehlten. Nun scheint dieser zweite Ansatz so zu verfahren, dass man die Reflexion immer noch zum Modell nimmt und nur deren ungeeignete Züge modifiziert (anstatt, natürlich, sich bewusstzumachen, dass unser grundlegende Selbstverhältnis gar keine Erkenntnisbeziehung ist). Das ist nicht überraschend. Wenn die Reflexion auf diese Weise als hilfreicher Ausgangspunkt verwendet wird, dann einfach darum, weil es in Wirklichkeit keinen anderen Weg gibt, zu einer Erkenntnis unserer selbst zu gelangen. Der Verteidigung dieser These wende ich mich jetzt zu und beginne mit der Bemerkung, dass die Reflexion zwei verschiedene Grundformen annehmen kann.[31]

Erstens kann »Reflexion« den Prozess bezeichnen, in dem wir uns auf uns selbst zurückbiegen, um uns selbst besser zu erkennen. Darin stützen wir uns auf vielerlei Faktoren: auf die Beobachtung unseres Verhaltens sowie (durch »Introspektion«) unserer gegenwärtigen Gedanken, auf unsere Erinnerungen und die Bemerkungen anderer Menschen, und schließlich auf das, was wir aus all dem folgern können. Diese Art von Reflexion, von der allein bisher die Rede gewesen ist, werde ich genauer »kognitive« Reflexion nennen. Doch ehe ich auf ihre Analyse eingehe, muss ich einige Worte über

---

[31] Dieser Abschnitt ist in vielen Hinsichten ein Resümee der weit ausführlicheren Behandlung des Wesens der Selbsterkenntnis, die sich im nächsten Kapitel findet.

Die normative Struktur des Selbst 51

eine zweite Art von Reflexion sagen, die die Philosophie etwas vernachlässigt hat.[32]

Manchmal wenden wir uns auf uns selbst zurück, um uns eine Meinung oder Handlungsweise explizit zu eigen zu machen, die wir schon besitzen, ohne sie aber wirklich zu einem Teil unseres Lebens gemacht zu haben, oder die vorher überhaupt nicht die unsrige war. Wenn ich z. B. sage, »ich liebe dich«, dann will ich damit normalerweise keinen Bericht über den Stand meiner Gefühle geben. Anstatt eine Tatsache zu beschreiben, dienen diese Worte dazu, der angesprochenen Person meine Hingabe zu erklären, was bedeutet, dass ich mich damit ausdrücklich festlege, ihr Wohl zu meinem eigenen zu machen. Diese Reflexionsart nenne ich »praktische« Reflexion.

Damit soll nicht nahegelegt werden, dass sie dasselbe ist wie die grundlegende Beziehung zu uns selbst, die ich auch als »praktisch« bezeichnet habe. Ganz und gar nicht: Das Sich-Richten nach Gründen, das uns zu einem Selbst macht, ist an sich keine reflexive Selbstbeziehung. Es findet aber in der praktischen Reflexion einen privilegierten Ausdruck. Soweit es uns in allem unserem Denken und Tun darum geht, uns nach den relevanten Gründen zu richten, stehen wir, wie schon unterstrichen, in einer Beziehung zu uns selbst, die wir allein, niemand anderes an unserer Stelle, einnehmen können. Diese Selbstbeziehung, durch die unsere Gedanken und Handlungen gerade als die unseren gelten, wird nun in der praktischen Reflexion, in der wir explizit Stellung nehmen, als solche zum Ausdruck gebracht. In dieser Art von Rückwendung auf uns selbst adoptieren wir nicht den Standpunkt eines anderen uns selbst gegenüber, wie es die Selbsterkenntnis, mit ihrem unvermeidlichen Unterschied zwischen Subjekt und Objekt, Erkennendem und Erkanntem, immer erfordert. Die Frage, mit der wir uns dann befassen, lautet nicht: Wie bin ich?, sondern vielmehr: Will ich mir eine bestimmte Möglichkeit zu eigen machen? Diese zweite Frage, im Gegensatz zur ersten, kann offensichtlich kein anderer an unserer Stelle entscheiden.

Die »kognitive« Reflexion, die im Dienst des Selbstwissens steht, verfährt ganz anders. Wenn wir uns selbst zum Gegenstand der Erkenntnis machen, moduliert sich unsere Beziehung zu uns selber in einer bedeutenden Hinsicht. Das Selbst, das wir sind, tritt vor unseren Augen unter dem Aspekt seiner universellen Erkennbarkeit auf.

---

[32] Weiteres zum Unterschied zwischen diesen beiden Arten von Reflexion in meinem Buch, *Les pratiques du moi*, Kapitel 3, § 4, und 5.

Denn wir spalten uns dann in zwei Teile auf, um uns von außen her zu betrachten, genauso wie im Prinzip jeder Andere es tun könnte. Sicher sind es wir und niemand anderes, die diesen abgerückten Gesichtspunkt einnehmen, aber – darin liegt die Modulierung – wir übernehmen ihn sozusagen nicht in eigener Person. Das, worauf es uns ankommt, ist, als ein unbeteiligter Zuschauer uns zu untersuchen. Deshalb ähnelt jedes Wissen, das wir von uns selbst gewinnen können, in seiner Natur sowie in seinen Methoden der Erkenntnis von unseren Zuständen und Motivationen, die andere auch erlangen könnten. Im Prinzip können andere Menschen unsere Frage, »Wie bin ich?«, ebenso gut wie wir selbst beantworten. Uns wird keine außergewöhnliche Transparenz bezüglich unserer selbst zuteil. Die Erkenntnis unserer selbst kann nicht anders, als sich auf dieselben objektiven, mühsamen und fehlbaren Verfahrensweisen zu stützen, die wir anwenden, um das Denken anderer zu erkennen.

Diese These scheint nun aber einem bekannten Phänomen zu widersprechen. Wie ist vor ihrem Hintergrund die besondere Autorität zu verstehen, über die wir anscheinend verfügen, wenn wir erklären, dass wir derzeit etwas glauben oder wünschen – »ich glaube, Mathilde kommt bald«, »ich möchte mich jetzt hinlegen« –, ohne es aus unserer schon bestehenden Selbsterkenntnis gefolgert oder an unserem Verhalten beobachtet zu haben, sondern, wie das oft geschieht, weil es uns unmittelbar klar ist? Solche »Bekundungen«, wie ich diese Äußerungen nennen werde, lassen sich, wenn nicht gar nie, so doch äußerst selten anzweifeln. Natürlich können wir darin fehlgehen, so etwas zu glauben oder zu wünschen, und andere sind imstande, uns in dieser Hinsicht zu korrigieren. Unsere Bekundungen selbst als falsch abzulehnen, hat aber im Allgemeinen keinen Sinn. Diese sogenannte »Autorität der ersten Person«, der »privilegierte Zugang«, den wir zum eigenen Denken zu haben scheinen, besitzt kein Äquivalent in unserer Beziehung zu anderen. Wir verfügen über keinen ähnlichen Zugang zum Denken unserer Mitmenschen. Um festzustellen, was jemand anderes glaubt oder wünscht, müssen wir uns auf die Beobachtung seines Verhaltens (einschließlich seiner Äußerungen) sowie auf die Konsequenzen verlassen, die sich daraus ableiten lassen, und selbstverständlich können unsere Ergebnisse immer infrage gestellt werden. Was ist also diese einzigartige Beziehung zu uns selbst, die in den Bekundungen unseres eigenen Denkens ausgedrückt wird? Handelt es sich nicht um ein Phänomen, das meine These widerlegt, nach der sich unsere Selbsterkenntnis in keiner Hinsicht (mit Ausnahme seines Gegenstands) von der Erkenntnis unterscheidet, die wir von anderen gewinnen können?

In der Tat hat genau diejenige Hauptströmung der modernen Subjektphilosophie, deren Sackgassen ich zu überwinden trachte, das Phänomen der Erste-Person-Autorität häufig als den Ausdruck einer ganz besonderen Form der reflexiven Selbsterkenntnis begriffen. Ihr zufolge bestehe diese Autorität in der Fähigkeit, unseren aktuellen Geisteszustand auf eine derart unmittelbare Weise zu erfassen, dass aller Irrtum von vornherein ausgeschlossen sei. Und obwohl diese Fähigkeit als Form der Reflexion uns zwinge, zwischen Subjekt und Objekt, Bekundendem und Bekundetem zu unterscheiden, rühre sie ihrerseits davon her, dass das Selbstverhältnis selber, das jeden von uns zu einem Selbst macht, in einer präreflexiven Selbstvertrautheit bestehe, in der wir unserer Geisteszustände insofern notwendigerweise gewahr sind, als sie überhaupt unsere sind. Denn aufgrund dieser grundlegenden Bekanntschaft mit uns selbst seien wir imstande, unsere gegenwärtigen Überzeugungen und Wünsche unmittelbar, ohne alle Beobachtung und Schlussfolgerung, zum Gegenstand der Reflexion zu machen und die Kenntnis, die wir von ihnen schon haben, ohne jeden möglichen Irrtum in unseren Bekundungen wiederzugeben.

Auf die Schwierigkeiten in der damit unterstellten Auffassung des Selbst bin ich bereits eingegangen. Aber darüber hinaus sind jetzt die Mittel vorhanden, eine plausiblere Erklärung des fraglichen Phänomens anzubieten.[33] Die Bekundungen, in denen wir ohne Beobachtung und Schlussfolgerung unmittelbar bekanntgeben, was wir im Moment glauben oder wünschen, bringen nämlich als solche keine Selbsterkenntnis zum Ausdruck. Sie sind eher als eine Ausübung der praktischen Reflexion zu begreifen. In ihnen berichten wir über unser inneres Leben ebenso wenig wie Martin Luther, als er sagte, »Hier stehe ich, ich kann nicht anders«. Im Gegenteil: Wir beziehen Stellung. Wenn ich erkläre, »ich glaube, dass es 13 Uhr ist« oder »ich möchte diese Rede bald zu Ende bringen«, dann vermittele ich nicht, was ich über mein aktuelles Denken entdeckt habe. Ich gebe vielmehr zu verstehen, mit welcher Absicht ich mich von nun an verhalten werde, und zwar dass ich der unterstellten Wahrheit der Meinung (es sei 13 Uhr) oder der Attraktivität des Ziels

---

[33] Diese Erklärung des Wesens von Bekundungen wird im nächsten Kapitel (§ 3) ausführlicher dargelegt.

(die Rede zu beenden) gemäß vorgehen werde. Die Überzeugungen und Wünsche, um die es sich in unseren Bekundungen handelt, sind solche, die wir gerade dadurch zum ersten Mal annehmen oder jetzt bekräftigen, und indem wir sie bekunden, legen wir uns darauf fest, so zu denken und zu handeln, wie das Wesen dieser Geisteszustände es verlangt.

Auf dieser Basis wird die besondere Autorität solcher Äußerungen leicht verständlich, ohne Rückgriff auf den dunklen Begriff einer präreflexiven Selbstvertrautheit. Sie ist eher persönlicher als epistemischer Natur. Wenn andere nicht imstande sind, unsere Bekundung zu bestreiten, dann nicht deshalb, weil wir über eine Selbsttransparenz verfügen, die gegen alle Möglichkeit des Irrtums immunisiert sei. Wir sind gegen jedes Dementi geschützt, weil unsere Bekundung ganz einfach keine Tatsachenbeschreibung vornimmt. Sie dient eher dazu, eine Festlegung bekanntzugeben, die als solche weder wahr noch falsch ist und die sich darum hinsichtlich ihrer Richtigkeit nicht anzweifeln lässt. Das einzig Zweifelhafte daran kann nur die Entschlossenheit sein, mit der wir in der Tat die darin enthaltene Absicht durchführen werden. Zwar steht es mir frei, aus meiner Bekundung ein Stück Selbsterkenntnis zu gewinnen und etwa zu behaupten, »ich weiß, dass ich der Meinung bin, dass es 13 Uhr ist«. Doch diese Aussage besitzt keine besondere Autorität, da andere denselben Schluss auf ähnliche Weise aus meiner mitgehörten Bekundung ziehen könnten.

Hierdurch wird ebenfalls verständlich, in welchem Sinne wir einen »privilegierten Zugang« zu den eigenen Geisteszuständen haben. Wir sind nicht mit ihnen von vornherein so innig vertraut, dass wir im Gegensatz zu anderen keinen Fehler machen können, wenn wir sagen, was sie sind. Wir stehen aber in einer praktischen Beziehung zu ihrem Wesen, die niemand anders an unserer Stelle einnehmen kann, soweit wir uns darauf festlegen, die ihnen zugrundeliegenden Gründe zu beachten, die sie zu den Geisteszuständen machen, die sie sind. Daher eben die besondere, persönliche Autorität, die wir genießen, wenn wir in unseren Bekundungen eine solche Festlegung ausdrücklich bekanntgeben.

Also ähnelt – so lautet meine These – unser Selbstwissen in jeder Hinsicht der Erkenntnis, die andere von unseren mentalen Zuständen gewinnen können. Es gibt keine außergewöhnliche Weise, unsere Meinungen und Wünsche zu erkennen, die uns allein gehöre und uns eine Autorität gewähre, die niemand anders beanspruchen

Die normative Struktur des Selbst 55

kann. Die Selbsttransparenz ist ein Mythos, von dem man sich befreien muss. Alles, was wir über uns selbst wissen, beruht auf wesentlich öffentlichen Methoden wie der Beobachtung und der Schlussfolgerung. Wenn es darum geht zu ermitteln, was wir glauben oder wünschen, sind daher häufig unsere Freunde, und manchmal auch Unbekannte, viel scharfsinniger als wir selber. Das sollte evident sein. Hinsichtlich der Selbsterkenntnis sind wir weit davon entfernt, Experten zu sein. Es ist nur einfach so, dass wir auf die Erforschung unseres lieben Ichs mehr Zeit und Energie verwenden und dadurch zu Spezialisten werden. Die Fähigkeit, dieser Evidenz gerecht zu werden, ist nicht der geringste Vorzug der Theorie des Selbst, die ich hier aufgestellt habe.

Im nächsten Kapitel entwickle ich die hier skizzierte Auffassung des Selbstwissens noch weiter.

Kapitel II
Selbstwissen und Selbstfestlegung

§ 1 Erste- und Dritte-Person

Selbsterkenntnis, so wird allgemein angenommen, sei von unschätzbarem Wert. Es hat aber in der Geschichte der Philosophie sehr unterschiedliche Auffassungen der Art von Selbsterkenntnis gegeben, die unentbehrlich sein soll. Als Sokrates sich die delphische Inschrift »Erkenne dich selbst« zu Herzen nahm und erklärte, Selbsterkenntnis sei das Wissen, das man vor jedem anderen erlangen müsse,[1] so verstand er unter Selbsterkenntnis nicht, was moderne Philosophen weitgehend darunter verstanden haben: nämlich das reflexive Bewusstwerden der eigenen Seelenzustände, was immer sie auch sind. Er meinte im Gegenteil, dass es unentbehrlich sei, unsere grundlegenden Fähigkeiten und Interessen zu erkennen, um bestimmen zu können, worin das gute Leben eigentlich besteht. Ähnlich unterschiedlich verhielt es sich bei Augustinus, als er sich in seinen *Bekenntnissen* nach innen wandte, um seine eigene Seele zu erkunden: Sein Gegenstand war nicht die Fähigkeiten und Interessen, deren Entwicklung zum Gedeihen des Menschen führt, aber auch nicht die Eigenarten seines individuellen Denkens oder die wesentlichen Merkmale des menschlichen Bewusstseins überhaupt. Ihm ging es um diejenigen Erinnerungen und Erlebnisse, die sein Verhältnis zu Gott enthüllten, denn allein auf einem solchen Wege nach innen sei nicht nur die wahre Natur Gottes, sondern auch die Wahrheit über sich selbst zu erfassen. Nur so, schrieb er, lasse sich die delphische

---

[1] Platon, *Phaidros* 229e–230a: »Ich bin noch immer nicht soweit, dem delphischen Spruch gemäß mich selbst zu kennen, und es scheint mir lächerlich, nach Anderweitigem zu sehen, wenn man in dieser Hinsicht keine Erkenntnis hat.«

Selbstwissen und Selbstfestlegung 57

Forderung »Erkenne dich selbst« erfüllen. Augustinus zufolge seien die Menschen immer neugierig, von dem Leben anderer zu hören, aber, was sie selbst anbelangt, von Natur her geneigt, sich selbst zu belügen, so dass man nur dann sicher sein könne, sein wahres Selbst zu erreichen, wenn man in sich selbst die bestätigende Stimme Gottes höre: »Von Dir zu hören, was man sei, ist, sich selbst zu erkennen«.[2]

Wie die beiden Beispiele von Platon und Augustinus zeigen, richtet jede Auffassung der Selbsterkenntnis in der Regel ihr Augenmerk selektiv auf nur bestimmte Aspekte unserer Person, und zwar deshalb, weil sie immer Teil eines größeren philosophischen Vorhabens ist.

Insofern nun Selbsterkenntnis seit der frühen Neuzeit häufig als Erkenntnis der eigenen Gedanken und Gefühle, Überzeugungen und Wünsche, welcher Art sie auch seien – also anscheinend unselektiv –, begriffen wird, ist es ratsam, die zugrundeliegenden Interessen herauszustellen, die eine so grenzenlose und verschiedenartige Menge von Fakten über uns selbst angeblich zu einem besonders erstrebenswerten Bereich von Wahrheiten gemacht haben. Eine erste Begründung kommt paradigmatisch bei Montaigne zum Ausdruck: Wenn es schwer wird, die Stellung des Menschen in einer umfassenden Zweckordnung der Natur oder des göttlichen Willens festzustellen, dann kann man Befriedigung darin finden, unsere Erfahrung in all ihrer Vielfältigkeit für sich selbst zu betrachten, ohne Hinblick auf irgendeine höhere Instanz. Bei Descartes findet sich eine andere, aber auch bedeutende Motivation: Die Kenntnis unserer eigenen psychischen Zustände soll eine einzigartige Gewissheit, eine Unmittelbarkeit und Unbezweifelbarkeit besitzen, die besonders in Zeiten intellektueller Verwirrung und Umwälzungen dafür geeignet sei, das sichere Fundament aller Erkenntnis der Welt im Ganzen zu bilden. Offenkundig ist Selbsterkenntnis in diesem letzten Sinne weit entfernt von den Auffassungen, die bei Platon oder Augustinus zu finden sind. Welche Fähigkeiten und Interessen sich zur Bestimmung des menschlichen Guten eignen, welche Gedanken und Gefühle uns in die Nähe Gottes bringen, ist uns weder unmittelbar zugänglich noch ohne allen möglichen Zweifel festzustellen, wie die Kenntnis

---

2 Augustin, *Confessiones* X.3: »Quid est enim a te audire de se nisi cognoscere se?«.

der eigenen Seelenzustände nach Descartes und so vielen anderen modernen Philosophen es angeblich sein soll.

Heute mag uns der Gedanke, all unser Wissen auf ein unerschütterliches Fundament zu stellen, nicht mehr durchführbar oder auch besonders zwingend erscheinen. Dies bedeutet aber nicht, dass wir aufgehört haben, mit Descartes und seinen Nachfolgern anzunehmen, die Kenntnis der jeweiligen Inhalte des eigenen Geistes sei die philosophisch wichtigste Art von Selbsterkenntnis, da sie in ihrer Immunität gegen jeden möglichen Irrtum die intime Vertrautheit mit uns selbst, die uns zu den denkenden und handelnden Wesen macht, die wir sind, zum Ausdruck bringe. Diese Annahme macht den innersten Kern der noch heute vorherrschenden Auffassung der Selbsterkenntnis aus. Die von Descartes herbeigeführte philosophische Revolution war tiefgreifend und ihr Einfluss lässt sich nicht so leicht abtun, wie man gemeinhin denkt.

Zum Wesen dieser Auffassung von Selbsterkenntnis gehört die Ansicht, dass es zwei Weisen gebe, zur Kenntnis unserer eigenen Überzeugungen, Wünsche und anderer psychischen Zustände zu gelangen. Wir können erstens, wenn wir wollen, einem solchen Wissen in derselben Weise nachgehen, wie wir Kenntnis von den Gedanken und Gefühlen, den Überzeugungen und Wünschen anderer Menschen erlangen, nämlich durch Schlussfolgerungen aus ihrem Verhalten, einschließlich der Äußerungen, durch die sie, aufrichtig oder nicht, erklären, was sie denken und fühlen. Eine Selbsterkenntnis dieser Art gründet darauf, dieselbe *Perspektive der dritten Person* gegenüber uns selbst einzunehmen, auf die wir bei unseren Bestrebungen, andere Menschen zu erkennen, angewiesen sind. Ebenso wie wir – so zumindest eine wesentliche Annahme der ganzen Auffassung – nicht in den Geist eines anderen eindringen können, um dort sozusagen wie er zu Hause zu sein, sondern verurteilt sind, ihn von außen zu beobachten und Schlüsse aus seinem Verhalten (im angedeuteten weiteren Sinne) zu ziehen, so können wir uns auch entschließen, uns selbst von außen zu beobachten, als ob wir lediglich eine Person unter anderen wären, und aus der Beobachtung unserer Handlungen und Äußerungen darauf zu schließen, was wir glauben oder wünschen. Die auf diese Weise erworbene Selbsterkenntnis unterscheidet sich mitnichten von unserer Erkenntnis anderer Menschen und besitzt daher keine besondere Art von Gewissheit.

Dennoch sollen wir dieser Auffassung zufolge auch über einen zweiten, natürlicheren Weg zur Erkenntnis des eigenen Denkens und Fühlens verfügen, der eine weitaus größere Gewissheit besitze. Es handelt sich um die Selbsterkenntnis, die wir aus der *Perspektive der ersten Person* gewönnen. Dabei gelangten wir zu einem Wissen von uns selbst, nicht indem wir uns von außen beobachteten, sondern dadurch, dass wir nach innen blickten und insofern durch Reflexion feststellten, was wir fühlen, glauben oder wünschen, als wir eine unmittelbare, präreflexive Vertrautheit mit den Inhalten des eigenen Geistes ausnutzten, die wir allein genössen, auch wenn anderen Personen eine ähnliche Selbstvertrautheit eigen sei. Eine Selbsterkenntnis dieser Art besitze, so wird behauptet, eine Gewissheit, die jede Erkenntnis aus der Dritte-Person-Perspektive – ganz gleich, ob wir selbst oder andere ihren Gegenstand darstellen – unmöglich erlangen könne. Dies soll in zweierlei Hinsicht gelten: Wenn wir etwa reflektieren und erklären: »Ich glaube, es wird regnen«, so können wir natürlich einen Fehler in Bezug auf das Wetter begehen; das Geglaubte kann falsch sein. Es scheint jedoch, als könnten wir uns nicht darüber täuschen, wer es ist, dem wir diese Überzeugung zuschreiben, oder ebenfalls darüber, dass wir tatsächlich dieser Überzeugung sind. Diese beiden Arten von Irrtum – Fehlidentifikation und falsche Zuschreibung – seien immer dann möglich, wenn es darum geht, festzustellen, was andere glauben oder wünschen. Dies gelte jedoch nicht, wenn es um uns selbst gehe, wenigstens soweit wir uns erstpersonal auf die Reflexion stützen. Auch wenn mehr zu unserem Geist gehört, als das, dessen wir uns reflexiv bewusst sind, müsse das, was wir von uns selbst wahrnehmen, wenn wir unseren Blick nach innen wenden, notwendigerweise wahr sein.

Ich glaube nicht, dass es eine Selbsterkenntnis dieser erstpersonalen Art wirklich gibt. Die fragwürdige Metapher des »Innen« und »Außen«, der Gedanke, dass die Reflexion über uns selbst im Gegensatz zu allem Wissen über die Welt darin bestehe, unser Augenmerk auf das zu richten, was »in« unserem Geist passiert und nicht in der Welt »außerhalb« unserer selbst, hat häufig eine wesentliche Rolle in der Formulierung dieser Auffassung gespielt.[3] Dies allein ist ein Grund, skeptisch zu sein, obwohl die Metapher, wie wir sehen werden (§ 3), zurückgewiesen und die Auffassung dennoch aufrechterhalten werden können. Wenn ich aber den Gedanken einer Selbsterkenntnis aus der Erste-Person-Perspektive für einen Irrtum halte, dann vor allem aus systematischen Gründen. Die einzige Form von

---

[3] Weiteres zur Metapher des Innen und Außen in Kapitel III, § 5.

Erkenntnis, die wir von unserem eigenen Geist haben, ist eine Erkenntnis, die wir aus derselben drittpersonalen Perspektive gewinnen, aus der wir zur Erkenntnis der Gefühle, Überzeugungen und Wünsche anderer Menschen gelangen. Zwar ist es nur selten sinnvoll, die Äußerungen einer Person anzuzweifeln, die uns geradewegs erklärt, dass sie etwas denkt oder fühlt, glaubt oder wünscht. Aber die besondere Autorität, die sogenannte »Autorität der ersten Person«, die solchen Äußerungen innewohnt und sie gegen jeden Zweifel schützt, besteht nicht in einer epistemischen Gewissheit, denn sie drücken in der Tat kein Selbstwissen aus: Sie zielen nicht darauf ab, schon bestehende Tatsachen richtig zu beschreiben oder davon zu berichten. Sie haben eher den Charakter von *Bekundungen*: Sie dienen dazu, unsere Gefühle, Überzeugungen oder Wünsche bekanntzugeben. Insbesondere drücken sie die Festlegung aus, so zu denken und zu handeln, wie es den Implikationen des bekundeten Gefühls, der unterstellten Wahrheit des Geglaubten, oder dem anscheinenden Gutsein des Gewünschten entspricht. Wenn ich erkläre, »ich hoffe, dass er bald ankommt«, beschreibe ich nicht meine Hoffnung, sondern drücke sie aus, und zwar in der Form einer Äußerung, die die Absicht ankündigt, mich dementsprechend zu verhalten. Äußerungen dieser Art lassen sich nicht als falsch anzweifeln, weil sie strenggenommen weder wahr noch falsch sind. Vielmehr sind sie eben Absichtserklärungen, und wenn sie angezweifelt werden können, dann allein aus dem Grund, dass sie unaufrichtig oder dass wir nicht wirklich darauf festgelegt sind, ihnen entsprechend zu denken und zu handeln.

Zwar zeugen solche Bekundungen von einem intimen Verhältnis, das wir als denkende und handelnde Wesen zu uns selbst haben, das wir zu niemand anderem und andere niemals zu uns haben können. Entgegen der cartesianischen Auffassung aber besteht dieses konstitutive Selbstverhältnis nicht darin, dass wir mit unseren eigenen mentalen Zuständen unmittelbar vertraut wären und daher einen – wie man sagt – »privilegierten Zugang« zu ihnen hätten, der unseren reflexiven Äußerungen darüber, was wir fühlen, glauben oder wünschen, eine Gewissheit verliehe, die unsere Behauptungen über die Seelenzustände anderer nicht besitzen können. Die intime Beziehung, die wir zu uns selbst unterhalten, besteht eher darin, dass wir allein, niemand anderes an unserer Stelle, imstande sind, uns darauf festzulegen, so oder anders zu denken und zu handeln. In der Tat ist es diese wesentlich praktische, nicht kognitive, Selbstbezie-

Selbstwissen und Selbstfestlegung 61

hung, die jeden von uns zu einem Selbst oder Subjekt macht. In den Bekundungen, in denen wir erklären, was wir fühlen, glauben oder wünschen, kommt dann also diese grundlegende Selbstbeziehung reflexiv zum Ausdruck.

So lautet der Kern der Theorie der erstpersonalen Autorität und der Subjektivität überhaupt, die ich schon im ersten Kapitel und in anderen Schriften dargelegt habe.[4] Im Folgenden möchte ich diese Kritik des Gedankens eines Selbstwissens aus der Erste-Person-Perspektive weiterentwickeln. Zuerst werde ich kurz den üblichen, drittpersonalen Standpunkt beschreiben, von dem aus wir zu einer Erkenntnis der Überzeugungen, Wünsche und Gefühle anderer Menschen gelangen. Auf der Grundlage dieser Skizze kann dann der Frage nachgegangen werden, ob eine Kenntnis des eigenen Denkens jemals auf eine grundsätzlich andere Weise erlangt werden kann.

§ 2 Andere verstehen

Wir bestimmen, was andere denken, durch die Interpretation ihres Verhaltens (einschließlich ihrer Äußerungen). Dabei besteht unser Verfahren darin, ihnen die Überzeugungen, Wünsche und andere psychischen Zustände zuzuschreiben, die ihr Verhalten verständlich machen, und das heißt: die ihnen einen Grund aufgezeigt hätten, sich so zu verhalten, wie sie sich verhalten haben. So können wir beispielsweise veranlasst werden, anderen gewisse Überzeugungen zuzuschreiben, wenn sie einfach sagen, dass sie bestimmte Dinge glauben: denn solche Aussagen lassen sich normalerweise dadurch verständlich machen, dass die Personen, die sie treffen, tatsächlich die entsprechenden Überzeugungen haben. Ausnahmen sind Fälle, in denen andere Aspekte ihres Verhaltens uns Anlass geben zu denken, dass der Grund, warum sie dies oder jenes gesagt haben, ein ganz anderer gewesen sein muss, dass ihre Aussagen also verwirrt oder unaufrichtig waren.

Dass es einen solchen inneren Zusammenhang zwischen Interpretation und Rationalisierung gibt, wird einsichtig, wenn wir das Wesen dieser verschiedenen mentalen Zustände in Betracht ziehen.[5]

---

[4] Larmore, *Les pratiques du moi* (Paris, 2004) [engl. Übersetzung: *Practices of the Self* (Chicago, 2010)] und *Vernunft und Subjektivität* (Berlin, 2012).
[5] Im Folgenden beschränke ich mich zur Veranschaulichung hauptsächlich

Eine Überzeugung zum Beispiel ist kein seelisches Ereignis, sondern eine Disposition, und zudem mehr als die bloße Disposition, der Wahrheit des Geglaubten zuzustimmen. Man würde nicht sagen, dass wir etwas glauben, wenn wir dessen Wahrheit zustimmten, uns aber ansonsten vollkommen gleichgültig gegenüber seinen Implikationen verhielten. Glauben, dass p, heißt dazu disponiert sein, der Wahrheit von p gemäß zu denken und zu handeln. Oder genauer: Es heißt, wie ich bereits in Bezug auf Bekundungen (§ 1) angedeutet habe, dazu disponiert sein, indem wir darauf festgelegt sind, uns auf diese Weise zu verhalten und die Denk- und Handlungsgründe zu beachten, auf die diese Überzeugung in Verbindung mit unseren übrigen Überzeugungen und Wünschen hinweist. Freilich kann es zuweilen passieren, dass wir in einer Art und Weise denken oder handeln, die den Implikationen unserer Überzeugungen zuwiderläuft. Wenn wir uns aber dessen bewusst werden, fühlen wir normalerweise, dass wir nicht das getan haben, was wir hätten tun sollen.

So erklärt sich, warum wir jemandem nur dann eine Überzeugung zuschreiben, wenn wir bestimmen können, dass eine solche Überzeugung ihm – aus seiner eigenen Sicht – einen Grund aufgezeigt hätte, so zu handeln, wie er nach unserer Beobachtung gehandelt hat. Überzeugungen sind jedoch nicht nur derart, dass sie uns auf Gründe hinweisen. Sie entstehen allererst aus unserem Beachten von Gründen. So wie wir nichts glauben können, ohne es als wahr zu betrachten, können wir auch nichts als wahr betrachten, ohne Gründe dafür zu sehen, es für wahr zu halten. Darum schreiben wir jemandem eine Überzeugung gewöhnlich nicht allein insofern zu, als sie sein Verhalten rational verständlich machen würde, sondern auch nur dann, wenn wir aufgrund unserer Beobachtung seines Verhaltens und unserer Kenntnisse seiner Situation und seiner

---

auf Überzeugungen und Wünsche, da sie die zwei »Anpassungsrichtungen« deutlich darstellen, in denen seelische Zustände überhaupt zur Welt stehen können: Entweder zielen diese Zustände wie Überzeugungen darauf ab, sich der Welt anzupassen, oder wie Wünsche darauf, dass sich die Welt ihnen anpasse. Damit will ich aber nicht sagen, dass ich mit einer Reihe von Theorien einverstanden bin, die auf einer derartigen Entgegensetzung aufgebaut worden sind: etwa mit der Idee, dass Überzeugungen nicht aus sich selbst heraus motivieren könnten, oder jener, dass normative Urteile, da sie prinzipiell motivierend sind, nicht so geartet seien, dass sie Überzeugungen ausdrücken könnten. Beide Ideen lehne ich ab. Vgl. *The Autonomy of Morality* (Cambridge, 2008), Kapitel 5, § 8.

Perspektive schließen können, dass er einen Grund dafür gesehen haben könnte, eine solche Überzeugung anzunehmen. Kurzum: Menschen haben deshalb die Überzeugungen, die sie haben, und wir sind deshalb imstande, ihnen bestimmte Überzeugungen zuzuschreiben, weil sie Wesen sind, die sich in ihrem Denken und Handeln nach Gründen richten (oder wenigstens nach dem, was sie für solche halten). Nur deshalb können sie Überzeugungen erwerben und sich aufgrund dieser Überzeugungen so verhalten, wie sie es tun.

Ähnliches gilt für Wünsche. Ein Wunsch ist kein bloßer Drang, der uns widerfährt. Wenn wir etwas wünschen, nehmen wir es in gewisser Hinsicht als wünschenswert oder gut wahr, was bedeutet, dass wir einen bestimmten Grund dafür sehen, es zu wünschen. Etwas zu wünschen ist zwar nicht dasselbe wie etwas als gut wahrzunehmen, denn der Wunsch enthält im Gegensatz zur bloßen Wahrnehmung das Gefühl, zum Verfolgen des Gegenstands getrieben zu sein. Dennoch zwingt uns dieses Gefühl dazu, an das zu denken, was den Gegenstand reizvoll erscheinen lässt, und das auch dann, wenn wir zugleich der Meinung sind, dass er nicht wirklich oder in jeder Hinsicht gut ist. Zudem disponiert uns jeder Wunsch, sei er momentan oder habituell, dem unterstellten Gutsein seines Gegenstands, wenn nichts dagegen spricht (was natürlich oft nicht der Fall ist), entsprechend zu denken und zu handeln, und dies bedeutet wiederum, die Denk- und Handlungsgründe zu beachten, auf die der Wunsch hinweist. Auch Wünsche enthalten also Festlegungen in dem oben genannten Sinne, obwohl wir sie aufgrund unseres besseren Wissens immer außer Kraft setzen können. Folglich schreiben wir anderen Menschen diejenigen Wünsche zu, die zu erwerben sie angesichts dessen, was wir von ihrem Verhalten und ihrer Situation beobachtet haben, einen Grund gesehen haben könnten und die ihnen aus ihrer Perspektive einen Grund aufgezeigt haben könnten, so zu handeln, wie sie handelten. Wie bei Überzeugungen bilden ihre Äußerungen über ihre Wünsche einen wichtigen Teil des beobachteten Verhaltens. Wenn jemand sagt, dass er X wünscht, so ist das im Allgemeinen ein guter Beweis dafür, dass er tatsächlich einen solchen Wunsch hat, obwohl wir manchmal angesichts anderer Aspekte seines Verhaltens vermuten, dass er in Wirklichkeit verwirrt ist oder etwas ganz anderes wünscht.

So verhält es sich mit allen anderen mentalen Ereignissen oder Zuständen, wie etwa Emotionen und Gefühlen, die sich ebenfalls auf einen Gegenstand richten und daher einen intentionalen Gehalt haben. Denn insofern sie ihrem Gegenstand angeblich angemessen sind, bilden sie sich erst durch das Beachten von Gründen heraus und weisen dann ihrerseits auf Gründe hin, so oder anders zu denken und zu handeln. Wir vermuten, dass jemand verliebt ist, sofern ihm dieses Gefühl Gründe aufzeigen würde, die Dinge zu tun und – wie sogar »Ich bin verliebt« – zu sagen, die wir an ihm beobachten, und sofern er aus seiner Sicht und unter seinen Umständen Gründe hätte, ein solches Gefühl zu empfinden. Etwas anders muss es also bei der Zuschreibung mentaler Eigenschaften aussehen, die, wie Schmerzempfindungen, keinen intentionalen Charakter haben. Wenn wir denken, dass jemand Schmerzen hat, dann normalerweise nicht deshalb, weil sie ihm einen Grund gegeben hätten, die Qual in seinem Gesicht auszudrücken, sondern einfach deshalb, weil sie seine verzerrten Gesichtszüge kausal erklären würden. Wenn wir aber denken, dass er Schmerzen hat, weil er sagt, dass er leidet, dann gehen wir davon aus, dass er Gründe hat, so etwas zu sagen, und zwar unter anderem den, dass er eben Schmerzen fühlt.

Nun können wir dasselbe drittpersonale Verfahren, durch das wir zu einer Erkenntnis des Seelenlebens anderer Menschen gelangen, nämlich indem wir feststellen, was ihr beobachtetes Verhalten aus ihrer Sicht rational verständlich machen würde, auch auf die Erkenntnis unserer eigenen mentalen Zustände anwenden. Wenn wir nicht sicher sind, ob wir eine bestimmte Überzeugung oder einen bestimmten Wunsch haben, können wir z. B. erwägen, ob wir, wenn wir so etwas glaubten oder wünschten, einen Grund sehen würden, so zu handeln und zu reden, wie wir es tun, und ob unsere Situation uns einen Grund gegeben haben könnte, diese Überzeugung oder diesen Wunsch zu erwerben. Zwar wird dann dieses Verfahren von uns selbst, nicht von jemandem anderen, verwendet. Aber wir nehmen unter diesen Umständen uns selbst gegenüber dieselbe drittpersonale Perspektive ein, die jemand anderes einnehmen muss, um zu erkennen, was wir denken. In solchen Fällen haben unsere Ergebnisse deshalb keine größere Autorität, keine größere Wahrscheinlichkeit, wahr zu sein, als die Ergebnisse, zu denen andere gelangten, wenn sie sich darum bemühten, festzustellen, was wir glauben oder wünschen. Natürlich stehen uns viel mehr Belege zur Verfügung. Zugleich aber kann uns sehr wohl die nötige Objektivität fehlen, zu der andere fähig sein können, so dass wir die aufgrund der Beweislage gerechtfertigten Schlüsse durch unsere Vorstellungen der Überzeugungen und Wünsche ersetzen, die wir gerne hätten.

Dass sich andere Menschen – und nicht nur Freunde, sondern auch Fremde – manchmal einsichtiger in Bezug darauf erweisen, was wir wirklich denken, ist nur allzu bekannt.

So lässt sich bisher sagen, dass das Wissen, das wir über den Geist anderer Menschen oder auch über unseren eigenen Geist aus der drittpersonalen Perspektive gewinnen, auf Beobachtung und Schlussfolgerung beruht. Es besteht darin, das Verhalten einer Person aufgrund von Belegen, die im Prinzip allen zugänglich sind, aus ihrer Sicht rational verständlich zu machen.

Nun wird man sicherlich einwenden, wir gelangen üblicherweise nicht dadurch zur Erkenntnis unseres eigenen Geistes, dass wir uns selbst so von außen betrachten, wie wir andere Menschen betrachten, wenn wir feststellen, was sie denken. Anstatt eine rationale Erklärung des an uns beobachteten Verhaltens zu suchen, reflektieren wir. Wir fragen uns, ob wir etwas glauben oder wünschen, oder welche Meinung wir über einen bestimmten Gegenstand haben, und das Nachdenken selbst über diese Fragen halten wir für das Mittel, wodurch wir zu einer Antwort kommen. Wir allein – so wird in der Tat oft gedacht – seien in der Lage, solche Fragen durch Reflexion statt durch Beobachtung und Schlussfolgerung zu klären, weil es sich um unsere eigenen Überzeugungen und Wünsche handele. In diesen Fällen besäßen unsere Selbstzuschreibungen deshalb eine Gewissheit, eine besondere Autorität, die das Selbstwissen aus der drittpersonalen Perspektive unmöglich erreichen kann. Denn schließlich wäre es befremdlich, wenn jemand auf die Frage, was er zu einem bestimmten Thema denke, antwortete: »Warum fragst du denn mich? Deine Meinung ist genauso gut wie meine.« Wenn ein Mensch gewöhnlich feststellte, was er denkt, indem er sein Verhalten beobachtete und Schlüsse aus seinen Beobachtungen zöge, litte er unter einem pathologischen Zustand. Er wäre sogar unfähig, überhaupt kohärent zu handeln. Denn wie könnte er wissen, dass die Person, über die er all diese Informationen sammelt, er selbst ist? Diese unverzichtbare Rolle der Reflexion scheint darum die cartesianische Vorstellung zu bestätigen, nach der wir einen erstpersonalen, unmittelbaren Zugang zu den Inhalten unseres eigenen Geistes haben.

Daher ist es erforderlich, genauer zu betrachten, worin dieser Prozess der Reflexion eigentlich besteht. Zunächst jedoch eine beiläufige Bemerkung zur unterschätzten Wichtigkeit der drittpersonalen Beziehung, die wir zu uns einnehmen können. Gemeinhin gehen Philosophen davon aus, dass unsere Gedanken über uns selbst aus der Erste-Person-Perspektive das ausschlaggebende Phänomen seien, das es zu analysieren gilt. Im Gegensatz zu der Ansicht, die sie dann häufig vertreten, habe ich meinerseits behauptet, dass diese erstpersonale Perspektive, ganz gleich welche anderen Eigenschaften sie haben mag, kein Instrument der Selbsterkenntnis ist. Ganz abgesehen von dieser Kontroverse bin ich aber der Überzeugung, dass unser Vermögen, uns selbst gegenüber eine drittpersonale Perspektive einzunehmen, an sich ein höchst merkwürdiges Phänomen darstellt. Wir sind nicht die einzigen Wesen, die sich an Gründen orientieren. Auch die höheren Tiere haben Überzeugungen und Wünsche; auch sie sind innerhalb bestimmter Grenzen fähig zu reflektieren und zu überlegen, was sie in einer gegebenen Situation tun sollen. Jedoch kann sich kein Hund und auch kein Affe, wie ich glaube, von außen betrachten und sich als lediglich einen Hund oder einen Affen unter anderen Hunden oder Affen begreifen, sondern er sieht alles aus seiner eigenen, erstpersonalen Perspektive oder höchstens, wenn er das Verhalten eines anderen Hundes oder Affen nachahmt, aus der Perspektive eines anderen, der ihm irgendwie wichtig ist. Das Vermögen jedes Menschen, sich vollständig in der dritten Person – oder, wie man gewöhnlich sagt, »unpersönlich« – als einen Menschen unter anderen Menschen zu betrachten, ist in der Tat, was es uns im Unterschied zu solchen Tieren ermöglicht, moralische Wesen zu sein.[6] Diesen letzten Punkt werde ich hier aber beiseitelassen, um mit der Analyse der Reflexion als Mittel zur Erkenntnis unserer selbst fortzufahren.

§ 3 Den eigenen Geist erkennen

Wenn von unserer Fähigkeit gesprochen wird, durch Reflexion festzustellen, was wir selbst glauben oder wünschen, versteht man manchmal darunter, dass wir unser Gedächtnis befragen: Wir erinnern uns an Gedanken und Handlungen, die, so unterstellen wir, jene mentalen Zustände, nach deren Existenz wir fragen, verkörpern

---

[6] Vgl. meinen Aufsatz, »Reflection and Morality«, in E. F. Paul et al. (Hg.), *Moral Obligation* (Cambridge, 2010), 1–28. Dieses Vermögen analysierte Helmuth Plessner in *Die Stufen des Organischen und der Mensch* ([1928] Berlin, 1975) ganz allgemein als die einzigartige »Exzentrizität« des Menschen.

Selbstwissen und Selbstfestlegung 67

könnten. Doch ist Reflexion in diesem Sinne nur eine weitere Weise, um zu einer Selbsterkenntnis aus der drittpersonalen Perspektive zu gelangen. Denn es werden dabei nicht nur unsere gegenwärtigen Überzeugungen oder Wünsche aus dem gefolgert, was wir in der Vergangenheit glaubten oder wünschten; wir müssen dabei auch die erinnerten Gedanken und Handlungen erst interpretieren, um sie als Ausdruck bestimmter Überzeugungen oder Wünsche anzusehen. Wir können uns nicht an Überzeugungen oder Wünsche als solche erinnern, sondern nur an vergangenes Verhalten – an das, was wir gesagt, gefühlt oder getan haben –, das uns auf diese schließen lässt. In solchen Fällen verwenden wir daher das im Wesentlichen drittpersonale Verfahren, das darin besteht, Schlussfolgerungen aus Beweisen zu ziehen, und zwar in den beiden erwähnten Hinsichten. Im Prinzip könnte eine andere Person ebenso verfahren. Sie könnte sich auf dieselben Beweise beziehen (die für sie natürlich keine Erinnerungen, sondern etwas von uns Berichtetes wären), daraus dieselben Schlüsse ziehen wie wir und somit zu Aussagen über unsere Geistesinhalte gelangen, die nicht weniger maßgeblich wären als unsere eigenen. Nur selten stellen wir unseren mentalen Zustand dadurch fest, dass wir unser gegenwärtiges Verhalten beobachten. Häufig aber stützen wir uns auf diese zweite, auf Gedächtnis statt auf Beobachtung basierende drittpersonale Methode, wenn wir darüber rätseln, was wir in einer gewissen Hinsicht glauben oder wünschen, oder wenn wir uns vergewissern wollen, dass wir diesbezüglich keine Fehler gemacht haben.

Ähnliches gilt für eine andere Form von Reflexion, von der man gemeinhin ebenfalls sagt, sie ermögliche es uns, zur Selbsterkenntnis zu gelangen. In der sogenannten »Introspektion« wenden wir uns unseren gegenwärtigen Gedanken und Gefühlen zu, davon ausgehend, dass sie erkennen lassen, was wir glauben oder wünschen. Doch handelt es sich auch hier um eine wesentlich drittpersonale Methode, die aus Belegen und Schlussfolgerungen besteht. Wir können nicht unsere Überzeugungen und Wünsche selbst wahrnehmen, sondern nur seelische Ereignisse, die wir als deren Ausdruck interpretieren. Wenn ich feststelle, dass ich mir wiederhole, heute wird es besser, oder dass ich von einer Schwarzwaldtorte phantasiere, dann habe ich freilich gute Gründe zu denken, dass ich glaube, heute wird ein besserer Tag sein, oder dass ich gerne ein Stück Torte essen würde. Aber andere Interpretationen sind auch möglich. Und obwohl die Gedanken und Gefühle, auf die ich mich stütze, zunächst einmal mir allein zur Verfügung stehen, könnte ich sie laut aussprechen, wodurch jeder andere dann dieselben Schlüsse ziehen könnte wie ich oder sogar Gründe sehen würde, mein Verständnis zu korrigieren: Jemand könnte etwa einwenden, ich glaube nicht wirklich, dass es heute besser wird, sondern sage mir dies nur, um mich zu überreden, dass es nicht schlimmer wird.

Soll Reflexion daher ein erstpersonales Mittel der Selbsterkenntnis darstellen, dann müsste sie eine vollkommen andersartige Tätigkeit sein. Sie müsste darin bestehen, festzustellen, was für Überzeugungen oder Wünsche wir haben, ohne sich auf Beweismaterial aus unseren vergangenen oder gegenwärtigen Handlungen, Aussagen oder Gedanken und Gefühlen zu berufen. Nun scheint die Weise, auf die wir am häufigsten bestimmen, ob wir etwas glauben oder wünschen, nicht auf solche Belege zurückzugreifen. Und obwohl sie sicherlich als eine Form von Reflexion gilt, erfordert sie außerdem gar keinen Blick nach innen, im Gegensatz zur üblichen Weise, die Möglichkeit einer erstpersonalen Selbsterkenntnis zu begreifen. Wenn wir gefragt werden oder uns selbst fragen, ob wir glauben, dass Marlene eine Diebin ist oder ob wir Himbeeren essen möchten, richten wir unser Augenmerk normalerweise nicht auf uns selbst, sondern auf Marlene oder auf Himbeeren, und beantworten die Frage dadurch, dass wir darüber nachdenken, ob Marlene tatsächlich eine Diebin ist oder ob Himbeeren gerade jetzt gut schmecken würden. Wie Gareth Evans an einer berühmten Stelle bemerkte, erledigen wir diese Fragen nicht dadurch, dass wir nach innen blicken und die eigenen Geisteszustände durch irgendeinen rätselhaften »inneren Sinn« erforschen. Im Gegenteil: Wir blicken nach außen und denken an die Sache selbst, auf die eine solche Überzeugung oder ein solcher Wunsch gerichtet wäre.[7] Das einzige Beweismaterial, das wir dann in Betracht ziehen, bezieht sich darauf, ob die Überzeugung wahr oder der Gegenstand gut ist, nicht auf uns und unseren eigenen Gemütszustand. Wenn wir feststellen wollen, ob jemand anderes glaubt, dass Marlene eine Diebin sei, oder Himbeeren essen möchte, wird unser Augenmerk ganz bestimmt auf seinen Geist (und sein Verhalten) gerichtet, und wir können die Frage meistens beantworten, ohne uns mit Marlene oder Himbeeren selbst zu befassen. Nicht so, wenn es darum geht, was wir selbst glauben oder wünschen. Während diese Form der Reflexion also in der Tat aus der Erste-Person-

---

[7] Gareth Evans, *The Varieties of Reference* (Oxford, 1982), 225 ff.

Selbstwissen und Selbstfestlegung 69

Perspektive ausgeübt wird – da wir nur Fragen, die sich auf unseren eigenen Geist beziehen, auf diese Weise klären können –, zeichnet sie sich zugleich, um den hilfreichen Ausdruck von Richard Moran zu verwenden, durch eine besondere Art von »Transparenz« aus: Die Frage danach, was wir denken, beantworten wir dann dadurch, dass wir sozusagen durch unser eigenes Denken hindurchschauen, um die Welt selbst zu betrachten.[8]

Warum verfährt Reflexion in diesem Sinne zugleich aus der Erste-Person-Perspektive und transparent gegenüber der Welt? Moran hat meines Erachtens vollkommen recht, wenn er antwortet, der Grund dafür sei, dass wir dann in Wirklichkeit den wesentlich praktischen, *deliberativen* Standpunkt eingenommen haben, von dem aus wir überlegen, was wir glauben oder wünschen sollen. Denn im Allgemeinen machen wir nur das zum Gegenstand des Überlegens, was an uns liegt, und zwar indem wir diese Sache selbst in Betracht ziehen, um herauszufinden, welche Gründe es gibt, damit so oder anders umzugehen. Wenn wir also dadurch bestimmen, ob wir etwas glauben oder wünschen, dass wir unser Augenmerk nicht auf unsere eigenen Einstellungen, sondern auf die Sache selbst richten, sind wir eigentlich damit befasst, uns zu entscheiden, ob wir es glauben oder wünschen sollen. Folglich haben, wie Moran ebenfalls zu Recht erklärt, die Schlüsse, zu denen wir gelangen – Schlüsse wie »ich glaube, dass Marlene eine Diebin ist« oder »ich möchte gern Himbeeren essen« – den Charakter von *Bekundungen*: Indem wir sie äußern, legen wir uns darauf fest, etwas zu glauben oder zu wünschen, sei es zum ersten Mal oder dieses Mal ausdrücklich.[9] Damit wird einsichtig, warum jede solche Äußerung jene Erste-Person-Autorität besitzt, die sie gegen jede Anzweiflung bezüglich ihrer Wahrheit immunisiert: Sie ist kein Bericht einer Tatsachenentdeckung, sondern bringt eine Intention zum Ausdruck. So habe ich bereits zu Beginn (§ 1) argumentiert. In all diesen Aspekten stimmen also die Ansichten Morans mit denen überein, die ich meinerseits auch in früheren Schriften vertreten habe.[10]

Zwar bekundet nicht jede Bekundung eine Selbstfestlegung. Dies hat Dorit Bar-On in ihrer ähnlich angelegten Theorie von Bekun-

---

[8] Richard Moran, *Authority and Estrangement. An Essay on Self-Knowledge* (Princeton, 2001), 101.
[9] Moran, op. cit., 60 ff., 83 ff.
[10] Vgl. vor allem *Les Pratiques du moi* [*Practices of the Self*], Kapitel 5.

dungen und Erste-Person-Autorität zu Recht herausgestellt.[11] Ausnahmen sind Fälle, in denen wir einen Geisteszustand bekunden, der nicht intentionaler Natur ist, wie wenn wir etwa sagen, »Ich habe Schmerzen« oder »Ich habe Hunger«. Dies ist jedoch nicht überraschend, da Empfindungen dieser Art, wie ich weiter oben (§ 2) angedeutet habe, keine Empfänglichkeit für Gründe besitzen und daher keine Festlegungen zum Ausdruck bringen können.

Ich komme aber jetzt zu dem Punkt, in dem ich mich trotz all dieser Gemeinsamkeiten von Evans, Moran und Bar-On unterscheide. Sie halten noch immer an einem grundlegenden Bestandteil der cartesianischen Position fest, nämlich an der Vorstellung, dass uns diese erstpersonale Form der Reflexion ein Wissen über uns selbst ausmacht. Ich bin im Gegenteil der Ansicht, dass Bekundungen, insofern sie Festlegungen oder lediglich Empfindungen ausdrücken, keine Akte des Selbstwissens darstellen, und dass sich jede uns zur Verfügung stehende Art von Selbsterkenntnis allein aus der Dritte-Person-Perspektive erwerben lässt.

Meine Gründe für diese Ansicht scheinen mir ebenso einfach wie ausschlaggebend zu sein. Wenn wir etwas bekunden, so geht es uns nicht darum, unseren mentalen Zustand richtig zu beschreiben, sondern darum, ihn auszudrücken. Wir sind nicht zu einem Zuschauer unserer selbst geworden: Wir führen innerhalb unseres Geistes keine Trennung zwischen Subjekt und Objekt, zwischen Erkennendem und Erkanntem ein, wie es für jede Erkenntnisbeziehung erforderlich ist. Wir sind vielmehr eins mit uns selbst, da etwas bekunden schlichtweg bedeutet, dem Bekundeten Ausdruck zu verleihen. Hinzu kommt Folgendes: Insofern als unsere Bekundung – wie etwa, wenn wir erklären, dass wir etwas glauben oder wünschen, – tatsächlich eine Festlegung ausdrückt, auf bestimmte Weise zu denken oder zu handeln, kann es uns dabei nicht darum gehen, unseren eigenen Geisteszustand zu erkennen, da der Begriff der Erkenntnis voraussetzt, dass das Erkannte ohnehin da ist, unabhängig davon, ob es erkannt wird. Wenn wir aber eine Festlegung bekunden, geht diese Festlegung unserm Bekunden nicht schon irgendwie voraus, sondern entsteht erst durch das Bekunden selbst. Es wäre eine magische Art von Erkenntnis, die ihren Gegenstand durch den Akt des Erkennens erschüfe.

---

[11] Dorit Bar-On, *Speaking My Mind* (Oxford, 2004), 137.

Selbstwissen und Selbstfestlegung

Aus diesen beiden Gründen können Bekundungen als solche keine Vorgänge sein, in denen wir ein Wissen von unseren eigenen Geisteszuständen gewinnen. Dennoch vertritt etwa Evans explizit die entgegengesetzte Ansicht: Richten wir unser Augenmerk, während wir darüber nachdenken, ob wir etwas glauben, auf den Gegenstand selbst und erklären anschließend, dass wir dies tatsächlich glauben, so gelangen wir gerade dadurch, behauptet Evans, zu der Erkenntnis, dass wir diese Überzeugung haben.[12] Wie kann das sein? Evans bietet keine Rechtfertigung für seine Behauptung. Er geht jedoch davon aus, dass wir uns bei einer solchen Bekundung die fragliche Überzeugung *zuschreiben*, und diese Annahme ist vermutlich der Schlüssel zu seiner Auffassung. Denn Bar-On geht von derselben Annahme aus, integriert sie in ihre Analyse des Wesens von Bekundungen und kommt eben dadurch zu dem Schluss, dass Bekundungen eine besondere Art von Selbstwissen darstellten. Ihre Argumentation ist wie folgt: »Bekundungen«, erklärt sie, »schreiben sich selbst gerade die Zustände zu, die sie ausdrücken«.[13] Insofern eine Bekundung den mentalen Zustand des Bekundenden zum Ausdruck bringt, erstatte sie keinen Bericht und erhebe daher keinen Wissensanspruch, so dass die Autorität, die sie offensichtlich besitzt und die sie gegen jede Anzweiflung bezüglich ihrer Wahrheit schützt, insoweit eine expressive und keine epistemische sei. Dennoch schreibe sie dem Bekundenden zugleich diesen mentalen Zustand zu, und in dieser Hinsicht gelte sie im Allgemeinen (Ausnahmen sind Fälle von Unaufrichtigkeit, Selbsttäuschung und Wunschdenken) als wahr und bilde somit eine »privilegierte« Art von Wissen. Das Privileg bestehe nicht in irgendeiner besonderen epistemischen Autorität, sondern darin, dass dieses Selbstwissen allein dem gehöre, der auf diese Weise seinen Geisteszustand bekundet.

Aber warum sollte man mit Bar-On annehmen, dass wir beim Bekunden zwei Dinge gleichzeitig tun: einen mentalen Zustand ausdrücken und ihn uns zuschreiben? Diese beiden Dinge können wir nicht in ein und derselben Handlung vollziehen, denn nur wenn wir das erste tun, können wir *dann* das zweite tun. Wir drücken schließlich den mentalen Zustand nicht als einen uns selbst zugeschriebenen

---

[12] Evans, op. cit., 225.
[13] Bar-On, 23: »Avowals self-ascribe the very conditions they express«. Kurze Darstellungen ihrer Theorie finden sich auf 10–15, 231–232, 263–264, 336.

aus, sondern schreiben ihn uns als einen zu, den wir soeben ausgedrückt oder bekundet haben. Zudem: Müssen wir ihn uns in der Tat zuschreiben? Sicher können wir dies tun, wenn wir wollen, wie andere es auch tun können, da es eine (unter den oben erwähnten Ausnahmen stehende) allgemeine Wahrheit ist, dass sich jemand, der einen mentalen Zustand bekundet, in eben diesem Zustand befindet: So legt sich insbesondere jemand, der bekundet, dass er etwas glaube, in der Regel darauf fest, in der angemessenen Weise zu denken und zu handeln, und erwirbt (bzw. bekräftigt) gerade damit die entsprechende Überzeugung. Jedoch sind wir nicht gezwungen, uns eine Überzeugung zuzuschreiben, die wir bekunden. Wir können sie einfach bekunden und nichts weiter; vielleicht sind wir uns ihrer nicht einmal bewusst. Die Überzeugung ist zwar selbstzuschreibbar, aber nur indem wir sie uns tatsächlich zuschreiben, gelangen wir zu einer Erkenntnis unserer selbst. Bar-On sieht es als einen Vorzug ihrer Theorie an, dass sie die »semantische Kontinuität« bewahre: Bekundungen scheinen wie gewöhnliche Tatsachenaussagen logisch zu funktionieren. So etwa, wenn jemand aus meiner Bekundung »Ich glaube, dass Marlene eine Diebin ist« die Schlussfolgerung zieht: »CL glaubt, dass Marlene eine Diebin sei«; oder wenn ich etwas allgemeiner behaupte: »Ich glaube, dass Marlene eine Diebin ist, und du glaubst es auch – damit sind wir schon zwei.« Solche Fälle lassen sich aber leicht dadurch erklären, dass sich alle der allgemeinen Wahrheit bewusst sind, die ich erwähnt habe: Bekundungen stellen im Allgemeinen schlüssige Beweise für das Bestehen der von ihnen bekundeten Geisteszustände dar.

Genau aus diesem Grund wird jede Selbsterkenntnis, die wir durch Bekundungen erwerben, wesentlich aus der Dritte-Person-Perspektive gewonnen. Es ist wahr, dass jeder von uns allein, niemand anderes an seiner Stelle, imstande ist, seinen mentalen Zustand zu bekunden. Wir gelangen aber dadurch grundsätzlich in derselben Weise zu der Erkenntnis, dass wir dieses oder jenes denken oder fühlen, wie ein anderer dazu gelangen könnte: Wir sehen unsere Bekundung als ein Anzeichen dafür, dass wir uns in dem von uns bekundeten mentalen Zustand befinden. Natürlich können unsere Bekundungen manchmal stumm sein. Wenn wir sie nicht aussprechen, können sich andere nicht auf deren Grundlage eine Meinung über unseren Geisteszustand bilden. Dies ändert jedoch nichts daran, dass wir selbst, wenn wir dann zu dem Gedanken gelangen, dass wir dieses oder jenes glauben, wünschen oder fühlen, eine solche Selbsterkenntnis auf eine drittpersonale Weise erworben haben, indem wir sie aus unserer unausgesprochenen Bekundung gefolgert haben. Denn hätten wir sie uns selbst gegenüber geäußert und jemand hätte es zufällig mitgehört, so hätte er auf dieselbe Weise wie wir zu einer Erkenntnis unseres Geisteszustands gelangen können.

Im Allgemeinen ist es unerlässlich, deutlich zwischen einer Bekundung und einer darauf aufbauenden Selbstzuschreibung zu unterscheiden. Wenn wir etwa unsicher sind, ob wir etwas glauben, und, unser Augenmerk auf den Gegenstand richtend, uns selbst oder anderen dann sagen:»Ja, ich glaube, dass Marlene eine Diebin ist«, so denken wir natürlich, dass wir die Frage beantwortet haben. Dies haben wir aber nur insofern getan, als wir die in dieser Bekundung ausgedrückte Festlegung als die Billigung einer Überzeugung betrachten, die wir schon immer gehabt haben. Denn es war dabei nicht unser Ziel, uns zum ersten Mal eine Meinung über Marlenes Anständigkeit zu bilden, sondern vielmehr festzustellen, was wir tatsächlich darüber denken, und daher haben wir dieses Stück Selbsterkenntnis aus der Bekundung gefolgert, gerade so, wie jeder andere es auch hätte folgern können. Es handelt sich nicht um eine Erkenntnis, die in der Bekundung selbst ausgedrückt worden wäre. Hier liegt also noch eine vierte, wesentlich drittpersonale Methode zur Erkenntnis unserer eigenen mentalen Zustände vor. Da diese nicht auf Beobachtung, Gedächtnis oder Introspektion, sondern auf Bekundungen beruht, und da sich Bekundungen selbst aus der Erste-Person-Perspektive vollziehen, kann diese Methode sehr leicht – aber fälschlicherweise – für eine erstpersonale Art des Selbstwissens gehalten werden.

§ 4 Zur Überwindung der cartesianischen Tradition

Wie erwähnt, hält auch Moran, obwohl er wie ich die besondere Autorität von Bekundungen durch ihre praktische Natur als Ausdruck von Selbstfestlegungen erklärt, noch immer im Unterschied zu mir an jenem Bestandteil der cartesianischen Auffassung fest, dem zufolge diese Form der Reflexion an sich ein privilegiertes, erstpersonales Wissen von unseren eigenen mentalen Zuständen darstelle. An vielen Stellen seines Buches entwickelt Moran, wie er sagt, »ein Bild des Selbstwissens, dem zufolge es die Fähigkeit einschließt, seinen eigenen Geisteszustand zu bekunden und sich diesen nicht lediglich selbst zuzuschreiben«.¹⁴ Der Untertitel seines Buches lautet dementsprechend: »An Essay on Self-Knowledge«. Warum folgt er dieser Linie? Warum nimmt er diesen hybriden Standpunkt ein und nicht eher den radikalen, seines Erachtens zweifellos viel zu radikalen Standpunkt, den ich vertrete? Es kann sein, dass er, wie sich aus dem zitierten Satz schließen lässt, zusammen mit Evans und Bar-On das Bekunden einer Überzeugung mit dem Selbstzuschreiben derselben vermengt. Dies wäre ein Fehler: Denn obwohl letzteres in der Tat einen Anspruch auf Selbsterkenntnis erhebt, ist es nicht mit dem Akt des Bekundens identisch, sondern stellt einen zweiten Akt dar, den man auf der Grundlage des ersten vollzieht. Es gibt, wie ich betont habe, einen wesentlichen Unterschied zwischen den folgenden zwei Haltungen: einerseits, eine Überzeugung zu bekunden, was (wie Moran auch meint) die praktische Haltung des Selbstfestlegens ausdrückt; und andererseits, es für wahr zu halten, dass man diese Überzeugung hat, was im Grunde eine theoretische Einstellung ist, die man sich selbst gegenüber einnimmt.

Ich vermute aber, dass sich Moran dem Gedanken widersetzen würde, die Selbsterkenntnis beruhe ihrem Wesen nach auf einer »theoretischen« Einstellung zu sich selbst. Gewiss wies Elizabeth Anscombe, der er sich in seinem Denken tief verpflichtet erklärt, eine solche Gleichsetzung zurück, als sie »[dem] Wissensbegriff unserer neuzeitlichen Philosophie« vorwarf, »unabänderlich kontemplativ« zu sein, und behauptete, dass das Wissen, das ein Handelnder von der Absicht hat, mit der er handelt (d.h. sein Wissen von dem, was er eben tut), ein »praktisches Wissen« sei, das er unmittelbar, ohne Beobachtung und Schlussfolgerung besitze und das »die Ursache dessen [sei], was es versteht«.¹⁵ Diese Analyse Anscombes

---

¹⁴ Moran, op. cit., 100: »a picture of self-knowledge as involving the ability to avow one's state of mind and not merely to attribute it to oneself«. Vgl. auch insbes. xxix, xxxi, 3, 90 und 134.
¹⁵ G. E. M. Anscombe, *Intention* (Oxford, 1957/1963), §§ 28–32, 48; zit. nach der deutschen Übersetzung von Joachim Schulte, *Absicht* (Berlin, 2011). Nach Anscombe (§ 48) ist der bemerkenswerte Satz, das praktische Wissen sei »die Ursache dessen, was es versteht« – »the cause of what it understands« – ein Zitat aus Thomas von Aquins *Summa Theologiae* (Ia IIae, Q3, art. 5, obj. 1). Das ist eine ungenaue Übertragung des Lateinischen – »*intellectum practicum, qui est causa rerum intellectarum*« –, was einfach bedeutet: »den praktischen Intellekt, der die Ursache der Dinge ist, die verstanden oder erfasst sind«. Freilich ist der praktische Intellekt nach Thomas ein Erkenntnisvermögen, das uns vermittelt, was wir tun sollen. Aber wenn

Selbstwissen und Selbstfestlegung 75

wird in der Tat von Moran als Modell für seine eigene Auffassung von Bekundungen angeführt, der zufolge diese ein praktisches und kein theoretisches oder zuschauerbasiertes Wissen von den durch sie ausgedrückten Überzeugungen und Wünschen darstellten, ein Wissen, das, wie er immer wieder betont, nicht auf Beobachtung und Schlussfolgerung basiere.[16] Die angeblichen Einsichten von Anscombes Theorie des intentionalen Handelns sind also wahrscheinlich ein weiterer Grund dafür, dass er Bekundungen als ebenso kognitiv wie praktisch orientiert verstehen will.

Ich stehe aber Anscombes Ausführungen nicht so positiv gegenüber wie Moran. Wie ich bereits (§ 3) bemerkt habe, müsste es ein magisches Wissen sein, das seinen Gegenstand selbst hervorbrächte und deshalb »die Ursache dessen wäre, was es versteht«. Etwas erkennen heißt, es so erfassen, wie es tatsächlich ist, und das heißt unter anderem, wie es unabhängig vom Akt des Erkennens besteht. Ein »praktisches Wissen«, so wie Anscombe es definiert, kann überhaupt kein Wissen sein. Freilich erkennt ein Handelnder normalerweise die Absicht seines Handelns (d. h., was genau er tut) besser als jeder andere, und dieses bessere Wissen rührt natürlich daher, dass er der Handelnde ist. Seine Überlegenheit besteht aber nicht darin, dass er sich seiner Absicht durch eine besondere Art von Wissen bewusst sei. Sie beruht vielmehr darauf, dass er allein als Handelnder sich selbst oder anderen zu irgendeinem Zeitpunkt seines Handelns seine Absicht bekunden kann, was er sich selbst gegenüber typischerweise zuweilen tut, wenn die Handlung besonders kompliziert ist und eine Reihe von Schritten umfasst. Wie bei der Bekundung einer Überzeugung oder eines Wunsches, probt dann der Handelnde in sich, was er mit seiner Handlung vorhat, indem er sein Augenmerk nicht auf die Vorgänge in seinem Geist richtet, sondern auf die Gegenstände in der Welt, mit denen er zu tun hat, d. h. auf die Situation, auf die

---

er späterhin im selben Artikel das Verhältnis des praktischen Intellekts zu dem, was er erkennt (*ad suum cognitum*), erwähnt, hat er Folgendes offenbar im Sinn: Obwohl der praktische Intellekt das von ihm Erkannte – die zu vollziehende Handlung – verwirkliche, indem er uns dazu bewege, so zu handeln, verursache er dabei nicht das, was er erkennt, sondern vielmehr die Folge oder Realisierung dieser Erkenntnis, nämlich die vollzogene Handlung. Der praktische Intellekt, wie Thomas sagt, sei die Ursache der Dinge, die er erfasst *habe* (*causa rerum intellectarum*). Das ist eine viel banalere Position als die von Anscombe eingenommene.

[16] Moran, op. cit., 126 und z. B. 10–11.

er reagiert, und auf die Änderungen, die er in ihr herbeiführen will. Er kann seine Aufmerksamkeit jedoch auch diesen Bekundungen selbst zuwenden und auf ihrer Grundlage sich selbst oder anderen sagen – und zwar als etwas, das er über sich weiß –, dass er eine gewisse Absicht habe. Das Wissen, das er dann von seiner Absicht hat, erzeugt diese Absicht nicht, aber der Handelnde allein kann die Art von schlüssigen Belegen, d. h. die Bekundungen erzeugen, die ein solches Selbstwissen ermöglichen.

Ich habe bereits erwähnt (§ 2), dass es befremdlich wäre, wenn jemand auf die Frage danach, was er zu etwas denke oder was die Absicht seiner Handlung sei, zur Antwort gäbe: »Warum fragst Du denn mich? Deine Meinung ist genauso gut wie meine«. Dennoch können wir jetzt sehen, warum ein solcher Fall keine Schwierigkeit für die Auffassung darstellt, dass all unser Selbstwissen aus der Dritte-Person-Perspektive erfolgt. Seine Antwort wäre seltsam, nicht weil er über ein erstpersonales Wissen von seinen eigenen Überzeugungen oder Absichten verfügt, sondern weil er die erstpersonale Fähigkeit besitzt, seine Überzeugungen oder Absichten zu bekunden, wodurch er sich in der Regel die bestmöglichen Beweismittel besorgen kann, um zu wissen, was er glaubt oder beabsichtigt. Im Allgemeinen ist daher das Individuum selbst die ideale Person, die man ansprechen soll. Nichtsdestoweniger können wir manchmal so ratlos darüber sein, was wir eigentlich glauben oder beabsichtigen, und allem, was wir dazu bekunden würden, so misstrauisch gegenüberstehen, dass wir in der Tat verzweifelt antworten: »Deine Meinung ist genauso gut wie meine«.

In den vorhergehenden Abschnitten habe ich versucht zu zeigen, dass das auf der Dritte-Person-Perspektive beruhende Selbstwissen kein so marginales Phänomen ist, wie häufig angenommen wird. Es kommt nicht nur dann vor, wenn wir aus der Beobachtung unseres Verhaltens auf unsere Überzeugungen und Wünsche schließen, was ja ein eher außergewöhnliches Vorgehen ist. Es umfasst auch die ganz gewöhnlichen Verfahrensweisen, durch die wir bestimmen, was wir glauben oder wünschen, indem wir uns an relevante Gedanken und Handlungen aus der Vergangenheit erinnern, Introspektion ausüben, oder uns auf die Bekundungen stützen, durch die wir unsere Überzeugungen, Wünsche oder Absichten ausdrücken.

Diese vier Methoden scheinen mir – abgesehen natürlich von der Berufung auf die Meinungen anderer – die einzigen zu sein, die wir haben, um zu einer Erkenntnis unserer selbst zu gelangen. Sie ha-

Selbstwissen und Selbstfestlegung

ben alle einen drittpersonalen Charakter, da jede andere Person sie im Prinzip genauso gut wie wir anwenden könnte, um festzustellen, was wir glauben oder wünschen, auch wenn sich die letzte Methode auf Belege stützt, die nur wir selbst liefern können. Ich sehe kein überzeugendes Beispiel eines wesentlich erstpersonalen Selbstwissens und verstehe auch nicht, was ein solches Selbstwissen sein könnte. Denn insofern jeder Erkenntnisanspruch behauptet, etwas so zu erfassen, wie es tatsächlich ist, muss er so geartet sein, dass andere seine Richtigkeit ebenfalls bestätigen oder bestreiten können.[17] Dadurch erklärt sich die altbekannte Wahrheit, die nur gewisse Philosophen vergessen zu haben scheinen, nämlich dass andere Menschen uns oft besser erkennen als wir selbst. Dadurch wird auch deutlich, inwiefern wir wesentlich soziale Wesen sind: Eine Erkenntnis unserer selbst ist nur unter der Bedingung möglich, dass wir uns vom Gesichtspunkt eines Anderen aus betrachten.[18]

Zugleich aber stehen wir auch, wie ich zu Beginn angedeutet habe, in einer erstpersonalen Beziehung zu uns selbst, die uns zu den Wesen macht, die wir sind. Allein, es handelt sich um eine Selbstbeziehung, die uns nicht so sehr als erkennende denn als handelnde Wesen auszeichnet, die sich festlegen können und müssen. Ein Selbst oder ein Subjekt werden wir zwar erst dadurch, dass wir eine Beziehung zu uns selbst haben. Aber im Gegensatz zur Hauptströmung der neuzeitlichen Philosophie seit Descartes besteht diese grundlegende Selbstbeziehung, die uns zu einem Selbst macht, nicht in einer intimen Bekanntschaft mit uns selbst und unserem eigenen Denken. Der Gedanke, dass unsere Grundbeziehung zu uns selbst eine des Selbstwissens sei, führt entweder, wenn sie an sich als eine Reflexionsbeziehung begriffen wird, in die Paradoxie – da das Selbst bereits existieren muss, wenn es zum Gegenstand der Reflexion werden soll

---

[17] Wie Gilbert Ryle zu Recht bemerkte, ist »erkennen« ein »Leistungswort«, so dass es keinen Sinn hat, von Leistung oder Erfolg zu reden, wo es keine Möglichkeit des Scheiterns gibt. S. Ryle, *Der Begriff des Geistes*, übers. K. Baier, Stuttgart, 1969, 204 f.
[18] Vgl. Hans Blumenberg, *Beschreibung des Menschen* (Berlin, 2014), 892: »Was als Herrschaft des Man in der Alltäglichkeit erscheint, als Abhängigkeit des einzelnen von den Meinungen der anderen über ihn, das hängt nur sekundär an der Definition des Menschen als eines Sozialwesens. Primär ist es seine Unfähigkeit, sich Klarheit über sich selbst zu verschaffen, ohne dies unter Bedingungen der Objektivierungswünsche der anderen über ihn zu tun.«

– oder ins Rätselhafte, wenn sie als eine unmittelbare, präreflexive (in unseren Bekundungen reflexiv zum Ausdruck kommende) Selbstvertrautheit definiert wird, in der es keinen Unterschied zwischen Subjekt und Objekt gebe.[19] Stattdessen ist es die praktische Beziehung des Sich-Festlegens, die jeden von uns zu einem Selbst macht.

Weiter oben (§ 2) habe ich erklärt, wie die verschiedenen Elemente unseres geistigen Lebens ihrem Wesen nach gerade diese Art von Selbstverhältnis verkörpern: Etwas glauben oder wünschen (ob wir uns der Überzeugung oder des Wunsches reflexiv bewusst sind oder nicht), heißt, darauf festgelegt zu sein, der unterstellten Wahrheit des Geglaubten bzw. dem anscheinenden Gutsein des Gewünschten entsprechend zu denken und zu handeln. Da Überzeugungen und Wünsche Selbstfestlegungen dieser Art nur deshalb enthalten können, weil wir, wie ich ebenfalls angedeutet habe, imstande sind, uns nach Gründen zu richten, lässt sich das wesentliche Selbstverhältnis, das wir als Subjekte zu uns selbst haben, noch grundlegender als ein Verhältnis des Sich-Richtens nach Gründen charakterisieren. Insofern Gründe ihrerseits in der Relevanz bestimmter Umstände in der Welt für unsere Denk- und Handlungsmöglichkeiten bestehen, kann das grundlegende Selbstverhältnis, durch das unsere Subjektivität konstituiert wird, nicht (wie die cartesianische Vorstellung einer unmittelbaren Selbstvertrautheit annahm) unabhängig von unserem Umgang mit der Welt bestehen, geschweige denn (wie diese Vorstellung ursprünglich beabsichtigte) all unser Wissen von dem, was außerhalb unseres Geistes existiert, fundieren. Im Gegenteil: Diese Selbstbeziehung ist mit einer Beziehung zur Welt untrennbar verbunden.[20]

Obwohl ich die Existenz eines erstpersonalen Selbstwissens bestreite, bin ich also auch der Ansicht, dass wir von uns selbst pathologisch entfremdet wären, wenn wir uns zu uns selbst nur aus der Dritte-Person-Perspektive – als Zuschauer unserer selbst – verhalten könnten. Streng genommen ist dies sogar unmöglich, denn damit hörte man auf, überhaupt ein Selbst zu sein. Aber die besondere Beziehung, die uns zu einem Selbst macht und die niemand anders an unserer Stelle einnehmen kann, besteht nicht darin, dass wir über eine intime Vertrautheit mit unseren Geisteszuständen und Hand-

---

[19] Zu diesen beiden Sackgassen, s. Kapitel I, § 2.
[20] Ausführlicher dazu in Kapitel I, §§ 2–3, sowie in *Vernunft und Subjektivität*, 71–72.

lungen verfügen, sondern vielmehr darin, dass diese selbst Festlegungen enthalten, in denen wir uns so oder anders nach Gründen richten. Darüber hinaus: Obwohl eine Form der Reflexion, die uns von den anderen Tieren unterscheidet (vgl. § 2), in der Fähigkeit besteht, eine drittpersonale Perspektive uns selbst gegenüber einzunehmen, gibt es noch eine andere eigentümliche Form, die einen wesentlich erstpersonalen Charakter hat. Wir haben nämlich die Fähigkeit, dem Eingehen solcher Selbstfestlegungen reflektierten Ausdruck zu verleihen. Dies tun wir, wenn wir eine Überzeugung, einen Wunsch oder eine Absicht bekunden. Denn damit gehen wir explizit eine bestimmte Festlegung ein oder bestätigen ausdrücklich eine schon existierende Festlegung, und zwar – da es sich nicht um einen Akt des Selbstwissens handelt – in Anwendung dessen, was praktische und nicht kognitive Reflexion heißen muss.[21] Bekundungen bringen die grundlegende Selbstbeziehung, die jeden von uns zu einem Selbst macht, deutlich und emphatisch zum Ausdruck.

Wenn alle unsere Selbsterkenntnis daher ebenso sehr auf Beweisen und Schlussfolgerungen basiert wie unsere übrige Erkenntnis, wenn sie in keinem Fall die besondere Unmittelbarkeit und Autorität genießt, die sie nach so vielen Denkern seit Descartes auszeichnen sollen, dann wird der Gedanke, die Erkenntnis von uns selbst sei die am schwierigsten zu erwerben, der Philosophie nicht mehr so fremd sein. Vielleicht werden wir dann dennoch bei der Auffassung von Montaigne bleiben und uns mit der Betrachtung der Vielfalt und Unbeständigkeit unserer verschiedenen Meinungen und Wünsche zufriedengeben. Vielleicht aber werden wir zur Einsicht gelangen, dass sich die Selbsterkenntnis, auf die es wirklich ankommt, mit den grundlegenden Fähigkeiten und Interessen befasst, die zur Bestimmung eines guten Lebens dienen.

---

[21] Zur Unterscheidung zwischen diesen beiden Formen der Reflexion, s. das vorhergehende Kapitel, § 6, sowie *Les pratiques du moi*, Kapitel 3, § 4, und Kapitel 5.

Kapitel III
Person und Anerkennung

Was ist eine Person? Und was bedeutet es, einen Menschen als Person anzuerkennen? Dies sind wichtige aber komplizierte Fragen, für die ich im vorliegenden Kapitel eine Antwort skizzieren werde. Als Ausgangspunkt nehme ich eines der anspruchsvollsten und feinsinnigsten Bücher, die zu diesem Thema in den letzten Jahren erschienen sind, nämlich *Personen* von Robert Spaemann.[1] In vielen Hinsichten ist Spaemanns Behandlung der beiden Grundbegriffe von »Person« und »Anerkennung« beispielhaft sowohl für seine Einsichten als auch für seine Irrtümer: Andere Philosophen von der Epoche des deutschen Idealismus bis zur Gegenwart haben ähnliche Gedankengänge entwickelt, wie ich gelegentlich erwähnen werde, aber Spaemanns Ausführungen zeichnen sich durch die Klarheit und Direktheit seiner Darlegung aus. Im Folgenden werde ich seine Hauptthesen darstellen, um dann zu versuchen, aufgrund der Punkte, wo ich mit ihm nicht übereinstimmen kann, einen besseren Ansatz vorzulegen.

§ 1 Der Mensch und seine Eigenschaften

Am Anfang seines Buches behauptet Spaemann, dass eine Person »Träger bestimmter Eigenschaften« (15) ist. Natürlich reicht dies zur Bestimmung des Personbegriffs nicht aus, da dasselbe für jede Art von Substanz und nicht nur für Personen gilt. In der Tat kommt für Spaemann alles darauf an, in welchem Sinn sie ein »Träger« ist, d.h. in welcher besonderen Beziehung die Person zu ihren Eigenschaf-

---

[1] Robert Spaemann, *Personen. Versuch über den Unterschied zwischen ›etwas‹ und ›jemand‹* (Stuttgart, 1996). Seitenangaben werden im Text zwischen Klammern angegeben.

ten steht. Diese Beziehung besteht nach ihm darin, dass eine Person nicht ihre Eigenschaften *ist*, sondern sie *hat*. Man könnte sich denken, dass der Unterschied zwischen diesen beiden Redewendungen ziemlich belanglos sei, aber damit will Spaemann darauf hindeuten, dass wir immer eine »innere Differenz« zu unserem jeweiligen Sosein besitzen, ein »Moment der Negativität« bewahren, da es letztlich *an uns liegt*, welche Charakterzüge wir entwickeln oder zeigen, und welche Handlungen wir ausführen werden. Die Eigenschaften, die uns als Personen gehören (im Gegensatz zu solchen die, wie unsere Größe oder unsere Augenfarbe, zu unserer physischen oder biologischen Natur gehören), beruhen schließlich auf unseren Entscheidungen. Sie sind Eigenschaften, die wir *verantworten* müssen, da sie nicht unsere wären, hätten wir uns anders entschieden. Diese innere Differenz, in der eine Person nie mit ihren Eigenschaften völlig zusammenfällt, kommt auf verschiedene Weise zum Ausdruck. Sie manifestiert sich paradigmatisch in der Reflexion (23), in der wir von uns selbst zurücktreten, um bestimmte Verhaltensweisen zu überdenken oder um uns auf abstraktere Weise als eine Person unter anderen zu betrachten; aber sie ist auch im Spiel, wenn wir uns einem anderen hingeben und, unserem natürlichen Egoismus zum Trotz, uns um sein Wohl für sich selbst, statt einfach um unser eigenes kümmern (230).

In allen solchen Fällen tritt die unaufhebbare Kontingenz (81) hervor, die unserem Wesen zugrunde liegt. Wir sind nie so sehr in unsere gegenwärtige Lebensweise eingebunden, dass wir sie nicht zum Gegenstand des Nachdenkens machen können, um uns vorzustellen, wie ein anderer Lebenspfad möglich war, oder auch zu entscheiden, ob sie irgendwie modifiziert werden soll. So lautet in der Tat Spaemanns Grundthese, die im Untertitel seines Buches angedeutet ist und die mir vollkommen richtig erscheint: Das Vermögen, uns von unseren jeweiligen Interessen und Vorhaben immer etwas distanzieren zu können, ist das, was uns zu einem »jemand«, d. h. zu einer Person macht und nicht zu einem bloßen Ding, zu einem »etwas«. Ein Ding ist nichts anderes als die Totalität seiner Eigenschaften, seiner vorliegenden Qualitäten und Kräfte und der systematischen Zusammenhänge zwischen ihnen. Eine Person hingegen ist immer mehr als die Summe ihrer Eigenschaften, da es in großem Ausmaß an ihr liegt, was und wie sie sein wird. Freilich können wir nur in Bezug auf die gegebene Situation und auf die Möglichkeiten, die sie uns anbietet, bestimmen, was wir denken oder tun werden, und selbst wenn wir uns vorstellen, wie wir anders leben könnten, hängen unsere Vorstellungen sowie unsere Fähigkeit, sie zu verwirklichen, von Ursachen ab, die nicht unter unserer Kontrolle stehen. Unsere Freiheit ist nicht unbeschränkt. Das bedeutet aber nicht, dass sie inexistent ist.[2]

Diese Auffassung der Person scheint mir, wie gesagt, im Kern richtig zu sein. Gleichwohl finde ich die Entgegenstellung von Person und Ding zu vereinfachend. Die höheren Tiere, etwa Affen oder Hunde, sind mehr als ein »etwas«, mehr als ein bloßes Ding wie ein Stein oder ein Baum, auch wenn sie kein »jemand« sind. Aus diesem sowie aus noch tieferliegenden, systematischen Gründen werde ich im nächsten Abschnitt erklären, warum es notwendig ist, den Begriff des Selbst (oder des Subjekts) vom Begriff der Person zu unterscheiden – leider setzt Spaemann die beiden gleich – und ihn damit als eine Art Zwischenbegriff zu betrachten.

Zunächst aber eine andere Schwierigkeit: Der vorgelegte Begriff der Person ist einer Missdeutung ausgesetzt, die Spaemann ausdrücklich beseitigen will. Wenngleich die Person mit ihren Eigenschaften nicht identisch ist, ist sie auch nicht ein irgendwie getrenntes Wesen, das sich hinter ihnen versteckt und eine unabhängige, eigenschaftslose Existenz genießt. »Die Person,« schreibt Spaemann, »schafft eine Distanz zwischen sich als Subjekt und allen ihren Bewusstseinsinhalten«, aber sie kann sich, betont er, »dieser Gehalte nicht einfach entledigen, ohne sich selbst zu vernichten; denn [ihr] Sein ist nur das Haben dieser Gehalte« (77). Als Personen besitzen wir keine Beziehung zu uns selbst, die nicht durch unsere jeweilige Art und Weise, mit der Welt umzugehen, vermittelt ist (114). Denselben Gedanken habe ich in früheren Kapiteln noch radikaler, in Bezug auf den Begriff des Selbst, formuliert und werde ihn weiter unten (§ 2) wieder aufnehmen: Die Beziehung zu uns selbst, die uns erst zu einem Selbst macht, besteht in der Beziehung des Sich-Richtens nach Gründen, die ihrem Wesen nach zugleich eine Beziehung zur Welt ist.[3] Etymologisch stammt, wie bekannt, der Begriff »Person« vom lateinischen Wort (*persona*) für Maske oder allgemeiner

---

[2] Wenn ich in diesem Zusammenhang von der unserem Wesen als Person zugrundeliegenden »Kontingenz« rede, dann also nicht als Gegensatz zu kausaler Bedingtheit. Zu meiner kompatibilistischen Auffassung von Freiheit und kausaler Bedingtheit, s. Kapitel VI.
[3] S. Kapitel I, § 2, und Kapitel II, § 4.

für Rolle ab. Der Ursprung des Ausdrucks ist bedeutsam, nicht weil Personen Rollen sind, sondern deshalb, weil wir nur insofern Personen sind, als wir damit befasst sind, Rollen zu spielen (94). Obwohl wir von jeder gegebenen Denk- oder Handlungsweise, wie gewohnt oder wichtig sie auch sein mag, immer Abstand nehmen können, um sie einzuschätzen oder uns einfach andere Möglichkeiten vorzustellen, müssen wir uns dabei auf Annahmen und Maßstäbe stützen, die gleichermaßen Teil unserer sozial und historisch bedingten Erfahrung sind.

So leicht ist es jedoch, der erwähnten Missdeutung zum Opfer zu fallen, dass es Spaemann selbst nicht gelingt, sie gänzlich zu vermeiden. An einer Stelle schreibt er etwa, dass das Individuum, insofern als sein Dasein als Person nicht in seinem Sosein aufgeht, »in keiner möglichen Beschreibung adäquat dargestellt werden kann« (38). Diese Behauptung könnte einfach bedeuten, das Individuum besitze immer die Fähigkeit, in neue Richtungen aufzubrechen: Man könne nicht ein für allemal feststellen, was jemand ist. Dies trifft zu. Dass Spaemann aber mehr als diesen Sachverhalt im Sinne hat, wird deutlich, wenn man andere Stellen heranzieht. Etwas später schreibt er zum Beispiel, dass nur *was* jemand ist, d. h. seine Eigenschaften, »uns anschaulich und begrifflich gegeben ist«, nicht aber »*wer* er ist« (48). In dem Maße, wie sich die Person von ihrem Sosein unterscheidet, besitze sie eine Art Unbeschreiblichkeit. Daher Spaemanns rätselhafter Schluss: eine Person sei »nur zugänglich im Akt der Anerkennung dessen, was sich der Zugänglichkeit definitiv entzieht« (48).

Diese Vorstellung von Personen als Seienden, »die sich zugleich zeigen und verbergen« (89), verträgt sich schlecht mit dem Grundsatz, dem zufolge »die Konstitution personaler Identität untrennbar von dem Prozeß des Sich-selbst-äußerlich-werdens« ist (114). Wenn die Person keine unmittelbare Beziehung zu sich selbst hat, wenn sie »nicht anders als in der Weise des Sich-Entäußerns« (114), d. h. in ihrem jeweiligen Umgang mit der Welt, existiert, wie kann sie dann ein Wesen sein, das sich hinter seinen wahrnehmbaren Eigenschaften verbirgt? Freilich fällt jemand mit dem, was er derzeit ist und tut, nie völlig zusammen, soweit es ihm offen steht, auch anders zu denken und zu handeln. Aber daraus folgt nicht, dass er sich in diesem Ausmaß dem Blick anderer Menschen entzieht. Die »innere Differenz«, in der er als Person zu den Eigenschaften steht, die kontingenterweise seine sind, stellt ihn nicht in seinem Personsein außerhalb der gemeinsamen Welt, die allen zugänglich ist. Ganz im Gegenteil:

Sein Personsein besteht in der Weise, wie er diese Eigenschaften hat, und drückt sich entsprechend in ihnen selbst aus. Denn an seinen Handlungen und Äußerungen können wir leicht erkennen, dass er aus Gründen handelt, Ziele verfolgt, häufig überlegt, welche Handlungen er vollziehen, welche Ziele er verfolgen soll, und manchmal sogar entscheidet, seine Lebensweise selbst zu ändern. Es ist nicht etwa so, dass wir an ihm nur physische Bewegungen und Geräusche wahrnähmen und alles andere daraus irgendwie als Schlüsse zögen.[4] Nein, im Normalfall sehen wir, was er will, und hören wir, was er denkt. Somit können wir ohne Schwierigkeit wahrnehmen, dass jemand eine Person ist. Natürlich geht es im täglichen Leben auch einfacher zu. Da wir längst gelernt haben, dass alle Menschen solche Fähigkeiten haben, sehen wir es gewöhnlich an seiner menschlichen Gestalt allein, dass wir eine Person vor uns haben.

§ 2 Personsein und Intersubjektivität

An seiner Leitidee, dass »die Identität der Person stets eine vermittelte« (114) ist, hält Spaemann im Übrigen konsequenter fest. Das ist gut so, da sie – soweit sie bisher erläutert worden ist – eine wichtige Wahrheit zum Ausdruck bringt: Nicht aufgrund irgendeiner unmittelbaren Beziehung zu unserem innersten Wesen, sondern allein in und durch unseren Umgang mit der Welt, besitzen wir das Vermögen, über unsere jeweiligen Denk- und Verhaltensweisen hinauszugehen, das uns von jeglichem Ding sowie auch von den anderen Lebewesen unterscheidet und jeden von uns zu einer Person macht. Wie man eine Person ist, die kontingente Identität, die man durch die Zeit entwickelt, ist daher immer historisch und sozial bedingt.

Nun versteht Spaemann die vermittelte Natur der Person derart, dass er dazu gelangt, der berühmten These von Fichte und Hegel

---

[4] Viele Philosophen haben gerade dies gedacht, hauptsächlich, weil sie unterstellt haben, dass wir einen unmittelbaren, »privilegierten« Zugang zu den eigenen Seelenzuständen hätten und nur auf dieser Basis Seelenzustände anderen Menschen – durch Analogie – aufgrund ihrer Körperbewegungen zuschrieben. Zur Kritik an dieser Annahme, s. Kapitel I, § 6, und Kapitel II. Ich komme weiter unten (§ 3) auf dieses Thema zurück, aber hier genügt es zu bemerken, dass Spaemann selber, der der Person jede unmittelbare, von ihrem »Sich-Entäußern« unabhängige Beziehung zu sich selbst verweigert, es hätte besser wissen sollen, als einen derartigen Gedankengang einzuschlagen.

(9 f.) beizupflichten, nach der das Personsein wesentlich intersubjektiv, durch Vorgänge der gegenseitigen Anerkennung, konstituiert ist: Wir würden nur dadurch zu Personen, indem wir als Personen von denen anerkannt würden, die wir zugleich als Personen anerkennten. Man findet keine Stelle, wo Spaemann diese These in einem Zuge systematisch entwickelt; er gibt sich damit zufrieden, sie im Laufe des Buches von verschiedenen Seiten her anzusprechen. Setzt man aber seine Reflexionen zusammen, so ist es klar, wie er die These begründen will. In der Tat bringt er dafür zwei verschiedene Argumente vor. Meines Erachtens sind beide, wie die These selbst, nicht stichhaltig, wie ich erklären werde. Ich fange mit seinem ersten Argument an.

Spaemann bemerkt ganz allgemein, dass es noch heute im Grunde genommen zwei philosophische Schulen gibt, wenn es auf die Analyse des Personbegriffs ankommt (9, 169). Die eine geht davon aus, dass jemand deshalb als eine Person gilt, weil er an sich bestimmte Merkmale oder Vermögen besitzt, wie etwa die Kontinuität oder (wie bei John Locke) die erinnerte Kontinuität des Bewusstseins. Unter diesem Gesichtspunkt müssen sich interpersonale Beziehungen und insbesondere Intersubjektivität – d. h. die gegenseitige Anerkennung mehrerer Personen, in der jede die andere als Person in dem Maße anerkennt, als sie selbst als Person von der anderen anerkannt wird – als ein abgeleitetes Phänomen erweisen, das durch die Begegnung mehrerer schon existierender Personen entsteht. Im Gegensatz dazu will die andere Schule, der Spaemann sich anschließt, die Konstitution der Person durch ihre Beziehung zu anderen Personen erklären. Ihre Devise wäre die Phrase, durch die er mehrmals seine eigene Position kennzeichnet: »Personen gibt es nur im Plural« (9, 87, 144, 248).

Nun kann dieser zweite Ansatz leicht widersprüchlich erscheinen: Wie kann es Intersubjektivität geben, wenn nicht aus der Zusammenfügung mehrerer bereits vorhandenen Subjektivitäten? Spaemanns erstes Argument ist speziell konstruiert, um diesen naheliegenden Einwand zu erledigen und die These der intersubjektiven Konstitution des Subjekts oder der Person (Spaemann setzt beide Begriffe gleich) aufrechtzuerhalten. In einem ersten Schritt unterscheidet er zwischen dem inneren Erleben andererseits, das als solches rein subjektiv sei – eine Reihe von momentanen Eindrücken ohne jede Wahrnehmung davon, wie sie aufeinander folgen oder miteinander zusammenhängen –, und andererseits dem reflexiven Bewusstsein seiner selbst (169 f.), das zum Wesen der Person gehöre. Eine Person, so setzt er voraus, muss ein Selbst sein, d. h. sie verhält sich von ihrer Natur her zu sich selbst, und zwar durch das Bewusstsein ihrer selbst als eines durch die Zeit fortdauernden, im Wechsel ihrer Zustände mit sich identisch bleibenden Wesens.

Meinesteils bin ich (wie schon angedeutet) der Ansicht, dass es wichtig ist, zwischen den beiden Begriffen von Person und Selbst zu unterscheiden. Ein Wesen gilt insofern als ein Selbst, als es – wie der Ausdruck nahelegt – eine wesentliche Beziehung zu sich selbst hat. Eine Person jedoch ist ein Selbst, das des weiteren seine konstitutive Selbstbeziehung zum Gegenstand der Reflexion machen kann, um unter anderem zu bestimmen, ob und wie die erfahrungsgeprägte Form, in der sie konkret ausgeübt wird, irgendwie modifiziert werden soll. Daher rührt die »innere Differenz«, die kontingente Beziehung einer Person zu ihren Eigenschaften, die Spaemanns eigener Grunddefinition zufolge das Wesen der Person ausmacht. Eine Person muss also ein Selbst sein, aber nicht notwendigerweise umgekehrt.

In den beiden ersten Kapiteln (I, §§ 2–3, und II, § 2) habe ich nun die Natur des Selbst, seine konstitutive Selbstbeziehung, näher präzisiert: Jedes Wesen, so habe ich erklärt, gilt insofern als ein Selbst, als es überhaupt Überzeugungen oder Wünsche hat, da man ohne die Fähigkeit, *sich nach Gründen zu richten*, nichts glauben oder wünschen kann. Nicht nur muss man Gründe sehen, den Gegenstand der Überzeugung als wahr oder den Gegenstand des Wunsches als gut anzusehen, um ihn glauben oder wünschen zu können. Man wird auch, soweit man etwas glaubt oder wünscht, darauf festgelegt, die Denk- und Handlungsgründe zu beachten, auf die die unterstellte Wahrheit der Überzeugung oder das unterstellte Gutsein des Gewünschten hindeuten. Durch diese grundlegende Selbstbeziehung des Sich-Richtens nach Gründen, die jeder Überzeugung, jedem Wunsch, jeder intentionalen Handlung innewohnt, wird man zu einem Selbst oder, wie man auch sagen kann, zu einem »Subjekt«. Denn wenn man unter einem Subjekt ein Wesen versteht, das für seine Gedanken und Handlungen verantwortlich ist, dann gelten sie als die seinen gerade dadurch, dass sie als die Gedanken und Handlungen, die sie sind, eine solche grundlegende Selbstbeziehung verkörpern. Um eine Person zu sein, ist aber mehr erforderlich: Man muss die Fähigkeit haben, die besondere Art und Weise, wie man in bestimmten Bereichen oder auch allgemein Gründe als gut oder schlecht bewertet und dadurch sein Denken und Handeln steuert, zum Gegenstand des Nachdenkens und eventuell der Kritik zu machen.

Es ist nun eine Folge dieser Auffassung des Selbst, dass auch die höheren Tiere als Selbste gelten müssen, soweit sie gleichfalls Überzeugungen und Wünsche haben und Gründe sehen können, so oder anders zu handeln. (S. Kapitel I, § 3). Damit verschwindet aber nicht der große Unterschied zwischen ihnen und uns. Denn obwohl Affen und Hunde auch reflektieren können, wie wenn sie etwa darüber nachdenken, was sie tun müssen, um ein bestimmtes Ziel zu erreichen, scheinen sie nicht imstande zu sein, die Weise, wie sie überhaupt denken und handeln und mit der Welt umgehen, zum Gegenstand ihrer Reflexion zu machen.[5] Das heißt: Sie sind keine Personen. Da ihnen ein derart umfassendes Reflexionsvermögen fehlt, haben sie nicht wie wir eine grundsätzlich kontingente Beziehung zu ihren Seins- und Verhaltensweisen. Und daher haben sie auch allem Anschein nach kein Bewusstsein ihrer selbst als eines im Wandel ihrer Zustände mit sich selbst identisch bleibenden Wesens. All das bedeutet aber nicht – und Spaemann irrt sich in dieser Annahme –, dass ihnen jede wesentliche Beziehung zu sich selbst, jedes Selbstsein oder jede Subjektivität fehle.

Um auf Spaemanns erstes Argument zurückzukommen: Es gebe Personen nur im Plural, weil – so lautet sein erster Schritt – nicht das innere Erleben, sondern nur das reflexive Bewusstsein seiner selbst als eines durch die Zeit fortdauernden Wesens dazu hinreiche, jemanden zu einer Person zu machen. Denn diese zeitübergreifende Identität – so fährt das Argument fort – lasse sich, im Gegensatz zu unseren einzelnen Erlebnissen, nicht rein subjektiv, d. h. aus unserer Perspektive allein, feststellen, da die Möglichkeit immer besteht, dass wir falsch beurteilen oder sogar vergessen, welche Erlebnisse wir gehabt oder in welcher Reihenfolge sie stattgefunden haben. Diesen Punkt habe Locke übersehen, als er in seiner einflussreichen, aber subjektivistischen Theorie der Person die Identität des Bewusstseins mit dem Bewusstsein der Identität (nämlich der erinnerten Identität) gleichsetzte (113 f.). Die Identität, auf die wir Anspruch erheben, soll

---

[5] Von diesem Unvermögen rührt es her, dass sie auch unfähig sind, einen völlig drittpersonalen Standpunkt sich selbst gegenüber einzunehmen und daher andere moralisch zu behandeln. Nur Personen können moralische Wesen werden. S. dazu Kapitel II, § 2.

eine wirkliche, keine bloß anscheinende oder vorgestellte Identität sein. Sie könne also nur dann in Sicht kommen, wenn wir auch die Außenperspektive eines Anderen, der unsere Gedanken und Handlungen betrachtet, einnehmen, um von da aus die eigene Auffassung ihrer Kontinuität zu bestätigen oder zu korrigieren. Darin zeige sich also noch einmal die vermittelte Natur der Person. Aber dadurch komme insbesondere die intersubjektive Konstitution der Person zum Vorschein. Denn diese Außenperspektive bestehe darin, dass wir uns mit den Augen eines Anderen betrachten. Folglich würden wir, so Spaemann, zu einer Person erst durch einen Vorgang der gegenseitigen Anerkennung – d. h. erst dadurch, dass wir einen Anderen als eine Person anerkennen, die fähig ist, uns auch als Person anzuerkennen (248).

Dieses Argument scheint mir bis auf seinen letzten Schritt gültig zu sein. Freilich ist es angesichts des Unterschieds zwischen dem Person- und dem Subjektbegriff irreführend, die gegenseitige Anerkennung als eine »intersubjektive« Konstitution der Person zu kennzeichnen. Aber das Hauptproblem liegt in dem Schluss. Denn der Andere, auf dessen Perspektive wir uns beziehen müssen, um eine Auffassung unserer Identität zu haben und dadurch eine Person zu sein, braucht nicht ein konkreter, wirklich existierender Mensch zu sein. Wir sehen uns etwa auch mit den Augen eines Anderen, wenn wir unser Selbstverständnis der Kontrolle einer Perspektive aussetzen, die sich durch Methoden des Prüfens und Korrigierens definiert, die jedermann verwenden sollte oder dürfte – wenn wir nach dem Ausdruck von George Herbert Mead die Perspektive eines »generalisierten Anderen« einnehmen.[6] Für solche Fälle eignet sich der Begriff gegenseitiger Anerkennung offensichtlich nicht, da dieser abstrakte Andere keine wirkliche Person ist, zu der wir in Beziehung stehen können.

Es ist zwar richtig, dass wir nur insofern Personen sind, als wir die Fähigkeit haben, den Standpunkt eines Anderen gegenüber uns selbst zu beziehen: Nur von einem solchen Standpunkt her können wir, wie es für Personen charakteristisch ist, über unsere Lebensweise als solche kritisch reflektieren. Die Ausübung dieses vermittelten Reflexionsvermögens vollzieht sich aber nicht notwendigerweise durch Beziehungen gegenseitiger Anerkennung. Die Angewiesenheit auf einen anderen, ohne die wir tatsächlich keine Person wären,

---

[6] George Herbert Mead, *Mind, Self, and Society* (Chicago, 1934).

gehört vielmehr zur inneren Verfassung unseres Wesens und kann im Lauf der Erfahrung verschiedene Gestalten annehmen – diese konkret, jene abstrakt. Obwohl wir, wenn wir jung sind, über uns selbst und unsere Situation hauptsächlich vom Standpunkt signifikanter Anderer in unserer Umwelt (Eltern, Freunde, Lehrer, sogar Medienfiguren) her reflektieren, um zu beurteilen, wie wir denken und handeln sollen, müssen wir in dem Maße, wie wir auf Konflikte zwischen diesen verschiedenen Gesichtspunkten stoßen, allmählich abstraktere Formen der Reflexion entwickeln. Wir sind dann gezwungen, allgemeine, unpersönliche Prinzipien zu formulieren, nach denen wir unser Verhalten unter Bezugnahme darauf beurteilen, wie jeder vernünftige Mensch denken und handeln soll.[7] Auch wenn wir erst durch unsere Beziehungen zu anderen lernen, selbst zu einer Person zu werden, werden wir uns also bewusst, dass wir diese Phase hinter uns lassen müssen. Das können wir deshalb tun, weil die Grundlage unseres Personseins etwas ist, das wir nicht von anderen internalisiert haben, nämlich das Reflexionsvermögen, das uns die Konflikte zu erkennen erlaubt und uns in der Suche nach Lösungen leitet. Die Fähigkeit, den abstrakten Standpunkt eines vernünftigen Menschen einzunehmen, entwickeln wir im Versuch, uns unter den unterschiedlichen Perspektiven anderer zurechtzufinden, aber dass wir sie überhaupt entwickeln können – die anderen Tiere können es nicht –, liegt in uns als Individuen.

Für die angebliche Konstitution der Person durch gegenseitige Anerkennung wird heute oft ein ähnliches, wenngleich allgemeineres Argument vertreten, das ebenfalls den wichtigen Unterschied übersieht zwischen Angewiesenheit auf die Perspektive eines anderen und Angewiesenheit auf die Anerkennung durch einen wirklich existierenden anderen. Es lohnt sich daher, im gegenwärtigen Zusammenhang auch auf dieses Argument kurz einzugehen. Ich bin eine Person, so sein erster Schritt, nur soweit ich imstande bin, auf eine Weise begrifflich zu denken, die davon herrührt, dass ich eine Sprache beherrsche, und die daher erfordert, dass ich begreifen kann, was für Implikationen meine Worte – die Begriffe, die ich verwende – aufgrund der sie bestimmenden Regeln haben sollen. Das bedeute

---

[7] Nicht nur Mead, sondern vor ihm und noch einsichtsvoller hat Adam Smith, in seiner *Theory of Moral Sentiments* (1759), diese Generalisierungsprozesse, die nach seinem Ausdruck zum Erwerben des Begriffs eines »unparteilichen Zuschauers« (*impartial spectator*) führen, meisterhaft analysiert.

dann, dass ich mich, wenn ich spreche, für diese bereits festgelegten Implikationen verantwortlich mache und zugleich andere Sprecher autorisiere, mich dafür zur Verantwortung zu ziehen. Es handele sich also, wie Robert Brandom folgert, um »eine Bitte, von anderen in bestimmter Weise anerkannt zu werden« – d. h. als Person oder kompetenter Sprecher der Sprache –, »und zwar von anderen, die ich implizit als solche anerkenne, die die Autorität haben, mich anzuerkennen«.[8]

Nun sind auch in diesem Argument die Prämissen zwar stichhaltig, die Konklusion aber problematisch. Eine Person, wie oben präzisiert wurde, ist ein Selbst, das über die Weise, wie es mit der Welt umgeht und d. h. sich nach Gründen richtet, reflektieren kann. Dass sie eine Auffassung ihrer selbst als eines durch die Zeit fortdauernden Wesens entwickelt und darum imstande ist, über ihre Lebensweise kritisch nachzudenken, ist ein Ausdruck davon. Ein anderer, tieferliegender Ausdruck, wie dieses Argument betont, liegt darin, dass wir als Personen Begriffe so verwenden, dass wir die Implikationen ihres Gebrauchs begreifen sollen und nötigenfalls explizit darüber müssen reflektieren können.[9] So weit, so gut. Aber daraus ergibt sich nicht die erwünschte Konklusion. Denn wenn ich bestimmte Begriffe verwende, muss ich allein davon ausgehen, dass andere kompetente Sprecher, *wenn sie vorhanden sind*, mich für die durch die relevanten Sprachregeln bestimmten Implikationen meiner Worte zur Verantwortung ziehen und mich somit meinerseits als einen kompetenten Sprecher, als eine Person, anerkennen würden. Der Haken liegt also darin, dass niemand tatsächlich dabei sein muss. Vielleicht rede ich mit mir selbst, oder ich schreibe meine

---

[8] Robert Brandom, *Wiedererinnerter Idealismus* (Frankfurt, 2015), 75 [Amerik. Original: *Reason in Philosophy* (Cambridge, MA, 2009), 73]. Vgl. auch Ludwig Siep, *Anerkennung als Prinzip der praktischen Philosophie* (Neuauflage, Hamburg, 2014), 22–24. Brandom legt das Argument als eine Rekonstruktion von Hegels Theorie der gegenseitigen Anerkennung vor. Soweit das zutrifft, unterscheidet sich Hegels Auffassung von der Auffassung Fichtes, der ich im nächsten Abschnitt nachgehe.

[9] Ich habe das Argument so formuliert, dass die Möglichkeit nicht ausgeschlossen wird, dass Wesen, die keine Personen sind, gleichwohl in beschränktem Ausmaß begrifflich denken können. Wie ich in Kapitel I (§ 3) angedeutet habe, bin ich der Ansicht, dass dies tatsächlich für die höheren Tiere zutrifft. Darin liegt noch ein Dissens mit Brandom, dem zufolge sprachfähige Wesen allein Begriffe haben können. Für das gegenwärtige Argument ist aber diese Differenz belanglos.

Person und Anerkennung 91

Gedanken auf, ohne jemand Bestimmten anzureden oder im Sinn zu haben. Vielleicht bin ich der letzte Mensch auf der Erde. Wahr ist, dass ich nichts denken kann, ohne dass andere, wenn es andere gäbe, mich prinzipiell verstehen könnten.[10] Darin besteht aber keine gegenseitige Anerkennung.

Wir wären nicht Personen, wenn wir nicht die Fähigkeit hätten, die Perspektive eines anderen uns gegenüber einzunehmen, denn nur dadurch wird es uns möglich, über unser Leben als ganzes zu reflektieren und noch allgemeiner als sprachfähige Wesen zu begreifen, worauf wir uns festlegen, wenn wir so oder anders denken oder handeln. Die Weise, wie wir diese Fähigkeit entwickeln, ist offensichtlich durch unsere tatsächlichen Beziehungen zu anderen Personen tief geprägt. Die Fähigkeit selbst aber und so unser Personsein wurzeln in uns allein.

§ 3 Bedingungen des Personseins

Spaemann beruft sich nun auch auf ein weiteres Argument, um nachzuweisen, dass das Personsein »intersubjektiv«, durch gegenseitige Anerkennung, konstituiert sei. Dieses zweite Argument steht den berühmten bei Fichte und Hegel zu findenden Begründungen derselben These viel näher. Im Gegensatz zum ersten Argument wird hier die intersubjektive Konstitution der Person nicht so sehr in der Weise gesehen, wie man als Person über sich selbst reflektiert, als in den Bedingungen, unter denen man überhaupt veranlasst wird, über sich selbst so zu reflektieren. Spaemann formuliert dieses zweite Argument so: »Erst die Bejahung anderen Selbstseins – als Anerkennung, Gerechtigkeit, Liebe – erlaubt uns jene Selbstdistanz und Selbstaneignung, die für Personen konstitutiv ist« (230). Der Grundgedanke, etwas ausführlicher dargelegt, ist wie folgt: Wir nehmen nur dann die reflexive Distanz zu uns selbst ein, durch die wir als Personen bestimmen können, wie wir insgesamt leben sollen, wenn wir uns von der unmittelbaren Verfolgung unserer jeweiligen Interessen zugunsten der Interessen eines anderen Wesens enthalten,

---

[10] Was Wittgenstein eine »Privatsprache« (*Philosophische Untersuchungen*, §§ 243 f.) nannte und zu Recht für ein Unding hielt, ist nicht eine Sprache, die nur ein Mensch spricht, sondern eine Sprache, die nur ein Mensch sprechen könnte.

und zwar eines Wesens, das ebenfalls fähig ist, die Verfolgung seiner Interessen zu unseren Gunsten zu beschränken. D. h. nur wenn wir einen anderen – durch etwa Liebe oder Respekt – als eine Person anerkennen, und daher als ein Wesen, das uns als Person anerkennen kann, verhalten wir uns selbst wie eine Person.

Eine abstraktere Variante dieses Gedankengangs kommt bei Fichte vor, und ihr Schluss ist auch stärker: Wir würden erst zu einer Person, wenn wir einen anderen als Person anerkennten, die uns selbst als Person tatsächlich anerkenne. Es handelt sich um eine Stelle seiner *Grundlagen des Naturrechts* (1796), wo er den Begriff einer »Aufforderung« einführt.[11] Ein Subjekt, schreibt Fichte, werde nur dadurch zu einem selbstbestimmenden, seine freie Wirksamkeit selbstbewusst ausübenden »Vernunftwesen« – sprich zu einer Person –, wenn es etwas gebe, das das Subjekt nicht bloß verursache (dann wäre es nicht frei), sondern auffordere, sich so zu bestimmen. Aber dieses Etwas müsse, damit es an das Subjekt einen derartigen Appell richten könne, ein anderes Subjekt sein, das verstehe, dass das erste Subjekt zu einem selbstbestimmenden Vernunftwesen werden könne, und das deshalb selbst als ein Vernunftwesen seine eigene Freiheit beschränke, um das erste dazu aufzufordern. Zugleich könne aber, so fährt Fichte fort, das erste Subjekt der Aufforderung, selbst zu bestimmen, wie es leben wird, nur nachkommen, wenn es diese Aufforderung als Aufforderung verstehe, d. h. als die Aufforderung eines Subjekts, das sich ihm gegenüber als ein Vernunftwesen verhält, und insofern als es sich selbst als Vernunftwesen dadurch bestimme, dass es der Aufforderung des anderen folge, beschränke es sich in seiner Selbstbestimmung diesem anderen gegenüber. Nur durch einen solchen Vorgang gegenseitiger Anerkennung, in dem man sich in der Ausübung seiner Freiheit zugleich zugunsten eines anderen Vernunftwesens beschränke, werde man selbst zu einem sich selbst bestimmenden Vernunftwesen. Daraus folge dann das grundlegende Rechtsprinzip, nach dem jeder Mensch die größte Freiheit haben soll, die mit der gleichen Freiheit der anderen vereinbar ist.[12]

---

[11] J. G. Fichte, *Grundlagen des Naturrechts nach Prinzipien der Wissenschaftslehre*, § 3 (Fichte, *Werke*, hgg. von I. H. Fichte, Neudruck: Berlin, 1971, III, 30–39).
[12] Fichte, *Grundlagen des Naturrechts*, § 10 (*Werke*, III, 112–13).

Person und Anerkennung 93

So wie Spaemann wiederholt behauptet: »Personen gibt es nur im Plural«, verkündet auch Fichte: »Sollen Menschen überhaupt sein, so müssen mehrere sein«, und sie gelangen zu diesen ähnlich lautenden Thesen durch (bei Spaemann zum Teil) einen ähnlichen Gedankengang. Gegen ihr gemeinsames Argument in seinen beiden Varianten kann man aber mancherlei Bedenken hegen. Der Einwand, der im gegenwärtigen Zusammenhang relevant ist, bezieht sich darauf, ob die Anerkennung einer anderen Person, im Sinne einer Selbstbeschränkung zugunsten ihrer Interessen oder ihrer Freiheit, an unsere eigene Freiheit zu appellieren, eigentlich dafür notwendig sei, dass wir die selbstbewusste Distanz zu uns selbst einnehmen, die uns zu einer Person oder zu einem Vernunftwesen macht. Ich glaube nicht, dass dem so ist.

Hinsichtlich von Spaemanns Variante ist zu bemerken, dass wir nicht nur Personen, sondern allerlei – Wälder, Klavierstücke, Hunde – lieben oder respektieren können, insofern als wir dabei die Verfolgung unserer Interessen beschränken, um uns ihnen gegenüber auf eine Weise zu verhalten, die dem unabhängigen Wert entsprechen soll, den wir in ihnen sehen. Freilich unterscheidet sich erheblich der Respekt, den wir einer Person erweisen, von anderen Formen des Respekts, und dies gerade weil wir uns Personen gegenüber in ganz anderen Weisen verhalten können (nur einem Menschen kann man ein Versprechen geben). Dadurch lässt sich erklären, was Respekt im moralischen Sinn heißt und warum wir Menschen allein moralischen Respekt schulden und erweisen können. Ähnliches gilt auch für die Liebe, die ebenfalls je nach der Natur ihres Gegenstands verschiedene Formen annimmt. Aber die Frage ist, warum können Liebe und Respekt, auch wenn ihr Gegenstand keine Person sondern etwas anderes ist, nicht die Art von Selbstbeschränkung und Distanz zu sich selbst darstellen, durch die man selbst zu einer Person wird? Wenn ich den Schwarzwald wegen seiner Gebiete ununterbrochener Düsternis und Stille schätze; wenn ich mir bewusst werde, dass die Appassionata von Beethoven eine Raffinesse sowie eine Einfachheit besitzt, denen ich in meinem Klavierspiel nie gerecht werden kann; wenn ich versuche, die Welt aus der Perspektive meines Hundes Hardy wahrzunehmen, trete ich nicht dann von mir selbst zurück, und zwar auf eine Weise, die es mir ermöglicht, zugleich und oft im Verhältnis zu diesen Gegenständen selber auf meine eigenen Lebensziele zu reflektieren?

Ebenso, was Fichtes abstraktere Variante anbelangt: Kommt es nicht etwa häufig vor, dass eine Situation – nicht eine andere Person, sondern die Umstände, in denen wir uns befinden und die irgendwie unerwartet und schwierig sind – uns auffordert, vom gewöhnlichen Gang unseres Lebens Abstand zu nehmen und neu zu bestimmen, was uns wichtig ist? Soweit es sich um eine Aufforderung handelt, auf die wir als freie Wesen reagieren, kann es nicht sein, wie Fichte betont, dass wir dazu bloß verursacht werden. Aber das kann nur heißen, dass wir einen Grund sehen, ihr nachzukommen, und auch Situationen, nicht nur Personen, können uns Gründe geben, so oder anders zu handeln. Eine Aufforderung, die uns dazu führt, uns reflektierend wie eine Person oder sogar wie ein »Vernunftwesen« zu verhalten, braucht also nicht die Aufforderung einer anderen Person zu sein. Freilich müssen wir uns bei diesem Reflektieren selbst mit den Augen eines anderen betrachten, da wir nicht bestimmen können, welche Gründe wir haben, so oder anders zu reagieren, ohne den Standpunkt von jemandem einzunehmen, der beurteilt, was wir tun sollten. Aber dieser jemand braucht nicht, wie ich bei der Analyse von Spaemanns erstem Argument angedeutet habe, eine wirklich existierende Person zu sein.

Man wird vielleicht erwidern, dass wir nicht imstande wären, andere Dinge als nur Personen zu lieben oder zu respektieren, oder den Aufforderungen auch von Situationen nachzukommen, wenn wir nicht zuerst in Bezug auf andere Personen gelernt haben, was es heißt, zu lieben, zu respektieren, und überhaupt jene Distanz zu uns selbst einzunehmen, die uns zu Personen macht. Das ist eine psychologische Spekulation, die nicht eindeutig zutrifft. Unbestreitbar dehnen wir in vielen Fällen das Verständnis der Liebe und des Respekts, das wir in Interaktionen mit unseren Mitmenschen gewonnen haben, auf andere Arten von Gegenständen aus: Vielleicht begreifen wir erst, was es bedeutet, in unserem Umgang mit einem Kunstwerk seinen Sinn und seine Leistung respektieren zu wollen, wenn wir uns daran erinnern, wie wir gelernt haben, in einem Gespräch von unseren Vormeinungen Abstand zu nehmen, um zu hören, was der Andere uns eigentlich sagt. Das Umgekehrte kann jedoch auch vorkommen: Gerade weil ein Text z. B. nicht die Mittel hat, uns dazu zu zwingen, seinen tatsächlichen Sinn möglichst treu wiederzugeben, kann die sorgfältige Interpretation von Texten uns lehren, was es eigentlich bedeutet, Menschen gerecht zu behandeln, nämlich unabhängig davon, ob es für uns vorteilhaft ist, sie so zu behandeln. Auf diese Weise kann der Respekt vor Texten eine moralische Propädeutik darstellen.¹³ Ich habe früher (§ 2) bemerkt, dass das umfassende Reflexionsvermögen, das uns im Gegensatz zu den höheren Tieren erlaubt, über unser Leben als Ganzes nachzudenken, auch dafür verantwortlich ist, dass wir allein den völlig drittpersonalen Standpunkt der Moral einnehmen können.¹⁴ Nur insofern wir Personen sind, können wir zu moralischen Wesen werden, die allen Menschen den gleichen Respekt entgegenbringen wollen. Daraus folgt aber nicht, dass wir erst zu Personen werden, wenn wir anderen gegenüber den moralischen Standpunkt einnehmen.

Schließlich aber ist der entscheidende Punkt dieser: Wir können, sei es in Bezug auf Personen oder auf andere Wesen, die Selbstdistanz, die unser Personsein bezeugt, nur deshalb üben, weil wir das Reflexionsvermögen besitzen, das darin zum Ausdruck kommt. Personen sind wir nicht allein dann, wenn wir tatsächlich von uns selbst zurücktreten und unser Leben zum Gegenstand der Reflexion machen. Personen sind wir, soweit wir dies überhaupt zu tun vermögen. Die Grundlage unseres Personseins liegt daher in uns selbst, nicht in unseren Beziehungen zu andern. Es gibt keine intersubjektive Konstitution der Person. Damit wird natürlich nicht bestritten, dass unsere Beziehungen zu anderen Personen einen tiefen Einfluss darauf haben, was für Personen wir selbst werden. Insbesondere ist die hier kritisierte These, nach der die Anerkennung durch Andere eine Bedingung des Personseins ausmache, von dem Gedanken zu unterscheiden, dass sie dessen Verwirklichung, die Entfaltung unserer Fähigkeit, ein selbstbewusstes Leben zu führen, auf wesentliche Weise fördere. Der Unterschied wird nicht immer klar gesehen, und wie bereits (§ 2) angedeutet, scheint mir dieser letzte Gedanke durchaus richtig zu sein.

§ 4 Erkennen und Anerkennen

Nachdem der Begriff der Person geklärt worden ist, werde ich mich jetzt der Frage zuwenden, was es genau heißt, jemanden als eine Person anzuerkennen. Im Wesentlichen hat es zwei Antworten auf diese Frage gegeben. Einerseits wird angenommen, dass wir, wenn wir einen anderen als Person anerkennen, sein Personsein als eine bereits

---

¹³ So mein Argument in Kapitel VII, § 4.
¹⁴ S. auch Kapitel II, § 2.

vorhandene Tatsache erkennen, die unabhängig von unserer Anerkennung von ihm existiert. Andererseits wird geltend gemacht, dass wir jemanden als Person anerkennen, wenn wir mit ihm auf gewisse Weise umgehen. Konkreter gesagt: Manchmal wird Anerkennung als eine wahrnehmende oder sozusagen »theoretische« Einstellung begriffen, in der wir Personen zuallererst als eine bestimmte Art von Seienden erkennen, die Merkmale konstatierend, durch die sie sich ontologisch von anderen Seienden unterscheiden – was immer die Handlungskonsequenzen sind, die wir dann aus diesem Wissen ziehen. Manchmal wird sie dagegen als in erster Linie eine »praktische« Einstellung begriffen, die darin besteht, anderen Personen Respekt zu erweisen, darauf verzichtend, sie als bloße Mittel zur Erreichung unserer eigenen Ziele zu gebrauchen, und sie stattdessen als uns gleichwertige Wesen zu behandeln – auch wenn wir sie daraufhin im Lichte dieses gewährten Status als Personen wahrnehmen oder erkennen können.

Dass es diese zwei gegensätzlichen Verwendungen des Anerkennungsbegriffs gibt, ist an sich nicht überraschend, da »etwas anerkennen« generell bedeutet: etwas als gültig bejahen, und daher es sowohl bestätigen als auch würdigen. Man kann den Akzent entweder auf das eine oder auf das andere setzen. So steht außer Zweifel, dass der Gedanke, jemanden als Person anzuerkennen, in den beiden erwähnten Bedeutungen häufig verstanden wird – als das Erfassen von dem, wodurch er eine Person ist, und als die Behandlung dieses Menschen mit der Rücksicht und Wertschätzung, die einer Person zukommen. An sich ist die Zweideutigkeit harmlos. Die Frage ist aber, welche der beiden Bedeutungen – die erkenntnismäßige (theoretische) oder die praktische – die grundlegendere ist, d. h. welche die grundlegendere Einstellung bezeichnet. Nun scheint mir die erste Einstellung der zweiten offenbar zugrunde zu liegen. Dies soll aus den beiden vorangegangenen Abschnitten, in denen die These der intersubjektiven Konstitution der Person zurückgewiesen wurde, schon deutlich sein: Wenn jemand eine Person ist, unabhängig davon, ob er von einem anderen als Person anerkannt ist, dann muss der Andere zuerst erkennen, dass er eine Person ist, ehe er ihn als eine Person behandeln kann. Aber kurzum: Warum würden wir überhaupt jemandem den Respekt erweisen, der einer Person gebührt, wenn wir nicht im Vorhinein glaubten, dass er eben eine Person ist? Sonst wäre es möglich, wenn es uns so gefiele, auch einem Stein, einem Baum oder sogar irgendeinem Gegenstand, der nicht die Merkmale besitzt, die ihn zu einer Person macht, dennoch den Status einer Person zu gewähren und ihn entsprechend zu behandeln! Zwar lässt sich sagen, jemanden als eine Person anzusehen bedeutet, ihn als ein Wesen zu betrachten, das Respekt verdient. Er kann aber Respekt nur deshalb verdienen, weil er an sich eine bestimmte Art von Wesen ist, nämlich eine Person.

Anscheinend sind aber viele Philosophen von solchen simplen Überlegungen nicht überzeugt. Die Auffassung, nach der jemand erst durch den Respekt, den er von der Anerkennung eines anderen erhält, als eine Person begriffen wird, bleibt attraktiv. Häufig stützt man sich dabei auf den Gedanken, dass jemand erst durch Anerkennung als Person konstituiert sei, und versteht unter dieser Anerkennung, dass er vom anderen mit einer grundlegenden Art des Respekts behandelt werde. Paradigmatisch dafür ist das bereits analysierte Fichtesche Argument, da der darin verwendete Begriff der »Aufforderung« ein Appellieren an das Subjekt bezeichnet, sich nicht bloß als ein triebgeleitetes, sondern als ein selbstbestimmendes Wesen zu verhalten. Dieses Argument sowie allgemein der Gedanke der Konstituierung der Person durch Anerkennung dürfen aber jetzt als abgewiesen gelten. Hier möchte ich auf ein weiteres und ganz anderes Argument eingehen, das Spaemann für die These vorbringt, dass die Anerkennung im Grunde eine praktische Haltung ist und dass wir jemand erst dann als eine Person betrachten können, wenn wir ihn mit Respekt behandeln. Dazu wird es nötig sein, auf meine frühere (§ 1) Kritik an seinem Personbegriff zurückzukommen und sie jetzt weiter zu entwickeln, da der darin aufgewiesene Fehler eine Schlüsselrolle in diesem Argument spielt. Weder das Argument noch der Fehler sind jedoch ohne Interesse (oder ohne Präzedenz), und eine gründliche Analyse beider wird helfen, das Wesen der Person sowie der Anerkennung von Personen verständlicher zu machen.

§ 5 Spaemanns Argument

Spaemanns Argument zufolge kann man nun zwar erkennen, d. h. als eine Tatsache feststellen, dass das, was vor einem steht, ein Mensch ist, ein Lebewesen einer bestimmten biologischen Gattung. Damit man ihn aber als eine Person anerkenne, müsse man seine Einstellung ihm gegenüber ändern und eine praktische Haltung einnehmen. »Sein Personsein«, behauptet Spaemann, »ist wesentlich das nie Gegebene, sondern in freier Anerkennung Wahrgenommene« (194), sofort hinzufügend, um allen Missverständnissen vorzubeugen, dass in diesem Zusammenhang »Wahrnehmen« kein perzeptives Erfassen bedeutet, sondern seiner weniger geläufigen Bedeutung nach das Sich-Kümmern um die Interessen eines Anderen, um sie zu achten und zu vertreten. Hier wird die Anerkennung, durch die wir jemanden erst als Person begreifen, offensichtlich als eine moralische Haltung verstanden, in der wir ihm mit Respekt begegnen, anstatt mit ihm als noch einem Gegenstand unter anderen umzugehen, den wir unseren eigenen Interessen unterordnen. »Alles Sollen«, so das Argument, »gründet in solcher Wahrnehmung« (194).

Und doch kann Spaemann es dabei nicht belassen, und zwar aus gutem Grund. Denn er besteht auch darauf, dass diese Anerkennung keine »Setzung« ist, »so als verdanke sich die Person ihrer Anerkennung durch andere« (195). Sie sei vielmehr als eine »angemessene Antwort« (252) zu begreifen: Wenn ich jemanden als Person anerkenne, erfülle ich einen Anspruch, den sein Personsein auf meine Achtung erhebt. Man kann gut verstehen, warum Spaemann diesen Kurs einschlägt. Soweit die Anerkennung darin bestehen soll, dem Anderen einen grundlegenden Respekt zu erweisen, kann sie kein Gefallen sein, den wir ihm einfach deshalb erweisen, weil es uns gefällt. Dies würde ihr Wesen verfehlen, denn Respekt ist im Gegenteil eine Haltung, die wir dem Anderen schulden, und zwar aufgrund dessen, was er an sich ist. Damit scheint man aber bei der Konzeption gelandet zu sein, die es angeblich zu vermeiden galt: nämlich, dass wir schon wissen müssen, dass jemand tatsächlich eine Person ist und eben deshalb Achtung verdient, ehe wir ihn moralisch anerkennen oder respektieren können.

Einem solchen Schluss will Spaemann unbedingt ausweichen. »Die Anerkennung,« beteuert er, »weiß sich selbst als geschuldet, aber dieses Wissen geht dem Akt der Anerkennung nicht voraus, sondern ist wiederum eins mit ihm« (195). Mit dieser Formulierung hofft er, ihrem Anschein von Widerspruch zum Trotz, an der These festhalten zu können, nach der »erst die Anerkennung Personalität stiftet« (252). Er ist sogar bereit, von einem »Paradox« zu reden:

Die Zuerkennung des Status der Person ist ... bereits Ausdruck der Achtung als der spezifischen Weise, wie Personen einander gegeben sind. Darin liegt ein Paradox. Achtung, Anerkennung sind Weisen von Aktivität. Es scheint, ihnen müsse eine Rezeptivität vorausgehen, in der Personen

Person und Anerkennung 99

als Personen wahrgenommen werden. Besonders wenn es sich um die Wahrnehmung von Selbstsein handelt, scheint der Wahrnehmende sich rein rezeptiv verhalten zu müssen. Aber gerade das ist nicht der Fall, und aus einsehbarem Grunde nicht. Denn Selbstsein ist ja per definitionem das, was nicht als Phänomen gegeben ist (193).

Paradoxe gibt es aber nicht in der Wirklichkeit selbst, sondern nur in dem Geist von jemandem, der zwischen zwei gegensätzlichen Vorstellungen der Wirklichkeit schwankt. Die Konstatierung eines Paradoxes ist keine Lösung. Das Paradox ist im Gegenteil aufzulösen, und zwar durch die Berichtigung einer oder beider der fraglichen Vorstellungen.

Nun deutet der letzte Satz des Zitats auf die eigentliche Grundlage des Arguments hin, und sie ist genau die Vorstellung, die zurückzuweisen ist. Es handelt sich um die oben (§ 1) bereits kritisierte These, der zufolge das Personsein eines Menschen als »das nie Gegebene« (194) immer hinter seinen wahrnehmbaren, d.h. erkennbaren Eigenschaften verborgen liege. Aufgrund dieser Auffassung kann Spaemann behaupten, dass jemand erst durch die Einstellung des Respekts als Person begriffen werde, aber zugleich versichern, dass dieser Respekt ihm als Person geschuldet sei. Denn nach dem gegenwärtigen Argument – im Unterschied zum Argument von Fichte (§ 3) – soll das Personsein eines Menschen nicht so sehr durch die Anerkennung anderer *konstituiert* als von ihnen erst dadurch *erfasst* sein, dass sie ihn als Person anerkennen im Sinne von respektieren. Sein Unterschied zu jedem »etwas« bleibe als solches der Wahrnehmung verborgen, nie gegeben, und könne allein durch den Respekt erschlossen werden. Der Widerspruch, in dem sich dieses Argument verwickelt findet, ist aber, dass es keinen Sinn hat, das, was man in solchen Fällen vor sich hat, zu respektieren, sich in der Verfolgung der eigenen Interessen ihm zugunsten zu beschränken, ohne davon auszugehen, dass es gerade ein jemand und kein etwas, eine Person und kein bloßes Ding ist. Das Erkennen des Anderen als Person muss dem Respekt vorausgehen, den man ihm erweist. Oder genauer gesagt: Da wir Wesen wie Affen oder Hunde, die Subjekte, aber nicht Personen, sind, auch respektieren sollen, obgleich diesem Unterschied (§ 2) entsprechend nicht auf dieselbe Weise, müssen wir schon wissen, was für ein Wesen wir vor uns haben, um ihm die richtige Art von Respekt oder ihm Respekt überhaupt sinnvollerweise zollen zu können.

Nun lässt sich der Widerspruch sofort beseitigen, wenn die irrtümliche Prämisse, der zufolge das Personsein eines Menschen an seinem Verhalten nicht erkennbar sei, zurückgewiesen wird. Ich habe bereits erklärt, warum sie falsch ist. An den Handlungen eines Menschen können wir unschwer wahrnehmen, dass er ein Subjekt ist – dass er sich so oder anders verhält, weil er auf bestimmte Umstände reagiert, dieses oder jenes Ziel verfolgt, und somit generell fähig ist, sich nach Gründen zu richten. Wahrzunehmen, dass er darüber hinaus eine Person ist, bietet keine größere Schwierigkeit, soweit wir uns auch auf seine Äußerungen stützen können. Denn wenn er in dem, was er sagt, erkennen lässt, dass er hätte entscheiden können, auch anders zu handeln, oder dass er darüber nachdenkt, wie er sein Leben leben soll – und insofern als er überhaupt sprechen kann und deshalb die umfassenden Reflexionskräfte hat, die damit zusammenhängen, – wird sein Personsein sichtbar.

Man wird vielleicht einwenden, wir nähmen in solchen Fällen nicht sein Subjekt- oder Personsein als solches wahr, sondern nur die Handlungen und Äußerungen, von denen wir dann unterstellen, dass sie diese Grunddimensionen seines Wesens ausdrücken. Aber das ist ein Irrtum, und zwar letztlich derselbe, der zur Meinung führt, nicht einmal seine Handlungen und Äußerungen würden von uns eigentlich wahrgenommen, sondern nur Körperbewegungen und Geräusche, aus denen wir dann schlössen, dass er handelt und spricht. Dass jemand ein Subjekt oder eine Person ist, bleibt nicht hinter seinem Handeln und Reden verborgen, als seien wir gezwungen, es nur indirekt durch Hypothesen feststellen zu können. Im Gegenteil: So wie wir jemandes Fähigkeit, ein Fahrrad zu fahren, an seinem mühelosen Radfahren erkennen, so erkennen wir sein Subjekt- oder Personsein selbst an den Verhaltensweisen, die ein charakteristischer Ausdruck der dazu gehörigen Fähigkeiten sind. Ein Subjekt oder eine Person zu sein ist im Grunde ein Vermögen (das Vermögen, sich nach Gründen zu richten, bzw. das Vermögen, sein Denken und Tun zum Gegenstand der Reflexion zu machen), und in diesem Fall wie in anderen wird das Vermögen selbst in seiner entsprechenden Ausübung wahrnehmbar.

Der grundsätzliche Fehler, den es zu vermeiden gilt, besteht darin, das Verhalten einerseits und andererseits die Eigenschaften wie Gedanken, Gefühle, Absichten, Überzeugungen, Wünsche oder Fähigkeiten, von denen wir sagen, sie seien im Verhalten ausgedrückt, zwei unterschiedlichen Bereichen zuzurechnen – dem Bereich des

Person und Anerkennung 101

Körperlichen, das wir allein wahrnehmen, und dem Bereich des Mentalen, auf das wir nur schließen können. Zu diesem Fehler wird man durch das fatale Bild vom Innern und Äußern geführt, das einen so tiefgreifenden, aber meistens bedauerlichen Einfluss auf das philosophische Denken ausgeübt hat: Nur das äußere Verhalten eines Menschen, nicht sein Geist, der in seinem Inneren liege, biete sich unserem Blick dar. In Wirklichkeit ist der Geist nur insofern etwas Inneres, als es sein Wesen ist, *im* Verhalten, *in* unseren Äußerungen und Handlungen, ausgedrückt zu werden. Wie Spaemann selbst sagt: »Die Konstitution personaler Identität ist untrennbar von dem Prozeß des Sich-selbst-äußerlich-werdens« (114). Aber dasselbe gilt, nicht nur für das Personsein, sondern für alles, was zum Geist gehört – auch für das subjektive Erleben, für die Empfindungen und Vorstellungen, die im Strom des Bewusstseins aufeinander folgen. Normalerweise kommt etwa ein Schmerz, wenn wir nicht gelernt haben, ihn zu unterdrücken, automatisch in einem Zucken, einem Schrei, oder einer Äußerung wie »es tut mir weh« zum Ausdruck. Empfindungen – wie alle mentalen Ereignisse und Zustände – sind nicht wesentlich privat, dem Individuum allein zugänglich, sondern haben ihren charakteristischen, erkennbaren Ausdruck. Auch wenn man sich verstellt und etwas anderes zeigt als das, was man tatsächlich denkt oder fühlt, muss man dabei gegen die natürliche Tendenz seines Seelenzustands streben, und dem geübten Betrachter wird dieses Streben selbst – etwa in dem abgewandten Blick oder in der veränderten Stimme – nicht entgehen.

Wie Wittgenstein ganz allgemein bemerkte: »Der menschliche Körper ist das beste Bild der menschlichen Seele«.[15] Es geht nicht darum, den Geist auf das Verhalten behavioristisch zu reduzieren. Der Punkt ist vielmehr, dass Geist und Verhalten eine untrennbare Einheit bilden, und zwar eine Einheit der Expressivität: Geist gibt es nur, soweit er sich auf verschiedene Weisen im Verhalten ausdrückt, und nur durch diese seine Ausdrucksfähigkeit wird das Verhalten

---

[15] Ludwig Wittgenstein, *Philosophische Untersuchungen*, II, iv, 25. S. auch § 357: »Wenn man das Benehmen des Lebewesens sieht, sieht man seine Seele«. In seiner berühmten Kritik am Gedanken einer Privatsprache (§§ 243–315) hat Wittgenstein vor allem am Beispiel des Schmerzes gezeigt, wie wesentlich die charakteristischen Äußerungen unserer Empfindungen für deren Bestehen selbst sind. Ich glaube, dass sich meine Auffassung der Verbindung zwischen Geist und Verhalten in großem Ausmaß mit derjenigen deckt, die bei Wittgenstein zu finden ist.

zu dem, was es ist, anstatt in einer Reihe von bloßen Bewegungen zu bestehen.

§ 6 Honneths Argument

Diese Wahrheit wird auch von anderen Philosophen übersehen, die ungefähr dasselbe Argument für die These vertreten, dass Anerkennung im Grunde eine wesentlich praktische Einstellung sei. Ein Beispiel findet sich bei einem so bedeutenden Anerkennungstheoretiker der Gegenwart wie Axel Honneth. Im Großen und Ganzen bewegen sich Honneths Untersuchungen zum Begriff der Anerkennung zwischen drei Thesen, die er nicht klar voneinander unterscheidet: Er zeigt manchmal (i) eine gewisse Sympathie für Fichtes Argument, nach dem die Anerkennung durch Andere eine Bedingung des Personseins ausmache.[16] Er vertritt auch (ii) die These, dass die Anerkennung durch Andere die Verwirklichung unseres Personseins, die Entfaltung unserer Fähigkeit, ein selbstbewusstes Leben zu führen, auf entscheidende Weise fördere; mir scheint diese These den eigentlichen Brennpunkt seines Interesses zu bilden.[17] Und (iii) – was im gegenwärtigen Zusammenhang relevant ist – er will nachweisen, dass wir uns jemandem gegenüber erst in einer grundlegenden Einstellung des Respekts oder der Anteilnahme, d.h. der »Anerkennung«, verhalten müssen, um erkennen zu können, dass er eine Person ist. Dies ist der Gedankengang in seiner Studie *Verdinglichung*. Die Welt überhaupt, so lautet die (von Heidegger übernommene) Prämisse seines Arguments, erschließe sich uns als bedeutungsvoll nicht primär in dem Bemühen, sie zum Gegenstand eines »erkennende[n], neutrale[n] Erfassen[s]« zu machen, sondern dadurch, dass wir mit ihr in einer Einstellung der Besorgtheit und Interessiertheit umgehen.[18] Daraus folge dann, dass in unseren Beziehungen zu anderen Menschen das Anerkennen, im Sinne einer affektiven Anteilnahme

---

[16] S. seine Diskussionen von Fichte in *Unsichtbarkeit. Stationen einer Theorie der Intersubjektivität* (Frankfurt, 2003), 28–48 und von Hegel in *Das Ich im Wir. Studien zur Anerkennungstheorie* (Berlin, 2010), 15–32
[17] Auf diesen Strang seines Denkens bin ich in einer Rezension (*Hegel-Studien* 47, 145–151) seines Buches *Das Recht der Freiheit* (Berlin, 2011) eingegangen.
[18] Axel Honneth, *Verdinglichung. Eine anerkennungstheoretische Studie* (Frankfurt, 2005), 34.

Person und Anerkennung

an ihren Gedanken und Empfindungen, einen begrifflichen Vorrang gegenüber allem Erkennen davon besitze. Denn »von den mentalen Zuständen anderer Personen« hätten wir (hier bezieht er sich auf Stanley Cavell) »[k]ein direktes, unmittelbares Wissen«. Nur soweit wir uns in die subjektive Welt eines Anderen »existentiell einbezogen fühle[n]« und insofern »den Wert des Anderen ... bejahen« – d. h. den Anderen auf eine grundlegende Weise respektieren –, könnten wir erfassen, was er denkt und empfindet.[19]

Honneths Argument scheitert daran, dass es auf zwei unhaltbaren Annahmen beruht. Erstens ist kein Erkennen, auch nicht das wissenschaftliche, im gemeinten Sinn »neutral«, sondern immer in der Auswahl seiner Gegenstände, in seiner Herangehensweise, und in seinen Zielen durch allerlei Interessen bestimmt. Zwar unterscheidet sich das wissenschaftliche Erkennen in seinen leitenden Interessen erheblich vom alltäglichen, und eines seiner charakteristischen Ziele liegt darin, seine Gegenstände unabhängig vom Blickwinkel gewisser gewöhnlicher Interessen und daher so, wie sie in Wirklichkeit sind, zu betrachten. Doch das Ziel, die Dinge zu erfassen, wie sie ohnehin sind – ein Ziel, das übrigens auch seine Stelle im Alltagsleben hat –, ist selbst durch verschiedene Interessen bestimmt: Man will etwa die Dinge besser beherrschen können oder sich von den Illusionen einer borniertierten Perspektive befreien und im Licht der Wahrheit leben. Wenn die Auffassung des Erkennens als ein neutrales, von allen Interessen und Affekten freies Erfassen seines Gegenstands keinen Sinn hat, dann dürfte sie nicht herangezogen werden, um geltend zu machen, dass die grundlegende Einstellung, in der wir einem anderen als Person begegnen, kein Erkennen sein könne.

Aber zweitens und vor allem ist zu fragen, wovon wir denn »ein direktes, unmittelbares Wissen« haben können, wenn nicht, zumindest manchmal, von dem, was ein anderer denkt oder empfindet. Wenn jemand vor mir mit einem blutigen Arm schreit, kann ich irgendwie zweifeln, dass er Schmerz empfindet? Wenn jemand mir sagt, dass er seinen Freund erwartet, erkenne ich dann nicht normalerweise direkt, dass dem so ist, besonders wenn er auch ständig auf seine Uhr oder aus dem Fenster schaut? Wenn es auch in solchen Fällen logisch möglich ist, einen Fehler zu machen, dann möchte

---

[19] Ibid., 54, 57, 59–60. Seltsamerweise beruft er sich dabei auf Wittgenstein, der in Wirklichkeit (s. § 5 oben) bemüht war, genau das Gegenteil deutlich zu machen.

man wissen, in welchen Fällen das nicht so ist. Soll man etwa nur die physischen Bewegungen eines anderen, nicht seine Gedanken und Empfindungen, »direkt« und »unmittelbar« erkennen können, wenn auch in dieser Hinsicht ein Irrtum logisch möglich ist? Der Geist eines anderen ist nicht etwas Verborgenes, der Wahrnehmung Entzogenes, das, soweit es nicht hypothetisch vermutet wird, dann allein durch andere, nicht erkenntnismäßige Mittel wie Sorge oder Respekt zuverlässig zu erfassen sei. Im Gegenteil: Geist gehört zur öffentlichen Welt.

So ist Honneths Argument, wie das ähnliche von Spaemann, ebenfalls nicht stichhaltig. Es trifft nicht zu, dass wir jemanden nur insoweit als eine Person sehen können, als wir ihm gegenüber eine praktische Haltung des Respekts oder der Anteilnahme einnehmen. Vielmehr können wir ohne Schwierigkeit einfach wahrnehmen, dass jemand eine Person ist, und wir können auch in der Regel relativ mühelos wahrnehmen, was er denkt oder fühlt, besonders wenn er es uns sagt. Nur weil dem so ist, sind wir imstande, festzustellen, mit welchen Wesen wir zu tun haben und ob es also einen Sinn hat, uns um sie zu kümmern, wie es Personen im Gegensatz zu anderen Wesen gebührt. Nichts spricht also gegen den ohnehin naheliegenden Gedanken, dass wir nicht sinnvollerweise respektieren oder praktisch »anerkennen« können, was wir nicht zuerst als Wesen erkennen, die Respekt verdienen. Zwar ist, wie gesagt, alles Erkennen, und so auch dieses, nie neutral, sondern von verschiedenen Interessen geleitet. Aber davon bleibt die banale Wahrheit unangetastet, dass das Erkennen eines Anderen als Person dem Respekt oder der Anteilnahme, die wir ihm zeigen, vorausgehen muss. Denn schließlich kann es auch – wie allzu oft – geschehen, dass wir stattdessen entscheiden, die andere Person als ein bloßes Mittel für die eigenen Zwecke zu behandeln.

Es ist natürlich eine wichtige Frage, warum überhaupt Personen Respekt verdienen. Warum sollten wir die Verfolgung unserer Interessen derart beschränken, dass wir andere Menschen nicht einfach ausnutzen, um die eigenen Ziele zu erreichen, sondern mit ihnen als Wesen umgehen, die gleichberechtigt sind, ihre Interessen zu verfolgen? Philosophisch ist dies aber eine schwierige Frage, weil die Gründe, andere in diesem Sinn zu respektieren, nicht bloß moralischer Natur sind, sondern zur Grundlage des moralischen Standpunkts selbst gehören. Unklar ist nämlich, wie eine Begründung des moralischen Standpunkts aussehen soll, die ihn nicht – wie so häufig

Person und Anerkennung

in der Geschichte der Philosophie – zur Förderung außermoralischer Interessen (des eigenen Vorteils, der individuellen Freiheit) instrumentalisiert.[20]

Es gibt aber eine leichtere Frage, die in unserem Zusammenhang relevanter ist, und damit will ich schließen: Was heißt es nämlich zu glauben, dass Personen Respekt verdienen? Es sollte sich von selbst verstehen, dass Respekt eine Haltung ist, die wir jemandem schulden und nicht bloß schenken dürfen, als ob wir ihm ein Gefallen täten. Wie schon (§ 5) angedeutet, ist Spaemann damit einverstanden, und auch Honneth neigt zu dieser Ansicht: Bei der Anerkennung (im praktischen Sinne) handele es sich nach ihm nicht darum, dem betroffenen Subjekt einen Status zu verleihen, den es nicht vorher hatte, sondern um »eine bestimmte Art der Wahrnehmung eines unabhängig bereits bestehenden Status«.[21] Wie sich nun dieses »Rezeptionsmodell« der Anerkennung mit Honneths (und auch Spaemanns) Überzeugung verträgt, dass wir jemanden erst als eine Person erkennen, indem wir ihn respektieren, ist gar nicht ersichtlich. Wenn Respekt eine geschuldete Antwort auf das Personsein eines Menschen ist, wie können wir ihn dann respektieren, ohne schon zu erkennen, dass er tatsächlich eine Person ist? Aber darüber hinaus: Jetzt wird klar, dass das Erkennen dem Anerkennen, im praktischen Sinne des Respektierens, in zwei unterschiedlichen Hinsichten vorausgehen muss. Nicht nur müssen wir bereits erkennen, dass wir eine Person vor uns haben, sondern auch dass er als Person unseren Respekt verdient, ehe es für uns sinnvoll sein kann, ihn mit dem Respekt zu behandeln, den er unseres Erachtens verdient. Darin liegt der Ausgangspunkt eines moralischen Realismus. Auf dieses Thema komme ich in Kapitel V (§§ 4–5) zurück.

---

[20] In *The Autonomy of Morality*, Kapitel 5, § 4, habe ich die These vertreten, dass der moralische Standpunkt, und darum die Prinzipien, die zu seinem Wesen gehören, für sich selbst sprechen und keine tieferliegende Begründung zulassen.

[21] Honneth, *Das Ich im Wir*, 112 und vgl. den ganzen Abschnitt, 111–118.

Kapitel IV
Was Autonomie sein und nicht sein kann

»Autonomie« ist ein philosophischer Ausdruck, der sich in aller Munde befindet und der fast immer in der Erwartung verwendet wird, dass alle der Meinung sind, sein Gegenstand sei eine gute Sache. Das ist meines Erachtens entweder ein Zeichen dafür, dass man nicht genau weiß, was man damit meint, oder dass verschiedene Leute darunter unterschiedliche Dinge verstehen. In der Tat hat das Wort mehrere verschiedene Bedeutungen. Mit Kant wurde »Autonomie« zu einem Schlüsselbegriff der Philosophie, aber man irrte sich, wenn man davon ausginge, dass alles, was wir heute unter »Autonomie« verstehen, in einer notwendigen Beziehung zu Kants eigenem Begriff stünde. Nach Kants Autonomiegedanken besteht der Geltungsgrund nicht nur moralischer, sondern aller Prinzipien des Denkens und Handelns in der Selbstgesetzgebung der Vernunft, die daher als die Urheberin der Gültigkeit dieser Prinzipien angesehen werden muss. Wie Kant vom moralischen Gesetz sagte,

Der Wille wird also nicht lediglich dem Gesetze unterworfen, sondern so unterworfen, dass er auch *als selbstgesetzgebend* und eben um deswillen allererst dem Gesetze (davon er selbst sich als Urheber betrachten kann) unterworfen angesehen werden muss.[1]

Im Folgenden werde ich die kantische Auffassung der Autonomie als Selbstgesetzgebung in Verhältnis zu anderen Bedeutungen des Ausdrucks setzen und erproben, inwieweit sie stichhaltig ist.

---

[1] Kant, *Grundlegung zur Metaphysik der Sitten*, Akademie-Ausgabe IV, 431.

§ 1 Politische und juristische Vorgeschichte

Bekanntlich hatte der Ausdruck »Autonomie« eine lange Geschichte gehabt, ehe Kant ihn 1785 in seiner *Grundlegung zur Metaphysik der Sitten* aufgriff.[2] Zweierlei ist an dieser Vorgeschichte interessant. Erstens wurde das Wort »Autonomie« fast ausschließlich in politischen oder juristischen Kontexten verwendet, ohne Ausdehnung auf den Bereich der Moralphilosophie und ohne Anwendung auf die allgemeine philosophische Frage, wie sich ein vernünftiges Wesen zu den Prinzipien seines Denkens und Handelns verhält. Und zweitens bildete weder die politische noch die juristische Bedeutung des Ausdrucks ein genaues oder auch nur suggestives Modell für die Weise, auf die Kant den Begriff der Autonomie in diesen anderen und breiteren Zusammenhängen entwickeln würde.

Bei den Griechen wird »*autonomia*« in Bezug nicht auf Individuen, sondern auf politische Gemeinschaften verwendet, und zwar auf solche, die nicht unter der Herrschaft fremder Mächte oder eines Tyrannen stehen. Autonom seien solche Gemeinschaften insofern, als sie nach ihren eigenen Gesetzen leben, d. h. nach den Gesetzen, welche sie zur Regelung ihres Zusammenlebens gewählt haben. Das bedeutet nun nicht, dass sie die Autorität dieser Gesetze auf ihren eigenen Willen oder auf ihre eigene Gesetzgebung allein zurückführen. Denn auch wenn die Gesetze dadurch rechtsverbindlich werden, dass sie durch die geeigneten Verfahren beschlossen worden sind, kann es sein und wird – nicht nur in der Antike – häufig so sein, dass die Gemeinschaft sie sich deshalb auferlegt hat, weil sie (oder genauer: ihre Repräsentanten) von der unabhängigen moralischen Gültigkeit dieser Gesetze überzeugt ist. Das zeigt, dass ein System positiven Rechts kein Modell von dem darstellt, was Kant unter »Autonomie« versteht, und nicht nur deshalb, weil sich sein Autonomiebegriff auf individuelle Vernunftwesen und nicht auf Gemeinschaften bezieht. Bedeutsamer noch ist der Umstand, dass sich das Recht letzten Endes in der angedeuteten Weise auf ein schon bestehendes und als gültig betrachtetes System von Normen, nämlich die Moral, gründet. Kants Autonomiebegriff soll aber die Natur der Moral selbst und folglich nicht nur die Verbindlichkeit, d. h. den

---

[2] Zur Geschichte des Begriffs, s. vor allem Rosemarie Pohlmann, art. »Autonomie« in: *Historisches Wörterbuch der Philosophie*, hgg. von J. Ritter, Bd. I (Darmstadt, 1971), 701–719.

Pflichtcharakter moralischer Regeln, sondern auch ihre Gültigkeit oder Richtigkeit erklären.[3]

In der genannten politischen Bedeutung wurde »Autonomie« in der frühen Neuzeit weiter gebraucht. Zur selben Zeit trat aber eine neue, diesmal juristische Bedeutung auf. Als »Autonomie« wurde die Befugnis zur Selbstgesetzgebung oder zur rechtlichen Selbstbestimmung bezeichnet, die eine Gemeinde, ein Verband, oder auch ein Individuum (z. B. ein Mitglied des Adels oder ein Eigentumsbesitzer) im Rahmen einer vorgegebenen, übergreifenden Rechtsordnung genießt. Eine solche öffentlich- oder privatrechtliche Befugnis wird ausgeübt, wenn etwa ein Stadtrat ein Gesetz verabschiedet oder ein Bürger sein Haus verkauft. In diesen Fällen hängt nun zwar die Gültigkeit der beschlossenen Verordnung oder des Verkaufs der Immobilie von den Entscheidungen der zuständigen Stadtbehörden oder des Besitzers ab. Aber diese Art von Autonomie ist offensichtlich ein lokales Phänomen, das durch eine schon bestehende Rechtsordnung bestimmt und beschränkt ist. Sie konnte daher kaum als Vorbild für die kantische Auffassung dienen, nach der die Autonomie nicht nur auf den Bereich der Moral und sogar verallgemeinernd auf die Natur der Vernunft selbst übertragen wird, sondern darüber hinaus auch die Gültigkeit aller dazugehörenden Gesetze und Prinzipien erklären soll.

Das war dann die Lage bis zu Kant. Als »autonom« im politischen Sinne galten Gemeinschaften, die nach ihren eigenen, d. h. nach den von ihnen selbst gebilligten Gesetzen leben. Als »autonom« im juristischen Sinne galten Gemeinden oder Individuen, die vom übergreifenden Rechtssystem befugt sind, Gesetze zu verabschieden oder Rechtsgeschäfte zu tätigen. Nichts hätte uns in diesem Kontext auf die radikale und ganz allgemeine Behauptung vorbereitet, mit der Kant den Ausdruck »Autonomie« als Bezeichnung für die Grundeigenschaft jedes vernünftigen Wesens als solchen einführt: »Autonomie des Willens ist die Beschaffenheit des Willens, dadurch derselbe ihm selbst (unabhängig von aller Beschaffenheit der Gegenstände des Willens) ein Gesetz ist«.[4] Christian Wolff, des-

---

[3] Bei Kant besteht bekanntlich diese Unterscheidung darin, dass das moralisch Richtige für vernünftige Wesen wie uns, die anders zu handeln geneigt sein können und die daher ihre Neigungen dem moralisch Richtigen unterordnen sollen, zu einer Pflicht wird.

[4] Kant, *Grundlegung zur Metaphysik der Sitten*, Akademie-Ausgabe IV, 440.

sen Schriften die damalige philosophische Landschaft in Deutschland nicht nur sachlich, sondern auch terminologisch prägten, verwendete den Ausdruck nur noch in seiner politischen Bedeutung. Zwar lässt sich gut verstehen, warum Kant das Wort »Autonomie« für seine Lehre der Selbstgesetzgebung der Vernunft wählte. Seine Gründe waren aber eher etymologischer Natur, als dass sie aus dem bestehenden Wortgebrauch erwuchsen.

Überdies kommt Kant nur spät, und zwar zuerst in der *Grundlegung* von 1785, dazu, überhaupt von »Autonomie« zu sprechen, und dabei gebraucht er den Begriff ausschließlich in der von ihm eingeführten Bedeutung. In den Vorlesungen zur Moralphilosophie, die er regelmäßig in der Mitte der 70er Jahre hielt, fehlt noch, wenn wir den Nachschriften trauen dürfen, nicht nur das Wort, sondern auch der Begriff. Darin stellte Kant die Gesetze der Moral schon als allgemeine, kategorisch notwendige Handlungsregeln dar, die im Fall des Menschen, der anders geneigt sein kann, zu kategorisch verbindlichen Verpflichtungen werden. Er behauptete aber ebenfalls, dass wir nicht nur ihre Gültigkeit, sondern auch ihre Verbindlichkeit durch unseren Verstand allein, ohne Bezugnahme auf den Willen Gottes und – davon fehlt jede Erwähnung – ohne Bezugnahme auf irgendeine selbstgesetzgebende Tätigkeit unsererseits, erfassen können.[5]

Da mir Kants Autonomiebegriff unhaltbar erscheint, bin ich versucht zu sagen: Schade, dass er bei dieser Auffassung nicht stehenblieb. Denn die einzig bedeutsame Schwäche der moralphilosophischen Vorlesungen der 70er Jahre ist Kants Annahme, dass der Verstand allein keinen hinreichenden Beweggrund zum Handeln liefern kann.[6] Wäre der Verstand tatsächlich motivational inert, dann könnte er uns nicht dazu bewegen, bestehende Überzeugungen zu

---

[5] Kant, *Vorlesung zur Moralphilosophie*, hgg. von W. Stark (Berlin, 2004), 55–73, 79. (Dieser Ausgabe liegt die »Kaehler«-Nachschrift von 1773–1775 zugrunde). Wenn Kant darin schreibt: »Alle Verbindlichkeit ist entweder äußerlich oder innerlich« (49), dann handelt es sich in Wirklichkeit nicht um die Verbindlichkeit eines moralischen Gesetzes, sondern um die Motive oder »Bewegungsgründe« (50) – die eigene Willkür oder die Willkür eines Anderen – durch die eine Person bewegt wird, dem Gesetz zu gehorchen.
[6] Vgl. ibid., 68–69: »Wenn ich durch den Verstand urteile, dass die Handlung sittlich gut ist, so fehlt noch sehr viel, dass ich diese Handlung tue, von der ich so geurteilt habe … Urteilen kann der Verstand freilich, aber diesem Verstandes-Urteil eine Kraft zu geben, und dass es eine Triebfeder werde, den Willen zu bewegen, die Handlung auszuüben, das ist der Stein der Weisen.«

revidieren oder Schlussfolgerungen zu ziehen. Weil das offensichtlich falsch ist, kann es nicht, wie Kant unterstellt, im Vornherein ausgeschlossen sein, dass er auch imstande sei, uns zu den Handlungen zu motivieren, deren Richtigkeit er uns aufweist. Nach dem Kant dieser Vorlesungen kann aber die Ausführung, wenn auch nicht die Anerkennung, eines moralischen Gesetzes – Rechtszwang und sozialen Druck einmal außer Acht gelassen – nur durch ein »moralisches Gefühl«, wie es durch Gewöhnung geformt worden ist, oder durch die Antizipation der Belohnungen und Strafen Gottes stattfinden.[7] Oder genauer gesagt: Das ist seine allgemeine Position. Denn an einer Stelle räumt Kant ein, dass dem Verstand doch insofern »eine bewegende Kraft« zukomme, als er sich »unsittlichen Handlungen« widersetze, »weil sie wider den Gebrauch seiner Regel laufen«, fügt aber dann hinzu, dass diese motivationale Kraft des Verstandes nicht hinreiche, entgegengesetzte Impulse (*elateres*) der Sinnlichkeit tatsächlich zu überwiegen.[8] Die Einräumung ist zwar auf der richtigen Spur, das einschränkende Argument ist aber schlecht, da moralisches Gefühl und Ehrfurcht vor Gott nur dadurch die Oberhand gewinnen, dass sie auf Gründe verweisen, jenen Impulsen nicht nachzugeben, und daher selber einer Ausübung des Verstands entspringen. Natürlich kann man von Verlockungen getrieben werden, gegen sein besseres Wissen zu handeln, und gute Gewohnheiten, die unter anderem geeignete Gefühle mit sich bringen, sind der beste Schutz davor. Aber solche Phänomene lassen sich nicht durch einen plumpen Gegensatz zwischen Verstand und Gefühl adäquat analysieren.

Später in der *Grundlegung* gelangt Kant zu dem Schluss, dass moralisches Gefühl und Gottesfurcht unangemessene Motive zur moralischen Handlung sind. Aber diese Änderung führt ihn nicht dazu, die Annahme der motivationalen Trägheit des Verstandes in Frage zu stellen. (Auf die fortwährende Rolle dieser Annahme bei Kant werde ich später in § 4 zurückkommen). Es ist vielmehr so, dass die »kritische Philosophie«, die in der *Grundlegung* zum Ausdruck kommt, den Begriffsrahmen der früheren Ethikvorlesungen hinter sich gelassen hat. Dem Verstand wird nicht einmal mehr die Fähigkeit zugeschrieben, die Verbindlichkeit moralischer Regeln zu erfassen, da ihre Verbindlichkeit, wie die Verbindlichkeit und sogar auch die Gültigkeit aller Prinzipien unseres Denkens und Handelns,

---

[7] Ibid., 67–69 und 61–62.
[8] Ibid., 70–71.

nicht mehr *stricto sensu* als ein Gegenstand der Erkenntnis, sondern als ein Produkt der selbstgesetzgebenden Vernunft angesehen wird. So lautet Kants Autonomielehre. Alles in allem ziehe ich, wenn ich mich freimütig äußern darf, mit den erwähnten Vorbehalten den Standpunkt der Ethikvorlesungen vor.

Implizit liegt Kants Begriff der Autonomie, wie ich später erläutern werde, auch seiner Auffassung der theoretischen Vernunft zugrunde, obwohl der Ausdruck selber in keiner der beiden Auflagen der *Kritik der reinen Vernunft* (1781, 1787) vorkommt. Interessant ist aber zu bemerken, für welche Geisteshaltungen Kant den Ausdruck niemals verwendet, obwohl sie auch in einer Ausübung der Vernunft bestehen, obwohl er sie ebenfalls ausführlich behandelt, und obwohl wir selbst davon als Hauptformen der Autonomie zu sprechen pflegen (so dass nachlässige Kommentatoren manchmal seine Behandlung dieser Haltungen als »Kants Autonomielehre« bezeichnen). »Autonom« nennen wir gemeinhin Menschen, die für sich selbst denken oder die ohne Rücksicht auf Lohn und Drohung das Richtige tun. Ganz anders bei Kant, der diesen Einstellungen des Selbstdenkens und der Selbstführung (wie ich sie nennen werde) zwar eine wichtige Rolle in seiner Moralphilosophie zuschreibt, sie aber nie als »Autonomie« bezeichnet. Es gibt einen Grund dafür. In solchen Fällen handelt es sich um die Beziehung, die man in seinem Denken und Handeln zu anderen Menschen (oder auch zu Gott) hat, während Kant die Ausdrücke »Autonomie« oder »Selbstgesetzgebung« für eine Beziehung reserviert, in der man zu den Prinzipien oder Gesetzen selber des Denkens und Handelns stehen kann. Das schließt jedoch nicht aus, wie wir sehen werden, dass es ihm einfallen konnte, diese Einstellungen durch seinen Autonomiebegriff erklären zu wollen. Im Gegenteil: Er behauptet sogar, dass sie nur dadurch erklärbar sind.

Die beiden Phänomene des Selbstdenkens und der Selbstführung werde ich jetzt näher betrachten, um zu zeigen, inwiefern Kant sie zu Recht ohne Berufung auf seinen Autonomiebegriff analysiert, und wie er dann fehlgeht, wenn er sie doch auf diesen Begriff zu gründen versucht.

§ 2 Das Selbstdenken

Der Text, in dem Kant das Phänomen des Selbstdenkens direkt aufgreift, ist sein Aufsatz von 1784, »Beantwortung der Frage: Was ist Aufklärung?«, in dem er seine Leser aufruft, »*Sapere aude!* Habe Mut, dich deines eigenen Verstandes zu bedienen!«[9] Die Natur dieser Geisteshaltung erläutert er hauptsächlich durch eine Erörterung ihres Gegenteils, der Unmündigkeit, die darin besteht, sich von anderen sagen zu lassen, was und wie man denken soll. Offenbar will Kant damit nicht behaupten, dass sich jemand, der selbständig denkt, niemals auf das Wissen von Experten oder auf die Berichte von Augenzeugen verlässt. Entscheidend ist vielmehr, dass man den Äußerungen anderer nur dann traut, wenn man gute Gründe sieht, an ihre Verlässlichkeit (auch wenn selbstverständlich nicht an ihre Unfehlbarkeit) zu glauben.

Die Entschlossenheit, für sich selbst ohne Leitung eines anderen zu denken, macht nun nach Kant das Wesen der Aufklärung aus. Leider bietet er keine andere Erklärung der bis zum modernen Zeitalter generellen Abwesenheit dieser Einstellung als eine letztlich psychologische: Es handele sich um eine »selbst verschuldete Unmündigkeit«, der sich die meisten Menschen aus »Faulheit und Feigheit« hingegeben haben. Soweit es politischen und religiösen Mächten gelungen ist, für ihre eigenen Ziele die Entwicklung selbständigen Denkens zu verhindern, haben sie nach Kants Erklärung nur die Versäumnisse ausgenutzt, für die diese Menschen selbst verantwortlich waren. Kant unterschätzt die Rolle der verschiedenen sozialen, intellektuellen, und auch religiösen Bewegungen, die, um seine Worte zu zitieren, »den Geist einer vernünftigen Schätzung des eigenen Werts und des Berufs jedes Menschen, selbst zu denken,« erst hervorgebracht und gefördert haben.

Aber, worauf ich aufmerksam machen möchte, ist, dass Kant in diesem Aufsatz den Ausdruck »Autonomie« kein einziges Mal benutzt, weder um das Selbstdenken zu bezeichnen, noch um die Bedingungen seiner Möglichkeit zu erklären, – und das, es sei daran erinnert, nur ein Jahr vor dem Erscheinen der *Grundlegung zur Metaphysik der Sitten*. Auch implizit taucht der Begriff nicht auf. An einer Stelle, wo es darum geht, ob ein Zeitalter sich anhei-

---

[9] Kant, »Beantwortung der Frage: Was ist Aufklärung?«, Akademie-Ausgabe VIII, 35.

schig machen dürfe, durch bestimmte Vereinbarungen das Recht auf Selbstdenken eines folgenden Zeitalters einzuschränken, bemerkt Kant zwar, dass »der Probierstein alles dessen, was über ein Volk als Gesetz beschlossen werken kann, in der Frage [liegt]: ob ein Volk sich selbst wohl ein solches Gesetz auferlegen könnte?«[10] Aber dabei handelt es sich um den politischen Begriff der Autonomie, der, wie schon gesagt, offen lässt, was die Basis der Verbindlichkeit des selbstauferlegten Gesetzes sei: Ein Volk kann sich deshalb einem Gesetz unterwerfen und es dadurch rechtsverbindlich machen, weil es überzeugt ist, dass dieses Gesetz schon an sich moralisch gültig sei.

Dass Kant in seinem Aufklärungsaufsatz weder den Ausdruck »Autonomie« benutzt noch seinen eigenen Begriff derselben hereinbringt, sollte an sich nicht überraschen. Das Selbstdenken – eine Haltung, die wir unsererseits gewöhnlich als »Autonomie« bezeichnen – und Autonomie im kantischen Sinne sind zwei ganz verschiedene Sachen. Jenes hat mit unserer Beziehung zu anderen Menschen, diese mit unserer Beziehung zu den Prinzipien unseres Denkens und Handelns zu tun. Kant verfährt in diesem Aufsatz so, als ob er das Vermögen, für sich selbst zu denken, ausreichend analysieren kann, ohne auf die Frage einzugehen, worin die Gültigkeit und Verbindlichkeit der Prinzipien besteht, nach denen man dieses Vermögen ausübt. Diese Annahme ist richtig, und zwar so sehr, dass all das, was er da zur Selbständigkeit des Denkens sagt, auch dann unangetastet bleibt, wenn wir – wie ich es für nötig halte – seine Antwort auf jene Frage, nämlich seine Autonomielehre, entschieden ablehnen.

Was dagegen, wenn nicht ganz überraschen, jedoch auffallen sollte, ist die Weise, auf die Kant zwei Jahre später das Thema des Selbstdenkens wiederaufnimmt. Gegen Ende seines Aufsatzes »Was heißt: sich im Denken orientieren?« (1786) sucht er, drei Bedeutungen des Ausdrucks »die Freiheit zu denken« zu unterscheiden. Diese Freiheit bestehe nicht nur darin, weder durch den »bürgerlichen Zwang« des Staates noch durch sozialen Druck (oder »Gewissenszwang«) gehemmt zu sein, dem eigenen Denken zu folgen, wo immer es hinführt. Sie müsse drittens verstanden werden als »die Unterwerfung der Vernunft unter keine anderen Gesetze, als: die sie sich selbst gibt«. Das ist nun ein klarer Hinweis auf die Autonomie der Vernunft, wie sie ein Jahr zuvor in der *Grundlegung* als Fundament der Moral bestimmt wurde –

---

[10] Ibid., Akademie-Ausgabe VIII, 39.

Der Wille wird also nicht lediglich dem Gesetze unterworfen, sondern so unterworfen, dass er auch *als selbstgesetzgebend* und eben um deswillen allererst dem Gesetze (davon er selbst sich als Urheber betrachten kann) unterworfen angesehen werden muss.[11] –

und Kant dehnt sie jetzt, selbst wenn er dabei das Wort »Autonomie« nicht explizit verwendet, auf das Gebiet der theoretischen Vernunft aus. In einer Fußnote führt er sogar das Selbstdenken auf diese dritte Bedeutung der »Freiheit des Denkens« zurück und erläutert es dabei durch eine Formulierung, die an die erste Formel des moralischen Gesetzes aus der *Grundlegung* erinnert:

Sich seiner eigenen Vernunft bedienen will nichts weiter sagen, als bei allem dem, was man annehmen soll, sich selbst fragen: ob man es wohl tunlich finde, den Grund, warum man etwas annimmt, oder auch die Regel, die aus dem, was man annimmt, folgt, zum allgemeinen Grundsatze seines Vernunftgebrauchs zu machen?[12]

Die Selbstgesetzgebung auf der Basis universalisierbarer Regeln oder Maximen gelte für die theoretische nicht weniger als für die praktische Vernunft – da, wie Kant am Anfang der *Grundlegung* behauptet, »es doch am Ende nur eine und dieselbe Vernunft sein kann, die bloß in der Anwendung unterschieden sein muss«[13] – und bestimme daher das Wesen des Selbstdenkens als die richtige Ausübung der eigenen Vernunft.

Warum eine solche Abweichung vom nüchterneren Ansatz von »Was heißt Aufklärung?«? Warum hält Kant es jetzt für nötig, sein Autonomiekonzept, wenn auch nicht den Ausdruck selber, hereinzubringen und zu behaupten, das Selbstdenken werde nur dadurch möglich, dass sich die Vernunft ihre Gesetze selbst gebe? Die Antwort liegt wahrscheinlich darin, dass dieser Begriff zum ersten Mal förmlich in der *Grundlegung*, also ein Jahr nach dem Aufklärungsaufsatz (1784), aber nur ein Jahr vor dem Orientierungsaufsatz

---

[11] Kant, *Grundlegung zur Metaphysik der Sitten*, Akademie-Ausgabe IV, 431.
[12] Kant, »Was heißt: sich im Denken orientieren?«, Akademie-Ausgabe VIII, 146–147.
[13] Kant, *Grundlegung zur Metaphysik der Sitten*, Akademie-Ausgabe IV, 391.

Was Autonomie sein und nicht sein kann 115

(1786) eingeführt wurde. 1785 war in der Tat ein Schlüsseljahr in Kants Entwicklung, in dem er durch die Ausarbeitung des Autonomiebegriffs zu einem tieferen Verständnis der Grundlagen seines philosophischen Projekts gelangte.

Die angebliche Notwendigkeit, sich auf diesen Begriff zu berufen, erklärt er nun im Orientierungsaufsatz dadurch, dass die Denkfreiheit in den zwei anderen erwähnten Bedeutungen – die ungefähr der Analyse des Selbstdenkens im Aufklärungsaufsatz entsprechen – nur durch die Selbstgesetzgebung der Vernunft garantiert werden kann. »Wenn die Vernunft«, schreibt Kant, »dem Gesetze nicht unterworfen sein will, das sie sich selbst gibt, [muss] sie sich unter das Joch der Gesetze beugen, die ihr ein anderer gibt«.[14]

Das ist jedoch ein erstaunlich schlechtes Argument. Erstens hinkt es wegen der verwirrenden Entgegensetzung von »Vernunft«, die ein Vermögen ist, die aber Kant hier (wie auch anderswo) so behandelt, als ob sie ein Agens für sich wäre, und »ein anderer«, der offensichtlich nur ein Mensch (oder auch Gott) sein kann. Eine derartige Verwirrung zeigt deutlich, dass Kant an dieser Stelle die zwei verschiedenen Problematiken der Beziehung der Vernunft zu ihren Prinzipien und der Beziehung eines vernünftigen Wesens zu anderen solchen Wesen durcheinanderbringt.

Zweitens setzt das Argument voraus, dass wir keinem Gesetz des Denkens unterworfen sein können, ohne dass es uns auferlegt worden sei – wenn nicht von uns selbst (durch die eigene Vernunft), dann von jemandem anderen. Woher aber eine so wenig plausible Voraussetzung? Kant stützt sich offenkundig auf das Prinzip »Kein Gesetz ohne Gesetzgeber«, das ebenso fragwürdig wie bekannt ist. Denn wer hat uns etwa das logische Gesetz des zu vermeidenden Widerspruchs auferlegt? Es hat gar keinen Sinn, vom Auferlegen eines Gesetzes dieser Art zu sprechen, da unter anderem jeder Grund, den man für ein solches Auferlegen oder für das Akzeptieren einer solchen Auferlegung sehen könnte, die Gültigkeit des betreffenden Gesetzes schon voraussetzen müsste. Warum kann dieses Beispiel nicht als Vorbild für andere, kompliziertere Fälle dienen? Die Grundgesetze des Denkens wären dann Gesetze, die einfach bestehen und die es daher nur anzuerkennen gelte – eine Auffassung, die ich in der Tat (s. §§ 4–5 unten) für richtig halte.

---

[14] Kant, »Was heißt: sich im Denken orientieren?«, Akademie-Ausgabe VIII, 145.

Der Aufsatz »Was heißt Aufklärung?« bietet also eine bessere Darstellung des Wesens des Selbstdenkens. Gerade weil Kant darin die Frage, in welcher Beziehung wir zu den Prinzipien unseres Denkens stehen, gar nicht erst stellt, beachtet dieser Aufsatz den Punkt, den ich mehrmals betont habe: Das Selbstdenken ist eine Einstellung, die unsere Beziehung als vernünftige Wesen zu anderen solchen Wesen und nicht unsere Beziehung als vernünftige Wesen zu den unser Denken und Handeln leitenden Prinzipien oder allgemeiner zu Gründen überhaupt und zur Basis ihrer Gültigkeit und Verbindlichkeit betrifft. Wir sind unsererseits daran gewöhnt, von der Fähigkeit, selbständig ohne die Anleitung politischer, kirchlicher oder sonstiger Behörden zu denken, als »der Autonomie des Individuums« zu sprechen. Dagegen ist nichts einzuwenden, solange wir diese Fähigkeit nicht mit dem verwechseln, was Kant selbst als »Autonomie« bezeichnet. Und solange wir (anders als Kant) erkennen, dass sich diese zwei Beziehungen – die des Individuums zu anderen Individuen und die der Vernunft zu ihren Prinzipien – in relativer Unabhängigkeit voneinander behandeln lassen. Freilich hat es Versuche gegeben, die Gültigkeit gewisser Prinzipien unseres Denkens durch unsere Zugehörigkeit zu einer Tradition zu erklären und demnach die letztere Beziehung auf die erstere zurückzuführen, und das mit der Absicht, die Ansprüche der individuellen Autonomie in Frage zu stellen. Das letztere Ziel ist verständlich – das Selbstdenken ist nicht gegen alle Kritik gefeit; man irrt sich aber, wenn man dieses Ziel auf eine derartige Weise verfolgt. Man täte besser daran, Tradition als den unentbehrlichen Träger von Prinzipien anzusehen, deren Gültigkeit selber unabhängig von ihrer Tradiertheit besteht.[15] Denn es wäre schließlich seltsam zu glauben, dass ein Prinzip ungeachtet seines Gehaltes uns allein dadurch verbindlich wird, dass frühere Generationen es beachtet haben.

Jedenfalls ist klar, dass Autonomie, wie Kant sie versteht, seinem Orientierungsaufsatz zum Trotz, keine notwendige Voraussetzung des Selbstdenkens darstellt. Die Fähigkeit, die Vormundschaft anderer abzuschütteln, um nach eigener Einsicht zu denken und zu handeln, lässt sich ohne Schwierigkeit mit der Ansicht kombinieren, dass die Gültigkeit der Prinzipien, nach denen man vorgeht, nicht durch die Vernunft hervorgebracht, sondern durch sie anzuerken-

---

[15] Vgl. dazu vom Verf. *The Autonomy of Morality*, Kapitel 1.

Was Autonomie sein und nicht sein kann 117

nen ist. Zudem leidet Kants entgegengesetzte Ansicht daran, dass sie, wie ich später darlegen werde, grundsätzlich inkohärent ist.

§3 Selbstführung

Ich komme jetzt zu einer zweiten Geisteshaltung, die oft von uns, aber niemals von Kant als »Autonomie« bezeichnet wird, obwohl Kant sie ausführlich erörtert, und obwohl er auch versucht, wie im Falle des Selbstdenkens, die Möglichkeit dieser Einstellung durch den von ihm eingeführten Begriff der Autonomie zu erklären. Es handelt sich um die Bereitschaft, das Richtige zu tun, ohne Rücksicht auf die Drohungen und Belohnungen einer höheren, göttlichen oder menschlichen Macht. Im Anschluss an J. B. Schneewind werde ich hierbei von »Selbstführung« (*self-governance*) im Gegensatz zu »Selbstgesetzgebung« (*self-legislation*) oder »Autonomie« im kantischen Sinne sprechen.[16]

Eine solche Einstellung schwebt etwa Paulus vor, wenn er im *Römerbrief* (2:14–15) schreibt:

Wenn Heiden, die das Gesetz nicht haben, doch von Natur tun, was das Gesetz fordert, so sind sie, obwohl sie das Gesetz nicht haben, sich selbst Gesetz. Sie beweisen damit, dass in ihr Herz geschrieben ist, was das Gesetz fordert, zumal ihr Gewissen es ihnen bezeugt, dazu auch die Gedanken, die einander anklagen oder auch entschuldigen.

Mit dem Ausdruck »das Gesetz« sind die Gebote gemeint, durch die Gott uns angewiesen habe, wie wir einander moralisch behandeln sollten. Obwohl die Heiden von Gott kein solches Gesetz bekommen haben, sind sie, sagt Paulus, jedoch fähig, wenn sie ihrem Gewissen (*syneidesis*) folgen, sich so zu benehmen, wie die Gebote Gottes es fordern. Dadurch seien sie »sich selbst Gesetz« (*heautois eisin nomos*), wobei Paulus sicher nicht meint, dass die Heiden ihre eigene Vernunft als Urheberin des Unterschieds zwischen recht und unrecht betrachten, sondern dass sie ihr Gewissen, das diesen Unterschied bezeugen (*symmaturein*) soll, zum Gesetz ihres Verhaltens machen. Selbstführung ist also die Fähigkeit, ohne Bedürfnis einer höheren Autorität dem eigenen Sinn für Recht und Unrecht zu fol-

[16] J. B. Schneewind, *The Invention of Autonomy* (Cambridge, 1998).

gen. Sie setzt nicht nur voraus, dass man selbst unterscheiden kann, was recht und unrecht sei, sondern vor allem, dass man in sich selbst die Motive findet, das Richtige zu tun.

Eine Haltung dieser Art bezeichnen wir heute oft als »Autonomie«. Daran ist nichts auszusetzen. Es hat seinen guten Sinn zu sagen, Autonomie bestehe in dem, was Paulus »sich selbst Gesetz zu sein« (*heautoi einai nomos*) nennt. Selbstführung, zusammen mit Selbstdenken, ist in der Tat eine der unproblematischen Sachen, die »Autonomie« im individuellen Bereich heißen kann. Nur ist zu beachten, dass sie nicht das ist, was Kant unter »Autonomie« versteht, und dass sie darauf auch nicht zurückgeführt werden kann. Jemand, der nach seinem Sinn für Recht und Unrecht ohne weitere Anreize handelt, braucht nicht anzunehmen, dass die Maßstäbe, auf die er sich beruft, ihre Gültigkeit oder Verbindlichkeit irgendwie durch seine Vernunft bekommen, anstatt dass seine Vernunft es ihm einfach ermöglicht, diese Maßstäbe als die objektiven Wahrheiten, die sie sind, zu erfassen. Selbstführung ist eine Einstellung, die allein die Motivation, nicht die Prinzipien, der moralischen Handlung betrifft.

Kant aber war anderer Meinung: Nicht in den Vorlesungen zur Moralphilosophie der 70er Jahre, in denen er das Phänomen der Selbstführung vernachlässigte und nur moralisches Gefühl und Gottesehrfurcht als interne Triebfedern der sittlichen Handlung anführte,[17] sondern in der *Grundlegung* von 1785. Dort rückt er die Fähigkeit, das Richtige um seiner selbst willen zu tun, ins Zentrum seiner Darstellung der sittlichen Handlung und besteht darauf, dass diese Fähigkeit allein durch die von ihm als »Autonomie« bezeichnete Selbstgesetzgebung der Vernunft möglich wird. Sehen wir uns diese zwei Aspekte des Standpunktes der *Grundlegung* etwas näher an.

Bekanntlich macht Kant in dieser Schrift einen prinzipiellen Unterschied zwischen »pflichtmäßig« und »aus Pflicht« handeln. Man kann aus allerlei Motiven – aus Selbstinteresse, aus Sympathie für Andere, aus Furcht vor rechtlichen Sanktionen, aus Hoffnung auf Gottes Lohn – seiner Pflicht gemäß, also pflichtmäßig handeln. Nur dann aber, behauptet Kant, handelt man sittlich, wenn man aus Pflicht handelt, d. h. aus der Absicht, das Sittliche zu tun, eben und nur weil es das Sittliche ist, auch unabhängig von seinen wechselhaf-

---

[17] Seltsamerweise zitiert er dort beiläufig (*Vorlesung zur Moralphilosophie*, 62) die Stelle von Paulus, ohne anscheinend ihre Implikationen zu sehen.

ten Gefühlen von Sympathie. Diese Einstellung nennt Kant »Achtung fürs Gesetz«, wobei er Achtung definiert als »das Bewusstsein der Unterordnung meines Willens unter einem Gesetz, ohne Vermittlung anderer Einflüsse auf meinen Sinn«, einer Unterordnung im Sinne eines Selbst-Unterordnens unter das moralische Gesetz, da die Achtung als ein »selbstgewirktes Gefühl« beschrieben wird. Es handelt sich also um eine besonders strenge (da jeden Anteil von Sympathie und Mitgefühl ausschließende) Auffassung von dem, was ich »Selbstführung« genannt habe. Zu bemerken ist überdies, dass Kant nicht sofort versucht, dieses »selbstgewirkte Gefühl« der Achtung fürs Gesetz in Zusammenhang mit der Selbstgesetzgebung zu setzen, die er nur später in der *Grundlegung* unter dem Namen von »Autonomie« einführt.

Es ist wahr, dass er an derselben Stelle, wo er den Begriff der Achtung aufbringt, die folgende Erläuterung gibt: »Der Gegenstand der Achtung ist also lediglich das Gesetz, und zwar dasjenige, das wir uns selbst und doch als an sich notwendig auferlegen«.[18] Aber die Selbstauferlegung des Gesetzes, um die es hier geht, ist – zumindest wenn wir uns auf den wörtlichen Inhalt der Aussage beschränken – nicht die Selbstgesetzgebung der Autonomie, die nach einer späteren Stelle der *Grundlegung* darin bestehen soll, dass der Wille »nicht lediglich dem Gesetz unterworfen, sondern so unterworfen [wird], dass er auch als selbstgesetzgebend, und eben um deswillen allererst dem Gesetze (davon er selbst sich als Urheber betrachten kann) unterworfen, angesehen werden muss.«[19] Denn was Kant an dieser früheren Stelle meint, ist die Selbstunterordnung oder Unterordnung des eigenen Verhaltens unter ein Gesetz, das man, wie er sagt, als »an sich notwendig«, d. h. als an sich unbedingt gültig und verbindlich, ansieht. Nichts wird über den Ursprung seiner Gültigkeit und Verbindlichkeit gesagt; nichts wird etwa gesagt, um nahezulegen, dass man nur deshalb dem Gesetz unterworfen sei, weil man selbst, wie die spätere Stelle sagt, dessen Urheber sei. Bis zu diesem Punkt spricht Kant allein von einer Motivationsstruktur, die sich ganz passend als »Selbstführung« charakterisieren lässt (und die man sogar, in einem anderen als dem von Kant bevorzugten und

---

[18] Kant, *Grundlegung zur Metaphysik der Sitten*, Akademie-Ausgabe IV, 401.
[19] Ibid., IV, 431.

Urheberschaft implizierenden Sinne, auch als »Selbstgesetzgebung« bezeichnen könnte).

Aber dabei lässt er es natürlich nicht bewenden. Wenn es darauf ankommt, zu erklären, wie diese Einstellung der Achtung möglich wird, greift Kant zu seinem Begriff der Autonomie. Damit wir allein aus Achtung fürs moralische Gesetz, ohne Hinterabsichten (oder »Interesse«, wie er sagt) und nicht aufgrund unserer wesentlich variablen Gefühle von Sympathie, zu handeln vermögen, müssen wir uns nach Kant als die Urheber dieses Gesetzes – d. h. seiner Gültigkeit und Verbindlichkeit selbst – betrachten, wie die soeben zitierte Stelle zeigt, in der er den Autonomiebegriff einführt: »nicht lediglich dem Gesetze unterworfen, sondern so unterworfen, dass [unser Wille] auch als selbstgesetzgebend, und eben um deswillen allererst dem Gesetze (davon er selbst sich als Urheber betrachten kann) unterworfen, angesehen werden muss«. Überzeugend zu beweisen, dass sich Achtung nur durch Autonomie erklären lasse, gelingt Kant aber nicht.

Sein Hauptargument, das ausführlich wiedergegeben werden muss, lautet folgendermaßen:

Es ist nun kein Wunder, wenn wir auf alle bisherige Bemühungen, die jemals unternommen worden, um das Prinzip der Sittlichkeit ausfündig zu machen, zurücksehen, warum sie insgesamt haben fehlschlagen müssen. Man sah den Menschen durch seine Pflicht an Gesetze gebunden, man liess es sich aber nicht einfallen, dass er nur *seiner eigenen* und dennoch *allgemeinen Gesetzgebung* unterworfen sei ... Denn wenn man sich ihn nur als einem Gesetz (welches es auch sei) unterworfen dachte: so musste dieses irgend ein Interesse als Reiz oder Zwang bei sich führen, weil es nicht als Gesetz aus *seinem* Willen entsprang, sondern dieser gesetzmäßig von *etwas andern* genötigt wurde, auf gewisse Weise zu handeln. Durch diese ganz notwendige Folgerung aber war alle Arbeit, einen obersten Grund der Pflicht zu finden, unwiederbringlich verloren. Denn man bekam niemals Pflicht, sondern Notwendigkeit der Handlung aus einem gewissen Interesse heraus. Dieses mochte nun ein eigenes oder fremdes Interesse sein. Aber alsdann musste der Imperativ jederzeit bedingt ausfallen, und konnte zum moralischen Gebote gar nicht taugen. Ich will also diesen Grundsatz das Prinzip der *Autonomie* des Willens, im Gegensatz mit jedem andern, das ich deshalb zur *Heteronomie* zähle, nennen.[20]

[20] Ibid., IV, 432–433.

Kürzer gesagt: Nach Kant soll es eine »notwendige Folgerung« sein, dass, wenn man sich als einem moralischen Gesetz unterworfen denkt, ohne sich zugleich als (durch seine Vernunft) den Urheber desselben zu betrachten, ein Handeln aus Achtung für dieses Gesetz unmöglich wird, da man dann nur unter der Bedingung diesem Gesetz gemäß handeln kann, dass man dadurch irgendein Interesse zu befriedigen oder zu fördern glaubt. Kant ist sogar der Ansicht, dass man sich ganz allgemein, in welchem Bereich auch immer, nur dann durch die Vernunft allein leiten lassen kann, wenn sich diese Vernunft selbst ihre Prinzipien stiftet. Später in der *Grundlegung* sagt er genau das, in einer (anscheinend nicht weniger für die theoretische als für die praktische Vernunft geltenden) Verallgemeinerung seiner Autonomielehre:

> Nun kann man sich unmöglich eine Vernunft denken, die mit ihrem eigenen Bewusstsein in Ansehung ihrer Urteile anderwärts her eine Lenkung empfinge, denn alsdenn würde das Subjekt nicht seiner Vernunft, sondern einem Antriebe, die Bestimmung der Urteilskraft zuschreiben. Sie muss sich selbst als Urheberin ihrer Prinzipien ansehen, unabhängig von fremden Einflüssen; folglich muss sie als praktische Vernunft, oder als Wille eines vernünftigen Wesens, von ihr selbst als frei angesehen werden.[21]

Diese zwei Stellen bieten aber kein gutes Argument. Hier werde ich diese Beurteilung ganz kurz erläutern. Im nächsten Abschnitt folgt eine genauere Erklärung.

Es trifft nicht zu, dass wir im Allgemeinen nur dann einen Grund, etwas zu denken oder zu tun, als gültig (und auch verbindlich) ansehen können, wenn wir uns entweder als den Urheber seiner Gültigkeit betrachten oder auf irgendein gegebenes Interesse berufen, das befriedigt oder gefördert würde, wenn wir uns so verhielten. Denn in einem Fall, wo wir angeblich irgendeinem Umstand den Status eines unbedingt gültigen Denk- oder Handlungsgrundes verliehen, den er sonst nicht hätte, müssten wir Gründe sehen, ihm jene Autorität zu geben, und da diese Gründe ihrerseits nicht auf unseren gegebenen Interessen beruhen könnten, müssten sie als an sich gültig, unabhängig von unserer Urheberschaft sowie auch von unseren Interessen, angesehen werden. Wenn es nun solche Gründe geben

---

[21] Ibid., IV, 448.

müsste, warum könnten nicht moralische Gründe gerade Gründe dieses Typs sein? Die »notwendige Folgerung«, von der Kant spricht, ist keine. Das Handeln aus Achtung für moralische Prinzipien, das Kants Auffassung der Selbstführung ausmacht und das wir unserem Sprachgebrauch nach »Autonomie« nennen mögen, ist ohne Autonomie im kantischen Sinne durchaus möglich.

Fassen wir das Bisherige zusammen: »Autonomie« kann vielerlei bedeuten. Vor Kant hatte der Ausdruck eine politische Bedeutung – die Fähigkeit einer Gemeinschaft, nach eigenen Gesetzen zu leben – sowie eine juristische Bedeutung – die Befugnis, selbstgesetzgebend innerhalb einer übergreifenden Rechtsordnung vorzugehen –, die beide für Kants Bestimmung des Begriffs nicht besonders einflussreich sein konnten. Heutzutage bezeichnen wir als Autonomie im individuellen Bereich oft die Fähigkeit, ohne die Leitung eines anderen zu denken oder ohne Rücksicht auf Lohn und Strafe das Richtige zu tun. Selbstdenken und Selbstführung sind aber nicht das, was Kant unter »Autonomie« verstand, nämlich eine Selbstgesetzgebung, welche die Gültigkeit und Verbindlichkeit selber der Prinzipien unseres Denkens und Handelns erst stiftet, wiewohl er auch der Meinung war, dass das Selbstdenken und die Achtung fürs moralische Gesetz allein durch eine Autonomie dieser Art möglich werden. Darin, wie ich angedeutet habe, irrte er sich.

§ 4 Kants Autonomiebegriff

Aber wie ist es um Kants Begriff der Autonomie selbst bestellt? Bisher habe ich versucht, nachzuweisen, dass Selbstdenken und Selbstführung nicht von Autonomie im kantischen Sinne abhängen. Es handelt sich bei beiden um Einstellungen, die ihrem Wesen nach, wie immer genau wir sie analysieren wollen, unschätzbar sind. In diesen beiden Bedeutungen gibt es in der Tat so etwas wie »Autonomie«. Aber Autonomie, wie Kant sie verstand, ist eine andere Sache. Ich habe schon mehrmals beiläufig erkennen lassen, dass die Autonomie der Vernunft als Urheberin der Gültigkeit der Prinzipien unseres Denkens und Handelns meines Erachtens ein fragwürdiger und sogar widersprüchlicher Begriff ist. Darauf möchte ich jetzt näher eingehen.

Da es um die Kohärenz von Kants Auffassung der Autonomie geht, ist zuerst daran zu erinnern, was ihre tatsächliche Reichweite und was ihre tiefsten Motivationen sind. Obwohl der Ausdruck »Autonomie« zum ersten Mal in der *Grundlegung* erscheint, liegt der Begriff selbst nicht nur seiner Moralphilosophie, sondern seiner »kritischen Philosophie« im Ganzen zugrunde. Ich habe soeben die Stelle aus der *Grundlegung* zitiert, in der die theoretische nicht weniger als die praktische Vernunft »Urheberin ihrer Prinzipien« genannt wird. Selbst in Schriften wie der *Kritik der reinen Vernunft*, wo das Wort nicht erscheint, ist der Begriff deutlich am Werk. Man denke an die berühmte Stelle in der zweiten Vorrede (1787), in der es heißt, dass »die Vernunft nur das einsieht, was sie selbst nach ihrem Entwurfe hervorbringt«.[22] Nach Kant gibt sich die Vernunft in jedem Bereich ihres Gebrauches ihre eigenen Gesetze und macht sich dadurch zur Urheberin der Autorität derselben.

Das Grundanliegen, das ihn zu dieser Position führte, ist leicht nachvollziehbar. Seit der wissenschaftlichen Revolution des 17. Jahrhunderts hat sich ein naturalistisches Weltbild durchgesetzt, nach dem die Welt selbst, als Gegenstand der neuen Naturwissenschaften, nichts Normatives enthält und alle Normen des Denkens und Handelns, alle Unterschiede zwischen berechtigt und unberechtigt, gut und böse, recht und unrecht, daher letztlich (Gott beiseite gelassen) als Menschenwerk begriffen werden müssen. Eine Weise, dieser Herausforderung zu begegnen, fand im 18. Jahrhundert in der Philosophie von David Hume ihre paradigmatische Ausprägung: Alle solche Unterschiede entspringen gegebenen Gefühlen und Wünschen, so dass die Vernunft in ihrer Aufgabe, uns zu leiten, nur »Sklavin der Leidenschaften« sein könne.[23] Kant war zu sehr Rationalist, um von diesem Ansatz langfristig angezogen zu werden, obwohl er ihn sich im Bereich der Moralphilosophie eine Zeitlang teilweise zu eigen machte.[24] Die vorübergehende Versuchung kommt in seinen moralphilosophischen Vorlesungen der Mitte der 70er Jahre zum Ausdruck, und zwar in der schon diskutierten These, dass der Verstand, obwohl fähig, die Verbindlichkeit moralischer Prinzipien zu erfassen, nicht ohne das Hinzutreten irgendeines affektiven Zustandes wie etwa eines »moralischen Gefühls« imstande sei, zum

---

22 Kant, *Kritik der reinen Vernunft*, B XIII.
23 Zur späteren Entwicklung dieses humeanischen Ansatzes, und für meine Kritik daran, s. Kapitel I, § 5.
24 S. Dieter Henrich, »Über Kants früheste Ethik«, *Kant-Studien* 54(4) (1963), 404–431.

entsprechenden Handeln zu motivieren. Mit dieser These, die ein Mischmasch aus rationalistischen und sentimentalistischen Elementen war, konnte sich Kant nicht lange zufriedengeben, nicht nur wegen Bedenken gegen die angeblich notwendige Rolle von Gefühlen in der Motivation des sittlichen Handelns, sondern auch, weil der Gedanke, der Verstand könne die Verbindlichkeit bestimmter Prinzipien erfassen, ein Überrest eines älteren Rationalismus wäre, der sich nicht mehr mit dem neuen naturalistischen Weltbild verträgt. Was in der Welt der Newton'schen Physik, aus der alles Normative verschwunden ist, könnte sich dem Verstand als die Verbindlichkeit oder auch die Gültigkeit von Prinzipien darbieten?

Folglich sah sich Kant genötigt, den Rationalismus auf eine neue Grundlage zu stellen. In der »kritischen Philosophie« wird die Verbindlichkeit wie auch die Gültigkeit von Prinzipien nicht mehr durch den Verstand erkannt, sondern durch die selbstgesetzgebende Vernunft – in einigen Fällen im Hinblick auf gegebene Interessen, in anderen unabhängig davon und kategorisch – hervorgebracht. Kants Autonomiebegriff sollte daher die Lösung eines Problems darstellen, das mit der Entwicklung der modernen Wissenschaften drängend geworden war: Was kann es heißen, der Vernunft gemäß zu leben, wenn die Welt selbst keine Weisungen mehr enthält, die wir erfassen könnten, um zu wissen, wie zu denken oder zu handeln sei? Die Antwort lautete, in der Vernunft die Quelle und Urheberin ihrer eigenen Prinzipien zu sehen. Dass diese Auffassung der Vernunft so gut ins sich immer weiter durchsetzende (ob mit Recht, ist eine Frage, auf die ich später zurückkomme) naturalistische Weltbild passt, erklärt, warum sie – trotz einiger naheliegender Einwände – seit nunmehr zwei Jahrhunderten einen so großen Einfluss ausübt. Sie hatte in Kants Augen den weiteren Vorteil, dass die Vernunft, die jetzt als selbstgesetzgebend dem immer noch angeblich motivational trägen, da bloß erkennenden Vermögen des Verstandes gegenübergestellt wird, in Folge dieser ihrer Selbsttätigkeit imstande wird, ohne Hilfe von irgendwelchen gegebenen Gefühlen zur Handlung zu bewegen und dadurch als »praktisch« zu gelten.

Die Schwierigkeit ist, dass die Rede von der Selbstgesetzgebung der Vernunft bei näherem Hinsehen unverständlich erscheint. Die Behauptung, die Autorität von Prinzipien sei unser eigenes Werk, ist widersprüchlich, selbst dann, wenn hinzugefügt wird, dass wir dieselben nicht willkürlich, sondern durch die Ausübung unserer Vernunft erzeugen. Sofern man überhaupt sinnvoll davon sprechen kann, dass wir uns selbst ein Prinzip auferlegen, welches andernfalls für uns nicht gültig und verbindlich wäre, findet eine solche Selbstgesetzgebung nur unter der Bedingung statt, dass wir *Gründe einsehen*, dieses Prinzip zu übernehmen. Diese Gründe müssen dann ihrerseits eine Autorität besitzen, die sich nicht durch die vermeintliche Autonomie der Vernunft erklären lässt. Ihre Gültigkeit kann nur *anerkannt* werden, und zwar durch ein Vermögen der Vernunft, das darum rezeptiv und nicht selbstgesetzgebend sein muss.

Um die Widersprüchlichkeit der kantischen Auffassung deutlich zu erkennen, betrachten wir einige Fälle, bei denen es unstrittig ist, dass Regeln ihre Gültigkeit durch Selbstgesetzgebung erlangen. Denken wir etwa an die Vorschriften, die die Zulassung neuer Medikamente oder den Straßenverkehr regeln. Nicht nur gibt es Gründe, solche Regeln einzuführen, Gründe, die zeigen, dass es angemessen ist oder unseren Interessen entspricht, sie zu etablieren. Ebenso offenkundig ist, dass die Autorität dieser Gründe – ihre Fähigkeit, die Etablierung solcher Regeln zu rechtfertigen – nicht durch die Ausübung unserer Vernunft erzeugt wird. Diese Gründe gelten unabhängig von unserem Zutun, und wir gebrauchen unsere Vernunft, um ihre Gültigkeit anzuerkennen, und nicht, um dieselbe zu stiften. Das bedeutet wiederum, dass selbst die Autorität einer selbstauferlegten Regel nicht völlig von der Ausübung unserer Vernunft abhängen kann, denn sie beruht auf der anerkannten Autorität der Gründe, die die Stiftung dieser Regel rechtfertigen. So etwa kann ich mir, in Anbetracht meiner Tendenz, zuviel zu versprechen, die Regel geben, künftig kein wichtiges Versprechen mehr einzugehen, ohne eine Liste von allem, was ich schon versprochen habe, aufzustellen, und eine notwendige Bedingung dafür, dass ich durch diese Regel gebunden bin, ist, dass ich sie mir selbst auferlegt habe. Aber das ist natürlich keine hinreichende Bedingung für ihre Verbindlichkeit, die ebenso auf dem Prinzip basiert, dem ich damit Folge leisten will – nämlich, dass ein Versprechen zu halten bzw. ein guter Ruf zu bewahren ist. Falls es nötig erscheint, Gründe für die unseren Sonderregeln zugrunde liegenden Prinzipien selbst anzuführen, dann sind dies im Allgemeinen Gründe zu glauben, dass diese Prinzipien gültig sind, nicht Gründe zu beschließen, dass wir ihnen Gültigkeit verleihen sollten.

§ 5 Vernunft und Welt

Damit tritt die eigentliche Natur der Vernunft hervor. Die Vernunft kann nicht ihrem Wesen nach selbstgesetzgebend sein, da sie immer auf Gründe angewiesen ist, die ihr das Gesetz ihres Operierens vorschreiben. Die Vernunft ist eher als ein Vermögen zu begreifen, dessen Ausübung im Grunde darin besteht, *sich nach Gründen zu richten*.[25] Nach Kant »muss sie [die Vernunft] sich selbst als Urheberin ihrer Prinzipien ansehen, unabhängig von fremden Einflüssen«.[26] Es sollte jetzt klar sein, wie falsch dieser Satz ist. Soweit die Vernunft auf Gründe angewiesen ist, deren Autorität sie voraussetzen muss, ist sie alles andere als »abhängig von fremden Einflüssen«, wie die zweite Hälfte von Kants Behauptung impliziert. Die unterstellte Alternative zwischen »eigene Prinzipien stiftend« und »fremden Einflüssen ausgesetzt« ist ein falsches Entweder-Oder. Denn Gründe sind für die Vernunft keineswegs Fremdkörper. Sie sind gerade das, nach dem wir uns richten müssen, um unsere Vernunft überhaupt ausüben zu können. Sich nach Gründen zu richten bedeutet überdies, Gründe derart zu erfassen, dass wir bewegt werden, dementsprechend zu denken oder zu handeln. Die Vernunft ist deshalb zugleich erkennend und motivierend, eine Kombination, die Kant schon in seinen moralphilosophischen Vorlesungen der 70er Jahre als einen »Stein der Weisen« verspottete und bis zum Ende, obwohl zu Unrecht, als unmöglich abtat.[27]

Der Einwand, den ich gegen Kants Autonomiebegriff vorgebracht habe, ist nicht ganz unbekannt, und Anhänger der kantischen Tradition haben verschiedene Strategien ersonnen, um ihm zu entkommen. Ich kann hier nicht alle besprechen, möchte aber

---

[25] Weiteres zu dieser Auffassung der Vernunft und zu ihrer Verbindung zum Wesen der Subjektivität in Kapitel I, §§ 3-4, und Kapitel VI, § 2.
[26] Kant, *Grundlegung zur Metaphysik der Sitten*, Akademie-Ausgabe IV, 448. An dieser Stelle (s. Anm. 21) behauptet Kant, dass, wenn die Vernunft »in Ansehung ihrer Urteile anderwärtsher eine Lenkung empfinge«, es dann nicht die Vernunft, sondern irgendein »Antrieb« wäre, der die Urteilskraft bestimmte. Dass Kant die Möglichkeit, die Vernunft könne durch *Gründe* gelenkt werden, nicht einmal erwägt, rührt von seiner (naturalistischen) Annahme her, dass die Welt, der die Vernunft gegenübersteht, nichts normatives wie Gründe enthalten kann.
[27] Kant, *Vorlesung zur Moralphilosophie*, 69. S. Anm. 6 oben.

einige Worte zum Ansatz von Christine Korsgaard sagen.[28] Das besondere Interesse ihrer Reformulierung des kantischen Autonomiegedankens liegt darin, dass sie auf die Vokabeln des »Gebens« und des »Auferlegens« verzichtet, um die Implikation zu vermeiden, ein Gesetz, das man sich gibt, müsse eines sein, das man sich auch nicht geben könnte, und für dessen Auferlegen man daher einen Grund benötige. Nach Korsgaard sind die Grundprinzipien unseres Denkens und Handelns als »konstitutiv« für beide zu begreifen.[29] Sie steuern, sagt sie, diese Tätigkeiten dadurch, dass sie ihr Wesen selber ausmachen, ähnlich wie die Regeln des Schachspiels bestimmen, was ein gültiger Schachzug ist und was nicht. In diesem Sinne wären wir selbst, soweit wir denken oder handeln, die Urheber dieser Prinzipien, aber ohne dass wir damit die Wahl hätten, sie uns aufzuerlegen oder nicht. Denn an ihnen nicht festzuhalten bedeutete, nichts Intelligibles mehr zu denken oder zu tun, genauso wie einen Turm beim Schachspiel schräg zu ziehen nicht heißt, einen törichten Zug, sondern überhaupt keinen Zug zu machen.

Korsgaard ist nun darin beizupflichten, dass einige der von ihr erwähnten Grundprinzipien – etwa Widersprüche zu vermeiden oder mit den Zwecken auch die entsprechenden Mittel zu wollen, obwohl es mir unplausibel erscheint, auch moralische Prinzipien darunter zu zählen – in dem angeführten Sinne »konstitutiv« sind: Sie stellen die Bedingungen der Möglichkeit kohärenten Denkens und Handelns dar. Aber damit wird keine Rechtfertigung des Autonomiebegriffs geleistet. Denn woran liegt es eigentlich, dass ein bestimmtes Prinzip konstitutiv ist? Die Anerkennung, dass wir bei der Zustimmung zu einem Widerspruch nichts Sinnvolles denken, besteht eben in der Einsicht, dass die Regel, keine Widersprüche zuzulassen, eine Gültigkeit hat, die wir beachten müssen, um überhaupt kohärent zu denken. Es ist daher die uneingeschränkte Gültigkeit des Prinzips, die sein Konstitutivsein erklärt, und nicht umgekehrt. Nur dadurch, dass es eine unbedingte Autorität für alles mögliche Denken besitzt, wird es zu einem konstitutiven Prinzip des kohärenten Denkens. Denn nur so können wir uns erklären, warum wir uns keinen sinnvollen ihm zuwiderlaufenden Gedanken vorstellen

---

[28] S. aber auch meine Bemerkungen zu Robert Brandoms Verwendung des Autonomiebegriffs in Kapitel I, § 4 (Anm. 22) und Kapitel V, § 6.
[29] Christine Korsgaard, *Self-Constitution* (Oxford, 2009), 32, 67, 81. S. auch Korsgaard, *The Sources of Normativity* (Cambridge, 1996), 235–236.

können und folglich nichts denken würden, wenn wir dieses Prinzip verletzten. Jemand, der sich sagt, »Ich bemühe mich, dem Satz des Widerspruchs gerecht zu werden, da ich sonst nicht dabei wäre, etwas Intelligibles zu denken«, muss, wenn er die Sache zu Ende denkt, darunter verstehen, »Ich bemühe mich, dem Satz des Widerspruchs gerecht zu werden, da seine unbedingte Autorität ihn zum Prinzip alles intelligiblen Denkens macht«. Der Begriff der Autonomie lässt sich also nicht dadurch retten, dass einige Prinzipien uns so nahe liegen, dass es uns nicht offen steht, sie zu akzeptieren oder nicht. Dieses Phänomen macht im Gegenteil deutlich, in welchem Maße unser innerstes Wesen durch seine Beziehung zu einer normativen Ordnung von Gründen, von deren Autorität wir nicht die Urheber sind, konstituiert ist.

Ich habe oben darauf hingewiesen, wie Kants Autonomiebegriff und das naturalistische Weltbild füreinander geschaffen sind. Wenn die Vernunft jedoch nicht mehr als selbstgesetzgebend, sondern als auf schon bestehende Gründe sich richtend begriffen wird, dann müssen wir ein anderes Weltbild entwickeln, das dieser Auffassung der Vernunft entspricht. Das ist keine kleine Aufgabe, und ich werde hier zum Schluss nur einige kurze Bemerkungen machen. Ich werde dann später im Kapitel VI (§§ 5–6) auf dieses Thema zurückkommen.

Zuerst ist daran zu erinnern, dass der Naturalismus eine Metaphysik, und nicht ein Theorem der modernen Naturwissenschaften ist. Wenn es darum geht, ein anderes Weltbild auszuarbeiten, das verständlich macht, wie es so etwas wie Gründe geben kann, nach denen die Vernunft sich zu richten hat, dann nicht deshalb, um die Wahrheit der modernen Wissenschaften irgendwie in Frage zu stellen, sondern um besser zu begreifen, was es heißt, dass ihr Wahrheitsanspruch begründet ist. Es kommt also darauf an, eine andere Metaphysik zu entwickeln, nach der Gründe zur Struktur der Wirklichkeit oder zur Welt selbst gehören, zur Welt – wenn ich mir die Wittgenstein'sche Formel aneignen darf – im Sinne von allem, was der Fall ist, unabhängig von unseren eventuellen Meinungen darüber.

Ich habe nun schon im Kapitel I eine erste Skizze dieser Metaphysik gegeben. Gründe, so wurde gezeigt, können weder mit physischen noch mit psychischen Phänomenen gleichgesetzt werden, da sie offensichtlich einen normativen Charakter besitzen: Einen Grund haben, X zu tun, bedeutet, dass man X tun *sollte*, wenn nichts anderes dagegen spricht. Denn wenn ein Grund, etwas zu tun – z. B. schwimmen zu gehen, weil man Freizeit hat –, zwar ausreichend, aber nicht zwingend ist, so dass nicht gesagt würde, man »sollte« schwimmen gehen, dann nur deshalb, weil es in diesem Fall andere Optionen gibt, die ebenso gerechtfertigt sind: D. h. man sollte zwar seine Freizeit nutzen, aber auf welche Weise, ist relativ gleichgültig. Ferner bestehen die Gründe, so oder anders zu denken oder zu handeln, unabhängig von unseren Meinungen darüber. Denn diese Meinungen können entweder wahr oder falsch sein – den Gründen, die es eigentlich gibt, entsprechen oder nicht. Aufgrund dieser beiden Überlegungen habe ich darum in anderen Schriften dieses alternative Weltbild als eine Art von »Platonismus« bezeichnet, da Gründe darin Platons Ideen ähneln, dass sie eine dritte, wesentlich normative Dimension der Welt konstituieren, die sich von der Natur ebenso wie vom Geist unterscheidet.[30]

Es gilt aber, sich keine extravagante Vorstellung vom damit Gemeinten zu machen. Gründe hängen von den für unser Denken und Handeln relevanten physischen und psychischen Tatsachen ab und wohnen nicht in irgendeinem platonischen Himmel, der über den konkreten Dingen schwebt. Sie bestehen in einer bestimmten Art von Beziehung, der normativen Beziehung des Sprechens-für, in der Phänomene der natürlichen Welt zu unseren Denk- und Handlungsmöglichkeiten stehen. Denn einen Grund haben, X zu tun, bedeutet, dass etwas in den Umständen, in denen man sich befindet, dafür spricht, X zu tun: Ich habe, wenn ich nach draußen gehe, einen Grund, einen Regenschirm mitzunehmen, soweit es regnet oder regnen könnte. Gründe haben also einen wesentlich *relationalen Charakter* und existieren nur insofern, als es Wesen wie uns gibt, die Möglichkeiten haben, die sie ergreifen können.[31] Gleichwohl sind sie darum nicht weniger objektiv, da auch Relationen Teil der Wirklichkeit sein können. Der Platonismus, um den es sich handelt, hält sich mithin eng an unsere alltäglichen Denkweisen. Wenn wir darüber nachdenken, was wir glauben oder tun sollten, gehen wir zum einen davon aus, dass es etwas wirklich gibt, das wir noch nicht wissen, aber erfassen wollen, nämlich die Gründe, so oder anders vorzugehen, und zum anderen unterstellen wir, dass diese Gründe

---

[30] S. vom Verf., *The Autonomy of Morality*, Kap. 5, §§ 6–8, und *Vernunft und Subjektivität* (Berlin, 2012).
[31] Wie ich in Kapiteln II (§ 3) und III (§ 2) unterstrichen haben, sind wir Menschen nicht die einzigen Wesen, die Gründe haben und die sich danach richten können. Es trifft in gewissem Ausmaß auch für die höheren Tiere zu.

in der Relevanz der gegebenen Umstände für unsere Möglichkeiten bestehen. Die Hauptthesen dieses Platonismus, die Realität und die Relationalität von Gründen, spiegeln diese beiden elementaren Wahrheiten wider.

Um zusammenfassen: »An sich«, in Abstraktion von der Existenz vernunftfähiger Wesen, enthält die Welt selbstverständlich keine Gründe. Aber sobald es solche Wesen gibt, ist sie nicht mehr normativ stumm und erhält eine neue Dimension, die in der Relevanz verschiedener physischer und psychischer Tatsachen für die Möglichkeiten dieser Wesen besteht. Normative Unterschiede entstehen nicht erst durch unser Zutun, als ob wir die Urheber ihrer Autorität wären, sondern durch unser Dasein selbst. Gründe sind also generell nicht mit unseren Vorstellungen von ihnen zu verwechseln. Es gibt dem zufolge keine schlechten Gründe, nur schlechte Auffassungen von Gründen.

Kapitel V
Der Zwang des besseren Arguments

§ 1 Eine Grundspannung

Alle großen Philosophien, so sagt man gemeinhin, lassen sich auf einen einzigen Gedanken oder eine Grundthese über die Stellung des Menschen in der Welt bringen. Ich bezweifle, dass das stimmt, oder zumindest, dass es auf die größten Denker zutrifft. Philosophischer Tiefsinn ist in meinen Augen eher an der Beharrlichkeit zu messen, mit der man Problemen nachgeht, die sich einfachen Lösungen widersetzen und die sogar in entgegengesetzte Lösungsrichtungen weisen können. In diesem Fall ist daher zu erwarten, dass die Begriffe und Argumente eines Denkers Spannungen verraten, die er nicht überwunden oder völlig beherrscht hat.

Die Philosophie von Jürgen Habermas ist keine Ausnahme. Freilich kann niemand, trotz des Reichtums seines Œuvres, den konstanten Mittelpunkt des Habermasschen Denkens übersehen. Die Konstitution der menschlichen Welt durch das Interesse an Verständigung – durch kommunikatives Handeln, in dem gemeinsame Ziele durch Mittel verfolgt werden, die alle Beteiligte als begründet erkennen könnten, und noch tiefer durch die Geltungsansprüche, die wir als prinzipiell einlösbar unterstellen, wann immer wir annehmen, dass wir richtig denken oder handeln – ist von Anfang an das Thema, um das sein Lebenswerk kreist. Dennoch gehorcht sein Bemühen, die Rolle der Verständigung im gesellschaftlichen Leben herauszuarbeiten, zwei Forderungen, die letztlich nicht miteinander in Einklang zu bringen sind. Verständigung ist ein normativer Begriff und bezieht sich auf Übereinstimmungen, die sich nicht zufällig, gedankenlos oder erzwungenermaßen ergeben, sondern die durch gute Gründe erreicht werden. Folglich hängt alles davon ab, wie diese Normativität zu begreifen ist. Nun rührt die grundlegende Spannung, die ich bei Habermas wahrnehme, davon her, dass er diese Frage auf zwei verschiedene Weisen angeht.

Einerseits will er den normativen Gehalt der Verständigung als unsere eigene Leistung erklären, und zwar als das Resultat der *Idealisierungen*, die wir im Handeln unterstellen oder im Gespräch miteinander einführen. »Die Idee der Einlösbarkeit kritisierbarer Geltungsansprüche«, schreibt er zum Beispiel, »erfordert *Idealisierungen*, die von den kommunikativ Handelnden selber vorgenommen und damit vom transzendentalen Himmel auf den Boden der Lebenswelt herabgeholt werden«.[1] Diese Gesinnung macht das *konstruktivistische* Moment seines Denkens aus.

Andererseits ist er aber bereit, in der Verständigung den Ausdruck unserer Fähigkeit zu erblicken, die Autorität von Normen anzuerkennen. In dieser Beziehung spricht er seit Jahrzehnten von dem eigentümlichen *Zwang* – dem »zwanglosen Zwang« – des besseren Arguments. Die Einlösung der Geltungsansprüche, die wir erheben, wenn wir glauben, richtig zu denken oder zu handeln, scheint dann eher an ein rezeptives als an ein aktives Vermögen zu appellieren: Nicht die Idealisierungen, die wir selber angeblich einführen, sondern die Gründe, die uns bewegen sollen, rücken in den Vordergrund. Das können wir das *rationalistische* Moment seines Denkens nennen. Wie lässt sich also schließlich unser Verhältnis zur Ordnung des Normativen verstehen? Sind Normen ihrem Wesen nach etwas, das wir stiften, wenn nicht individuell, dann wenigstens als Mitglieder einer Gemeinschaft? Oder müssen Normen ganz im Gegenteil unabhängig von unserem Tun existieren, weil es sonst unverständlich wird, wie sie etwas sein können, das wir respektieren müssen? In solchen Fragen geht es mithin um die Natur von Gründen selbst. Wie ist es eigentlich zu verstehen, dass wir uns von Gründen leiten lassen können? Auf diesen Fragenkomplex scheint mir Habermas keine stabile Antwort gegeben zu haben.

§ 2 Der Begriff der Wahrheit

Ich werde mich im Folgenden hauptsächlich auf die Ausführungen konzentrieren, die Habermas zu diesem Thema in seinem Buch *Wahrheit und Rechtfertigung* entwickelt, da er darin seine einge-

---

[1] J. Habermas, *Faktizität und Geltung* (Frankfurt, 1992), 34.

hendste Darstellung der normativen Grundlagen der Verständigung bietet.² Es gibt in der Tat keine bessere Weise, die problematische Stellung der Normativität in seiner Philosophie zum Vorschein zu bringen, als die zentralen Argumente dieses Buches zu analysieren. Die entscheidenden Schritte und Bemerkungen treten dort oft in Debatten zutage, die Habermas mit anderen Autoren wie Richard Rorty und Robert Brandom führt. Ich werde aber die theoretischen Positionen dieser letzteren größtenteils im Hintergrund lassen. Die Spannungen, die ich im Kern der Habermasschen Philosophie feststelle, sind nicht das Ergebnis äußerer Anlässe. Sie bringen eine Schwierigkeit zum Ausdruck, mit der sich das moderne Denken überhaupt konfrontiert sieht, und in seiner ungewöhnlichen Offenheit für die gegensätzlichen Denkimpulse, die dieses Problem ausmachen, scheint mir Habermas exemplarisch zu sein.

Die Hauptthese des genannten Buches, auf die der Titel anspielt, lautet folgendermaßen: Empirische und moralische Urteile unterscheiden sich durch die Art von Geltungsansprüchen, die sie enthalten. Wenn wir etwas über die Erfahrungswelt behaupten, erheben wir den Anspruch, etwas Wahres zu sagen, das sich rechtfertigen lässt. Im Gegensatz dazu dürfen moralische Urteile nur beanspruchen, »richtig«, nicht aber auch wahr zu sein. D. h. sie sollen ebenfalls begründbar sein, doch Begründbarkeit oder Richtigkeit ist alles, was ihnen zukommt, denn es gibt nichts in der Welt, worauf sie sich deskriptiv beziehen könnten (56, 284 f.). Eine solche Unterscheidung ist an sich keineswegs unbekannt, obwohl Habermas sie auf seine eigene Weise entwickelt. Trotz ihrer scheinbaren Evidenz ist sie aber höchst fragwürdig, und – was ich bemerkenswert finde – Habermas zeigt sich selber empfänglich für die Einsichten, die sie zweifelhaft werden lassen.

Zuerst zu seiner Auffassung von empirischer Wahrheit: Wenn wir etwas über die Erfahrungswelt behaupten, gehen wir, sagt Habermas, davon aus, dass sich unser Urteil rechtfertigen lässt. Nicht, dass wir unsere Behauptung schon gerechtfertigt haben müssen; es kann sogar sein, dass wir nicht glauben, selbst im Besitz ihrer Rechtfertigung zu sein. Das, was wir annehmen, sei, dass eine Rechtfertigung zur Verfügung steht, vielleicht bei Leuten, die sachverständiger sind. Habermas zufolge meinen wir aber mit der »Wahrheit«, die wir unserer

---

² J. Habermas, *Wahrheit und Rechtfertigung* (Frankfurt, 1999). Dieses Buch wird fortlaufend im Text zitiert.

Behauptung zuschreiben, nicht die Existenz einer solchen Rechtfertigung. Auch besage unser Anspruch auf Wahrheit nicht bloß, dass wir uns bereit erklären, das Urteil nicht nur im gegenwärtigen, sondern auch noch in anderen, wie auch immer wichtigen Kontexten erfolgreich zu verteidigen (48, 258, 267) – das ist der »Kontextualismus«, den Habermas Richard Rorty vorwirft.

Schließlich wird selbst der Gedanke zurückgewiesen, unter »wahr« sei das zu verstehen, was sich unter idealen Umständen rechtfertigen lässt. In einem solchen, immer noch »epistemischen« Wahrheitsbegriff, den Habermas selbst zeitweilig – unter dem Titel einer »Konsens«- oder »Diskurs«-Theorie der Wahrheit – vertrat, sieht er jetzt zu Recht einen doppelten Mangel (51, 256, 289), den ich selbst etwas treffender wie folgt formulieren möchte: (1) Entweder werden die idealen Umstände inhaltlich (hinsichtlich Methoden und Maßstäben) präzisiert, und dann ist es denkbar, dass ein unter solchen Bedingungen gerechtfertigtes Urteil doch falsch sein könnte. Auch wenn bestimmbare Idealbedingungen nicht als ein Grenzwert oder Endzustand, sondern als Umstände verstanden werden, die wir immer weiter idealisieren können, ist eine Aussage, dürfte man hinzufügen, nicht schon dadurch wahr, dass sie allen solchen Entkräftungsversuchen nacheinander standhalten würde; denn es ist vorstellbar, dass eine Aussage, obschon wahr, auf einigen Zwischenstufen einer solchen Reihe nicht bestätigt werden könnte.[3] (2) Oder aber die Umstände werden so weit idealisiert, dass jede der vorher vorgestellten Möglichkeiten *per definitionem* ausgeschlossen wird. Dann aber unterscheidet sich der Begriff »ideal gerechtfertigter Akzeptabilität« zu wenig vom Begriff der Wahrheit selbst, um eine Erläuterung desselben bieten zu können.

Wahrheit ist mithin, Habermas zufolge, ein »rechtfertigungstranszendenter Begriff« (284), »ohne epistemischen Index« (52), obwohl sie natürlich auch eine interne Beziehung zur Rechtfertigung hat, insofern als etwas als wahr zu behaupten die Annahme impliziert, dass die Behauptung gerechtfertigt werden kann und dass eine erfolgreiche Rechtfertigung für die Wahrheit der jeweiligen Aussage spricht (288). Wahre Sätze sind als solche unbedingt wahr, unabhängig von ihrer, wie auch immer begriffen, ideal gerechtfertigten

---

[3] Gerade deshalb ist die von Crispin Wright vorgeschlagene Definition von Wahrheit durch »superassertibility« abzulehnen (*Wahrheit und Objektivität*, Frankfurt, 2001).

Behauptbarkeit. Denn sie beziehen sich nicht auf die Gründe, die wir eventuell für sie haben, sondern auf das in der objektiven, d. h. unabhängig existierenden und für alle identischen Welt, wodurch sie eben wahr sind.

Mit dieser Position bin ich völlig einverstanden, aber nicht mit der Art und Weise, wie Habermas die Rechtfertigung selbst verstehen will. Denn die »ideale Behauptbarkeit«, so wie er sie weiterhin als Kern des Rechtfertigungsbegriffs definiert, scheint mir kein verständlicher Gedanke zu sein. Wenn wir unterstellen, dass unsere Aussage gerechtfertigt ist, setzen wir Habermas zufolge voraus, dass sie sich mit überzeugenden Gründen nicht nur im gegenwärtigen Kontext, sondern »in allen möglichen Kontexten, also jederzeit gegen jedermann« (259) verteidigen lässt. »Ideale Behauptbarkeit« in diesem Sinne mache zwar nicht aus, was wir unter der Wahrheit der Aussage meinen, soll aber das Wesen ihrer unterstellten Rechtfertigung bezeichnen. Diese Idee möchte ich kurz kritisch erörtern, ehe ich mit der weiteren Darstellung seines Wahrheitsbegriffs und des von ihm vertretenen Unterschieds zwischen empirischen und moralischen Urteilen fortfahre. Damit schweife ich von unserem Thema nur scheinbar ab, denn für ein richtiges Verständnis der Normativität ist dieser Punkt im Grunde genommen unentbehrlich. Denn Begründbarkeit ist selbst offensichtlich ein normativer Begriff, ebenso wie der Anspruch, dass eine Meinung begründet sei, einen normativen Charakter hat: In beiden Fällen handelt es sich darum, wie man denken *sollte*.

§ 3 Begründbarkeit

Legen wir uns nun mit der Unterstellung der Begründbarkeit einer Aussage wirklich darauf fest, dass diese Aussage unter allen möglichen Umständen gerechtfertigt werden könnte? Zu beachten ist, dass Habermas keineswegs (oder besser: keineswegs mehr) einen Endzustand der Argumentation, d. h. eine Situation maximal idealisierter epistemischer Bedingungen, als das Kriterium der Rechtfertigung beschwört. In dieser Hinsicht hat sich seine Position ebenfalls geändert, worauf er in *Wahrheit und Rechtfertigung* aufmerksam macht (256f.). Seiner aktuellen Ansicht nach (in diesem Buch und noch heute) besteht das unterstellte Begründetsein einer Aussage darin, dass sie rational behauptbar bleibt, wie sehr man auch immer die Bedingungen idealisieren mag, unter denen sie zu bewerten ist (258f., 289f.). Jedoch scheint mir auch diese prozedurale Fassung keine Präsupposition unserer Praxis auszumachen. So viel Transzendenz beanspruchen wir nicht. In der Tat lässt sich schwer verdeutlichen, was es heißen könnte, dass sich unsere Aussage »in allen möglichen Kontexten« begründen ließe. Natürlich können wir uns verschiedene Idealisierungen der gegenwärtigen Bedingungen – stärkere Beweise, verfeinerte Methoden – ausdenken, unter denen eine Aussage gerechtfertigt werden könnte, und wenn wir etwas als wahr behaupten, unterstellen wir in der Regel, dass es sich auch unter derart verbesserten Umständen rechtfertigen ließe. Aber dabei extrapolieren wir nur von der epistemischen Perspektive, die wir schon innehaben. Wir gehen von gewissen Überzeugungen und Maßstäben aus, die wir schon akzeptieren und als besonders solide ansehen, und wir stellen uns noch günstigere Umstände vor, in denen eben diese Ressourcen verwendet werden könnten. Welches Schicksal der Aussage beschieden wäre, wenn sich unsere Perspektive im Ganzen als falsch oder durchaus revisionsbedürftig herausstellen sollte (was prinzipiell möglich ist), können wir nicht im geringsten vorwegnehmen, und wir brauchen deshalb keine Stellung dazu nehmen.

Der normative Begriff der Begründbarkeit, auf den wir uns berufen, ist also begrenzter als Habermas ihn gerne darstellt. Natürlich verneint er nicht, dass wir uns »faktisch« immer auf Argumente stützen, die innerhalb des Horizonts »bisher unproblematisch gebliebener Hintergrundannahmen« zustande kommen.[4] Die Frage betrifft aber nicht die Rechtfertigung, die wir für eine Aussage tatsächlich aufbieten, sondern die ideale Rechtfertigung, deren Möglichkeit wir unterstellen, wenn wir die Aussage als wahr behaupten. Habermas ist der Ansicht, dass diese ideale Rechtfertigung mehr sein muss als bloß die idealisierte Anwendung unserer gegenwärtigen Hintergrundannahmen. Warum wir uns allerdings in unseren Ansprüchen so viel anmaßen sollen, ist ein Rätsel.

Ich glaube, man verschafft sich Klarheit über diesen Zusammenhang, sobald man in der Rechtfertigung eine wesentlich problembezogene Tätigkeit sieht.[5] Überzeugungen, die wir schon haben, be-

---

[4] Habermas, *Faktizität und Geltung*, 278.
[5] Den in den folgenden drei Absätzen skizzierten Kontextualismus habe ich in *The Morals of Modernity* (Cambridge, 1996), Kapitel 2, §6, und in *The Autonomy of Morality*, 4f., ausführlicher dargelegt.

dürfen als solche nicht unbedingt einer Rechtfertigung: Genauso wie wir eine Berechtigung dafür benötigen, eine neue Überzeugung anzunehmen, brauchen wir auch Gründe dafür, eine gegebene Überzeugung in Frage zu stellen und nach ihrer Rechtfertigung zu suchen. Ob sich eine Meinung als problematisch erweist, hängt folglich von anderen Elementen unseres Gesichtspunktes ab, die erst auf das Bestehen eines Problems verweisen und dann die Bedingungen einer adäquaten Lösung bestimmen. Wenn das Wesen der Rechtfertigung so begriffen ist, dann wird klar, dass die Rechtfertigbarkeit, die wir bei einer Behauptung unterstellen, eine ist, die sich auf eventuell auftretende Probleme bezieht und die uns daher nicht dazu drängt, über unseren gegenwärtigen Denkrahmen hinauszublicken. In dieser Hinsicht legen unsere epistemischen Festlegungen ihre grundsätzlich lokale Natur nie ab.

Bisher war von Rechtfertigung nur insoweit die Rede, als ihr Gegenstand die Zuverlässigkeit unserer eigenen Meinungen ist. Rechtfertigung kann aber auch etwas anderes bedeuten. Es kann darum gehen, nicht die Akzeptabilität einer schon bestehenden oder erst zu adoptierenden Meinung zu überprüfen, sondern jemandem zu zeigen, dass er Gründe hat, der Meinung beizupflichten. Wenn wir versuchen, ihm eine Rechtfertigung dieser Art zu geben, müssen wir uns freilich gewissermaßen vom eigenen Gesichtspunkt entfernen, denn unser Ziel ist, die Vorzüge der Meinung vom Gesichtspunkt des anderen her aufzuzeigen: Ein gutes Argument für eine unserer Überzeugungen, die unser Gegenüber noch nicht akzeptiert, muss von Prämissen ausgehen, denen er schon zustimmt, und nicht notwendigerweise von denen, die wir selbst als die besten, entscheidenden Gründe für die Überzeugung ansehen, die er aber vielleicht nicht zu schätzen imstande ist. Das bedeutet: Soweit wir bei einer Behauptung unterstellen, dass sie *anderen gegenüber* gerechtfertigt werden könnte, ist die unterstellte Begründbarkeit auch in diesem Zusammenhang immer begrenzt, relativ auf den Standpunkt der anderen. Je nachdem, wie die Perspektive eines Anderen beschaffen ist, brauchen wir in der Tat nicht immer eine solche Unterstellung zu machen. (Was für Argumente könnten wir etwa vorbringen, um den Einwohnern des Amazonas-Dschungels zu zeigen, dass die Gesetze der Quantenphysik gültig sind?) Wenn wir andererseits selbst etwas für wahr halten und damit unterstellen, dass die Meinung gerechtfertigt werden könnte, dann verstehen wir darunter, dass sie sich aufgrund unserer gegenwärtigen Überzeugungen und

Standards oder einer vorstellbaren Idealisierung derselben aufrechterhalten lässt.

Solange Habermas das Wesen der Wahrheit über die ideale Akzeptabilität definieren wollte, hatte es einen gewissen Sinn, den Anspruch auf Begründbarkeit mit derselben Kontextunabhängigkeit auszustatten, die zur Wahrheit gehört. (Was wahr ist, ist wahr schlechthin, nicht wahr unter diesen Umständen und falsch unter anderen.) Jetzt, da Habermas solche Definitionsversuche aufgegeben hat, sollte er sich vom Rechtfertigungsbegriff nicht mehr versprechen, was so weit über dessen gewöhnliche Bedeutung hinausgeht. Die Auffassung, für die ich eintrete, fällt also nicht mit dem »Kontextualismus« zusammen, den Habermas bei Rorty findet.[6] Denn der Wahrheitsanspruch, den wir in einer Behauptung erheben, lässt sich nicht auf die Annahme reduzieren, dass unser Urteil im gegenwärtigen sowie in ähnlichen vorstellbaren Kontexten begründet werden kann. Zwar meinen wir – das war mein Punkt – nichts weiter als das, wenn wir unterstellen, dass unsere Behauptung begründbar ist. Aber mit dem Prädikat »wahr« wollen wir darüber hinaus sagen, dass sich das Urteil auf eine objektive, unabhängig bestehende Welt bezieht. Das ist die »realistische Intuition« (249, 284), von der Habermas selbst spricht und mit der ich ganz einverstanden bin. Mithin ist die Verbindung zwischen Wahrheit und Rechtfertigung noch lockerer als Habermas vermutet. Der richtige Standpunkt ist ein Kontextualismus der Rechtfertigung, nicht aber auch einer der Wahrheit.

Das Fazit dieses Exkurses besteht nicht nur in einer Klärung des Wesens der Rechtfertigung. Mir ging es auch darum, zu zeigen, wie wenig der Begriff der Idealisierung die normativen Aspekte unserer Erkenntnisansprüche erklären kann. Wäre es möglich, die unterstellte Begründbarkeit einer Aussage als ihre Begründbarkeit »in allen möglichen Kontexten« zu begreifen, ließe sich unser Verständnis derselben ohne Berufung auf jeweils gegebene Erkenntnisstandards erläutern. Der Weg wäre dann frei, diese Begründbarkeit als die unbegrenzte, über alle bestehenden epistemischen Normen hinausgehende Idealisierung der aktuellen Umstände zu verstehen, die wir auf eigene Faust vornähmen. Daher kommt, wenn ich mich nicht irre, der besondere Reiz, den eine solche Idee der Rechtfertigung auf Habermas ausübt. Sie stimmt mit dem überein, was ich seine

---

[6] Für meine eigene Kritik an Rortys Epistemologie, s. *The Autonomy of Morality*, Kapitel 1, §§ 3–4.

Der Zwang des besseren Arguments 139

»konstruktivistische« Seite (§ 1) genannt habe. Wenn sich hingegen herausstellt, dass jede intelligible Vorstellung, die wir uns von der Begründbarkeit einer Meinung machen können, die angenommene Gültigkeit gewisser unserer bestehenden Standards voraussetzt, dann können Idealisierungen nur eine untergeordnete Rolle spielen. Sie werden immer in einem bestimmten Kontext und in bezug auf gegebene Normen vorgenommen. Sinnvoll sind sie deshalb nur, wenn nach den Gründen, die in diesen beiden Hinsichten ihre Einführung rechtfertigen sollen, gefragt werden kann. In dem Idealisierungsbegriff lässt sich folglich keine allgemeine Erklärung der Normativität suchen. Im Gegenteil: Es sieht so aus, dass es so etwas wie Gründe geben muss, die unabhängig von unserer Auffassung von ihnen bestehen und denen wir in unseren Erkenntnisansprüchen gerecht werden sollen. Wie wir später sehen werden, ist dieser Schluss Habermas selbst in anderen Hinsichten nicht so fremd.

§ 4 Empirische und moralische Urteile

Um zu diesem Punkt zu gelangen, müssen wir aber zu seiner Unterscheidung zwischen empirischen und moralischen Urteilen zurückkehren und sie näher betrachten. Wie gesagt (§ 2), kommt Wahrheit (im Gegensatz zu Begründbarkeit oder »Richtigkeit«) Habermas zufolge nur den ersteren zu, da es nichts in der Wirklichkeit selbst, keine moralischen Gegenstände oder Eigenschaften gebe, denen die letzteren Urteile entsprechen könnten. Dem in Anspruch genommenen Wahrheitsbegriff liegt seine »realistische Intuition« zugrunde, auf die es deshalb zuerst einzugehen gilt. Wenn wir etwas als »wahr« behaupten, unterstellen wir, sagt Habermas, dass sich unsere Behauptung auf eine objektive Welt bezieht, die für alle *identisch* und von unseren Behauptungen *unabhängig* ist (25, 249). »Unabhängig« aber in welchem Sinne? Nach Habermas setzen wir nicht voraus, dass sich die Behauptung einer Wirklichkeit gegenüberstellen ließe, die wir unabhängig von anderen Überzeugungen erfassen könnten. Das sei unmöglich. Da Rechtfertigungsprozesse sich immer innerhalb einer schon konzeptualisierten Welt vollzögen, seien die Tatsachen, an denen wir unsere Aussagen messen, nichts anderes als das, was wir schon bereit sind, über Gegenstände in der Welt zu behaupten. Mit dem Wort »Unabhängigkeit« will Habermas die Beziehung dieser Gegenstände selbst zu unseren Aussagen bezeichnen, und was er offensichtlich meint, ist, dass die Gegenstände, aus denen die objektive Welt besteht, *kausal* unabhängig sind von unseren Behauptungen. Damit der Satz »das Glas steht auf dem Tisch« als »wahr« gilt, müssen wir unterstellen, dass das Glas sich dort nicht aufgrund unserer Behauptung findet. Im Gegenteil, und darauf besteht Habermas an vielen Stellen, die objektive Welt erweise sich als unabhängig von uns, gerade soweit sich Gegenstände unseren Aussagen widersetzen können (37, 56, 164). Indem wir uns in unseren Aussagen ihrem Widerstand aussetzen, machen wir uns also unsererseits kausal abhängig von der Welt.

Diesem Argument liegt laut Habermas die Ansicht zugrunde, dass die Welt nicht aus Tatsachen, sondern aus Gegenständen bestehe (37, 42, 44, 169). Tatsachen, die begrifflich strukturiert sind, gehörten nicht zur Welt selbst. Sie seien – so Habermas – das, was wir von den Gegenständen aussagen, die die Welt ausmachen. Diese Gegenstände seien nicht selber begrifflich strukturiert, sondern konstituierten den Widerstand, mit dem wir zurechtkommen müssen. Verstehe man im Gegenteil die Welt als die Gesamtheit der Tatsachen, wie es Habermas zufolge Robert Brandom tut, dann verfalle man in einen bedauerlichen »Begriffsrealismus« oder »objektiven Idealismus« (166f.). Dieser Grundsatz scheint mir aber nicht sehr einleuchtend zu sein. Nur weil die Welt begrifflich strukturiert ist, kann sie unseren Behauptungen über sie Widerstand leisten. Wir stolpern nicht einfach über Gegenstände, sondern darüber, dass die Gegenstände so und nicht anders beschaffen sind – d.h. gerade über das, was in Tatsachen zum Ausdruck kommt. Mir scheint es in der Tat gleichgültig, ob man die Welt als die Totalität von Gegenständen oder als die Totalität von dem begreift, was der Fall ist. Oder besser gesagt: Das Wesentliche ist, die Welt so zu verstehen, dass beide Sprechweisen zutreffen. Eben das erreichen wir mit der Vorstellung, dass die Welt, so wie sie ist, von unseren Behauptungen über sie kausal unabhängig ist und durch ihren eventuellen Widerstand bestimmt, ob unsere Behauptungen wahr oder falsch sind.

Eingedenk dieser Klärung wenden wir uns jetzt der Unterscheidung zwischen empirischen und moralischen Urteilen zu, die Habermas bezüglich ihrer jeweiligen Geltungsansprüche macht.

Wenn wir etwas als moralisch gut oder schlecht beurteilen, unterstellen wir, dass sich unser Urteil rechtfertigen lässt. In dieser Hinsicht bestehe, sagt Habermas, kein Kontrast zu dem, was wir in unseren empirischen Behauptungen voraussetzen. Nicht nur bedeute Rechtfertigung dasselbe, nämlich im Wesentlichen das argumentative Anführen von Gründen, sondern es soll darüber hinaus in beiden Fällen unsere Präsupposition sein, dass sich die von uns gemachte Aussage nicht nur im gegenwärtigen, sondern auch in »allen möglichen Kontexten« begründen lasse. Die Einwände, die ich bereits gegen diesen letzten Punkt vorgebracht habe, werde ich nicht wiederholen. Die Hauptsache ist eher die Auffassung, dass moralische und empirische Urteile einen ähnlichen Anspruch auf Begründbarkeit erheben, und darin (abgesehen von den Einzelheiten, die uns trennen) stimme ich Habermas völlig zu.

Eine wichtige Differenz tritt aber hinsichtlich seiner These auf, dass moralische Urteile nichts weiter als eine bloß rationale Behauptbarkeit anstreben. Ihnen fehle, sagt Habermas, der Weltbezug – d. h. der Bezug zu Gegenständen, über die sich Tatsachen behaupten lassen, – der die Wahrheitsansprüche empirischer Urteile charakterisiert (56, 284). Darum zielten sie darauf ab, einfach »richtig« und nicht auch »wahr« zu sein. Jeder moralische Realismus sei fehl am Platz (178), insofern es keine unabhängige Welt normativer Gegenstände gebe, an deren Resistenz unsere moralischen Überzeugungen scheitern könnten. Die »realistische Intuition«, die unsere empirischen Urteile nährt, verstumme, wenn es auf die Moral ankommt. Natürlich könne es vorkommen, dass unsere Urteile in diesem Bereich auf den Widerspruch anderer stoßen, die abweichende Wertorientierungen oder Einschätzungen äußern. Aber, beteuert Habermas, »die ›Objektivität‹ eines *fremden* Geistes ist aus einem anderen Stoff gemacht als die Objektivität der *überraschenden* Realität« (295; auch 56). In solchen Kollisionen komme nur das Fehlen einer Übereinstimmung zwischen Menschen zum Ausdruck: Nichts in der Wirklichkeit selbst, unabhängig von ihren moralischen Meinungen, stelle eine mögliche Quelle des Widerstands ihnen gegenüber dar. »Die Geltung einer Norm«, so fasst Habermas seine These zusammen, »*besteht* in ihrer diskursiv nachweisbaren Anerkennungswürdigkeit« (56; s. auch 297).

Gerade diese letzten Worte sollten uns aber zu denken geben. Was kann »Anerkennungswürdigkeit« hier genau heißen?[7] Wodurch

---

[7] Dieselbe Frage stellt sich bezüglich einer ähnlichen Formulierung in dem späteren Buch, *Zwischen Naturalismus und Religion* (2005), 57: »Die Geltung solcher [moralischer] Normen ›besteht‹ in der universalen Anerkennung, die die Normen verdienen«. Was bedeutet hier »verdienen«?

soll sich eine moralische Norm unserer Anerkennung als *würdig* erweisen? Muss nicht eine solche Basis selbst etwas Normatives sein? Wenn dem so ist, dann liegt der Schluss nahe, dass es doch so etwas wie eine moralische Realität gibt – nämlich die Gründe, die für die Anerkennung dieser oder jener moralischen Norm sprechen und denen unsere Urteile entsprechen sollen. Die Resistenz, auf die unsere moralischen Überzeugungen stoßen können, würde dann nicht bloß eine Frage der Opposition anderer Personen sein. Die Einsprüche, die andere eventuell erheben, wären deshalb von Belang, weil es moralische Gründe gibt, die sie vielleicht besser als uns begriffen haben und die daher letztlich den einschlägigen Widerstand darstellen, mit dem wir in solchen Überzeugungen zurechtkommen müssen. Das, worüber wir endlich einig werden, wäre, dass wir den eventuellen Widerstand solcher moralischen Tatsachen selbst gebührend beachtet haben.

Unmittelbar nach dem zitierten Satz erklärt Habermas seinerseits, was er unter Anerkennungswürdigkeit versteht. »Eine gültige Norm verdient Anerkennung«, fügt er hinzu, »weil und soweit sie auch unter (annähernd) idealen Rechtfertigungsbedingungen akzeptiert, d. h. als gültig anerkannt würde« (56). Diese Erläuterung ist ein gutes Beispiel für seinen konstruktivistischen Ansatz, den Begriff der Begründbarkeit durch den Gebrauch von Idealisierungen zu analysieren. Damit will Habermas der vermeintlichen Gefahr entgehen, eine unabhängige Welt normativer Gegenstände postulieren zu müssen, um dem Phänomen der Normanerkennung gerecht zu werden. Es hat sich aber in unserer Analyse der Begründbarkeitsansprüche empirischer Urteile herausgestellt, dass sich jeder solcher Anspruch auf epistemische Normen berufen muss, zu denen man sich schon bekennt und die Gründe abgeben, dies oder jenes zu glauben. Die Normativität im empirischen Bereich lässt sich also nie vollständig durch die Einführung von Idealisierungen, sondern letztlich nur durch die Existenz von Gründen erklären. Deshalb scheinen, wie am Ende des vorhergehenden Abschnitts angedeutet wurde, die Bedingungen gegeben zu sein, um von der Wahrheit, und nicht bloß von der Richtigkeit, solcher normativen Aussagen reden zu können. Warum trifft nicht derselbe Schluss also auch für moralische Aussagen zu? Meinen wir denn nicht, wenn wir etwa behaupten: »Diese Handlungsweise ist gerecht«, dass es tatsächlich Gründe gibt, sich so zu verhalten – Gründe, in denen die Anerkennungswürdigkeit der darin geäußerten Gerechtigkeitsnorm eigentlich besteht?

Der Zwang des besseren Arguments 143

§5 Gründe

Ehe ich diese letzten Reflexionen weitertreibe, möchte ich die Aufmerksamkeit auf eine wichtige Konsequenz der Habermas'schen These lenken, der zufolge moralische Aussagen nicht als »wahr«, sondern nur als »richtig« gelten dürfen. Damit will Habermas ihnen die Art von Weltbezug versagen, die der Existenz von moralischen Gegenständen Raum lassen würde. Moralische Aussagen besagen, »wie Personen sich verhalten sollen, und nicht, wie es sich mit den Dingen verhält« (273). Mit derselben Argumentation müsste man aber auch schließen, dass normative Aussagen überhaupt keine Wahrheitsansprüche erheben können. Die Moral ist nur ein Bereich unter anderen, in dem wir zu dem Stellung nehmen, was der Fall sein sollte. Nicht nur in praktischen Fragen, sondern auch wenn es darum geht, wie wir empirische Fragen behandeln sollten – wenn wir über die Erkenntnisziele nachdenken, die wir uns setzen sollten, oder über die Bedingungen, unter denen eine Theorie als bestätigt zu gelten hätte, oder wenn wir ganz einfach behaupten, dass irgendein empirisches Urteil begründet ist –, fällen wir normative Urteile. Daher müsste ihnen gleicherweise die Fähigkeit fehlen, wahr oder falsch zu sein. Wenn man keine Gegenstände zulassen will, auf die sich moralische Aussagen deskriptiv beziehen, dann muss man Aussagen über den richtigen Gebrauch des Verstandes eine derartige Objektivität ebenfalls absprechen – obwohl bezüglich des Begründbarkeitsbegriffs soeben gezeigt wurde, wie fragwürdig letzteres ist.

Habermas scheint sich dieser weitreichenden Konsequenz seiner Unterscheidung zwischen empirischen und moralischen Urteilen nicht bewusst zu sein. Ihm geht es hauptsächlich darum, den moralischen Realismus abzuweisen, und die Kosten der dazu gewählten Mittel lässt er außer Betracht. Aber die Argumente, auf die er sich stützt, haben keinen besonderen Bezug zur Moral. Sie verweisen auf keinerlei Eigentümlichkeiten moralischer Aussagen, die nicht auch bei den anderen Formen des normativen Denkens vorkommen. Dabei beschreibt Habermas einen ausgetretenen Pfad der modernen Philosophie. Zahllose Philosophen haben den Begriff des moralischen Wissens auf eine Weise zurückgewiesen, die auch ausschließt, dass es ein Wissen darüber geben kann, wie empirische Meinungen zu bilden sind.

Diese Argumentationsweise ist so verbreitet, weil sie von einem Weltbild zehrt, das, ausdrücklich oder nicht und selten durchdacht, zu einer Selbstverständlichkeit unserer Epoche geworden ist. Ich meine den Naturalismus oder die Ansicht, der zufolge nur das existiert, was von physischer oder psychischer Wesensart ist und darum zum Bereich der empirischen Wissenschaften gehört.[8] In einer solchen Welt kann es natürlich keine »moralischen Gegenstände« geben, und auf diese Auffassung der Wirklichkeit beruft man sich, oft implizit, wenn man denkt, klar erkannt zu haben, dass moralische Aussagen nicht im strikten Sinne wahr oder falsch sein können. Was man dabei häufig nicht bemerkt, ist, dass dieses Weltbild auch die Möglichkeit einer Erkenntnis ausschließt, die davon handelt, wie wir denken sollten. Die meisten Philosophen, die seit David Hume einen Anti-Kognitivismus in der Moral vertreten haben, haben die letzten Konsequenzen aus ihrem Standpunkt nicht gezogen. Besonders in der angelsächsischen Philosophie, wo ein moralischer Subjektivismus oft Hand in Hand geht mit einem gutgläubigen Szientismus, herrscht die Doktrin in dieser begrenzten, eher gemütlichen Form. Wenige stellen sich vor, wieviel sie eigentlich verneinen. Eine Ahnung von den Kosten des Naturalismus bekommt man erst dann, wenn man sich die Frage stellt, inwiefern die Philosophie selbst eine Art von Erkenntnis konstituieren kann. Denn die Philosophie ist, was immer sie auch sonst noch bedeuten mag, ein normatives Unternehmen, das in der Reflexion über die Gültigkeit der Prinzipien besteht, auf die wir uns im Denken und Handeln berufen.[9]

In *Wahrheit und Rechtfertigung* bekennt sich Habermas zu einem »schwachen Naturalismus« (32f.). Es gebe keinen Bereich des Intelligiblen außerhalb der Welt unserer Erfahrung, aber diese von Habermas als »naturalistisch« bezeichnete Einstellung solle nicht zur Preisgabe unseres normativen Selbstverständnisses führen. D. h. die Praktiken, in denen wir Gründe angeben und fordern, sollten nicht (wie gemäß einem »strengen« Naturalismus) auf kausal erklärbare Prozesse reduziert werden, sondern ihren »kognitiven Gehalt« (38) behalten. Auf den ersten Blick kann diese Position verlockend erscheinen.[10] Es bleibt jedoch die Frage, wie Habermas das Wesen

---

[8] Das naturalistische Weltbild habe ich bereits in Kapitel I, § 5, und Kapitel IV, § 5 kritisiert. S. auch Kapitel VI, § 5, und Kapitel IX, § 2.
[9] Diesem Thema wird im letzten Kapitel dieses Bandes, »Warum noch Philosophie«, nachgegangen.
[10] Fragwürdig ist aber die unterstellte Entgegensetzung zwischen kausaler Erklärung und rationaler Erklärung durch Gründe. S. meine Kritik an Habermas in dieser Hinsicht in Kapitel VI, § 5 (Anm. 32).

Der Zwang des besseren Arguments 145

der normativen Erkenntnis, die diese Rede von »kognitivem Gehalt« impliziert, genau zu erklären vermag, denn wovon könnte nach ihm eine solche Erkenntnis handeln? Von moralischen Gegenständen, und folglich auch von normativen Gegenständen überhaupt, will er nichts hören. Müssten nicht solche »intelligiblen« Gegenstände jenseits unserer Erfahrung liegen? Das setzt in der Tat das heute herrschende Weltbild des Naturalismus voraus, der in seiner Entschlossenheit, innerhalb der Grenzen der Erfahrung zu bleiben, keine normativen, sondern nur physische und psychische Phänomene zu konstatieren glaubt. Gerade diese Annahme gilt es aber zu überdenken.

In all unserem Denken und Handeln versuchen wir, uns nach Gründen zu richten. Gründe erwägen wir ausdrücklich, wenn unsere Aussagen oder Handlungen in Frage gestellt sind, aber Gründe zu haben unterstellen wir, wann immer wir auch nur etwas behaupten oder etwas absichtlich tun. Wie Habermas selbst zugeben würde, erfüllt die Berufung auf Gründe unsere Erfahrung in solchem Maße, dass die Erfahrung ohne sie unvorstellbar ist. Doch was sind Gründe eigentlich? Offenkundig haben sie einen normativen Charakter: Einen Grund zu haben, etwas zu denken oder zu tun, bedeutet, dass man es denken oder tun *sollte*, soweit nichts anderes dagegen spricht. Daher lässt sich leicht beweisen, dass Gründe weder physischer noch psychischer Natur sind. Es liegt also die Folgerung nahe, dass die Existenz von normativen Gegenständen keinem außerhalb der Erfahrung liegenden »Bereich des Intelligiblen«, keinem platonischen Himmel zuzuordnen ist, sondern einen Teil unserer diesseitigen Welt ausmacht.[11]

Warum sind Gründe keine physischen oder psychischen Phänomene? Oft sagen wir z. B., dass die Kälte ein Grund ist, einen Mantel zu tragen. In Wirklichkeit handelt es sich aber um eine abgekürzte Redeweise. Genauer gesagt, die Kälte *ist* nicht ein Grund, sie *gibt* uns einen Grund oder *zählt als* ein Grund. Dass wir einen Grund haben, einen Mantel zu tragen, ist nicht die (physische) Tatsache, dass es kalt ist, sondern die (normative) Tatsache, dass jene Tatsache *für* das Tragen eines Mantels *spricht*. Der Grund besteht in der Relevanz des physischen Sachverhalts für unsere Handlungsmög-

---

11 Das Wesen von Gründen habe ich bereits in früheren Kapiteln analysiert: Kapitel I (§§ 2, 5), II (§ 2), und IV (§ 5). S. auch Kapitel VI, § 5 und Kapitel IX, § 2.

lichkeiten. Das wird ersichtlich, sobald man merkt, dass jemand das Bestehen eines solchen Grundes verneinen könnte, ohne zu bestreiten, dass es kalt ist. Die Kälte, könnte er behaupten, gibt uns im Gegenteil einen Grund, ohne Mantel zu gehen, damit wir unsere Härte auf die Probe stellen. Gründe sind also selbst kein Bestandteil der physischen Welt, obwohl sie, wie unsere Beispiele zeigen, von physischen Tatsachen abhängen.

Die Normativität von Gründen lässt sich auch nicht als etwas Psychologisches erklären. Offensichtlich ist der Grund, einen Mantel zu tragen, nicht mit der Überzeugung gleichzusetzen, dass ich einen Grund dazu habe, da diese Überzeugung schließlich falsch sein könnte. Der Grund besteht auch nicht in der Kombination der Meinung, dass es kalt ist, mit dem Wunsch, warm zu bleiben.[12] Denn erstens hängt der Grund, wenn es ihn wirklich gibt, nicht von meiner Meinung ab, sondern von der Tatsache, dass es kalt ist. Und zweitens besteht der Grund, einen Mantel zu tragen, nicht in den beiden Umständen – der Meinung (oder vielmehr: der Tatsache) und dem Wunsch – selber, sondern darin, dass sie zusammen das Tragen eines Mantels rechtfertigen.

Freilich ist damit noch nicht erwiesen, dass sich Gründe einer rein psychologischen Erklärung entziehen. Obwohl Gründe selbst nicht mit seelischen Zuständen zu identifizieren sind, könnte man versuchen, die Rede von Gründen bloß psychologisch zu interpretieren, indem man die Voraussetzung fallen ließe, Gründe seien etwas, das existiert. Man könnte nämlich die Ansicht vertreten, dass Aussagen über Gründe eher einen expressiven als einen deskriptiven Gehalt haben: Sie dienten lediglich dazu, unsere Einstellungen zum Ausdruck zu bringen. Den Satz »X ist ein Grund, Y zu tun« will man dann so verstehen, als ob er einfach die Präferenz ausdrückte, dass alle X als einen Grund für Y nehmen, und nicht den Wissensanspruch erhöbe, dass X tatsächlich ein Grund dafür ist.[13]

Dieser »expressivistische« Ansatz, der in seinen verschiedenen Varianten zur Lieblingstheorie des zeitgenössischen Naturalismus geworden ist und den ich schon früher (Kapitel I, § 5) kritisiert habe,

---

[12] Das ist die Auffassung von Gründen, die Donald Davidson vertrat. Mehr dazu in Kapitel VI, § 5.
[13] So im Wesentlichen die »expressivistische« Analyse, die bei Allan Gibbard (*Wise Choices, Apt Feelings*, Cambridge, Mass., 1990, 163) unter anderen zu finden ist.

ist kaum imstande, den Sinn unseres Verständnisses von Gründen völlig wiederzugeben. Insbesondere kann er nicht dem Gedanken gerecht werden, dass wir Gründe haben, etwas zu tun, die unabhängig von unseren jeweiligen Einstellungen gültig sind, da er diesen Gedanken immer noch subjektivistisch als den bloßen Ausdruck einer Präferenz zweiter Stufe deutet, nach der wir, was für Präferenzen wir auch haben, bestimmte Umstände als Gründe ansehen, so oder anders zu handeln. Die Idee, dass es überhaupt eine tatsächlich richtige Weise zu denken und zu handeln gibt, muss dieser Ansatz, wenn auch nur implizit, zu einer Illusion oder zu einer bloßen *façon de parler* erklären. Das bedeutet, wie ich angemerkt habe, dass seine Anhänger die Gründe selbst, die angeblich für diese Auffassung sprechen, als nichts anderes denn den Ausdruck ihrer eigenen Denkpräferenzen ansehen müssen.

Ich vermute, dass Habermas selbst (obwohl er den gegenwärtigen Expressivismus nicht kommentiert) solche Konsequenzen mit Bestürzung betrachten würde. In dieser Vermutung sehe ich mich vor allem durch eine Passage in *Wahrheit und Rechtfertigung* bestärkt, in der er derjenigen Tendenz freien Lauf lässt, die ich die »rationalistische« Seite seines Denkens genannt habe.

§ 6 Affektion durch Gründe

In seiner Auseinandersetzung mit Robert Brandoms Sprachpragmatik bemängelt Habermas die Eilfertigkeit, mit der sich Brandom der kantischen Vorstellung der Selbstgesetzgebung bedient. Moral- und Rechtsnormen möchten ihre Grundlage in der »Autonomie« der Bürger haben – das ist natürlich der Gesichtspunkt, den er selbst in seinem Buch *Faktizität und Geltung* vertritt[14] –, die Normen der Rationalität könne man aber nicht auf vergleichbare Weise verstehen. Ihre Autorität lasse sich nicht auf eine Geltung zurückführen, die wir selber stiften. »Eine ›vernünftige‹ Normsetzung muss nach *Vernunft*normen vorgenommen werden und kann deshalb«, schreibt Habermas, »nicht ihrerseits das Modell für eine Erklärung der Normativität der Vernunft selbst abgeben« (148). Die Prinzipien der Ra-

---

[14] Im vorhergehenden Kapitel habe ich diese Auffassung der Moral kritisiert. Für meine Kritik an der politischen Verwendung des Autonomiebegriffs bei Habermas selbst, s. *The Autonomy of Morality*, Kapitel 6, §§ 5–8.

tionalität lägen zu tief in unserem normativen Selbstverständnis, um das Ergebnis unserer Autonomie sein zu können.

Dass Brandom eine derartige Verallgemeinerung des Autonomiebegriffs verfolgt, lässt sich nicht bestreiten. Die Moralphilosophie Kants hält er für eine erste Formulierung der allgemeinen Einsicht, dass »unsere eigene Anerkennung oder Billigung einer Regel der Ursprung ihrer Autorität über uns ist«.[15] Brandom ist ein entschlossener Konstruktivist, der in allen Normen nur »Menschenwerk« sieht, ein Netz normativer Bedeutungen, das wir wie eine Art von Überbau auf einer normenlosen, »entzauberten« Natur errichten. Zwar ist er bereit, normativen Aussagen, nicht weniger als empirischen Aussagen, die Fähigkeit zuzuschreiben, Tatsachen anzugeben, aber dadurch wird er keineswegs zu einem moralischen Realisten. Die beiden Aussagenarten sollen in dieser Hinsicht einfach deshalb ähnlich sein, weil wir in beiden Fällen Stellung nehmen, uns nötigenfalls rechtfertigen müssen, und damit in einem entsprechend schwachen Sinne etwas als »wahr« behaupten, das eine Tatsache angeben soll.[16] Letzten Endes ist also für Brandom Normativität eine menschliche Institution.

Was ich nun bemerkenswert finde, ist, dass Habermas, trotz seiner eigenen Neigung für konstruktivistische Ansätze, eben diese Denkweise ausdrücklich zurückweist, wenn es um das Wesen der Vernunft geht. Seiner Ansicht nach ist zwar das moralische Universum immerhin ein »Konstruiertes« (304), und die Argumente, durch die er zu diesem Schluss kommt, sollten ihn, wie ich hervorgehoben habe, zu einer ähnlichen Auffassung in bezug auf alle normativen Urteile überhaupt gebracht haben. Gleichwohl weigert er sich, diese Richtung einzuschlagen. Darin möchte ich weniger eine Inkonsequenz als eine gewinnende Aufgeschlossenheit sehen, die ihn auf den richtigen Weg bringt.

Denn mit seinem Einwand gegen Brandoms Pauschalerklärung der Normativität hat Habermas in meinen Augen durchaus recht. Die Grundprinzipien der Rationalität entspringen nicht unserer Selbstgesetzgebung, weil jede Ausübung der Autonomie, jede Stiftung einer Norm – soweit wir so etwas tatsächlich tun –, inkohä-

---

[15] Brandom, *Making It Explicit*, 51; dt. *Expressive Vernunft*, 101 (deutsche Übersetzung geändert).
[16] S. Brandom, *Making It Explicit*, 624–626; dt. *Expressive Vernunft*, 864–866.

Der Zwang des besseren Arguments 149

rent wäre, falls sie sich nicht an solchen Prinzipien orientierte. Ich würde aber selbst noch weiter gehen: Brandoms konstruktivistische Auffassung von Gründen überhaupt ist unhaltbar. Seine Hauptthese, nach der sich die »normativen Status« unserer Gedanken und Handlungen – ihre Fähigkeit, uns oder anderen Gründe aufzuzeigen, Weiteres zu denken oder zu tun – durch die »normativen Einstellungen« erklären, in denen wir uns selbst oder andere als auf diese oder jene Weise festgelegt betrachten, scheitert daran, dass normative Einstellungen ihrerseits Normen unterworfen sind. Wir schreiben jemandem eine Festlegung zu Recht oder zu Unrecht zu, und die Gründe, die eine solche Zuschreibung rechtfertigen, lassen sich nicht einfach auf die normativen Einstellungen noch anderer Personen zurückführen.[17] Denn selbst wenn der Standpunkt, an den wir uns anlehnen, um zu beurteilen, ob wir gute Gründe für die Zuschreibung haben, der internalisierte Standpunkt eines Dritten ist, müssen wir uns dabei vorstellen, dass diese Beurteilung selbst begründet ist, d. h. dass sie ihrerseits auf guten Gründen beruht. Kurz, wir können in allem unserem Denken und Tun nicht umhin, uns auf Gründe zu beziehen, deren Autorität nicht unser eigenes Werk ist. Wie bereits in Kapitel IV (§ 4) gezeigt wurde, geraten Vertreter des kantischen Autonomiebegriffs unvermeidlich in Widerspruch, wenn sie – wie Brandom, aber auch teilweise wie Habermas, – unterstellen, dass wir selbst, und sei es nur in der Moral, die Normen stiften, an denen wir uns orientieren.

In diesem Zusammenhang werde ich mich aber auf die Kritik konzentrieren, die Habermas selbst – trotz ähnlichen Tendenzen – gegen Brandoms Konstruktivismus vorbringt, und zwar auf die Erläuterungen, mit denen er sie weiterführt.

»Während Handlungsnormen den Willen von Aktoren *binden*«, schreibt Habermas, »*lenken* Rationalitätsnormen ihren Geist« (149). Die Pointe des Kontrasts ist vielleicht nicht augenfällig. Allem Anschein nach will er darauf hinweisen, dass Handlungsnormen Regeln darstellen, durch die wir uns selber bänden, während Rationalitätsnormen keine selbstauferlegte Verpflichtungen seien, sondern uns sozusagen »von außen« leiteten. Dass alle Handlungsnormen, und besonders die grundlegendsten unter ihnen, von uns selber eingeführt seien, scheint mir falsch. Aber diese Differenz werde ich

---

[17] Vgl. Brandoms Verlegenheit, wenn er diese Schwierigkeit berührt: *Making It Explicit*, 626–628; dt. *Expressive Vernunft*, 867–870.

beiseitelassen. Mich interessiert seine Verwendung des Wortes »lenken«, und was er damit meint, geht aus den umgebenden Sätzen deutlich hervor. Von den Gründen, nach denen wir uns in unserem Denken und Handeln richten, würden wir insofern »gelenkt«, als sie nach Habermas »eine rational motivierende Kraft« haben. Dadurch »affizieren« sie unseren Geist, so dass man ein falsches Bild von unserem Verhältnis zu Gründen hätte, wollte man in ihnen irgendwie unsere eigene Schöpfung sehen. Für Gründe müssen wir empfänglich sein. Gerade diese »Affektion durch Gründe« führt Habermas dann an, um zu erklären, warum es angebracht sei, von dem »eigentümlich zwanglosen Zwang des besseren Arguments« (149) zu sprechen. Gründe sind insofern zwanglos, als sie nicht durch Gewalt, sondern durch ihre Überzeugungskraft auf uns einwirken. Sie üben dennoch einen besonderen Zwang aus, indem sie unsere Zustimmung fordern und uns dadurch motivieren, entsprechend zu denken oder zu handeln. Nur weil wir durch Gründe bewegt werden können, sind wir argumentfähige und sogar überhaupt vernünftige Wesen.

Für die rationalistische Auffassung von Normativität, die in solchen Bemerkungen zum Ausdruck kommt, hege ich die größte Sympathie. Allerdings erweisen sich unter diesem Gesichtspunkt die konstruktivistischen Thesen, die Habermas ebenfalls vertritt, als unhaltbar. Wo man zum Beispiel von »Affektion« redet, lässt sich auch von Widerstand sprechen. Wenn der Geist durch Gründe affiziert werden kann, muss es auch wahr sein, dass wir in unserem Denken auf ihren Widerstand stoßen können. Und das geschieht genau dann, wenn wir uns wirklich wie vernünftige Wesen verhalten und nicht denken oder tun, was immer uns gefällt, sondern uns dem Zwang des besseren Arguments aussetzen.

An die Stelle des Widerstands von Objekten, behauptet Habermas (56, 295), trete im normativen Bereich der Widerspruch sozialer Gegenspieler. Doch dieser Vergleich greift zu kurz. Denn bedenken wir einmal, in welcher Hinsicht die Einsprüche anderer uns wichtig sind, wenn es darum geht, die richtige Lösung eines Problems zu finden! Wir hätten nämlich keinerlei Veranlassung, uns ihre abweichenden Meinungen ernsthaft anzuhören, wenn ihre Resistenz nicht vielleicht den Widerstand von Gründen vermittelte, die dafür sprechen, unsere eigene Meinung zu überdenken. Jedes Gespräch, soweit jedenfalls Argumente darin eine Rolle spielen sollen, entwickelt sich unter der Autorität einer unabhängigen Ordnung von

Gründen.[18] Freilich gelten Gründe nicht als unabhängig von uns in dem seltsamen Sinn, dass es auch dann Gründe geben könnte, wenn es keine Wesen wie uns gäbe, die Möglichkeiten haben, die sie ergreifen können. Denn Gründe bestehen, wie gesagt (§ 5), in der Relevanz bestimmter Umstände in der Welt für unsere Denk- und Handlungsmöglichkeiten. Sie sind aber unabhängig, und zwar kausal unabhängig, von unseren Einstellungen ihnen gegenüber: Dass etwas für eine Handlung oder eine Überzeugung spricht und sie rechtfertigt, hängt nicht von unserer oder von irgendjemandes Meinung darüber ab.

Wie Habermas selbst (9) gerne betont, wollen wir uns in einem Gespräch *mit* anderen *über* etwas verständigen. Das ist nicht anders, wenn das Gespräch um die Gründe geht, die wir angeblich dafür haben, etwas zu denken oder zu tun. Um glauben zu können, dass meine Gründe triftig sind, muss ich, wie er sagt, unterstellen, dass andere sich mit mir unter gewissen Umständen auf ihre Gültigkeit einigen würden. Aber das kann nicht bedeuten, dass die Triftigkeit der Gründe in dieser Einigung selbst, im Fehlen abweichender Äußerungen, besteht. Wenn ich mir ein solches Gespräch vorstelle, oder wenn ich ein solches mit anderen tatsächlich führe, kann ich nicht umhin, davon auszugehen, dass das Gespräch einen Gegenstand hätte bzw. hat, der unabhängig vom Verlauf des Gesprächs existiert. Nicht das eventuelle Geteiltsein, sondern die Teilbarkeit der von mir angeführten Gründe ist das Zeichen ihrer Qualität, und gerade dieser Unterschied weist darauf hin, dass die Gründe selbst eine Instanz bilden, der sich alle Gesprächspartner zu unterwerfen haben.

Es ist also klar: Insofern uns Gründe auf diese Art und Weise Widerstand leisten können, erweisen sie sich als kausal unabhängig von unseren Einstellungen ihnen gegenüber, und insofern wir versuchen, uns nach ihnen zu richten, machen wir uns selbst in unserem Denken und Handeln von ihnen kausal abhängig. Wenn man diese Punkte einmal beherzigt hat, dann dürfte man moralischen Urteilen oder normativen Urteilen überhaupt nicht mehr die Fähigkeit absprechen, im vollen Sinne wahr oder falsch zu sein. Die »realisti-

---

[18] In dieser eher platonistischen, dem herrschenden Naturalismus entgegengesetzten Ansicht bin ich nicht allein. S. die letzten Worte von Thomas Nagels *Das letzte Wort* (Stuttgart, 1999), 210: »Sofern wir überhaupt denken, müssen wir uns selbst – individuell wie kollektiv – als Wesen begreifen, die die Ordnung der Vernunftgründe nicht erschaffen, sondern ihr unterworfen sind.«

sche Intuition«, die Habermas als auf empirische Gegenstände beschränkt ansieht, trifft gleichermaßen auf Gründe zu. Damit haben wir den Naturalismus weit hinter uns gelassen. Aber das ist keine unwillkommene Konsequenz. Viele Philosophen sehen im naturalistischen Weltbild, nach dem nur empirische, d. h. physische oder psychische, Tatsachen existieren, eine Vorbedingung für jede verantwortungsvolle Philosophie. So vorherrschend diese Auffassung auch ist, verträgt sie sich jedoch schlecht mit der eigentlichen Erfahrung des Denkens. Man kann also den Mut nur billigen, mit dem sich Habermas über diese weit verbreitete Voreingenommenheit hinauswagt. Fast von Anfang an ist sein Thema die Natur der Verständigung gewesen, die durch den Zwang des besseren Arguments zustande gebracht wird.[19] Teilweise gegen seine Neigung, aber – wie ich auch sagen würde – gerade durch den Zwang der entsprechenden Gründe, ist er effektiv zu der Erkenntnis gekommen, dass das Normative einen Teil der Wirklichkeit bildet.

Wer sich, wie Habermas in solchen Momenten, bereit zeigt, von der »Affektion durch Gründe«, d. h. von der kausalen Wirksamkeit normativer Gegenstände, zu sprechen, darf natürlich nicht mehr von sich denken, er stünde jenseits der Metaphysik. Das ist ebenfalls keine Katastrophe. Die Behauptung, keine Metaphysik zu treiben, ist normalerweise ein philosophischer Kunstgriff, hinter dem sich nur eine uneingestandene Metaphysik verbirgt. Auch der Naturalismus, der kein Theorem der Naturwissenschaften ist, sondern in seinen Pauschalaussagen darüber, was existiert und was nicht, über sie hinausgeht, ist eine Metaphysik. Mir scheint es an der Zeit zu sein, das Pathos einer »Überwindung der Metaphysik« selbst zu überwinden. Das gilt insbesondere für den Begriff eines »nachmetaphysischen Denkens«, den Habermas vertreten hat. Was immer über seine nähere Erläuterung dieses Begriffs zu sagen wäre,[20] eines steht fest: Insofern als er ihn um das Paradigma der Verständigung zentrieren will,[21] kann er, wenn er dieses Paradigma bis zu

---

[19] Zu den Beweggründen, die Habermas dazu führten, den Begriff der Verständigung in den Mittelpunkt seiner Philosophie zu stellen, s. meinen Aufsatz, »Einsichten und Hemmungen eines Nachmetaphysikers«, *Deutsche Zeitschrift für Philosophie*, 57 (6), 2009, 953–961.
[20] S. meine Kritik an seinem Begriff des »nachmetaphysischen« Denkens in »Einsichten und Hemmungen eines Nachmetaphysikers« sowie auch in *The Autonomy of Morality*, Kapitel 6, § 6.
[21] Habermas, *Nachmetaphysisches Denken* (Frankfurt, 1988), 31, 51.

Der Zwang des besseren Arguments 153

Ende dächte, Fragen metaphysischer Art nicht ausweichen. Faktisch steht er schon auf metaphysischem Terrain.

Freilich ist es schwierig, die Art von kausaler Abhängigkeit, in der die Affektion durch Gründe besteht, genau zu verstehen. Wie können Gründe, die an sich nichts Physisches oder Psychisches sind und daher keine Position in Raum und Zeit haben, auch Ursachen sein und auf den Geist einwirken? Diese Schwierigkeit bildet ein beständiges Motiv, im naturalistischen Weltbild Zuflucht zu suchen, obwohl man sich auch bei weiterem Nachdenken darin nicht heimisch fühlen kann. Ich bin der Ansicht, wie ich im nächsten Kapitel erklären werde, dass sie nicht unaufhebbar ist und dass es sich begreifen lässt, wie Gründe Ursachen sein können. Dass Habermas aber, trotz der entgegenwirkenden Tendenzen seines Denkens, der großartigen Idee des »zwanglosen Zwangs des besseren Arguments« treu geblieben ist und die philosophische Spannung auszuhalten gewusst hat, ist ein Kennzeichen seiner philosophischen Größe.

Kapitel VI
Die Freiheit verstehen, aufzubrechen, wohin man will

§ 1 Hölderlins Einsicht

In dem *Taschenbuch für Frauenzimmer von Bildung, auf das Jahr 1799* erschien von Friedrich Hölderlin eine Reihe von kleinen Gedichten – darunter eins mit dem Titel *Lebenslauf* –, die er dem Herausgeber, seinem Freund Christian Ludwig Neuffer, ein Jahr zuvor zugesandt hatte. Die hier versammelten Gedichte markieren eine wichtige Etappe in seiner poetischen Entwicklung. In ihnen hat Hölderlin den weltlosen Enthusiasmus seiner früheren philosophischen Hymnen hinter sich gelassen, um, wie Schiller ihm in einem Brief vom 24. November 1796 geraten hatte, eine »Nüchternheit in der Begeisterung« zu erzielen.[1] Wie die anderen dieser Gedichte bringt *Lebenslauf*, das ich jetzt zitiere –

> Hoch auf strebte mein Geist, aber die Liebe zog
>   Schön ihn nieder; das Leid beugt ihn gewaltiger;
>   So durchlauf ich des Lebens
>   Bogen und kehre, woher ich kam. –

die Erfahrung zum Ausdruck, dass die Welt, trotz unserer Anstrengungen, sie nach unseren Vorstellungen zu gestalten, ihren eigenen Gesetzen folgt. Im Hintergrund zu diesem Gedicht steht offenbar die leidvolle Liebesaffäre mit Susette Gontard: *Lebenslauf* wurde ei-

---

[1] *Friedrich Hölderlin: Sämtliche Werke.* Herausgegeben von Friedrich Beissner. Große Stuttgarter Ausgabe (Im Folgenden: StA). Stuttgart 1943–85. Band VII,1. 46.

Die Freiheit verstehen, aufzubrechen, wohin man will 155

nige Monate vor Hölderlins Weggang als Hofmeister aus dem Hause der Gontards Ende September 1798 verfasst. Dass dieses Gedicht, wie auch die anderen von Neuffer 1799 veröffentlichten, so kurz war, hat wahrscheinlich etwas zu tun mit einem anderen Rat, den Hölderlin bekommen hatte. Vor seiner Abreise aus Jena Ende Mai 1795 hatte Goethe ihm geraten, »kleine Gedichte zu machen und sich zu jedem einen menschlich interessanten Gegenstand zu wählen« (StA VII, 2. 109). *Lebenslauf* konnte er aber nicht klein halten.

Im Sommer 1800 entstand eine zweite Fassung, in der die ursprüngliche Strophe revidiert wurde, um drei neue darauffolgende Strophen vorzubereiten:

> Größers wolltest auch du, aber die Liebe zwingt
>   All uns nieder, das Leid beuget gewaltiger,
>   Doch es kehret umsonst nicht
>   Unser Bogen, woher er kommt.
>
> Aufwärts oder hinab! herrschet in heil'ger Nacht,
>   Wo die stumme Natur werdende Tage sinnt,
>   Herrscht im schiefesten Orkus
>   Nicht ein Grades, ein Recht noch auch?
>
> Dies erfuhr ich. Denn nie, sterblichen Meistern gleich,
>   Habt ihr Himmlischen, ihr Alleserhaltenden,
>   Daß ich wüßte, mit Vorsicht
>   Mich des ebenen Pfads geführt.
>
> Alles prüfe der Mensch, sagen die Himmlischen,
>   Daß er, kräftig genährt, danken für alles lern,
>   Und verstehe die Freiheit,
>   Aufzubrechen, wohin er will.

Durch diese Erweiterung hat sich das Anliegen des Gedichts geändert, oder besser: Es ist tiefer geworden. Wenn unser Streben, unser »Größeres-Wollen« dem Widerstand der Welt begegnet und wir Leid erfahren, uns aber dem Bogen des Lebens gemäß in einer Lage finden, in der wir wieder einmal aufbrechen und über das Gegebene hinausgehen möchten, dann lässt sich daraus – das ist jetzt Hölderlins Gegenstand – etwas Wichtiges lernen: »Es kehret umsonst nicht / Unser Bogen, woher er kam«. Diese Lektion betrifft das Wesen der menschlichen Freiheit, und zwar den Umstand, wie die letzten drei Zeilen des Gedichts andeuten, dass wir, von der Erfahrung genährt, Dankbarkeit empfinden lernen müssen, um unsere Freiheit richtig zu verstehen:

> Alles prüfe der Mensch, sagen die Himmlischen,
> Daß er, kräftig genährt, danken für alles lern,
> Und verstehe die Freiheit,
> Aufzubrechen, wohin er will.

Dass Hölderlin sein Epigramm zu einer Freiheitsode ausbaute, war nun keineswegs zufällig. Bis zum Ende der 90er Jahre arbeitete er ständig an seinem *Hyperion* (1797; 1799), das als eines seiner Leitmotive das richtige Verständnis menschlicher Freiheit hat. Hölderlins Behandlung dieses Themas in seinem Roman zielte wie seine Lyrik dieser Jahre auf die Überwindung des Subjektivismus und die Anerkennung der Eigengesetzlichkeit der Welt. Von dem Freund Alabanda, von dessen unerbittlichem Gerechtigkeitseifer und damit verbundener Überzeugung seiner bedingungslosen Freiheit muss sich Hyperion losreißen, um sich bewusst zu werden, dass Freiheit nur mittels eines Sinnes für Schönheit und durch eine Versöhnung mit der Natur angemessen verstanden werden kann. In der Gestalt von Alabanda, in dessen stolzem Freiheitsbekenntnis – »Ich fühl in mir ein Leben, das kein Gott geschaffen, und kein Sterblicher gezeugt. Ich glaube, dass wir durch uns selber sind« (StA III. 141) –, ist zudem Fichtes Philosophie des absoluten Ichs verkörpert, an der Hölderlin zu dieser Zeit eine grundlegende Kritik entwickelt hatte. Diese Kritik, die sich hauptsächlich in dem in Jena verfassten und heute unter dem Titel »Urteil und Sein« bekannten Fragment von 1795 findet und die durch seine Lektüre von Jacobis *Über die Lehre des Spinoza* (1785; 1789) inspiriert war, ging dahin zu zeigen, wie das Subjekt und mithin seine Freiheit in einem ihm vorhergehenden, Subjekt und Objekt vereinigenden Sein verankert sein müssen. Dies ist der Kern seiner sogenannten »Vereinigungsphilosophie«, die einen so großen Einfluss auf die philosophische Entwicklung seiner alten Freunde aus der Tübinger Zeit, Schelling und Hegel, ausübte.

Alle drei Dimensionen von Hölderlins Schaffen in dieser Epoche – Lyrik, Roman, Philosophie – gingen also in dieselbe Richtung. Ihr gemeinsames Ziel war ein besseres Verständnis menschlicher Freiheit, ein Verständnis, das in der zweiten Fassung von *Lebenslauf*

Die Freiheit verstehen, aufzubrechen, wohin man will 157

zum Ausdruck kommt. Um unsere Freiheit zu verstehen, sagt das Gedicht, müssen wir Dankbarkeit lernen, da Freiheit und Natur, die »werdende Tage sinnt«, in keinem Gegensatz zueinander stehen. Damit setzt Hölderlin sich selbst in Gegensatz nicht nur zu Fichte, sondern auch zu der großen Figur, die hinter Fichte steht, nämlich zu Kant. Nach Kant müssen wir uns eine Freiheit zuschreiben, die es uns unabhängig von allen empirischen Bedingungen ermöglicht, durch unser Handeln eine Reihe von Ereignissen ganz von selbst anzufangen. Anscheinend hat Hölderlin Kants Theorie der Freiheit nicht direkt kommentiert, obwohl er sicherlich wusste, dass sie Fichtes Auffassung zugrunde lag. Indirekt aber, durch seine Kritik an Fichte, hat er sein eigenes Freiheitsverständnis in Entgegensetzung zu Kant entwickelt. Zu beachten ist etwa, dass er, wenn er an einer berühmten Stelle eines Briefes an seinen Bruder vom 1. Januar 1799 schreibt:

Kant ist der Moses unserer Nation, der sie aus der ägyptischen Erschlaffung in die freie, einsame Wüste seiner Spekulation führt und der das energische Gesetz vom heiligen Berg bringt

im Satz unmittelbar zuvor von der »neuen Philosophie« der Deutschen sagt, dass »sie schon sich zu einseitig an die große Selbsttätigkeit der Menschennatur hält« (StA VI, 1. 304). Wir haben nach Hölderlin ein einseitiges Verständnis unserer Freiheit, solange wir unser Augenmerk allein auf unsere Fähigkeit richten, selbsttätig zu sein, und nicht zugleich auf die Bedingungen, durch die wir als Teil der Natur diese Fähigkeit erst erwerben und die nicht gleichermaßen unter unserer Kontrolle stehen. Seine Einsicht, dass wir unsere Freiheit nur dann richtig verstehen, wenn wir lernen, für sie dankbar zu sein, deutet in der Tat auf das hin, was an Kants Auffassung der Freiheit grundsätzlich verfehlt ist.

Dies ist die Annahme der folgenden Überlegungen, in denen ich versuche, meine eigene, langjährige Unzufriedenheit mit der kantischen sowie mit ähnlichen »inkompatibilistischen« Auffassungen des Verhältnisses zwischen Natur und Freiheit systematisch zu artikulieren. Bei Kant finden sich einige der stärksten und bis heute häufigsten Argumente zugunsten des Inkompatibilismus, und die merkwürdige Theorie ihres Verhältnisses, zu der er am Ende kommt, zeugt meines Erachtens von der Konsequenz, mit der er einen derart abwegigen Ansatz verfolgte. Aus der Analyse seiner Fehler können wir also viel über das Wesen der menschlichen Freiheit lernen. Denn Kant war keineswegs der einzige, der dachte, wir müssten, um wirklich als freie Wesen zu gelten, über eine Freiheit verfügen, die es uns unabhängig von allen empirischen Bedingungen ermöglicht, durch unser Handeln eine Reihe von Ereignissen ganz von selbst anzufangen. Die Annahme wird nicht nur von anderen, ähnlich »libertarischen« Denkern geteilt, sondern auch von denjenigen (den sogenannten »harten Deterministen«), die eben deshalb die Wirklichkeit von Freiheit verneinen. Insbesondere wird sich bei dieser Analyse herausstellen, dass die eigentliche (wenn auch überwindbare) Schwierigkeit für eine kompatibilistische Auffassung von Freiheit und Natur nicht da liegt, wo er und andere denken. Das Problem liegt nicht in der kausalen Bedingtheit des Handelns, sondern in dem Umstand, dass unser Handeln als frei gilt, soweit es sich nach Gründen richtet, die als solche kein Teil der Natur sind.[2]

In dieser Kritik an Kant lasse ich mich ständig von Hölderlins Einsicht in die Verbindung zwischen Freiheit und Dankbarkeit leiten und komme am Ende wieder auf Hölderlin selbst zurück. Denn einsichtiger als viele andere scheint mir Hölderlin angedeutet zu haben, wie eine angemessene Auffassung der Freiheit aussehen könnte.

§ 2 Kant über Freiheit und Natur

Zunächst sei klargestellt: Wenn hier von Freiheit die Rede ist, dann nicht von Freiheit im Sinne einer Abwesenheit von Hindernissen, die uns seitens anderer Menschen oder externer Umstände im Wege stehen, das zu tun, was wir sonst tun könnten.[3] In diesem Zusammenhang geht es vielmehr um die Freiheit, selbst zu bestimmen, wie wir handeln wollen, d. h. um das, was in der Tradition Willensfreiheit

---

[2] Auf dieses Wesensmerkmal von Gründen und somit auf die Unhaltbarkeit eines naturalistischen Weltbilds habe ich in früheren Kapiteln – I, § 5; IV, § 5; und V, § 5 – hingewiesen. Im gegenwärtigen Kapitel wird der Versuch fortgesetzt, eine angemessenere Auffassung der Welt zu skizzieren, indem ich diesmal auf den Platz der menschlichen Freiheit im kausalen Zusammenhang der Natur eingehe.
[3] Gelegentlich wird Handlungsfreiheit als die Fähigkeit definiert, so zu handeln, wie man will – zu Unrecht, weil diese Freiheit auch dadurch beeinträchtigt wird, dass Andere es unmöglich machen, etwas zu tun, das man sonst tun könnte, ohne es im Moment tun zu wollen.

heißt. Denn der Wille als solcher (um diesem dunklen Begriff eine etwas klarere Bedeutung zu geben) ist das Vermögen, zwischen gegebenen Handlungsmöglichkeiten zu wählen und dadurch zu entscheiden, was wir tun werden, wobei sich unser Wille insofern als frei bezeichnen lässt, als wir – ganz allgemein gesagt (aber der Teufel steckt im Detail!) – selbst bestimmen, wie wir dieses Vermögen ausüben.

In der *Kritik der reinen Vernunft* merkt Kant nun an, dass es eine Art von Freiheit in diesem Sinne gibt, die »durch die Erfahrung bewiesen werden [kann]«.[4] Gemeint ist das, was er »praktische Freiheit« oder »freie Willkür« (*arbitrium liberum*) nennt. »Wir erkennen […] durch Erfahrung«, schreibt Kant dort (A 802 f. / B 830 f.), dass wir das Vermögen haben, sinnlichen Reizen, seien sie auch noch so heftig, aufgrund unserer Vorstellung von dem zu widerstehen, was »auf entferntere Art nützlich oder schädlich« oder auch, wie er selbstverständlich hinzufügen könnte, von dem, was moralisch richtig ist. Allgemeiner formuliert besteht diese Freiheit oder »Kausalität der Vernunft in Bestimmung des Willens« darin, nach unserem Verständnis der relevanten Gründe zu handeln, und Kant hat sicherlich recht: Jeder von uns weiß aus eigener Erfahrung, dass er aufgrund von Gründen handeln kann, sei es durch Reflexion, aus Gewohnheit, oder aus einem Gespür für die jeweilige Situation.

Diese »praktische« Auffassung unserer Freiheit hält Kant aber für unzureichend, da fraglich sei, ob die Ausübung der freien Willkür nicht selbst kausal bedingt ist. Wenn wir dem Drang sinnlicher Reize widerstehen oder, welcher Art auch immer die Alternativen sein mögen, so handeln, wie es unseres Erachtens am besten begründet ist, könnte es immer noch sein, dass unsere Einschätzung der relevanten Gründe und daher unsere Entscheidung selbst von weiteren Faktoren abhängen, die nicht in unserer Gewalt liegen. Wie kann unser Handeln als wirklich frei angesehen werden, wenn die Art und Weise, in der wir die Gründe dafür beurteilen, von unserem Charakter,[5] unserer Erziehung, unserem sozialen und historischen

---

[4] Immanuel Kant, *Kritik der reinen Vernunft*, Hamburg 1998. A802/B830. Im Folgenden wird die *Kritik* aus dieser Ausgabe, aber unter Seitenangabe nach der ersten (1781 = A) und der zweiten (1787 = B) Originalausgabe zitiert.
[5] Von unserem »empirischen«, durch Erfahrung geprägten Charakter, hätte Kant präzisiert, da davon unseren sogenannten »intelligiblen« Charakter

Kontext geprägt ist? Es stellt sich daher die Frage, wie Kant es formuliert, »ob die Vernunft selbst in diesen Handlungen, dadurch sie Gesetze vorschreibt, nicht wiederum durch anderweitige Einflüsse bestimmt sei, und das, was in Absicht auf sinnliche Antriebe Freiheit heißt, in Ansehung höherer und entfernterer wirkenden Ursachen nicht wiederum Natur sein möge« (A803/B831). Die einzige Lösung, so Kant, liege im Postulieren einer »transzendentalen« Freiheit, durch die wir imstande seien, unabhängig von allen naturhaften, empirischen Bedingungen »eine Reihe von Begebenheiten von selbst« (A553f./B581f.) oder genauer »*ganz von selbst* anzufangen« (A534/B562).[6]

Offensichtlich geht Kant davon aus, dass Freiheit – unser Vermögen, selbst zu bestimmen, wie wir handeln wollen – und Natur – die Totalität aller, also auch in der menschlichen Geschichte einander kausal bedingenden Zustände und Ereignisse – in einem Gegensatz zu einander stehen. Zwar will er letztlich zeigen, wie »Natur und Freiheit miteinander zu vereinigen« (A537/B565) sind, wie »Natur der Kausalität aus Freiheit ... nicht widerstreite« (A558/B586), indem er Handlungen – sofern sie frei – einer intelligiblen Welt und Handlungen – sofern sie kausal bedingt sind – der empirischen Erscheinungswelt zurechnet. (Auf die Inkonsequenzen dieser Lehre werde ich weiter unten (§ 6) zurückkommen). Gleichwohl gilt Kant als »Inkompatibilist«, da er davon überzeugt ist, dass unsere Handlungen, gerade insofern sie frei sind, nicht zur kausalen Ordnung der Welt gehören können. Auf den ersten Blick mag es so aussehen, als habe er recht. Denn normalerweise nehmen wir an, dass eine Handlung frei ist, wenn jemand selbst entscheidet, so zu handeln, und dass sie im Gegenteil unfrei ist, wenn er durch etwas außerhalb seiner selbst gezwungen wird, so zu handeln. Wie könnte also eine Handlung als Ausdruck unserer Freiheit gelten, wenn sie auch ein kausal bedingter Teil der Natur ist? So lautet die Frage, die Kant sich stellt und die viele andere noch heute, erklärtermaßen oder stillschweigend, gleichfalls dazu führt, eine Inkompatibilität zwischen der Freiheit und der kausalen Ordnung der Welt oder, wenn man die letztere deterministisch auffasst, zwischen Freiheit und Determinismus zu sehen.

---

unterscheidet, der es uns ermöglichen soll, unabhängig von allen naturhaften Bedingungen zu handeln (A539/B567, A549f./B577f., A554f./B582f.).
[6] S. auch A445/B473, A448/B476, und A533/B561.

Bekanntermaßen handelt es sich um ein altes Thema. Präzisieren wir aber, um welches Thema es geht, da unterschiedliche Probleme unter der Bezeichnung »Freiheit und Determinismus« gefasst worden sind. Gegenwärtig gibt es z. B. eine lebhafte Kontroverse darüber, ob unser alltägliches »mentalistisches« Vokabular von Entscheidung, Überlegung, Gründen, und Freiheit vollständig durch eine neurowissenschaftliche Theorie des Gehirns ersetzt werden kann. Meines Erachtens widerspricht diese Art von Reduktionismus sich selbst (siehe § 3 unten). Aber das ist nicht die Frage, die uns hier beschäftigt. Es geht eher darum, ob unsere Handlungen auch dann noch als frei gelten können, wenn die Entscheidungen, die wir ja aufgrund unseres Verständnisses der relevanten Gründe treffen, kausal von, wie Kant sagt, »höhere[n] und entferntere[n] wirkenden Ursachen« abhängen. Zudem kommt es nicht so sehr darauf an, ob die Kausalordnung der Natur, von der unsere Entscheidungen und Handlungen dann nur ein Teil wären, eine deterministische Struktur hat, in der jeder Zustand und jedes Ereignis eine notwendige Folge von vorhergehenden Ursachen ist. Selbst wenn bestimmte Kausalbeziehungen (wie die Quantenmechanik lehrt) nicht deterministisch sind, sollte niemand Freiheit mit indeterministischen Lücken als solchen identifizieren. Das kann nur darauf hinauslaufen, Freiheit mit reinem Zufall gleichzusetzen, so als ob frei sein hieße, ganz launenhaft oder unberechenbar zu handeln.[7] Relevanter als die Annahme des Determinismus ist das universale Kausalitätsprinzip. Denn es geht um die Frage, ob wir frei sind, wenn unsere Entscheidungen von Faktoren, die außerhalb unserer Gewalt liegen, kausal bestimmt, wenn nicht sogar determiniert sind.

Gibt es hier aber wirklich ein Problem? Selbst wenn der Mensch, wie Spinoza sagte, kein »Reich in einem Reich« (*imperium in imperio*) ist,[8] warum sollte die Natur nicht (wie nochmals Spinoza und, ihm darin folgend, auch Hölderlin dachten) als *Träger* der menschlichen Freiheit begriffen werden? Sind die Einflüsse, die unsere Fähigkeit geprägt haben, aufgrund eines Verständnisses der relevan-

---

[7] Als zeitgenössische Beispiele des Versuchs, Freiheit mit indeterministischen Lücken in der kausalen Ordnung der Natur gleichzusetzen, s. aber Robert Kane, *The Significance of Free Will* (Oxford 1996), Geert Keil, *Willensfreiheit* (Berlin 2007), und John Searle, *Rationality in Action* (Cambridge MA, 2001), Kapitel 3.
[8] Spinoza, *Ethik*. Dritter Teil, Einleitung (*Opera*, Heidelberg 1928. Band II. 137).

ten Gründe zu handeln, als Bedingungen zu verstehen, durch die wir *gezwungen* werden, so zu handeln, wie wir es tun? Oder sind sie nicht besser als Bedingungen aufzufassen, die es uns überhaupt erst *ermöglichen*, vernünftig zu handeln? In diesem Fall würde jeder Anschein eines Konflikts verschwinden. Um meine Gegenfrage etwas präziser zu formulieren: Wenn wir frei sind, soweit wir Kontrolle über uns selbst und über unsere Umwelt ausüben können, aber wenn die Fähigkeiten, die uns diese Kontrolle gewähren, selbst in hohem Maße auf Bedingungen beruhen, die nicht unserer Kontrolle unterliegen, ist dann nicht eine solche Fundierung – weit davon entfernt, die Wirklichkeit unserer Kontrolle oder unserer Freiheit aufzuheben – vielmehr als deren Voraussetzung zu begreifen? Warum sollte man unterstellen, dass wir, um wirklich frei zu sein, so frei sein müssen, dass wir eine Art von *causa sui* sind und unsere eigene Freiheit erzeugen? Selbst Spinoza, der seine *Ethik* mit einer derartigen, einzig auf Gott zutreffenden Definition der Freiheit beginnt, hält es für angemessen, gegen Ende seines Buches die nüchternere Auffassung einer kausal bedingten, wenn auch der Vernunft gehorchenden Freiheit einzuführen, die den Bedingungen der menschlichen Existenz entspricht.[9]

Dennoch liegt der entgegengesetzte Standpunkt den Bemühungen vieler Philosophen, die Möglichkeit von Freiheit zu definieren oder diese im Gegenteil zu verneinen, zugrunde. Das zeigt sich in zwei der heute bekanntesten, im Wesentlichen aber schon von Kant vertretenen Argumente in diesem Zusammenhang. Nach dem »Konsequenzargument« von Peter van Inwagen (der zur ersten Gruppe gehört) lägen unsere Handlungen nicht in unserer Gewalt, wenn sie die Folgen von vergangenen Ereignissen und Naturgesetzen wären, die selbst nicht in unserer Gewalt liegen.[10] Und nach dem »Basisargument« von Galen Strawson (der zur zweiten Gruppe gehört) kann man nur dann für sein Handeln verantwortlich sein, wenn man auch für die geistigen Beschaffenheiten, aufgrund derer man handelt, verantwortlich ist, so dass man überhaupt nur dann frei sein könnte, wenn man tatsächlich eine »*causa sui*« wäre.[11] Beide Argumente unterscheiden sich nicht grundsätzlich voneinander, und ihr gemein-

---

[9] Vgl. Spinoza, *Ethik*, Erster Teil, Definition 7, und Vierter Teil, Proposition 66, Scholium.
[10] Peter van Inwagen, *An Essay on Free Will* (Oxford 1983), v, 16, 56.
[11] Galen Strawson, *Freedom and Belief*. Oxford ²2010. 24–25, 291.

samer Kern findet sich bereits bei Kant, wenn er etwa in der *Kritik der praktischen Vernunft* schreibt:

Aus der Notwendigkeit im Kausalverhältnisse […] folgt, dass eine jede Begebenheit, folglich auch jede Handlung, die in einem Zeitpunkte vorgeht, unter der Bedingung dessen, was in der vorhergehenden Zeit war, notwendig sei. Da nun die vergangene Zeit nicht mehr in meiner Gewalt ist, so muss jede Handlung, die ich ausübe, durch bestimmende Gründe, *die nicht in meiner Gewalt sind*, notwendig sein, d. i. ich bin in dem Zeitpunkte, darin ich handle, niemals frei.[12]

Dieser gemeinsame Kern besteht, abstrakter formuliert, in der folgenden Annahme: Wenn X nicht unter unserer Kontrolle steht und Y eine notwendige (oder wenigstens kausale) Folge von X ist, dann entzieht sich Y sowie das, was aus Y folgt, ebenfalls unserer Kontrolle.[13]

Zunächst mag diese Annahme einleuchtend erscheinen. Aber wenn Y gerade unsere Fähigkeit ist, Kontrolle über uns selbst und über unsere Umwelt auszuüben, verliert sie ihre Plausibilität. Gewisse Dinge können in unserer Gewalt liegen, ohne dass die Bedingungen dieser Kontrolle ebenfalls in unserer Gewalt liegen müssen. Wie schon betont wurde: Unsere Fähigkeit, aufgrund eines Verständnisses der relevanten Gründe zu bestimmen, wie wir unter den gegebenen Handlungsmöglichkeiten wählen werden, wird nicht dadurch beeinträchtigt, dass wir sie nicht irgendwie von selbst hervorgebracht haben. Das Ausmaß unserer Freiheit scheint eher davon abzuhängen, wie gut wir diese Fähigkeit ausüben können.

Aus verschiedenen Gründen war Kant nicht bereit, einen Kompatibilismus der angedeuteten Art ernst zu nehmen. Unter ihnen befindet sich implizit eine seiner tiefsten philosophischen Überzeugungen. Ich meine seine Lehre von der Autonomie der Vernunft, nach der die Vernunft ihrem Wesen nach selbstgesetzgebend ist. Kant zufolge kann keine Tatsache als solche – kein empirischer Befund, kein Leid eines anderen Menschen – an und für sich eine Überzeugung

---

[12] Immanuel Kant, *Kritik der praktischen Vernunft*, in Kant, *Werke* (Akademie-Ausgabe), V, 94, und siehe auch 96–97. Im Folgenden sind die Schriften Kants, mit der Ausnahme der *Kritik der reinen Vernunft*, nach der Akademie-Ausgabe (Berlin 1900 ff.) [= AA] zitiert.
[13] Zur gemeinsamen Prämisse der beiden Argumente, s. Marcus Willaschek, »Inkompatibilismus und die absolutistische Konzeption der Vernunft«, *Philosophisches Jahrbuch der Görres-Gesellschaft* 115 (2008), 397–417.

oder Handlung rechtfertigen, da die Welt selbst normativ stumm sei. Es liege an uns festzulegen, welches Gewicht die Tatsachen der Erfahrung für uns haben werden, d. h. welche Ereignisse und Zustände in der Welt als Gründe zählen sollen, und das täten wir aufgrund allgemeiner Prinzipien – Evidenzregeln, moralischer Regeln –, von deren Autorität, wie es in der *Grundlegung zur Metaphysik der Sitten* (AA IV, 431, 448) heißt, unsere Vernunft kraft ihrer Selbstgesetzgebung als die »Urheberin« zu verstehen sei. Sofern wir dieses Grundvermögen unserer Vernunft ausüben, könne also die Weise, in der wir Gründe beurteilen, nicht von empirischen Faktoren wie unserem Charakter, unserer Erziehung oder unserem historischen Kontext bestimmt sein, da wir gerade dabei seien, aufgrund selbstgegebener Prinzipien selbst zu bestimmen, was für Gründe, nach denen wir denken oder handeln werden, es geben wird. Vernünftige Wesen müssen freie Wesen sein und zwar in einem Maße, dass ihre Freiheit durch nichts in der Natur bedingt sein könne.

Im Kapitel IV habe ich dargelegt, wie widersprüchlich Kants Auffassung der Vernunft als Autonomie ist. Die Vernunft ist nicht imstande, sich ihre eigenen Gesetze zu geben, da selbst in den wenigen Fällen, in denen wir uns eindeutig eine Denk- oder Handlungsregel (z. B. künftig kein Geld mehr zu leihen) auferlegen, die sonst keine Autorität für uns hätte, wir immer noch Gründe (etwa dass Schulden zurückzuzahlen und wir zu leihfreudig sind) einsehen müssen, so zu verfahren. Vielmehr soll die Vernunft als das Vermögen begriffen werden, sich nach Gründen zu richten, deren schon bestehende Gültigkeit sie einfach anerkennen muss und die daher das Gesetz ihres Operierens ausmachen. Zudem besteht dieses Sich-Richten nach Gründen, wie im Kapitel I (§§ 3–4) ausgeführt wurde, nicht nur aus einer Beziehung zu Gründen, sondern offensichtlich auch aus einer Beziehung, in der wir zu uns selbst stehen, und zwar aus der grundlegenden Selbstbeziehung, die jeden von uns überhaupt zu einem Selbst oder Subjekt macht. Vernunft und Subjektivität sind intim miteinander verbunden. Nun lässt gerade diese Konzeption erkennen, wie ich jetzt erklären werde, inwiefern wir als vernunftfähige Subjekte grundsätzlich freie Wesen sein müssen. Dadurch wird jedoch auch schon deutlich, dass Kant in seiner Entgegenstellung von Natur und Freiheit den falschen Weg eingeschlagen hat.

Allgemein bestehen Gründe darin, dass bestimmte Umstände in der Welt (einschließlich des eigenen Geistes) für die eine oder andere unserer Möglichkeiten sprechen. Die Möglichkeiten aber, um die es

Die Freiheit verstehen, aufzubrechen, wohin man will 165

sich dabei handelt, sind gerade die Art von Möglichkeiten, deren Besitz uns zu freien Wesen macht. Wir sind nämlich nicht die einzigen Dinge in der Welt, die überhaupt Möglichkeiten haben. Auch ein Stein oder ein Baum kann anders sein, als er tatsächlich ist. Ein Stein kann aber keinen Grund haben, etwa seinen Ort zu ändern, und auch ein Baum hat keinen, obwohl eine Ortsveränderung für den Baum, im Gegensatz zum Stein, nicht nur möglich, sondern auch gut sein könnte. Gründe kann ein Wesen nur insofern haben, als es Möglichkeiten (auch Möglichkeiten zum Guten) hat, die es selbst ergreifen kann, – denn diese sind Möglichkeiten, für die bei ihm etwas sprechen kann, – und gerade insofern ist es ein freies Wesen.

Unsere Freiheit besteht also darin, nach unserem Verständnis der relevanten Gründe zu denken oder zu handeln. Dies lässt sich am einfachsten bestätigen, wenn darüber nachgedacht wird, worin sich das freie Handeln vom Zwang unterscheidet. Wenn jemandem (freiwillig) aus dem Weg zu gehen nicht das Gleiche ist wie von ihm daraus (durch Zwang) geschoben zu werden, dann wesentlich deshalb, weil sich unsere Fortbewegung im ersten Fall aus dem Erkennen eines Grundes dafür ergibt. Oder man nehme das kompliziertere Beispiel von Handlungen, die eine Mischung aus Zwang und Freiheit sind – etwa diejenigen, die wir infolge einer Drohung vollziehen. Sofern wir durch eine Drohung dazu gebracht werden, so zu handeln, wie wir unter den gegebenen Umständen sonst nicht gehandelt hätten, geht es um Zwang; aber unsere Reaktion selbst, abgesehen vom Zwangscharakter der Drohung, gilt dennoch insofern als frei, als wir uns immer hätten weigern können, aber trotzdem eben die Gründe beachtet haben, der Drohung nachzugeben.

Dadurch wird aber klar, was ohnehin außer Zweifel stehen soll: Freie Handlungen sind nicht derart, dass sie von keinen empirischen, der Natur zugehörenden Ursachen abhängen. Soweit wir aufgrund von Gründen handeln, reagieren wir auf die Umstände in der Welt, in denen wir Gründe für unsere Handlung sehen und die darum als Ursachen unserer Handlung gelten. Zwar wirken sie dann nur insofern auf uns ein, als ihre Wirkung durch diese Gründe vermittelt ist. Aber die Gründe selbst – hier zeigt sich der entscheidende Unterschied zu Kant – leiten unser Handeln nur insofern, als sie auf den Umständen in der Welt beruhen, die für die Handlung sprechen und die unser Handeln auch deshalb prägen. Denn Gründe gäbe es nicht ohne eine solche empirische Fundierung. Freilich trifft zu, dass das Beachten von Gründen keine blinde Passivität ist: Wir können nicht durch Gründe bewegt werden, ohne uns nach ihnen zu richten. Damit wir aufgrund von Gründen handeln können, müssen wir uns von ihnen und daher auch von den Umständen, von denen sie abhängen, leiten lassen. Aber diese Art von Selbstbestimmung, die die Grundlage unserer Freiheit bildet, besteht gerade darin, dass wir uns von der Welt kausal bestimmen lassen.[14] Das Gleiche gilt für das Denken wie für das Handeln: Wenn wir aufgrund bestimmter Gründe etwas glauben, ist unsere Überzeugung – sosehr die Meinungsbildung aufgrund von Beweisen als Ausdruck unserer Freiheit auch gilt – nicht nur von diesen Gründen, sondern auch von den weltlichen Umständen, auf denen sie beruhen, bestimmt, d. h. kausal bedingt.

Diese allgemeine Theorie der Verbindung zwischen Vernunft, Subjektivität und Freiheit – deren Bestandteile auch in anderen Kapiteln dargelegt worden sind – liegt den folgenden Betrachtungen zugrunde. Ich werde mich bisweilen ausdrücklich darauf berufen. Ich wollte aber schon jetzt eines ihrer wichtigen Korollare andeuten: Die Willensfreiheit besteht in der Fähigkeit, in unserem Denken und Handeln durch Gründe bestimmt zu werden, die ihrerseits darin bestehen, wie Aspekte der Welt für die eine oder andere unserer Möglichkeiten sprechen. Denn dadurch erweist sich Kants Entgegenstellung von Freiheit und Natur, in deren Hintergrund eine ganz andere und zudem hinfällige Auffassung der Vernunft steht, bereits in einem Bezug als unhaltbar: Frei können wir nur insofern denken und handeln, als wir in unserer Reaktion auf die relevanten Umstände von der Natur kausal bedingt sind. Darauf komme ich in § 6 zurück. Jetzt aber wenden wir uns den Überlegungen zu, die Kant explizit zur Begründung dieser Entgegenstellung anführt.

§ 3 Handeln und Erkennen

Zuerst einige Vorbemerkungen zu Kants Verständnis der beiden Ausdrücke, wie er sie in der *Kritik der reinen Vernunft* (aber auch andernorts) verwendet: »Natur« begreift er (deterministisch) als »de[n] Zusammenhang nach allgemeinen Gesetzen sich einander notwendig bestimmender Erscheinungen«, in dem diese Gesetze

---

[14] Vgl. Martin Seel, *Sich bestimmen lassen* (Frankfurt, 2002), 285: »Selbstbestimmung, recht verstanden, ist das Vermögen, *sich bestimmen zu lassen*«.

Kausalgesetze sind, nach denen »alles, was geschieht, einen vorigen Zustand voraus[setzt], auf den es unausbleiblich nach einer Regel folgt« (A451/B479, A444/B472). Was hingegen die »Freiheit« betrifft, bezeichnet er einerseits die »praktische Freiheit« als das Vermögen des *arbitrium liberum*, durch das wir aufgrund unserer Auffassung der relevanten Gründe zwischen gegebenen Handlungsmöglichkeiten entscheiden können. Freiheit in diesem Sinne hält er, wie wir (§ 2) gesehen haben, für unzureichend, da sich die Frage stelle, ob ihre Ausübung »in Ansehung höherer und entfernterer wirkenden Ursachen nicht wiederum Natur sein möge« (A803/B831), d. h. kausal bedingt sei. Deshalb bezeichnet er andererseits Freiheit im eigentlichen, »transzendentalen« Sinne als das Vermögen, »einen Zustand, mithin auch eine Reihe von Folgen desselben, schlechthin anzufangen« (A445/B473), oder genauer, »einen Zustand *von selbst* anzufangen, deren [sc. der Freiheit] Kausalität also nicht nach dem Naturgesetze wiederum unter einer anderen Ursache steht, welche sie der Zeit nach bestimmte« (A533/B561; auch A448/B476). Freiheit so begriffen enthalte zwei gleich wichtige Aspekte, da sie nicht weniger negativ die »Unabhängigkeit von empirischen Bedingungen« als positiv das Vermögen bedeutet, »eine Reihe von Begebenheiten von selbst anzufangen« (A553 f. / B581 f.).[15] Denn die Unabhängigkeit von empirischen Bedingungen soll erklären, wie das »von selbst anzufangen« genau zu verstehen sei, nämlich, wie Kant an anderer Stelle noch präziser und mit Unterstreichung schreibt, als ein »*ganz von selbst* anzufangen« (A534/B562), ohne irgendeine naturhafte Vorbedingungen.

Dass ebendiese Begriffe von Natur und Freiheit gegensätzlich sind, dass eine menschliche Handlung, soweit sie als ein Phänomen der Natur angesehen wird, keine freie Handlung im letzteren Sinne sein kann, ist klar genug. Die Frage aber ist: Was spricht für eine solche transzendentale Auffassung von Freiheit? Warum kann man sich nicht mit dem bescheidenen, »praktischen« Freiheitsverständnis begnügen, nach dem frei sein heißt, nach unserem Verständnis der relevanten Gründe zu handeln, und dabei gerne zugeben, dass dieses Vermögen selbst, in seiner Entwicklung ebenso wie in seiner

---

[15] Dieser positive Aspekt der Freiheit wird in der *Grundlegung zur Metaphysik der Sitten* weiter erläutert als das Vermögen des Willens, »sich selbst ein Gesetz zu sein« (AA IV. 446 f.), d. h. als Autonomie. Zu diesem Begriff siehe § 2 oben.

Ausübung, empirisch bedingt und daher variabel ist? Gilt es nicht als ein Vorteil dieser praktischen Auffassung, dass sie deshalb der alltäglichen Ansicht gerecht wird, nach der Freiheit etwas Komparatives ist – sind wir nicht mehr oder weniger frei, und zwar je nachdem, wieviel Kontrolle wir über uns selbst und über unsere Welt ausüben können? –, während Kant in seiner *Kritik der praktischen Vernunft* (AA V. 96) bekanntlich jeden »komparativen« Freiheitsbegriff zugunsten einer transzendentalen Freiheit zurückweist, die offenbar eine Sache von Allem oder Nichts sein muss?

Im vorangehenden Abschnitt (§ 2) wurde schon ein erster Gedankengang analysiert, der nach Kant die Einführung dieses nichtempirischen Freiheitsbegriffs rechtfertigen soll. In seiner *Kritik der reinen Vernunft* (in seiner Erörterung der dritten Antinomie) sowie in anderen seiner Schriften lassen sich zwei weitere Grundargumente erkennen, die ebenfalls nachweisen sollen, dass der Begriff unentbehrlich sei. In der einen oder anderen Form treten sie auch bei späteren Anhängern eines antikompatibilistischen Ansatzes auf. Sie sind aber nicht weniger hinfällig.

Das erste Argument findet sich häufig in Kants Schriften und wird gewöhnlich für das Fundament seiner Freiheitslehre gehalten. Ich meine seine wohlbekannte »Zwei-Standpunkte-Lehre«. Bereits in der *Kritik der reinen Vernunft* (A 550/B 578), ohne dort explizit von »Standpunkten« zu reden, aber dann ausführlicher im dritten Abschnitt der *Grundlegung zur Metaphysik der Sitten* (AA IV. 448, 450 ff.) macht Kant geltend, dass wir, wenn wir als Handelnde überlegen und entscheiden, wie wir handeln sollen, nicht umhin können, »unter der Idee der Freiheit« vorzugehen: Wir müssen uns als freie Wesen ansehen, die selbst bestimmen, wie sie handeln wollen. Wenn wir aber den Standpunkt der Erkenntnis – d. h. denjenigen der theoretischen anstatt der praktischen Vernunft – einnehmen, müssen wir uns als Teil der Welt der Erfahrung betrachten, in der sich unsere Handlungen, zumindest prinzipiell, durch ihre kausale Verbindung mit anderen empirischen Ereignissen erklären und daher nicht mehr als frei ansehen lassen. Auch heute tritt die Zwei-Standpunkte-Lehre, wenngleich gelegentlich unter anderen Namen (etwa wenn zwischen Teilnehmer- und Beobachterperspektive unterschieden wird), oft als Argument auf, dem Kompatibilismus gegenüber skeptisch zu sein.[16]

---

[16] So etwa Ulrich Pothast, *Freiheit und Verantwortung* (Frankfurt, 2011),

Ausgangspunkt dieser Lehre ist die richtige Feststellung, dass wir als Handelnde unter der Idee der Freiheit handeln müssen. Das hat bereits Aristoteles betont,[17] dessen Auffassung der menschlichen Freiheit, des Vermögens, freiwillig (*hekon*) und willentlich (*proairoumenos*) zu handeln, die Welt der Erfahrung niemals verlässt – schon ein Zeichen dafür, dass dieses Argument nicht genügt, Kants transzendentalen Freiheitsbegriff zu rechtfertigen. Der Grundgedanke lautet genauer: Jeder Handelnde, soweit er überlegt, was er tun sollte, geht davon aus, dass nicht schon ausgemacht ist, wie er handeln wird, da es an ihm liegt zu entscheiden, und zwar in einer Entscheidung, die widerrufbar ist, welche der ihm möglichen Handlungen er vollziehen wird. Die Möglichkeiten, die er vor sich sieht und zwischen denen er zu entscheiden hat, müssen Möglichkeiten sein, die seines Erachtens durch die gegebenen Umstände offen gelassen sind. Denn niemand macht etwas zum Gegenstand seines Überlegens, was seines Wissens schon vorbestimmt ist. Zu dieser, wie man sagen kann, negativen Dimension seiner Freiheit kommt im Denken des Handelnden natürlich auch die positive Freiheit hinzu, durch seine Entscheidung dann bestimmen zu können, welche der ihm vorliegenden Möglichkeiten er verwirklichen wird.

Dabei muss aber der Handelnde, wie Kant zugibt, keine andere Vorstellung seiner Freiheit haben als die seiner freien Willkür, d. h. des Vermögens, aufgrund seines Verständnisses der relevanten Gründe zu handeln, das er »praktische Freiheit« nennt und dessen Existenz durch die Erfahrung bewiesen ist. Obgleich Kant diesen Freiheitsbegriff für unzureichend hält, da sich die Frage stelle, »ob die Vernunft selbst in diesen Handlungen, dadurch sie Gesetze vorschreibt, nicht wiederum durch anderweitige Einflüsse bestimmt sei« (A803/B831), fügt er an dieser Stelle unmittelbar hinzu: »Das geht uns im Praktischen, da wir nur die Vernunft um die Vorschrift des Verhaltens zunächst befragen, nichts an, sondern ist eine bloß spekulative Frage, die wir, so lange als unsere Absicht aufs Tun oder Lassen gerichtet ist, bei Seite setzen können«. Warum soll dann diese

---

15 f., 24, 44 f., 51, und Jürgen Habermas, »Freiheit und Determinismus« in ders., *Zwischen Naturalismus und Religion* (Frankfurt, 2005), 155–186, sowie »Das Sprachspiel verantwortlicher Urheberschaft und das Problem der Willensfreiheit«, in ders., *Philosophische Texte* (Frankfurt, 2009), V, 271–341.
[17] Aristoteles, *Nikomachische Ethik*, besonders III.3: »Unser Überlegen richtet sich auf diejenigen Dinge, die in unserer Macht stehen und durch unser Handeln bewirkt werden können« (1112 a 30–31).

Frage in der Folge unumgänglich werden, und zwar auf eine Weise, dass wir dazu veranlasst würden, eine tiefere, transzendentale Freiheitsauffassung zu übernehmen, nach der frei sein heißt, unabhängig von allen empirischen Bedingungen, »eine Reihe von Begebenheiten *ganz von selbst* anzufangen« (A534/B562), und damit zu erkennen, dass »auf diese transzendentale Idee der Freiheit sich der praktische Begriff derselben gründe[t]« (A533/B561)?

Die Antwort liegt auf der Hand: Diese Frage, die Kant eben eine »spekulative« nennt, dränge sich auf, wenn wir den Standpunkt des Handelns zugunsten des Standpunkts der Erkenntnis verlassen. Denn dann scheinen wir festzustellen, dass unsere Ausübung der Vernunft tatsächlich »anderweitigen Einflüssen« ausgesetzt ist und unsere Entscheidungen und Handlungen durch andere Ereignisse im kausalen Zusammenhang der Welt bestimmt sind. Dann sei es sogar unmöglich, nicht zu unterstellen, dass im Prinzip unsere Entscheidungen und Handlungen – wie alle Gegenstände der Erkenntnis – aus vorhergehenden Bedingungen mit Notwendigkeit folgen müssen (A549f./B577). Das Problem liege folglich darin, wie wir weiterhin annehmen können, dass wir freie Wesen sind, wenn wir den Standpunkt der Erkenntnis einnehmen und damit konstatieren, wie sehr wir ein kausal bedingter Teil der Natur sind. Erinnert sei an das, was ich Kants Grundgedanken genannt habe: Jeder Handelnde geht davon aus, dass noch nicht ausgemacht ist, was er tun wird, da es an ihm liegt zu bestimmen, welche der ihm vorliegenden Möglichkeiten er verwirklichen wird. Wie kann er mithin in Übereinstimmung damit denken, dass der Gang seiner Überlegung, wie er vom Standpunkt eines Beobachters aus zu erkennen ist, durch seine Erfahrung und seinen Charakter geprägt ist, und zwar manchmal in solchem Maße, dass der Schluss, zu dem er kommt, vielleicht der einzige Schluss ist, zu dem er unter diesen Umständen gelangen kann? Wie kann er dann zugleich glauben, dass er mehrere Möglichkeiten und doch letzten Endes nur eine Möglichkeit hat? Um weiterhin denken zu können, dass er frei handelt, müsse er sich – so folgert Kant – ein transzendentales Freiheitsvermögen zuschreiben, das es ihm ermögliche, unabhängig von allen kausalen Vorbedingungen zu handeln.

Dieses Argument enthält jedoch eine Reihe von Schwächen. Ein erster Haken besteht darin, dass sich die beiden Standpunkte des Handelns und der Erkenntnis (oder wie man heute manchmal zu sagen pflegt: die Teilnehmer- und Beobachterperspektiven) nicht scharf voneinander trennen lassen; in vielen Hinsichten sind sie wesentlich miteinander verschränkt. Einerseits muss der Handelnde, und zwar in seiner Eigenschaft als Handelnder, seine Handlungen als einen Teil der kausalen Ordnung der Natur ansehen. Um die Vor- und Nachteile der möglichen Handlungsoptionen zu beurteilen, die ihm in einer Situation offenstehen, muss er unter anderem ihre kausalen Voraussetzungen und Auswirkungen erkennen. Und wenn es ihm darum geht, eine mehr oder weniger komplexe Handlung auszuführen (etwas an die Tafel zu schreiben, anstatt bloß seinen Arm zu heben), muss er darauf achten, jeden Schritt (in seiner Handhabung der Kreide) physisch so zu vollziehen, dass der nächste dadurch kausal ermöglicht wird. Warum soll also die Betrachtung unserer selbst und unserer Handlungen als kausal bedingt die Überzeugung erschüttern, dass wir frei sind, wenn diese Betrachtung zum Standpunkt selbst gehört, den wir als Handelnde einnehmen müssen?

Andererseits setzt der Standpunkt der Erkenntnis dieselbe Art von Freiheit voraus, die Kant in Bezug auf den Standpunkt des Handelns »praktische Freiheit« nennt. Wer den Anspruch erhebt zu erkennen, wie die Dinge wirklich sind, geht davon aus, dass es nicht vorbestimmt ist, zu welchen Urteilen er gelangt, da es an ihm liegt, seine Urteile aufgrund einer Bewertung der relevanten Gründe zu bilden. Auch das Vollziehen von Erkenntnisurteilen zählt zu den Handlungen, die wir ausführen. Wie also kann es sein, dass die Betrachtung unserer Handlungen vom Standpunkt der Erkenntnis aus unser Selbstverständnis als freie Wesen in Frage stellt? Dabei wird, nebenbei bemerkt, offensichtlich, wie die Art von neurowissenschaftlichem Reduktionismus (siehe § 2), die die Willensfreiheit überhaupt verneinen will, sich selbst unterminiert, da die in Anspruch genommenen wissenschaftlichen Theorien ihre Autorität gerade daraus schöpfen sollen, dass man nicht einfach zu ihrer Annahme gezwungen wird, sondern angeblich gute Gründe sieht, sie zu akzeptieren – ein Unterschied, der durch einen derartigen Reduktionismus aufgehoben wird.

Die Hauptschwäche aber, die es etwas ausführlicher zu analysieren gilt, liegt darin, dass die kausale Bedingtheit unserer Überlegungs- und Entscheidungsprozesse – die Tatsache, dass die Art und Weise, wie wir Gründe beurteilen, von unserer Erfahrung und unserem Charakter (d. h. unseren Gewohnheiten und ständigen Interessen) abhängt – nicht als solche die Freiheit unserer Handlungen kompromittiert. Denn diese Tatsache ändert nichts daran, dass wir dann nach unserer Einschätzung von Gründen handeln. Warum stellt eine solche »praktische Freiheit« nicht einfach alles dar, was Freiheit wesentlich heißt?[18] Wenn jemand, der überlegt, welche der ihm möglichen Handlungen er wählen sollte, zugleich darüber nachdenkt, dass seine Überlegungsweise durch Erfahrung und Charakter geprägt ist, und zwar so sehr, dass der Schluss, zu dem er dabei kommt, der einzige ist, zu dem er unter diesen Umständen gelangen könnte, gerät er nicht in Konflikt mit sich selbst. Denn es ist keineswegs so, dass er dann gar nicht mehr zu überlegen habe und seinen Schluss einfach aufgrund seiner Kenntnisnahme dieser Faktoren voraussagen könne. Nein, er muss tatsächlich überlegen, da diese Faktoren ihren Einfluss auf seinen Schluss gerade dadurch ausüben, dass sie den Gang seiner Überlegung bestimmen. Natürlich könnte er, wenn er wollte, seine Erkenntnis derselben in sein Überlegen selbst einbeziehen und damit seine Überlegungssituation ändern, so dass er vermutlich anders überlegen und vielleicht zu einem anderen Schluss kommen würde, – aber noch einmal ohne durch den Gedanken gestört werden zu müssen, dass ein solches Vorgehen ebenfalls eine Folge seines Charakters und seiner Erfahrung ist.[19]

Es stimmt auch nicht, dass dieser Mensch, wenn er überlegt und zugleich den bestimmenden Einfluss verschiedener Kausalfaktoren auf sein Überlegen anerkennt, dabei ist, sich im direkten Widerspruch zu sich selbst zu sagen, er habe mehrere Möglichkeiten und habe doch nur eine. Wenn er denkt, dass er mehrere Möglichkeiten hat, meint er, dass er unabhängig von seiner Überlegung nicht gezwungen ist, eine bestimmte dieser Optionen auszuführen. Wenn er aber denkt, dass er nur eine Möglichkeit hat, meint er etwas anderes und mit dem ersten Gedanken Verträgliches: nämlich, dass er eben aufgrund seiner Überlegung, so wie sie durch Erfahrung und Charakter geprägt ist, schließlich nur eine der sich ihm bietenden Möglichkeiten ergreifen kann. Soweit er nun davon überzeugt ist, dass diese Faktoren – seine Erfahrung und sein Charakter –, wie sehr sie

---

[18] Vgl. Peter Bieri, *Das Handwerk der Freiheit* (München, 2001). 83: »*Nicht etwas anderes wollen zu können als das, was man für richtig hält* – darin liegt die verläßliche Freiheit der Entscheidung.« In vielen Hinsichten decken sich Bieris Ansichten mit den meinigen.
[19] Vgl. Max Planck, »Vom Wesen der Willensfreiheit«, in ders., *Vorträge und Erinnerungen* (Stuttgart, 1949), 301–317 (308 ff.).

auch seine Überlegung bestimmen, ihm gleichwohl gestatten, die guten Gründe zu erkennen, so und nicht anders zu handeln, sowie auch – falls es bessere Gründe für eine andere Handlung gäbe – sein Denken in deren Richtung steuern würden, welche Art von Freiheit müsste er sich dann noch wünschen? Sollte er es etwa bedauern, dass sein Wille überhaupt durch Gründe und durch das, was es ihm ermöglicht, Gründe zu erkennen, bedingt ist? Wäre nicht, wie Peter Bieri bemerkt, ein Wille, der nicht dadurch bedingt wäre, »ein Alptraum, denn es hieße, dass [unser] Wille seinen launischen Weg nimmt, ganz gleich, was [wir] denken«?[20] In welchem Sinne könnten wir einen solchen Willen überhaupt noch als den *unseren* ansehen?

Daraus folgt, dass der typische Gedanke eines Menschen, der glaubt, frei zu handeln – »ich könnte etwas anderes tun, als das, was ich jetzt tue« –, mit der kausalen Bestimmung seiner Entscheidungen ebenfalls kompatibel ist. Mit diesem Gedanken meint er, dass er anders handeln könnte, wenn er irgendeinen Grund sähe, so zu handeln,[21] auch wenn das Erfassen dieses Grundes wie das Erfassen der Gründe, aus denen er tatsächlich handelt, durch seine Erfahrung und sein Charakter bestimmt ist. Was er damit nicht meint oder meinen sollte, ist, dass er unter genau den gleichen Bedingungen, und d. h. ohne irgendeinen weiteren Grund anders zu handeln zu sehen, auch anders handeln könnte. Denn eine solche vollkommen willkürliche »Handlung« wäre etwas rein Zufälliges, eine absichtslose Bewegung, die nicht nur kein Ausdruck seiner Freiheit, sondern überhaupt keine Handlung wäre. Man kann zwar trotzig entscheiden, gerade das Gegenteil von dem zu tun, wofür man gute Gründe

---

[20] Bieri, *Das Handwerk der Freiheit*, 81.
[21] Damit übernehme ich in gewissem Ausmaß die sogenannte Konditionalanalyse des Gedankens »anders handeln könnte«, durch die Philosophen wie etwa Schopenhauer (*Preisschrift über die Freiheit des Willens*, II) und G. E. Moore (*Ethics*, Oxford 1912, Kapitel 6) diesen Gedanken als gleichbedeutend mit dem Ausdruck »anders handeln würde, wenn man sich dazu entschiede« verstanden haben. Ich habe sie aber ein wenig anders und sorgfältiger formuliert. Nicht nur sollte die angeführte Kondition eher (›rationalistisch‹) im Erfassen von Gründen als bloß im Entscheiden bestehen. Der Folgesatz des Konditionals sollte auch immer noch als »anders handeln könnte« und nicht als »anders handeln würde« bezeichnet werden, damit deutlich wird, dass es um die Explikation des Sinns von »anders können« geht. Denn die These lautet, dass das Anders-Können, das der Handelnde im Auge hat, allein ein derart konditionales und kein absolutes, mit allen den Bedingungen der gegebenen Situation verträgliches Anders-Können ist.

erkennt. Man verhält sich dann aber nur deshalb so, weil man eben einen Grund sieht, in diesem Zusammenhang ein derartiges Stück Selbstbehauptung zu betreiben.[22]

Es soll natürlich nicht verneint werden, dass Charakter und Erfahrung oftmals auch ein Hindernis für unsere Freiheit darstellen. Wenn man an einem inneren Zwang wie einer Sucht oder einer Neurose leidet, oder wenn man dazu neigt, träge oder unaufmerksam zu sein, oder wenn man in seinem Denken durch Routinen oder Vorurteile eingeengt worden ist, dann ist die Kontrolle, die man über sich selbst und die Welt ausüben kann, dementsprechend geringer. Man sieht nicht alle die Möglichkeiten, die man hat, oder ist unfähig, sie zu ergreifen. Man nimmt nicht alle die Umstände zur Kenntnis, die für sein Denken oder Handeln relevant sind, oder übersieht ihre Relevanz. In dem einen oder anderen Ausmaß befinden wir uns alle in dieser Lage: Wir sind infolge dessen, was wir geworden sind, nicht so frei, wie wir sein könnten. Manchmal hindert uns die Unaufmerksamkeit oder irgendeine Hemmung, die entscheidenden Gründe in der gegenwärtigen Situation zu erkennen, und auch wenn wir aufgrund eines richtigen Verständnisses der relevanten Gründe handeln, könnten wir zugleich unfähig sein, bessere Gründe für eine andere Handlung zu erfassen, falls es solche gäbe. Die menschliche Freiheit ist von Natur her immer eine Sache des Mehr-oder-Weniger.

Wie ich am Anfang dieses Abschnitts bemerkt habe, ist es darum ein Verdienst der von Kant herabgesetzten »praktischen« Freiheitsauffassung, dass sie die Freiheit als etwas wesentlich Komparatives begreift: Wenn frei sein darin besteht, nach unserem Verständnis der relevanten Gründe zu handeln, dann kann sich unser Verständnis in verschiedenen Hinsichten als mehr oder weniger angemessen oder vollständig erweisen. Es sollte auch klar sein, wie solche Unzulänglichkeiten zu beheben sind. Charakterfehler und starre Gewohnheiten lassen sich aufgrund anderer Charakterzüge und durch neue Erfahrung korrigieren. Unsere Fähigkeit, nach Gründen zu handeln und dadurch eine Kontrolle über uns selbst und die Welt auszuüben, hängt daher – in dem, was sie vermindert, wie in dem, was sie verbessert – von Faktoren ab, die selbst nie völlig unter unserer Kontrolle stehen.

---

[22] Vgl. dazu die beiden Briefe von Descartes an den Père Mesland vom 2. Mai 1644 und vom 9. Februar 1645 (*Œuvres complètes*, hg, von Charles Adam und Adam Tannery. Paris 1964–76. Band IV, 111–120, 173–175).

Kants erstem Argument entgegen stimmt es also nicht, dass eine Handlung, sobald sie vom Standpunkt der empirischen Erkenntnis aus betrachtet wird, aufhören muss, als frei zu erscheinen, und nur noch als frei angesehen werden kann, wenn die »transzendentale Idee der Freiheit« vorausgesetzt wird. So zu denken setzt einfach voraus, dass kausale Bedingtheit und Freiheit wesentlich inkompatibel sind, und diese Unterstellung ist, Vertretern des Zwei-Standpunkte-Arguments zum Trotz, keineswegs offensichtlich. Im Gegenteil: Wir haben jetzt gesehen, dass kausale Bedingtheit in zweierlei Hinsicht keinen Gegensatz zu Freiheit bildet. Insofern wir als freie Wesen nach unserem Verständnis der relevanten Gründe handeln, ist unser Handeln erstens, wie früher (§ 2) betont, durch die Ereignisse und Zustände kausal bestimmt, auf die wir dabei reagieren. Aber zweitens hängt unsere Fähigkeit, Gründe zu erfassen, von unserer Erfahrung und unserem Charakter ab, und damit auch von den Umständen, die dafür verantwortlich gewesen sind, ohne dass wir deshalb notwendigerweise weniger frei handeln.

§ 4 Sollen und Können

Nun komme ich zum zweiten Grundargument, das Kant für die Notwendigkeit einer transzendentalen Auffassung unserer Freiheit vorbringt und das ebenfalls zum Arsenal des Inkompatibilismus gehört.[23] Dieses Argument beruft sich auf ein Element des praktischen Lebens – nicht aber auf den prospektiven Standpunkt, aus dem wir handeln, sondern auf den retrospektiven Standpunkt, aus dem wir die Handlungen anderer (oder sogar unserer selbst) beurteilen. Man betrachte die Stelle in der *Grundlegung zur Metaphysik der Sitten*, in der Kant klarstellt, warum Freiheit »kein Erfahrungsbegriff« ist:

Alle Menschen denken sich dem Willen nach als frei. Daher kommen alle Urteile über Handlungen als solche, die hätten *geschehen sollen*, ob sie gleich *nicht geschehen sind*. (AA IV. 455)

Derselbe Gedankengang findet sich bereits an verschiedenen Stellen der *Kritik der reinen Vernunft*, etwa dort, wo Kant behauptet,

---

[23] S. etwa Peter van Inwagen, *An Essay on Free Will*, 161 ff. und Geert Keil, *Willensfreiheit*, 10, 136–153.

»die Aufhebung der transzendentalen Freiheit [würde] zugleich alle praktische Freiheit vertilgen«: »Diese setzt voraus«, fährt er fort,

> dass, obgleich etwas nicht geschehen ist, es doch habe geschehen *sollen*, und seine Ursache in der Erscheinung also nicht so bestimmend war, dass nicht in unserer Willkür eine Kausalität liege, unabhängig von jenen Naturursachen und selbst wider ihre Gewalt und Einfluss etwas hervorzubringen [...], mithin eine Reihe von Begebenheiten ganz von selbst anzufangen« (A534/B562; s. auch A547f./B575f. und A550/B578).

Im Kern lautet das Argument wie folgt: Da wir jemanden auch dann für sein unmoralisches Handeln tadeln, wenn wir sein schlechtes Benehmen durch seine Umstände und seinen Charakter kausal erklären können, setzen wir voraus, wir können diese Ursachen »gänzlich bei Seite setzen« und seine Tat als »gänzlich unbedingt in Ansehung des vorigen Zustandes ansehen« (A555/B583), weil wir unterstellen, er hätte trotzdem anders und besser handeln können. Anders gesagt: Wir unterstellen, dass er die Freiheit dazu hatte, auch unter solchen empirischen Bedingungen das Richtige zu tun. Zwar beruht dieses zweite Argument wie das vorangehende auf der Annahme, dass wir bei dem Versuch, eine Handlung empirisch zu erklären, feststellen müssen, wie sehr diese von einer ganzen Reihe kausaler Faktoren bestimmt wurde. Es bezieht sich aber auf diese Annahme nur in Verbindung mit seiner wirklichen Grundlage, nämlich mit dem bekannten Prinzip, »Sollen impliziert Können«, nach dem der Gedanke, dass jemand etwas tun oder getan haben sollte, voraussetze, dass er es tun kann oder konnte. Oder besser gesagt: Dem Argument liegt ein besonderes Verständnis des Sollen-Können Prinzips zugrunde. Denn auf die richtige Deutung dieses Prinzips kommt es eigentlich an.

Man kann nun kaum bestreiten, dass das Sollen vom Können irgendwie abhängt. Es hätte keinen Sinn zu sagen, jemand solle etwas tun, wenn die fragliche Handlung – etwa eine Meile in weniger als drei Minuten zu laufen – an sich unmöglich wäre. Kant aber, wie andere Anhänger des Arguments, hat eine besonders strenge Auffassung dieses Abhängigkeitsverhältnisses. Wenn gesagt wird, jemand sollte zu einem bestimmten Zeitpunkt etwas tun oder getan haben, dann müsse dabei – so Kant – unterstellt werden, dass er genau zu diesem Zeitpunkt auf die angedeutete Weise handeln kann oder konnte: Die ihm zugeschriebene Freiheit im Sinne der inneren Fähigkeit, so zu handeln, müsse also eine sein, die er – was auch immer seine Erfahrung gewesen sein und welchen Charakter er haben mag – schon besitzt oder besaß, und nicht etwa eine, die er hätte erwerben können oder die er noch erwerben könnte.

Diese Interpretation des Prinzips weicht aber beträchtlich von unseren gewohnten Denkweisen ab. Wenn wir beispielsweise versuchen, unsere Kinder dazu zu erziehen, sich richtig zu verhalten, dann gehen wir davon aus, dass sie noch nicht fähig sind, das zu tun, was sie – wie wir nicht zögern, ihnen gegenüber zu betonen – gleichwohl tun sollten. Denn diese Fähigkeit ist es schließlich, die wir ihnen beibringen wollen, wenn wir ihnen die Wichtigkeit gewisser Unterschiede einprägen; und dass sie noch nicht tun können, was sie doch tun sollten, zeigt sich unter anderem darin, dass ein Teil dieses Lernprozesses in Zurechtweisungen der Art, »Du hast nicht getan, was du tun solltest«, besteht. Natürlich würden wir nicht sagen, dass sie sich so verhalten sollten, wenn sie nicht die Fähigkeit, das Richtige zu tun, erwerben könnten. Aber wir nehmen nicht an, dass sie diese Fähigkeit in irgendeinem »transzendentalen« Sinne schon besitzen. Es handelt sich um eine Freiheit, die nur durch Erfahrung, Abrichtung und Übung erlangt werden kann.

Ähnlich gehen wir gewöhnlich davon aus, dass man die Fähigkeit, angemessen oder richtig zu handeln, verlieren kann, ohne dass sich etwas daran ändert, dass man sich so verhalten sollte. Das trifft insbesondere dann zu, wenn man diese Fähigkeit durch eigene Schuld verliert. Wenn jemand, der einst durchaus imstande war, das moralisch Richtige zu tun, infolge einer ausschweifenden Lebensweise so schlechte Gewohnheiten angenommen hat, dass es ihm schlicht nicht mehr möglich ist, irgendein Interesse daran zu nehmen, werden wir trotzdem nicht zögern, ihn zu tadeln, wenn er unmoralisch handelt. Aristoteles, der hier wie so oft dem Alltagsdenken nahesteht, hat diesen Gedanken bündig zusammengefasst: »Es stand dem Ungerechten und dem Zügellosen ursprünglich zwar frei (*exēn*), dies nicht zu werden, und deswegen sind sie es freiwillig (*hekontes*). Nachdem sie es aber geworden sind, steht es ihnen nicht mehr frei, es nicht zu sein.«[24] Das heißt, es steht ihnen nicht mehr frei, gerecht und maßvoll zu handeln, wie sie immer noch handeln sollten.

Wie diese beiden Szenarios zeigen, wird das Sollen-Können-Prinzip in seiner alltäglichen Anwendung nicht so verstanden, wie Kant es interpretiert. Wenn wir sagen, jemand sollte etwas tun, setzen

---

[24] *Aristoteles: Nikomachische Ethik* III.5 (1114 a 19–22).

wir nicht voraus, dass er gerade dann – zum Zeitpunkt, in dem er so handeln soll – fähig sein müsse, die Handlung zu vollziehen. Es kann sein, dass er wegen seiner besonderen Erfahrung und seines Charakters derzeit nicht imstande ist, es zu tun, und wenn wir trotzdem darauf beharren, dass es etwas ist, das er tun sollte, dann deshalb, weil wir meinen, dass er für sein Unvermögen verantwortlich ist oder dass er die Fähigkeit, es zu tun, durch Erziehung erwerben (oder wieder erwerben) könnte. Mit anderen Worten: Das Können, das wir ihm zuschreiben, ist eine kausal bedingte Freiheit, richtig zu handeln. Ähnlich ist es auch, wenn jemand tatsächlich die Fähigkeit hat, sich so zu verhalten, wie es sich gehört, es aber in einem gegebenen Fall nicht tut, weil er etwa falsch überlegt oder einem entgegengesetzten Wunsch nachgibt. Wir denken zwar, dass er imstande war, das Richtige zu tun, meinen aber damit allein die Fähigkeit dazu, die er angeblich hatte. Wir meinen nicht, dass er trotz *all* der Faktoren, die ihn tatsächlich dazu gebracht haben, falsch zu überlegen oder dem Wunsch nachzugeben, noch so handeln konnte, wie er handeln sollte. Das heißt, wir schreiben ihm keine transzendentale, empirisch unbedingte Freiheit zu. Wenn wir darauf bestehen, dass er richtig gehandelt haben sollte, dann wiederum deshalb, weil wir glauben, dass er sich selbst durch seine früheren Handlungen zu jemandem gemacht hat, der jene Fehler begehen würde, sich aber zukünftig besser bemühen kann, ähnliche Fehlgriffe zu vermeiden.

Man möchte vielleicht einwenden: Erachten wir nicht jemanden (und sei es auch uns selbst), der durch seinen Charakter dazu veranlasst ist, sich für eine schlechte Handlung zu entscheiden, nichtsdestoweniger als den Täter seiner Tat? Allerdings. Aber damit setzen wir gewöhnlich nicht voraus, dass er unabhängig von seinem Charakter frei sein müsste, besser zu handeln. Wir halten ihn für diese Handlung verantwortlich, gerade weil er aufgrund seines Charakters – und nicht etwa aufgrund der Drohung eines Anderen – entschieden hat, so zu handeln. Und wenn wir ihn noch dazu für seinen Charakter selbst verantwortlich halten, wie das häufig passiert, dann schreiben wir ihm damit nicht, wie etwa Schopenhauer in seiner Verteidigung des kantischen Arguments behauptet, eine intelligible, nichtempirische Freiheit zu, durch die er diesen Charakter hervorgebracht haben soll.[25] Wir meinen einfach, dass dieser Charakter das antizipierbare Resultat seiner früheren Handlungen ist.

[25] Arthur Schopenhauer, *Preisschrift über die Freiheit des Willens* (1839),

Man könnte auch einwenden, ich habe mich auf unser alltägliches Verständnis der Beziehung zwischen Sollen und Können berufen, ohne dass klar sei, warum dieses Verständnis maßgebend sein soll. Was spricht dagegen, dass es schlecht durchdacht oder sogar inkohärent ist? Der Sinn der alltäglichen Auffassung des Sollen-Können-Prinzips ist jedoch nicht schwer nachzuvollziehen. Die Moral wird als ein schon bestehendes System allgemein verbindlicher Pflichten begriffen, die zu erfüllen normale Erwachsene mit einer ordentlichen Erziehung imstande sein sollen und andere Menschen (etwa Kinder oder schlechte Charaktere) erst durch Abrichtung oder Resozialisierung, so weit wie möglich, fähig gemacht werden müssen.

Zusammengefasst gibt es Kant (und auch vielen anderen) zum Trotz keinen Anlass – weder in unserem praktischen Leben noch in dem, was der Standpunkt der Erkenntnis uns darüber lehrt –, anzunehmen, wir müssten, um als wirklich freie Wesen zu gelten, dazu in der Lage sein, unabhängig von allen empirischen Ursachen »eine Reihe von Begebenheiten ganz von selbst anzufangen«. Die sogenannte »praktische« Auffassung, nach der frei sein heißt, aufgrund unserer Einschätzung der relevanten Gründe zu handeln, wie sehr diese Fähigkeit auch durch Erfahrung und Charakter bestimmt sein mag, ist vollkommen ausreichend. Im Sinne dieser Vorstellung sind wir in der Tat fähig, von selbst – wenn auch nicht ganz von selbst – eine Reihe von Ereignissen zu beginnen. Das tun wir, wann immer wir entscheiden, durch unser Handeln eine Änderung in der Welt hervorzubringen, die sonst (ohne diese Entscheidung) nicht aufgetreten wäre. Mehr als das müssen wir im Grunde nicht beanspruchen, um als frei zu gelten.

Dass wir nicht mehr als das verlangen sollten, ist überdies ein Schluss, der unwiderstehlich wird, wenn wir die Absurditäten, in die sich Kant durch die weitere Ausarbeitung seines transzendentalen Freiheitsbegriffs verwickelt, zur Kenntnis nehmen. Das anschaulichste Beispiel dafür ist das Resultat seiner Anstrengung, der Zwei-Standpunkte-Lehre eine ontologische Bedeutung zu verleihen, indem er sich auf seine erkenntniskritische Unterscheidung zwischen der Welt der Erfahrung und der intelligiblen, aber unerkennbaren Welt der Dinge an sich beruft: Dem praktischen Standpunkt,

in ders., *Sämtliche Werke* (Frankfurt, 1986), hgg. von Wolfgang Frhr. von Löhneysen, Band III. *Kleinere Schriften*, 618 ff.

von dem aus wir uns als freie Wesen letztlich allein mit Hilfe dieses Freiheitsbegriffs begreifen könnten, entspreche die Vorstellung unserer selbst als Teil einer solchen reinen Verstandeswelt. Es wird oft behauptet, dass dieser Schritt ein Fehler gewesen sei und dass Kant besser daran getan hätte, sich mit der Zwei-Standpunkte-Lehre als solcher ohne jede Ontologisierung derselben zufriedenzugeben. Insofern als Kant selbst versichert, dass »der Begriff einer Verstandeswelt ... nur ein *Standpunkt* [ist], den die Vernunft sich genötigt sieht, außer den Erscheinungen zu nehmen, *um sich selbst als praktisch zu denken*« (AA V. 458), warum musste er diesen weiteren Begriff überhaupt einführen? Dieser Einwand greift dennoch zu kurz. Einem Prinzip der Leibniz'schen Schulphilosophie folgend dachte Kant, und dies nicht zu Unrecht, dass kein Begriff so lange als widerspruchsfrei gelten darf, als zumindest die Möglichkeit eines unter diesem Begriff fallenden Gegenstandes nicht nachgewiesen ist.[26] Das heißt in diesem Fall: Wenn man eine Sache von zwei verschiedenen Standpunkten aus betrachten kann und beide Standpunkte berechtigt sein sollen, dann muss man zeigen, dass die Sache selbst so beschaffen sein könnte, dass jeder der beiden etwas von ihr richtig wiedergibt.

Wenn Kant nun in der *Kritik der reinen Vernunft* (A538ff./ B566ff., A542ff./B570ff.) wie auch in der *Grundlegung* (AA IV. 451ff.) die Zwei-Standpunkte-Lehre in die Sprache seiner Zwei-Welten-Lehre ontologisch übersetzt, gelangt er zu dem verblüffenden, ihn aber anscheinend nicht beunruhigenden Ergebnis, es gelte, unsere Handlungen zugleich als frei und unfrei zu begreifen.[27] Unfrei seien sie insofern, als sie zur Erfahrungswelt gehören und sich darin vollständig durch andere empirische Zustände und Ereignisse kausal erklären lassen; gleichzeitig seien sie aber auch insofern als frei zu denken, als sie zu einer intelligiblen Welt gehörten, in der wir die Freiheit hätten, unabhängig von allen Naturursachen zu handeln: »So würde denn Freiheit und Natur, jedes in seiner vollständigen Bedeutung, bei eben denselben Handlungen, nachdem man sie mit

---

[26] Siehe etwa G. W. von Leibniz, *Meditationes de cognitione, veritate, et ideis* (1684), in ders., *Die philosophischen Schriften* (Berlin, 1875–90), hgg. von C. I. Gerhardt, Band IV. 422–26 [424–25].
[27] Schopenhauer will das Ergebnis anders verstehen: Unsere Handlungen seien unfrei, aber unser Wille frei (*Preisschrift über die Freiheit des Willens*. A.a.O. 622–624). Es kann nicht gesagt werden, dass die kantische Theorie dadurch an Plausibilität gewinnt.

ihrer intelligibelen oder sensibelen Ursache vergleicht, zugleich und ohne allen Widerstreit angetroffen werden.« (A541/B569). Wie aber eine Handlung zugleich unfrei und frei sein kann, wie sie als »Erscheinung« ihren Platz in Raum und Zeit haben und ebenfalls als »Ding an sich« außerhalb des Rahmens von Raum und Zeit liegen und doch (auf diese letztere Inkonsequenz wies Hermann Andreas Pistorius[28] bereits 1786 scharfsinnig hin) gerade als Handlung die zeitliche Eigenschaft besitzen soll, »eine Reihe von Begebenheiten« *anzufangen* – wie all das ohne Widerspruch zusammen gedacht werden kann, ist vollkommen unerfindlich.

§ 5 Gründe und Ursachen

In Erwiderung auf meinen Versuch, die Verträglichkeit von Freiheit und empirischer Bedingtheit aufzuzeigen, ist man vielleicht versucht zu wiederholen, was Kant an einer berühmten Stelle der *Kritik der praktischen Vernunft* sagt: Zu denken, dass man frei handelt, soweit die eigene Handlung auf der Entscheidung so zu handeln beruht, obwohl diese Entscheidung selbst durch vorhergehende Zustände wie Charakter und Erfahrung kausal bestimmt ist, bedeute, zu einem »elenden Behelf« zu greifen und »nichts besser als die Freiheit eines Bratenwenders« anzubieten (AA V. 96f.). Nach Kant führt jede derartige Auffassung unsere Entscheidungen als Bestimmungsgründe unserer Handlungen – mögen sie auch in unserem Denken und nicht außer uns liegen – einfach auf den Rang von Ereignissen unter anderen Ereignissen in der allgemeinen Kette von Ursachen und Wirkungen zurück.

So reduktionistisch ist diese Freiheitsauffassung jedoch nicht. Denn eine Entscheidung, so oder anders zu handeln, stellt einen *qualitativen Unterschied* in der Kette von Ursachen und Wirkungen dar, selbst wenn sie keine Ausnahme davon bildet. Mag unsere Fähigkeit, Handlungsgründe abzuwägen und zu bewerten, auch noch so sehr von unserem Charakter und unserer Erfahrung kausal geprägt sein, ist sie nichtsdestoweniger dafür verantwortlich, dass wir damit nicht einfach durch vorangehende Ereignisse und Zustände in

---

[28] Herman Andreas Pistorius, »Rezension von J. Schulzes Erläuterungen zur Kritik der reinen Vernunft«, in Bernward Gesang (Hg.), *Kants vergessener Rezensent* (Hamburg 2007), 16.

der Welt, sondern durch solche, die unseres Erachtens gute Gründe für unsere Handlungen darstellen, dazu gebracht werden, so oder anders zu handeln. Wie ich schon (§ 2) bemerkt habe, gehören zwar die Ereignisse und Zustände, auf die wir reagieren, zusammen mit den Faktoren, die unsere Fähigkeit, Gründe zu erfassen, kausal bestimmt haben, zu den Ursachen unserer Handlungen. Sie sind aber nur insoweit Ursachen derselben, als wir in ihnen Gründe dafür sehen. Ist nicht, wie ich erklärt habe, der entscheidende Punkt, in dem sich Freiheit von Zwang unterscheidet, dass wir in unseren freien Handlungen nicht von bloßen Ursachen bewegt, sondern von Gründen geleitet werden?

Hierin lässt sich überdies die Lösung eines hartnäckigen Dilemmas erblicken, auf das philosophische Bemühungen, die menschliche Freiheit zu verstehen, regelmäßig stoßen: Entweder sollen unsere Handlungen im Sinne eines universalen Determinismus die notwendige Folge vorhergehender Ursachen sein – wobei diese angebliche Notwendigkeit unserer Erfahrung im Handeln kaum entspricht –, oder ihre Ursachen sind (wie etwa in der Quantenphysik) als »indeterministisch« (d. h. als nicht determinierend) bezeichnet – wobei es dann schwer fällt zu begreifen, wie Handlungen, sofern deren vorangehende Ursachen für ihre Erklärung nicht hinreichend sein sollen, doch nicht rein zufällig, unkontrolliert und demnach alles andere als frei wären. Das Problem verschwindet mit der Erkenntnis, dass die Beziehung zwischen Ursache und Wirkung im Falle von Handlungen von besonderer Art ist. Soweit die unser Handeln veranlassenden Ereignisse und Zustände auf uns in der Form von Gründen einwirken, so dass wir insofern freiwillig handeln, ist die Kausalbeziehung auch eine Rechtfertigungsbeziehung, was bedeutet, dass unsere Handlung durch diese Ursachen vollständig bestimmt, d. h. durch sie als Gründe motiviert ist, ohne aber aus ihnen mit Notwendigkeit im unangemessenen Sinn einer rein kausalen Nötigung zu erfolgen.

Mit diesem Gedanken eines qualitativen Unterschieds in der Kette von Ursache und Wirkung treffen wir aber auf die eigentliche Schwierigkeit, die einer kompatibilistischen Auffassung von Freiheit und Natur entgegensteht. Wie ich glaube nachgewiesen zu haben, liegt sie nicht da, wo man sie üblicherweise vermutet, nämlich in dem angeblichen Gegensatz zwischen Freiheit und kausaler Bedingtheit. Das Problem besteht eher darin, dass unser Handeln, so kausal bedingt durch Erfahrung und Charakter es auch ist, als frei gilt, soweit es sich nach Gründen richtet, die als solche aber kein Teil der Natur sind. Ich erkläre, warum dem so ist.

Wie schon (§ 2) bemerkt, besteht allgemein ein Grund darin, dass etwas in der Welt – eine physische oder psychische Tatsache (es kann sich sogar um den eigenen Seelenzustand handeln) – für eine unserer Denk- oder Handlungsmöglichkeiten spricht. Gründe selbst, im Unterschied zu diesen Tatsachen, haben deshalb einen normativen Charakter. Wenn ich einen Grund habe, etwas zu tun, bedeutet das, dass ich es tun *sollte*, soweit nichts anderes dagegen spricht. Wie der letzte Nebensatz erkennen lässt, gilt jeder Grund als solcher nur *pro tanto* und nicht notwendigerweise als entscheidend, denn in Anbetracht anderer Umstände kann ich einen Grund haben, anders zu denken oder zu handeln: Nur soweit es regnet und ich es im Allgemeinen vorziehe, trocken zu bleiben, habe ich einen Grund, einen Regenschirm mitzunehmen, und der weitere Umstand, dass ich die Hände schon voll habe, kann gegen das Tragen eines Regenschirms sprechen. Daraus wird ersichtlich, wie sehr das Bestehen von Gründen von den Tatsachen abhängt, auf denen sie beruhen. Dennoch sind sie nicht mit diesen physischen oder psychischen Tatsachen gleichzusetzen. Der Grund, einen Regenschirm zu tragen, ist nicht mit dem Regen oder dem Wunsch, trocken zu bleiben, und auch nicht mit der Kombination der beiden identisch, da er in dem Sachverhalt besteht, dass diese Umstände eine solche Handlung rechtfertigen oder, wie ich sagte, für sie sprechen.

Da nun Gründe einen irreduzibel normativen Charakter haben, muss – so habe ich bereits in früheren Kapiteln argumentiert – das heute weit verbreitete naturalistische Weltbild, nach dem alles, was existiert, Teil der Natur ist, d. h. allein aus physischen oder psychischen Tatsachen besteht, aufgegeben werden.[29] Denn wir können nicht umhin, anzunehmen, dass die Gründe, die wir erkennen, so oder anders zu denken und zu handeln, unabhängig von unseren Vorstellungen von ihnen existieren und daher auch eine Dimension der Wirklichkeit ausmachen, der wir in unserem Denken und Handeln entsprechen wollen. Freilich enthält die Welt »an sich«, in Abstraktion von der Existenz vernunftfähiger Wesen, nicht so etwas wie Gründe. Soweit es aber solche Wesen wie uns gibt, erhält sie eine normative Dimension, die in der Relevanz verschiedener physischer und psychischer Tatsachen für die Möglichkeiten dieser Wesen be-

---

[29] S. Kapitel I, § 5, Kapitel IV, § 5, und Kapitel V, §§ 5–6.

steht. Normative Unterschiede entstehen nicht durch unser Zutun, als ob wir die Urheber ihrer Autorität wären, sondern durch unser Dasein selbst.

So wird klar, dass Freiheit tatsächlich mehr als Natur allein voraussetzt. Dies aber nicht, wie üblicherweise vermutet, weil sie in einem Gegensatz zu kausaler Bedingtheit steht, sondern weil sie darin besteht, sich in seinem Denken und Handeln nach Gründen zu richten, die als solche kein Teil der Natur sind. Gerade daraus ergibt sich gleichwohl, wie gesagt, ein weit gravierenderes Problem für den Versuch, die Verträglichkeit von Freiheit und Natur nachzuweisen. Ich habe darauf hingewiesen, wie unsere Freiheit einen »qualitativen Unterschied« in der Kette von Ursache und Wirkung bildet, da die Ereignisse und Zustände, auf die wir dann reagieren, nur insoweit Ursachen unseres Denkens und Handelns sind, als wir in ihnen Gründe dafür sehen. Nun liegt die Schwierigkeit darin, dass nicht nur diesen Umständen, sondern auch den auf ihnen beruhenden Gründen, wenn sie tatsächlich existieren und unser Denken und Handeln motivieren, eine kausale Wirksamkeit zugeschrieben werden muss. Denn wie ist angesichts ihres nichtnatürlichen Charakters diese Wirksamkeit zu begreifen? Nach der gewöhnlichen Auffassung kausaler Beziehungen müssen Ursache und Wirkung eine Position in Raum und Zeit haben. Dies kann aber für Gründe offensichtlich nicht zutreffen. Kurz, problematisch ist nicht, dass unsere Handlungen kausal bestimmt, sondern dass Gründe kausal wirksam sind. Welchen Reim kann man sich auf diesen Gedanken machen? Um das Problem zu erkennen, ist es also unerlässlich, den Unterschied zwischen Gründen und Vorstellungen von Gründen zu beachten. Sonst wird das Problem – wie übrigens häufig der Fall – übersehen. Dass Vorstellungen eine kausale Rolle spielen können, ist schließlich trivial.

Nun scheint es mir unleugbar, dass Gründe in der Tat kausal wirksam sein können. Damit Umstände in der Welt auf uns als freie Wesen in der Form von Gründen einwirken, müssen diese Gründe selbst uns bewegen können. Denn obwohl sie uns nur dann dadurch bewegen, dass wir sie erfassen, wird unser Erfassen von ihnen seinerseits durch die Gründe bewirkt. Ja sogar, wenn wir überhaupt – sei es zu Recht oder nicht – überzeugt sind, dass wir Gründe haben, so oder anders zu denken oder zu handeln, gehen wir davon aus, dass wir zu dieser Überzeugung gerade deshalb gekommen sind, weil es solche Gründe gibt. Das ist es, was es heißt, uns von den Gründen lenken zu lassen, die für eine gewisse Option sprechen, und ohne die Möglichkeit, von Gründen selbst und nicht allein von unseren Vorstellungen derselben bewegt zu werden, die immer falsch oder nur zufällig wahr – d. h. wahr, aber nicht durch ihren Gegenstand veranlasst – sein können, wäre Rationalität eine Illusion.

Wenn wir uns etwa überlegen, was wir glauben oder tun sollten, ist es dann nicht unsere Absicht, dass das Ergebnis nicht bloß von dem, was wir für Gründe halten, sondern von den relevanten Gründen, die es tatsächlich gibt, bestimmt werde? So ist es auch in einem echten Gespräch, in dem es nur auf das Thema selbst ankommt: Die Teilnehmer wollen, dass sein Verlauf nicht vom bloßen Äußern ihrer Meinungen und schon gar nicht von dem Wunsch, die eigenen Ansichten durchzusetzen, sondern von den mit dem Thema zusammenhängenden Gründen, auf die sie einander hinweisen, geprägt werde. Und schließlich: Wollen wir nicht manchmal wissen, ob jemand, der richtig gehandelt hat, glaubte, dass er so handeln sollte, nicht weil er dem Brauch oder der Autorität eines anderen folgte, sondern weil er die guten Gründe für diese Handlungsart sah? So gilt allgemein: wenn wir Gründe deshalb akzeptieren, weil wir ihrer gewahr geworden sind, dann kann das nichts anderes bedeuten, als dass unser Akzeptieren vom tatsächlichen Vorliegen dieser Gründe kausal bestimmt ist. Sonst wäre es unsinnig, wie in der bekannten Formel von Jürgen Habermas vom »zwanglosen *Zwang* des besseren Arguments« zu reden. (S. Kapitel V).

Wie genau Gründe einen Zwang ausüben können, ist dennoch ein Problem, das selten direkt in Angriff genommen wird. Manchmal spricht man ihnen – aus Furcht vor aller »Metaphysik« – jede kausale Rolle einfach ab, ohne die soeben angeführten Alltagsphänomene zu erklären oder überhaupt zu erwähnen.[30] Manchmal gibt man im Gegenteil bereitwillig zu, dass Gründe zwar als Ursachen wirken können, dies aber nur deshalb, weil man Gründe zu Unrecht mit psychischen Zuständen gleichsetzt. Paradigmatisch dafür ist die einflussreiche Auffassung von Donald Davidson, nach der Gründe bestimmte Kombinationen von Überzeugungen und Wünschen seien, als ob der Grund, einen Regenschirm zu tragen, in der

---

[30] So verfahren etwa zeitgenössische Philosophen wie Derek Parfit, Ronald Dworkin und T. M. Scanlon, die nicht von ungefähr selbst die Wirklichkeit von Gründen nur auf ambivalente Weise anerkennen. S. dazu Kapitel I, § 4 (Anm. 26).

Überzeugung, dass es regnet, zusammen mit dem Wunsch, trocken zu bleiben, bestünde.³¹ Jegliche Auffassung dieser Art ist, wie oben schon angedeutet, ein Irrtum. Denn selbst wenn man keinen Grund hätte, einen Regenschirm zu tragen, wenn man nicht trocken bleiben wollte – was gar nicht offenkundig ist, da es sein könnte, dass man gesundheitshalber trocken bleiben sollte, welche Wünsche diesbezüglich man auch hat –, hängt dieser Grund davon ab, dass es tatsächlich regnet, ob man es erkennt oder nicht. Gründe selbst sind keine psychischen Zustände, sondern normativen Wesens, da sie in der Weise bestehen, wie bestimmte Umstände in der Welt für gewisse unserer Möglichkeiten sprechen.

Schließlich versucht man gelegentlich das Problem der kausalen Wirksamkeit von Gründen mit der Beteuerung abzutun, die rationale Erklärung von Handlungen sei ein Sprachspiel, die kausale Erklärung von Naturereignissen sei ein anderes, so dass man sich nicht darum kümmern müsse, wie sie zusammen in der Wirklichkeit selbst fundiert sind. Ein derartiger Sprachspiel-Idealismus kann jedoch nicht befriedigen.³² Denn wenn unsere Freiheit darin besteht, dass wir uns von Ereignissen und Zuständen in der Welt in der Form von Gründen bestimmen lassen, dann müssen uns diese Gründe auch dabei bewegen, und zwar als Teil desselben Prozesses. Also geht es darum zu begreifen, wie die eine Welt, die es gibt, beide zusammen – Naturvorgänge und Gründe – in ihrer kausalen Struktur umfassen kann. Nur dann ließe sich mit Recht von einer Kompatibilität von Freiheit und Natur sprechen.

Bevor ich eine Lösung der Schwierigkeit vorschlage, möchte ich zuerst an eine allgemeine Bemerkung erinnern, die ich in der Einleitung (§ 4) über die Natur der Philosophie geäußert habe. In der Regel unterliegen philosophische Probleme einem Gesetz der »Er-

---

³¹ D. Davidson, »Actions, Reasons, and Causes« (1963), dt. »Handlungen, Gründe, Ursachen«, in: ders., *Handlung und Ereignis*, übers. Joachim Schulte, Frankfurt 1985, 19–42.
³² Diesem idealistischen Fehlschluss scheint mir Jürgen Habermas zu erliegen, wenn er sich – trotz des Versuchs, für den »epistemischen Dualismus« von kausaler und rationaler Erklärung »einen Platz in der Welt selbst [zu] finden«, – auf eine pragmatistische Variante des transzendentalen Idealismus beruft, die sich mit der Stellungnahme begnügt, »die beiden Vokabulare und Erklärungsperspektiven, die ›wir‹ der Welt *auferlegen*, [sind] für uns ›nichthintergehbar‹«. S. ders., »Freiheit und Determinismus«, 170 f. sowie auch »Das Sprachspiel verantwortlicher Urheberschaft ...«, 326 f.

Die Freiheit verstehen, aufzubrechen, wohin man will 187

haltung des Ärgers«: Sie sind so grundlegend und auch so komplex, dass eine Lösung, die sich empfiehlt, wenn man einen Aspekt für entscheidend hält, oft fraglich oder sogar verkehrt erscheinen kann, wenn man einen anderen Aspekt privilegiert. Darin muss kein Anlass zu skeptischer Zurückhaltung liegen, wohl aber die Notwendigkeit, das Für und Wider sorgfältig abzuwägen. So auch in diesem Fall: Die kausale Wirksamkeit von Gründen ist nur deshalb schwer zu erklären, weil davon ausgegangen wird, dass Gründe einen wesentlich normativen Charakter haben und unabhängig von unseren Meinungen über sie bestehen. Gingen wir hingegen davon aus, dass Gründe, was immer sonst sie sein mögen, Ursachen unseres Denkens und Handelns sein können, dann würden wir sie wahrscheinlich mit irgendwelchen seelischen Zuständen gleichsetzen.[33] Gleichwohl bin ich überzeugt, dass dieser letzte Gedanke unhaltbar ist, da er der Idee von Rationalität selbst widerspricht, und dass daher das Problem aus dem bisher eingenommenen Blickwinkel anzupacken ist.

Nun ist der Ausgangspunkt der vorzuschlagenden Lösung nicht schwer zu finden. Er liegt in einer Feststellung, die schon (§ 2) getroffen wurde.[34] Zu erinnern ist daran, dass Gründe, so irreduzibel normativ sie auch sind, von den natürlichen Tatsachen, den physischen und psychischen Umständen abhängen, in deren Relevanz für unsere Denk- und Handlungsmöglichkeiten sie bestehen. Wenn also Gründe kausal wirksam sind, dann geschieht das – so lautet mein Vorschlag – gerade mittels der (weniger problematischen) kausalen Wirksamkeit der natürlichen Tatsachen, die ihnen zugrunde liegen. Damit wird verständlich, wie etwas Normatives, das an sich nicht in Raum und Zeit existiert, eine kausale Rolle spielen kann. Gründe spielen eine solche Rolle, soweit sie an natürliche Tatsachen gebunden sind, die, ihrerseits ja raum-zeitlich verortet, dabei auch auf uns einwirken. Das bedeutet keineswegs, dass wir dann durch diese Tatsachen allein bewegt würden, etwas zu denken oder zu tun. Im Gegenteil: Wenn sie in solchen Fällen auf unser Denken und Handeln eine Wirkung haben, dann nur durch unsere Auffassung der Gründe, die sie uns geben, und wenn unsere Auffassung richtig ist, dann schließlich durch diese Gründe selbst. Ohne von

---

[33] Genau so hat Donald Davidson argumentiert. S. Anm. 31.
[34] S. auch Kapitel IV, § 5.

ihnen sozusagen getragen zu sein,[35] blieben aber die Gründe ohne Einfluss auf uns.

Daher ist nicht nur das Bestehen von Gründen, sondern auch ihre Fähigkeit, uns zu bewegen, von Tatsachen der natürlichen Welt abhängig. Wenn ich mich also – um dies durch ein einfaches Beispiel zu veranschaulichen – gezwungen sehe, möglichst schnell zum Bahnsteig zu laufen, weil es schon spät ist, dann erkenne ich diesen Grund zur Eile (im Lichte meines Interesses, einen bestimmten Zug zu erwischen) vermittels meiner Wahrnehmung der Zeit auf der Bahnhofsuhr. Oder – ein etwas komplizierteres Beispiel – ich erfasse gute Gründe zu denken, dass Cäsar den Rubikon 49 v. Chr. überschritt, nicht dadurch, dass ich die Überquerung selbst beobachtet, sondern dadurch, dass ich verschiedene Texte gelesen habe, die mich insofern zu diesem Schluss veranlassen, als deren Berichte ihrerseits, so vermute ich, in einer zuverlässigen Beziehung zum Stattfinden des Ereignisses stehen.

Vielleicht wird man einwenden, dass damit die Schwierigkeit nur teilweise gelöst ist. Bleibt nicht die Frage, auf welche Weise genau, durch welche Art von Prozess so etwas wie Gründe, so sehr ihre kausale Wirksamkeit von derjenigen der ihnen zugrundeliegenden natürlichen Tatsachen auch getragen wird, eine Wirkung auf unser Denken haben können? Dieses Bedenken scheint mir jedoch dadurch zu entstehen, dass man sich immer noch weigert, die Wirklichkeit von Gründen oder deren Kausalität völlig zuzugeben. Denn man könnte ebensogut fragen, wie genau etwas Physisches auf unser Denken als geistigen Prozess kausal einwirken kann. Diese letzte Frage ist bekanntlich zum Gegenstand einer langen, verwickelten und hier selbstverständlich kaum zu lösenden Kontroverse geworden. Auf fast allen Seiten herrscht aber Einigkeit darüber, dass es tatsächlich solche Kausalverbindungen gibt, und dieselbe Einstellung empfiehlt sich auch im vorliegenden Fall: Dass Gründe uns bewegen können, so oder anders zu denken und zu handeln, und zwar vermittels der kausalen Einwirkung der natürlichen Tatsachen, von denen sie abhängen, sollte angesichts der in diesem Abschnitt angestellten Überlegungen unbestreitbar sein – wie immer dieses Phänomen auch näher zu erklären ist.

---

[35] Ich habe oben (§ 1) mit Verweis auf Spinoza und Hölderlin von der Natur als Träger der menschlichen Freiheit gesprochen. Ich komme im nächsten Abschnitt darauf wieder zurück.

Die Freiheit verstehen, aufzubrechen, wohin man will 189

§ 6 Freiheit und Dankbarkeit

Es ist klar: Die menschliche Freiheit, so wie ich sie hier analysiert habe, beruht in Kants Worten auf »Bedingungen der vergangenen Zeit, die also, wenn das Subjekt handeln soll, nicht mehr in seiner Gewalt sind«. Aber daraus folgt nicht, wie Kant an dieser berühmten Stelle aus der zweiten *Kritik* (AA V. 96–97) fortfährt, dass für eine solche Handlung »kein moralisch Gesetz, keine Zurechnung nach demselben, möglich ist« und dass nur der Begriff einer transzendentalen Freiheit, die »als Unabhängigkeit von allem Empirischen und also von der Natur überhaupt gedacht werden muss«, dem »schweren Problem« gewachsen sei, »an dessen Auflösung Jahrtausende vergeblich gearbeitet haben«. Denn einerseits lässt sich das Sollen-Können-Prinzip, wie wir gesehen haben, in Übereinstimmung mit der empirischen Bedingtheit der Fähigkeit zum moralischen Handeln ganz einleuchtend interpretieren. Und andererseits ist der Gedanke eines freien Wesens, das, wie Kant zu sagen pflegt, *ganz von selbst* eine Reihe von Begebenheiten anfangen kann, ohne auf Bedingungen zu beruhen, die nicht in seiner Gewalt liegen, am Ende nichts anderes als eine Fantasie – die Fantasie eines reinen Selbstbewegers, der seine eigene Freiheit irgendwie, in jedem Fall aber frei, erzeugen soll. Diese Fantasie ist reiner Unsinn, und es besteht kein Anlass, sie ernst zu nehmen.

Kant ist freilich nicht der einzige, der sich auf einen solchen Gedanken, sei es auch nur als Postulat, berufen hat. Man denke etwa an die Theorie von Roderick Chisholm und anderen, nach der wir die Urheber unserer Handlungen aufgrund einer besonderen Art von Akteurskausalität (*agent causation*) seien, die nicht selbst von der kausalen Wirkung vorangehender Ereignisse abhängig sein soll.[36]

---

[36] Roderick Chisholm, *Human Freedom and the Self* (Lawrence 1964), § 11: »If we are responsible, and if what I have been trying to say is true, then we have a prerogative which some would attribute only to God: each of us, when we act, is a prime mover unmoved. In doing what we do, we cause certain events to happen, and nothing – or no one – causes us to cause those events to happen.« Den entscheidenden Einwand gegen den Begriff der Akteurskausalität hatte schon C. D. Broad in »Determinism, Indeterminism, and Libertarianism« (1934; wiederabgedruckt in: ders.: *Ethics and the History of Philosophy*. London 1952. 195–217) erhoben: Wenn meine Handlung nicht durch vorangehende Ereignisse, sondern allein durch mich selbst als Akteur verursacht würde, dann ließe sich nicht erklären, warum ich jetzt und nicht früher oder später die Handlung vollziehe.

Ferner habe ich weiter oben (§ 2) darauf hingewiesen, wieviele Philosophen sich durch die berühmten Konsequenz- und Basisargumente haben überzeugen lassen, nach denen ein freies Wesen, damit es frei entscheiden könne, auch für alle die Bedingungen seiner Entscheidungsfähigkeit verantwortlich und somit eine Art *causa sui* sein müsse. Nichts in unserem praktischen Leben nötigt uns aber zu solchen Ansichten, und alles, was wir aus Erfahrung wissen, spricht dagegen.

Dennoch sind philosophische Extravaganzen häufig lehrreich, und sei es nur dadurch, dass sie uns auf die elementaren, aber oft wichtigen Wahrheiten aufmerksam machen, die sie vernachlässigt haben. Das gilt auch für diesen Fall. Ein reiner Selbstbeweger wäre ein Wesen, dessen Freiheit, so zu handeln, wie er will, auf keine ihm vorgegebene Bedingung angewiesen ist. Seine Freiheit hinge von keinen Umständen ab, über die er nicht zu jeder Zeit verfügte. Seine Devise ähnelte daher Alabandas Freiheitsbekenntnis in Hölderlins Roman *Hyperion*: »Ich glaube, daß wir durch uns selber sind [...], weil ich frei im höchsten Sinne, weil ich mich anfangslos fühle« (StA III. 141). Darin wird deutlich, was Kant (und ähnlichen Denkern) völlig abgeht, nämlich die Erkenntnis, dass es sinnvoll ist, für unsere Freiheit *dankbar* zu sein. Nicht nur unser Grundvermögen selbst, uns nach Gründen zu richten, sondern auch welche Reichweite, welche Unterscheidungskraft und welchen Sinn für Relevanz und Bedeutsamkeit dieses Vermögen gewinnt, verdanken wir Faktoren, die letztlich außer unserer Kontrolle liegen. Wir sind Wesen, die nur unter Einwirkung der Erfahrung zu freien Wesen werden.

Damit sind wir zu Hölderlin zurückgekehrt, dessen Gedicht *Lebenslauf* dieses Argument eingeleitet hat. In der Tat: Dass unsere Freiheit nicht in einem Gegensatz, sondern in einem Verhältnis des Verschuldetseins gegenüber der Natur, ihrem Träger, steht, ist eine Wahrheit, von deren Wichtigkeit für unser Leben und Denken er zutiefst überzeugt war. So hob er in einem Brief an seinen Bruder vom 4. Juni 1799 die Notwendigkeit hervor,

daß sich der Mensch, dem die Natur zum Stoffe seiner Tätigkeit sich hingiebt, den sie, als ein mächtig Triebrad, in ihrer unendlichen Organisation enthält, daß er sich nicht als Meister und Herr derselben dünke und sich in aller seiner Kunst und Tätigkeit bescheiden und fromm vor dem Geiste der Natur beuge, den er in sich trägt, den er um sich hat, und der ihm Stoff und Kräfte giebt. (StA VI. 329)

Die Freiheit verstehen, aufzubrechen, wohin man will   191

Und in der letzten Strophe des Gedichts *Lebenslauf*, das ungefähr zur selben Zeit entstand, kommt, wie ich eingangs bemerkt habe, der gleiche Gedanke zum Ausdruck:

> Alles prüfe der Mensch, sagen die Himmlischen,
>   Dass er, kräftig genährt, danken für alles lern,
>   Und verstehe die Freiheit
>   Aufzubrechen, wohin er will.

Diesem Gedicht lässt sich nun aber noch Weiteres zur Vertiefung der hier vorgeschlagenen Interpretation der menschlichen Freiheit entnehmen:

Das Wesen unserer Freiheit, sagen die letzten Zeilen, verstehen wir nur dann, wenn wir lernen, für die Prüfungen der Welt dankbar zu sein, und diese Dankbarkeit, erklärt das Gedicht als Ganzes, lernen wir vor allem durch die Erfahrung des Leids.[37] Dies ist nicht nur so, weil Leid den Widerstand darstellt, den die Welt unseren Projekten entgegenbringt; es kommt nicht bloß darauf an, uns der Grenzen unserer Freiheit oder unserer Kontrolle bewusst zu werden. Der Widerstand als solcher, die Abweichung von einem ebenen Pfad –

> [...] nie, sterblichen Meistern gleich,
>   Habt Ihr Himmlischen, ihr Alleserhaltenden,
>   Dass ich wüßte, mit Vorsicht
>   Mich des ebenen Pfads geführt

– ist ein Umstand, den wir von außen feststellen könnten, wie wenn wir den Zusammenstoß zweier Bälle beobachten. An unserem Leid aber leiden wir und erkennen damit von innen, wie sehr wir Teil der Natur sind, und zwar selbst in der Ausübung unserer Freiheit, über das Gegebene hinauszustreben und Größeres zu wollen. Dass wir uns dadurch verletzbar machen, deutet auf die Zugehörigkeit unseres innersten Wesens zur kausalen Ordnung der Natur hin. Allem Aufbruch zum Trotz kehren wir immer dorthin zurück, woher wir

---

[37] Zum Verhältnis von Freiheit und Dankbarkeit, so wie es in diesem Gedicht behandelt wird, siehe auch Dieter Henrich, *Der Grund im Bewusstsein* (Stuttgart 1992), bes. 649. Für seine bahnbrechenden Interpretationen der philosophischen Gedanken Hölderlins stehe ich, wie viele andere, tief in Henrichs Schuld.

kommen, da das Leben, so Hölderlin im Anschluss an Heraklit,[38] ein Bogen und der Weg »aufwärts oder hinab« ein und derselbe ist. Nichts zeigt das deutlicher als die Liebe, auf deren Sorgen in den ersten Zeilen hingewiesen wird. Denn in der Liebe erleben wir am eigenen Leib, in den Gefühlen der Begeisterung und der Hingabe, mit denen wir die Verbindung zu einem Menschen oder einer Sache eingehen, wie sehr wir uns dadurch auch der Möglichkeit von Leid aussetzen. In dieser Hinsicht lässt sich mit Hölderlin sagen: die Liebe als solche »zwingt all uns nieder«, obwohl uns natürlich das Leid selbst, wenn es uns tatsächlich widerfährt, noch »gewaltiger« beugt.

Es wäre nun ebenso ein Fehlschluss wie eine Fehlinterpretation von Hölderlins *Lebenslauf* zu vermuten, wir sollten angesichts des zu erwartenden Leidens aufhören, Größeres zu wollen. Im Gegenteil: Über das Gegebene hinauszugehen, Entscheidungen zu treffen, ist eben, was es heißt, frei zu sein, und das Gedicht will uns belehren, nicht Freiheit als eine Illusion aufzugeben, sondern unsere Freiheit richtig zu verstehen. Es kommt darauf an zu begreifen, wie die Freiheit, d. h. das Größeres-Wollen, zum Bogen des Lebens gehört. Zum Teil ist das schon klar: Unsere Freiheit verdanken wir einer kausalen Ordnung der Natur, die nicht unter unserer Kontrolle steht, und genau dadurch finden wir uns dem Leid unausweichlich ausgesetzt. An dieser Grundstruktur der menschlichen Existenz lässt sich nichts ändern, wie das Gedicht durch seine eigene Bogenform deutlich zu verstehen gibt. Denn selbst wenn wir, seinen letzten Zeilen entsprechend, voll Dankbarkeit für die nährenden Quellen unserer Freiheit erneut aufbrechen, wohin wir wollen, sind wir dabei, irgendetwas Größeres zu wollen und müssen daher immer noch mit der in den vorhergehenden Zeilen beschriebenen Erfahrung des Leidens rechnen. Die Liebe wird weiterhin niederzwingen, und die Himmlischen werden nicht aufhören, uns eines unebenen Pfads zu führen.

Genau die allerletzte Zeile von *Lebenslauf* könnte nun aber den Einwand nahelegen, die Art von Kompatibilismus, die ich hier skizziert habe, werde weder der menschlichen Freiheit noch Hölderlins Gedicht selbst völlig gerecht. Denn in dieser Zeile wird die Freiheit emphatisch als das Vermögen bezeichnet, *aufzubrechen*, wohin man will, und ein Aufbruch besteht darin, *etwas Neues*, nicht Vorher-

---

[38] Vgl. Heraklit, *Fragmente* (Diels-Kranz) 48 (»Des Bogens Name ist nun Leben, sein Werk Tod«) und 60 (»Der Weg auf und ab ist ein und derselbe«).

sagbares hervorzubringen, in eine ungewohnte Richtung zu steuern. Wie können unsere Handlungen (was unbestreitbar der Fall ist) ein solches Maß an Freiheit besitzen, wenn die Entscheidungen, die ihnen zugrunde liegen, durch Charakter und Erfahrung kausal bestimmt sind?

Der Einwand übersieht jedoch die Implikationen eines Sachverhalts, den ich bereits (§ 5) unterstrichen habe. Eine Entscheidung stellt, indem sie durch unser Verständnis der relevanten Gründe vermittelt ist, einen *qualitativen Unterschied* in der Kette von Ursache und Wirkung dar, und gerade aufgrund dieses Unterschieds können unsere Handlungen die Art von Originalität aufweisen, um die es geht. Ich erkläre, was ich meine: Ereignisse und Zustände in der Welt, soweit sie unsere Handlungen veranlassen, wirken auf uns in der Form von Gründen ein, da wir, um zu entscheiden, ob wir so oder anders handeln sollen, etwas in der Welt sehen müssen, das unseres Erachtens für eine bestimmte Handlung spricht. Wie sehr nun auch unser Verständnis dieser Gründe von Erfahrung und Charakter geprägt ist, so bleibt doch wahr, dass Gründe selbst in solchen Relevanzbeziehungen bestehen, und was in der Welt für die eine oder die andere unserer Möglichkeiten relevant erscheinen kann, mag immer unerwartet und überraschend sein. Dass der Erwerb unserer Urteilsfähigkeit kausal bestimmt ist, bedeutet nicht, dass die Einsichten, die sie uns ermöglicht, die Gründe, die sie uns erfassen lässt, vorhersagbar sein müssen.

Damit erschließt sich uns aber ein weiterer, wichtiger Aspekt des Verhältnisses zwischen Freiheit und Natur, den dieses Gedicht durch die beiden emphatischen Ausdrücke – »Größers wollen« und »Aufbrechen« –, mit denen Hölderlin am Anfang und Ende die Ausübung der Freiheit umschreibt, auch zum Vorschein bringt: Unsere Zugehörigkeit als freie Wesen zur kausalen Ordnung der Natur weist eine *innere Spannung* auf. Wie sehr auch immer unser Denken und Handeln von äußeren Ereignissen und Zuständen veranlasst ist und wie sehr auch immer wir mit Dankbarkeit anerkennen, dass unsere Fähigkeit, Gründe abzuwägen und Entscheidungen zu treffen, von Erfahrung und Charakter und den sie hervorbringenden Umständen geformt ist, ist es doch die Absicht jeder Handlung, anstatt den Dingen ihren Lauf zu lassen, etwas an ihnen zu ändern, und sei es nur zu sichern, dass sie ihren gewöhnlichen Lauf fortsetzen. Kein Handelnder will als solcher im Schoß der Natur ruhig bleiben, sondern beabsichtigt, die Dinge nach eigenen Vorstellungen zu gestalten. Dadurch wird, wie wir gesehen haben, die empirische Bedingtheit seiner Freiheit nicht irgendwie aufgehoben. Es bedeutet aber, dass sich jede Handlung hinsichtlich ihres Ziels dem Verlauf von Ursache und Wirkung, von dem sie zugleich in anderen Hinsichten ein Glied ist, entgegensetzt. Das ist die »innere Spannung«, die ich erwähnt habe, die eben von dem qualitativen Unterschied herrührt, den die durch Gründe motivierte Handlung in der Kette von Ursache und Wirkung bildet, und die darauf hindeutet, dass man unter Kompatibilismus – im Gegensatz vielleicht zu den Konnotationen des Begriffs, sicherlich aber zu manchen seiner üblichen Darstellungen – keine reibungslose Deckung der Freiheit mit der Natur verstehen sollte.

Dies bedeutet wiederum, dass jede Handlung ihrer Tendenz nach auch der Dankbarkeit und sogar allen anderen Einstellungen, in denen wir weniger aktiv als empfänglich sind, zuwiderläuft. In der Tat macht neben dem Handeln die Empfindlichkeit eine zweite wesentliche Dimension unseres Seins aus, in der wir uns, wie etwa bei der Betrachtung einer Landschaft, in der Freude an der Anwesenheit eines Freundes oder in einem körperlichen Wohlgefühl, immer als Teil irgendeines umfassenderen Ganzen fühlen. Die inhärente Gegenläufigkeit dieser beiden Dimensionen – Handeln und Empfinden – war Hölderlin wohl bewusst. Er beschrieb sie in den verschiedenen Fassungen seines *Hyperion* als den »Widerstreit« zwischen den zwei Grundtendenzen des Lebens oder »Trieben«, die uns dazu drängen, »uns zu befreien, zu veredeln, fortzuschreiten ins Unendliche« bzw. »bestimmt zu werden, zu empfangen« (StA III. 194): »Der Mensch«, bemerkt er (hier in umgekehrter Reihenfolge), »möchte gerne *in* allem und *über* allem sein« (StA III. 163), aber jeder dieser Triebe kann sich allein unter Ausschluss des anderen so weit steigern, dass »oft uns ist, als wäre die Welt *alles* und wir *nichts*, oft aber auch, als wären wir *alles* und die Welt *nichts*« (StA III. 236). Der zweiten Einstellung entspricht Alabandas und Kants Fantasie einer selbsterzeugten Freiheit, der ersten vielleicht, um bei philosophischen Beispielen zu bleiben, Heideggers Seinsdenken.

Nach Hölderlin verkörpert jede dieser beiden einseitigen Übersteigerungen den vergeblichen Versuch, aus sich selbst heraus das vor aller Teilung zwischen Subjekt und Objekt und vor allem Widerstreit zwischen den Grundtendenzen des Lebens bestehende »Sein schlechthin« wiederzuerlangen. Stattdessen sollte es unsere Absicht sein, die beiden Triebe – vor allem durch die Liebe (in der wir zugleich handeln und empfinden) – miteinander zu vereinigen, und auch dann wird ihr Widerstreit nie völlig aufhören, da ihre Vereinigung »nur in unendlicher Annäherung« zu realisieren ist (StA III. 236 f.). Ob es einen Sinn hat, von einem solchen »Sein schlechthin« zu reden, kann hier dahingestellt bleiben. Wichtiger ist es, ein einheitliches sowie unserer Erfahrung gemäßes Bild des Verhältnisses von Freiheit und Welt zu entwickeln, das alle Extreme vermeidet und den unüberwindlichen Dissonanzen des Lebens gerecht wird. Das habe ich in diesem Kapitel mit Hilfe Hölderlins versucht.

Kapitel VII
Zur Ethik des Lesens

Was unter dem Begriff einer »Ethik des Lesens« verstanden werden soll, ist nicht unmittelbar einsichtig. Der Begriff hat sich im Bereich der Literaturtheorie weitgehend unter dem Einfluss von J. Hillis Miller verbreitet. Er suggeriert, dass das Lesen eine Tätigkeit ist, die Fragen ethischer Natur aufwirft. Warum das so sein soll, kann allerdings rätselhaft erscheinen, und die Schriften der Literaturtheoretiker, die sich auf diesen Begriff berufen, haben wenig dazu beigetragen, seine Unklarheit zu beseitigen. Hillis Millers eigene Erläuterungen zählen zu den hilfreichsten. Das Lesen, behauptet er, sei in zweierlei Hinsicht ein ethisches Phänomen, da es zugleich eine Verantwortlichkeit-Gegenüber und eine Verantwortlichkeit-Für enthalte. Hier sind die einschlägigen Textstellen in der Originalsprache:

On the one hand [reading] is a response to something, responsible to it, responsive to it, respectful of it. In any ethical moment there is an imperative, some ›I must‹ or *Ich kann nicht anders*. I *must* do this. I cannot do otherwise. If the response is not one of necessity, grounded in some ›must,‹ if it is a freedom to do what one likes, for example to make a literary text mean what one likes, then it is not ethical.

Andererseits, fährt er fort:

I must take responsibility for my response and for the further effects, interpersonal, institutional, social, political, or historical, of my act of reading.[1]

Diese Bemerkungen sind von Belang, aber zugleich ziemlich vage. Insbesondere stellt sich die Frage: Soll das Lesen *so ähnlich wie*

[1] J. Hillis Miller, *The Ethics of Reading* (New York, 1987), 4, 43.

Zur Ethik des Lesens 197

eine ethisch relevante Handlung sein, insofern es einer Forderung entgegenkommt oder entgegenkommen sollte, oder soll es *selbst* eine derartige Handlung sein? Und wie kann letzteres zutreffen, wenn dies bedeutete, dass wir nicht einer Person, sondern einem Text oder dem Sinn eines Textes Verantwortung schulden? Diese Fragen greift Miller nicht auf. Hinzu kommt eine weitere Schwierigkeit: Auch wenn er im Gegensatz zu vielen zeitgenössischen Literaturtheoretikern die Existenz von so etwas wie dem objektiven Sinn eines Textes anerkennt, demgegenüber wir uns als Leser verantwortlich zeigen sollen, ist es keineswegs klar, was genau er unter diesem Begriff versteht. Obwohl ich ebenfalls der Überzeugung bin, dass die Rede von einer »Ethik des Lesens« etwas Wichtigem auf der Spur ist, werde ich meinen eigenen Weg gehen und noch einmal von vorn anfangen.

§ 1 Das Leseverhältnis

Zunächst zum Begriff der Ethik selbst. In der philosophischen Tradition hat sich die Ethik wesentlich mit zwei verschiedenen, obgleich miteinander zusammenhängenden Fragen befasst: Wie soll man leben, um gut zu leben, und was heißt es, gerecht mit anderen Menschen und sogar auch mit anderen Lebewesen umzugehen? In jüngerer Zeit wird häufig zwischen »Ethik« und »Moral« unterschieden, um den Unterschied zwischen der Frage nach dem guten Leben und der nach der Behandlung anderer terminologisch zu fixieren, obwohl ich mich hier dieser Praxis nicht anschließen werde. Inwiefern ist nun das Lesen ein ethisches Phänomen in der einen oder anderen Hinsicht? Freilich werden wir ein besseres, erfüllteres Leben führen, wenn wir einige gute Bücher gelesen haben, und zudem erhalten wir oft ein tieferes Verständnis der Verpflichtungen, die wir gegenüber anderen haben, wenn wir verschiedene Dinge (von Tageszeitungen bis zur Bibel) gelesen, und zwar aufmerksam gelesen haben. Es kann auch passieren, dass die Art und Weise, wie wir ein bestimmtes Buch lesen, einen erheblichen Einfluss auf das Leben anderer Menschen ausübt, wenn wir unsere Deutung öffentlich bekanntgeben. Das ist eine Möglichkeit, die zur Dimension der von Hillis Miller erwähnten Verantwortlichkeit-Für gehört. In all diesen Fällen handelt es sich um die ethischen Konsequenzen des Lesens.

Der Begriff einer Ethik des Lesens legt aber meines Erachtens etwas Tieferes und weniger Bekanntes nahe, nämlich den Gedanken, dass unsere Beziehung als Leser zu dem, was wir lesen, seien es Bücher oder sonstiges, als solche von ethischer Bedeutung ist. Auf diese Möglichkeit deutet Miller hin, wenn er von der Dimension der Verantwortlichkeit-Gegenüber spricht. Damit das Lesen unser Leben bereichert, damit es die Art und Weise, wie wir andere Lebewesen behandeln, prägen kann, müssen wir erst lesen, und der Gedanke ist, dass der Akt des Lesens an sich die wesentlich ethische Aufgabe enthält, uns gegenüber dem, was wir lesen, verantwortlich zu zeigen. Und dennoch: Wie kann die Verantwortlichkeit des Lesers gegenüber dem, was ein Text sagt, nicht nur unserer ethischen Verantwortlichkeit gegenüber anderen Personen ähneln, sondern an sich eine ethische Beziehung ausmachen? Das ist die Frage, die es hier zu verfolgen gilt, und die anderen Fragen, die mit den Konsequenzen des Lesens für das eigene Leben und das Leben anderer zu tun haben, werde ich beiseitelassen.

Einer der grundlegenden Züge unseres Verhältnisses als Leser zu Texten liegt darin, dass dieses Verhältnis asymmetrisch ist. Wir können den Text lesen, aber der Text ist nicht imstande, uns seinerseits zu lesen. Manchmal reden Literaturtheoretiker wohl von der Möglichkeit, »vom Text gelesen zu werden«. Das ist jedoch eine rein metaphorische Redeweise, die das Erlebnis bezeichnet, von einem Text herausgefordert zu werden, über einige unserer Grundannahmen nachzudenken – ein Erlebnis, das wir nur durch unser Lesen des Textes haben können. Das Lesen ist eine Handlung, die ein Handelnder vollzieht, und Texte ihrerseits sind keine Handelnden oder Personen: Texte sprechen uns nur dann an, wenn sie von uns gelesen werden. Wenn also das Leseverhältnis ein wesentlich asymmetrisches Verhältnis ist und zwar eines, das wir nicht zu einer Person, sondern nur zu etwas anderem, nämlich zu einem Text haben können, wie soll es dann ein Verhältnis sein, das als ethisch gelten kann?

Es könnte das Gefühl aufkommen, dass ich einen anderen, ebenso wichtigen Umstand übergangen habe, der unser Verhältnis als Leser zu dem, was wir lesen, kennzeichnet: Obwohl der von uns gelesene Text keine andere Person ist, wurde er von einer anderen Person geschrieben, um sein Denken und Fühlen in bestimmten Hinsichten zu verkörpern. Dieser Punkt trifft zu und ist sogar absolut entscheidend. Wenn Texte nicht als der Ausdruck der Intention ihrer Autoren begriffen werden, dann kann das Lesen selbst kein Phänomen

Zur Ethik des Lesens

sein, das von Natur aus ethischer Art ist. Wir können dann zwar die vielfältigen Weisen, auf die das Lesen das eigene Leben bereichert und uns hilft, andere besser zu behandeln, in Betracht ziehen und in diesem Sinne von der ethischen Bedeutung des Lesens reden. Aber so etwas wie eine »Ethik des Lesens«, nach der das Lesen als solches von ethischem Belang und unsere Verantwortlichkeit als Leser gegenüber dem, was ein Text sagt oder meint, wirklich eine ethische Verantwortlichkeit ist, kann es nur geben, wenn das Verhältnis des Lesers zum Text letztlich in einem Verhältnis zu einer anderen Person besteht. Wer kann diese andere Person sein, wenn nicht der Autor des Texts? Und worin kann unsere Verantwortung als Leser dem Text gegenüber bestehen, wenn nicht in der Anstrengung, treu zu erfassen, was der Autor meinte, als er den Text so schrieb, wie er ihn schrieb?

Eine Erläuterung des unabdingbaren, wenn auch problematischen Begriffs der »Intention des Autors« werde ich einstweilen verschieben (ich komme im nächsten Abschnitt darauf zurück), um zuerst auf einen weiteren Aspekt des Leseverhältnisses einzugehen, nämlich darauf, dass es uns mit einer anderen Person nur indirekt verbindet. Wenn wir lesen, ist der Autor nicht da, sondern nur der Text. Dieser Umstand, die wesentliche Abwesenheit des Autors, ist ungeheuer folgenreich. Zwar kann eine Ethik des Lesens, falls es sie gibt, nicht völlig *sui generis* sein, insofern sie, wie alle Bereiche der Ethik, die Art und Weise zu ihrem Gegenstand haben müsste, wie wir andere Menschen (oder vielleicht auch uns selbst) behandeln sollen. Zugleich aber würde sie sich damit befassen, wie wir uns jemandem gegenüber verhalten sollen, der nicht bloß für eine gewisse Zeit, sondern notwendig abwesend ist.

Dass das Lesen in der Tat eine ethische Dimension hat und dass es infolge der Abwesenheit des Autors zu einer besonderen Art von ethischen Problemen führt, hat Platon in seiner Kritik des Schreibens am Ende des *Phaidros* geltend gemacht. Freilich bespricht er an jener Stelle eher die Gefahren des Schreibens als die Verantwortlichkeiten des Lesens. Beide sind aber miteinander verbunden, und eine der Ansichten, die Platon Sokrates äußern lässt, deutet auf das Grundanliegen einer Ethik des Lesens hin. Das Ärgernis mit einem Text, bemerkt Sokrates, liegt darin, dass er »überall umherschweifend« (*kulindeitai pantachou*) von denen, die intelligent oder wohlmeinend sind, sowie auch von denen, die es nicht sind, gelesen wird und dennoch von Natur aus unfähig ist, sich gegen die Missbräuche und Missverständnisse der letzteren zu verteidigen: »Wird er [der Text] beleidigt (*plemmeloumenos*) und unverdienterweise (*ouk en dikei*) beschimpft, so bedarf er immer der Hilfe seines Vaters, denn er ist nicht selbst imstande, sich zu schützen noch zu helfen« (275e). Mit »seinem Vater« ist natürlich der Autor des Textes gemeint. Platon weist darauf hin, dass der Text selbst, angeblich im Gegensatz zu seinem Autor, die Fehldeutungen nicht korrigieren kann, durch die seine Leser ihn ungerecht behandeln, wenn sie das, was er sagt, nachlässig oder absichtlich verdrehen.

Nun empfiehlt es sich, die zwei Komponenten von Platons Stellungnahme deutlich voneinander zu unterscheiden: Es wird erstens (i) behauptet, dass der Text einer verzerrenden Interpretation, die man ihm überstülpen will, nicht widersprechen könne, und zweitens (ii), dass der Autor, wenn er anwesend wäre, die fehlerhafte Interpretation endgültig korrigieren könnte. Wir brauchen (ii) nicht zu akzeptieren – und sollten es sogar nicht akzeptieren, da Autoren eine derartige Autorität nicht besitzen (dazu später mehr) – um die entscheidende Bedeutung von (i) für eine Ethik des Lesens zu erkennen. Die Unfähigkeit von Texten, etwas zu entgegnen, folgt aus der wesentlichen Asymmetrie des Leseverhältnisses, die ich bereits unterstrichen habe. Wenn Leute ungerecht behandelt worden sind, sind sie im Prinzip in der Lage (wenn sie nicht dabei getötet wurden), gegen diese schlechte Behandlung zu protestieren. Texte hingegen können sich nicht wehren, wenn sie versehentlich, nachlässig oder absichtlich missdeutet werden. Darin liegt, wie ich schon angedeutet habe, die ethische Besonderheit des Leseverhältnisses.

An dieser Stelle von Platons *Phaidros* lässt sich eine weitere Annahme erkennen, auf die der Gedanke einer Ethik des Lesens angewiesen ist. Das Lesen ist als ein Prozess zu begreifen, in dessen Verlauf wir interpretieren, was wir lesen. »Interpretation« bedeutet dabei ganz allgemein, dass wir einen Text so verstehen, dass er dies oder jenes sagt, und sei es bloß auf der grammatikalischen Ebene, obwohl unsere Ziele üblicherweise ehrgeiziger sind. (Später werde ich zwischen den verschiedenen Zielen der Interpretation unterscheiden). Denn ob ein Text gerecht oder ungerecht behandelt wird, hat damit zu tun, wie wir ihn lesen und insbesondere damit, wie treu unsere Interpretation sich zu dem, was der Text sagt, verhält oder wenigstens zu verhalten sucht. Dass alles Lesen aus Interpretation in diesem weiten Sinn besteht und dass die Ethik des Lesens, wenn so etwas wirklich existiert, die Verantwortlichkeit betrifft, die wir als

Zur Ethik des Lesens 201

Leser dem Sinn eines Textes gegenüber haben, sollte nicht kontrovers sein. Strittigere Fragen stehen uns noch bevor.

§ 2 Die Intention des Autors

Eine dieser Fragen entsteht dadurch, dass das Lesen nur dann an sich ethischer Art sein kann, wenn, wie ich bereits erwähnt habe, unsere Beziehung als Leser zu einem Text letztlich, wenn auch nur indirekt, eine Beziehung zu einer anderen Person ist. Der Text muss als Ausdruck der Intention seines Autors begriffen werden. Wenn zudem ein falsches Lesen oder Missverstehen eines Textes darin besteht, nicht zu erfassen, was der Text sagt – und was anderes könnte »missverstehen« bedeuten, wenn es überhaupt etwas bedeuten soll? –, dann muss das, was der Text sagt, und damit auch sein Sinn, von der Intention seines Autors bestimmt sein. Da ich nun den Gedanken zurückgewiesen habe, der Autor sei der maßgebliche Interpret des Sinns eines Textes, muss ich erklären, wie der Begriff der Intention des Autors meines Erachtens verstanden werden sollte.

Dass es sich dabei um einen unentbehrlichen Begriff handelt, vorausgesetzt, er wird richtig verstanden, sollte unumstritten sein. Leider ist das aber unter Literaturtheoretikern und hermeneutischen Denkern nicht überall der Fall. Von der Kritik des »intentionalen Fehlschlusses« bei William Wimsatt und Monroe Beardsley zu Hans-Georg Gadamers Ablehnung der *mens auctoris* zugunsten der sogenannten »Horizontverschmelzung« von Text und Leser bis zur strukturalistischen und post-strukturalistischen Rede vom »Tod des Autors« hat es viele gegeben, die, oft mit einem Gefühl der Befreiung, wenn nicht sogar des Jubels, geleugnet haben, dass der Sinn eines Textes auf dem beruht, was der Autor meinte.[2] Texte schreiben sich jedoch nicht selbst. Sie werden von Autoren geschrieben, und zwar zu einem Zweck oder zu einer Vielfalt von Zwecken. Wenn das, was ein Text sagt oder meint, nicht von der Intention des Au-

---

[2] S. William Wimsatt und Monroe Beardsley, »The Intentional Fallacy« (1946), Kapitel I in ihrem Buch, *The Verbal Icon* (Lexington, 1954); Hans-Georg Gadamer, *Wahrheit und Methode* (Tübingen, 1972 [1960]), XIX, 280–290, 373; und den klassischen Aufsatz von Roland Barthes, »La mort de l'auteur« (1968), wiederabgedruckt in Barthes, *Le bruissement de la langue* (Paris, 1984), 61–67. Im folgenden Kapitel gehe ich ausführlicher auf die Position Gadamers ein.

tors abhinge, hätten wir keinen Grund davon auszugehen, wie wir es tun, dass wir uns, um den Sinn einer schwierigen Passage zu verstehen, zuerst – wenn nicht ausschließlich – an andere Stellen desselben Textes oder an andere Schriften desselben Autors wenden sollten. Diese Belege erscheinen uns offensichtlich relevant, weil sie genau dieselbe Ursache wie die problematische Passage haben, nämlich den Geist des Autors. Und wenn wir uns dazu veranlasst sehen, über diese Belege hinauszugehen, dann betrachten wir in erster Linie Texte von Autoren derselben Epoche und Kultur, die wichtige Annahmen mit dem gegebenen Autor teilten, oder ältere Texte, die den Autor beeinflusst haben konnten. Die Relevanz dieser Materialien besteht in ihrer kausalen Verbindung zu dem, was der Autor beim Verfassen des Textes meinte: Sie hatten dieselben Ursachen wie die Intention des Autors oder sie haben einen kausalen Einfluss darauf ausgeübt.

Des Weiteren: Wenn wir eine Interpretation einer anderen deshalb vorziehen, weil sie besser zeigt, wie die verschiedenen Teile und Merkmale eines Textes sich zusammenfügen und zusammenarbeiten, ist die Art von Kohärenz, die wir dann festzustellen versuchen, die wechselseitige Anpassung von Mitteln und Zwecken. Wie kann nun ein Text diese Art von Zweckmäßigkeit aufweisen, wenn sie nicht der Ausdruck einer Intention ist, und zwar der Intention des Autors, die dieser hatte, als er den Text verfasste? Manchmal, wie etwa bei der Henry James Novelle *The Turn of the Screw* (»Die Drehung der Schraube«), können wir glauben, dass ein Text so aufgebaut ist, dass er jeden Versuch vereitelt, zu einem eindeutigen Verständnis der darin geschilderten Dinge und Ereignisse zu gelangen. Das heißt: Wir sind überzeugt, dass der Text darauf abzielt, mehrdeutig zu sein. Wenn es sich um einen literarischen Text handelt, könnten wir sogar vermuten, dass es sein Ziel sei, die Vorstellung in Frage zu stellen, die Aufgabe der Interpretation bestehe darin, in einem Text einen verborgenen Schlüssel zu entdecken, der uns gestattet, uns auf alles im Text einen Reim zu machen. Solche Ziele können wir dem Text aber nur insofern zuschreiben, als wir annehmen, sie waren die Ziele des Autors, als er den Text so schrieb, wie er ihn schrieb; und damit wird die Frage danach, wie genau er ein Ziel dieser Art in dem Text erreichen wollte, zum Gegenstand der Interpretation.

Manchmal hingegen kommen wir zu dem Schluss, dass ein Text letztlich keine Kohärenz besitzt, dass er unklar oder sogar widersprüchlich ist, und nicht deshalb, weil sein Autor es so wollte, son-

Zur Ethik des Lesens

dern entgegen jeder Absicht, die wir ihm vernünftigerweise zuschreiben können. Zu diesem Schluss gelangen wir jedoch nur, weil gewisse Teile des Textes an sich einen kohärenten Sinn aufweisen. Denn allein auf dieser Basis sind wir imstande, die Ungereimtheiten oder Lücken im Text als Ganzem wahrzunehmen. Und was kann diese ungleichmäßige Kohärenz des Textes erklären, wenn nicht der Umstand, dass die Intention des Autors, als er ihn verfasste, in gewisser Hinsicht verworren oder undeutlich war?

Wenn wir zudem einen solchen Text aufgrund der in ihm widerstreitenden Elemente schätzen, da uns diese Inkongruenzen die tatsächliche Komplexität seines Themas widerzuspiegeln scheinen, dann können wir dem Text eine Einsicht in die Realität, die wir dem Autor absprechen, nur deshalb zuschreiben, weil wir uns auf die bekannte Tatsache stützen, dass man dazu bewegt sein kann, bald dieses und bald jenes zu denken, ohne sich bewusst zu sein, dass man beides denkt, auch wenn ihre Verknüpfung etwas wichtiges zum Vorschein bringt. Damit es einen Konflikt gibt, muss jedes der widerstreitenden Elemente für sich genommen mit sich selbst zusammenhängen und etwas Eindeutiges sagen, und wie kann es diese zweckmäßige Einheit besitzen, ohne der Ausdruck der Intention des Autors zu sein, als er den Text verfasste? Aus ähnlichen Gründen können wir auch zu dem Schluss kommen, dass ein Text etwas Aufschlussreiches, wenn auch nicht von seinem Autor Beabsichtigtes durch die Art und Weise vermittelt, in der sich seine verschiedenen Elemente gegenseitig stützen: Jeder Teil wurde von seinem Autor intendiert, auch wenn das Ganze, das die Teile ausmachen, nicht intendiert wurde. Insgesamt können wir also nicht erklären, wie ein Text manchmal mehr sagt, als sein Autor selbst sagen wollte, ohne uns auf die Intentionen des Autors zu beziehen. In dieser Hinsicht hat die alte hermeneutische Maxime, »einen Autor besser zu verstehen als er sich selbst verstanden hat«, nur dann einen Sinn, wenn vorausgesetzt wird, dass die Intention des Autors eine grundlegende Rolle bei der Bestimmung des Sinns eines Textes spielt.

Wie können wir überhaupt glauben, dass wir einen Text und nicht eine zufällige Anhäufung von Sätzen vor uns haben, es sei denn, wir nehmen an, dass die Teile dazu bestimmt waren, ein Ganzes auszumachen, dass eine Stelle oder Zeile der vorangehenden folgen sollte, und wer konnte diese Dinge beabsichtigt haben, wenn nicht der Autor? Wir können nicht einmal eine Reihe von Lauten oder Zeichen als einen Satz mit einer grammatikalischen Bedeutung ansehen, wenn wir nicht annehmen, dass sie von jemandem produziert wurde, der sich nach dem herrschenden Sprachgebrauch richten wollte, und insbesondere können wir nicht die Pointe oder Rolle des Satzes erfassen, ohne zu verstehen, wie ihn der Sprecher oder der Autor in dem gegebenen Zusammenhang meinte. Manchmal kann sogar derselbe Satz – etwa »Ich erinnere mich an den Mann mit der Zigarette« – zwei verschiedene grammatikalische Bedeutungen haben (je nachdem, ob sich der Satzteil »mit der Zigarette« auf einen Teil des Erinnerten bezieht oder nicht), und um festzustellen, welche Bedeutung er in einem bestimmten Kontext tatsächlich hat, müssen wir wissen, was der Sprecher meinte, als er ihn äußerte.

Wie all diese Rudimente der Textinterpretation bezeugen, ist es schwer, sich vorzustellen, was es hieße, einen Text zu verstehen, wenn man sich nicht darum bemühte, die Intention des Autors zu ermitteln. Die Schlussfolgerung ist daher nicht, dass man die Intention des Autors nicht vernachlässigen *sollte*, sondern dass man *nicht umhin kann*, in der Autorenintention – so sehr auch verschiedene Theoretiker diesen Begriff verachten – das zu sehen, was den Sinn des Textes ausmacht.[3] Der »Anti-Intentionalismus«, um der von mir zurückgewiesenen Position einen Namen zu geben, übersieht das Offensichtliche. Auch wenn wir uns mit einem Text wie der *Ilias* oder der amerikanischen Verfassung beschäftigen, der nicht das Werk eines einzelnen Autors, sondern einer Vielzahl von (heute vielleicht namenlosen) Individuen über Generationen hinweg ist, erfordert das Verständnis seines Sinns aus denselben Gründen wie in einfacheren Fällen, dass wir erfassen, was jeder für sich oder alle zusammen, wenn auch nicht in vollkommenem Einklang miteinander, als seinen Sinn verstanden wissen wollten.

Allerdings ist die Verbreitung von anti-intentionalistischen Theorien nicht gänzlich unbegründet. Häufig sind sie durch die falsche Identifizierung einer legitimen Zielscheibe entstanden. So besteht ein wichtiger Faktor für ihr Aufkommen gerade in der Vieldeutigkeit der Worte »die Intention des Autors«. In einigen Bedeutungen dieser Wendung – was sich der Autor zu sagen vornahm; was er zu sich selbst sagte, als er den Texte verfasste; oder was er vielleicht im Nachhinein über seine Ziele sagte – lässt sich die Intention des Autors nicht mit dem Sinn des Textes gleichsetzen. Entgegen Platons Annahme ist der Autor nicht der maßgebliche Interpret sei-

---

[3] Vgl. P. D. Juhl, *Interpretation* (Princeton, 1980), Kapitel II.

Zur Ethik des Lesens

nes Textes. Auch in dieser Hinsicht gilt die hermeneutische Maxime, einen Autor besser zu verstehen, als er sich selbst verstanden hat. Natürlich ist der Autor ein Interpret von Interesse, da seine Bemerkungen dieselbe Quelle wie der Text haben, nämlich sein Denken und Fühlen, genauso wie sich andere Werke desselben Autors oder kulturellen Milieus – unter ähnlicher Berufung auf gemeinsame Ursachen – bei der Bestimmung des Sinns eines Texts als nützlich erweisen können. Nützlichkeit ist jedoch nicht dasselbe wie Endgültigkeit. Denn der Sinn des Textes besteht in dem, was er sagt oder enthält, und nicht in dem, was der Autor über den Text sagt. Dass der Begriff der Intention des Autors zum Gegenstand der Skepsis geworden ist, rührt teilweise von berechtigtem Misstrauen gegenüber den allzu häufigen Versuchen her, den Sinn eines Texts auf der Basis der verschiedenen Bemerkungen festzustellen, die der Autor über ihn geäußert hat, sei es vor oder nach dem Verfassen des Textes oder auch innerhalb des Werkes selbst. Auf den letzteren Umstand werde ich allerdings später noch näher eingehen müssen.

Es gilt auch zu vermeiden, den Intentionsbegriff so zu bestimmen, wie E. D. Hirsch es tut, obwohl er viel zur Rehabilitierung dieses Begriffs beigetragen hat. Nach Hirsch besteht die Intention des Autors, durch die auch er den Sinn eines Textes bestimmen will, in dem, was der Autor »vermitteln wollte« (*willed to convey*).[4] Aber nicht nur ist der Begriff des »Wollens« im Allgemeinen, ohne nähere Präzisierung, notorisch dunkel; es kann bekanntlich auch einen großen Unterschied zwischen dem geben, was wir sagen wollen, und dem, was wir am Ende wirklich sagen, und in diesem Zusammenhang geht es um den Sinn der tatsächlich im Text enthaltenen Worte.

Dennoch muss die Intention des Autors nach einer weiteren Auffassung in der Tat als der Sinn des Textes gelten. Hier handelt es sich darum, was der Autor meinte, soweit er diese Intention (oder Vielzahl von Intentionen), mit welchem Grad an Bewusstheit auch immer, im Verfassen des Textes verwirklichte. Denn dies ist der Begriff, der den elementaren Verfahrensweisen der Textinterpretation zugrunde liegt, an die ich weiter oben erinnert habe. Die Annahme, dass andere Teile desselben Textes eine unmittelbare Relevanz für die Frage nach dem Sinn einer problematischen Stelle haben, die

---

[4] E. D. Hirsch, *Validity in Interpretation* (New Haven, 1965), 31: »Verbal meaning is whatever someone has willed to convey by a particular sequence of linguistic signs«. S. auch 46–49.

Erwartung, dass ein Text wenigstens in einem gewissen Maße eine Einheit von Mitteln und Zwecken enthält, die Überzeugung, dass der Gegenstand vor uns überhaupt ein Text und nicht eine zufällige Reihe von Sätzen ist, all diese Elemente beruhen auf der Voraussetzung, dass der Text eine herrschende Absicht (oder Vielzahl von Absichten) verkörpert, und da Texte sich selbst nicht schreiben, worin kann eine solche Absicht bestehen, wenn nicht in der Intention des Autors, soweit diese, wie hervorzuheben ist, in dem Text als solchem zum Ausdruck kommt? Zwar lässt sich die Intention des Autors in diesem Sinne – was ich seine *effektive* oder *realisierte* Intention nennen werde – nicht anders als durch das Betrachten des Textes ermitteln. Das bedeutet aber nicht, dass der Begriff leer und entbehrlich ist. Verzichteten wir darauf zu unterstellen, dass der Sinn eines Textes in dem besteht, was der Autor beim Verfassen des Textes effektiv meinte, dann könnten wir uns, wie ich erklärt habe, auf die elementarsten Aspekte unseres Umgangs mit Texten keinen Reim machen.

Dieser Begriff der effektiven Intention entspricht zudem dem Intentionsbegriff, den wir auf Handlungen überhaupt anwenden. Jemand, der etwas intentional tut, braucht seine Handlung nicht im Voraus geplant zu haben oder an seine Ziele beim Handeln zu denken, und er muss anschließend auch nicht imstande sein, das, was er beabsichtigte, zuverlässig wiederzugeben. Eine Handlungsintention ist Teil der Handlung selbst. Denn nur dadurch wird die Handlung zu einer zielorientierten Tätigkeit, anstatt eine bloß physische Bewegung zu sein.

Es lohnt sich, die Parallele zwischen Texten und Handlungen ein wenig auszudehnen. Zum Beispiel: Genauso wie wir bei einer komplexen Handlung (etwa beim Weben eines Pullovers oder während eines Gesprächs) unseren Blick auf deren ganzen Verlauf richten, jeden Schritt den vorangegangenen anpassen und dabei vielleicht auch unsere Ziele modifizieren, so formiert sich die Intention des Autors, wie sie in einem Text verwirklicht wird, im Allgemeinen im Prozess des Schreibens selbst durch das Wiederlesen und Interpretieren des schon Geschriebenen. Es kann sich deshalb herausstellen, dass bestimmte Passagen des Textes auf andere Passagen hinweisen oder sogar behaupten, sie zu erläutern. Dies bedeutet jedoch nicht, dass die Unterscheidung zwischen der realisierten Intention des Autors, durch die der Sinn des Textes bestimmt wird, und den Bemerkungen, die er vor, während oder nach dem Verfassen des Textes über ihn gemacht haben mag – Bemerkungen, die vielleicht aufschlussreich, aber keineswegs maßgeblich sind –, zusammenbricht. Denn diese Art von Selbstinterpretation kommt in dem Text selbst vor, im Gegensatz zu den Kommentaren, die der Autor darüber von außen macht. Sie bildet also einen Bestandteil der Intention des Autors, so wie sie sich im Text verwirklicht hat, genau wie die Selbstüberwachung eines Handelnden ein Teil der von ihm vollzogenen Gesamthandlung ist. Daraus folgt aber, dass die Gedanken des Autors zum Sinn eines gewissen Aspekts oder Abschnitts seines Textes, soweit sie in anderen Teilen des Textes zum Ausdruck gekommen sind, lediglich bestimmen, was diesen anderen Teilen zufolge der Sinn des Aspekts oder Abschnitts ist, aber nicht notwendigerweise, was dessen Sinn tatsächlich ist. Vielleicht sind gewisse Züge von Miltons Satan trotz der Schlüsse, die wir aufgrund anderer Stellen von *Paradise Lost* offenkundig ziehen sollen, sympathisch genug, um die Behauptung William Blakes zu rechtfertigen, Milton »gehörte der Partei des Teufels an, ohne es zu wissen« (*was of the devil's party without knowing it*). Das würde bedeuten, dass Milton im Verfassen des Gedichts mit sich selbst uneinig war.

Wenn es um Fragen der Textinterpretation geht, tut man im Allgemeinen gut daran, sich an der Weise zu orientieren, wie wir im täglichen Leben die Handlungen und Äußerungen anderer interpretieren. Jede Theorie, die bei Anwendung auf solche Phänomene zu falschen oder absurden Konsequenzen führt, ist vermutlich zurückzuweisen. Dieses Prinzip ließe sich sogar als Korollar der Universalität der Hermeneutik begreifen, wie Friedrich Schleiermacher sie zu Beginn des 19. Jahrhunderts geltend machte, als er schrieb, dass er sich in seinen alltäglichen Gesprächen häufig dabei ertappte, dieselben Methoden der Interpretation zu benutzen, die uns in der Lektüre von Texten lenken sollten:

[I]ch ergreife mich sehr oft mitten im vertraulichen Gespräch auf hermeneutischen Operationen, wenn ich mich mit einem gewöhnlichen Grade des Verstehens nicht begnüge, sondern zu erforschen suche, wie sich wohl in dem Freunde der Übergang von einem Gedanken zum anderen gemacht habe, oder wenn ich nachspüre, mit welchen Ansichten, Urteilen und Bestrebungen es wohl zusammenhängt, dass er sich über einen besprochenen Gegenstand grade so und nicht anders ausdrückt... Ja, ich gestehe, dass ich diese Ausübung der Hermeneutik im Gebiet der Muttersprache und im unmittelbaren Verkehr mit Menschen für einen sehr wesentlichen Teil des gebildeten Lebens halte, abgesehn von allen philologischen oder theologischen Studien.[5]

Freilich muss die Parallele zwischen Texten und Handlungen oder gewöhnlichen Gesprächen, wie lehrreich (und zu selten genutzt) sie auch sei, mit Vorsicht entwickelt werden. Es wäre falsch zu unterstellen, dass die Intention eines Autors, soweit sie den Sinn seines Textes bestimmt, in jeder Hinsicht den Intentionen ähnelt, mit denen Menschen im Alltag handeln und reden. Eine zweite Quelle des Misstrauens gegenüber dem Intentionsbegriff liegt ja in der häufig berechtigten Ablehnung von biographischen Ansätzen, die das, was der Autor meinte, unter Bezugnahme auf seine Erfahrung, seine persönlichen und historischen Umstände, seine verschiedenen Bemerkungen über sein Werk und mancherlei andere Dinge, erklären – kurz, genauso wie wir gewöhnlich jemandes Handeln oder Reden aufgrund unserer Kenntnisse über seine Person und seine Situation deuten. Denn betrachtet man ein Werk als Spiegelbild des Lebens des Autors und seiner Zeit, so übersieht man, dass sich Texte literarischen, philosophischen oder wissenschaftlichen Charakters durch eine Suspendierung von alltäglichen Belangen und durch eine Hingabe an die besonderen Forderungen der schöpferischen Einbildungskraft und literarischen Form, philosophischen Tiefe und Argumentation oder wissenschaftlichen Präzision und Beweisführung auszeichnen.

Und dennoch besteht der Sinn eines solchen Textes in dem, was sein Autor in dem Bestreben, diesen Forderungen zu genügen, als dessen Sinn verstanden wissen wollte – wiederum insofern, als sich diese Intention in dem Text verwirklicht hat. Obwohl ein lyrischer Dichter sein Gedicht vom Standpunkt einer Persona aus und nicht als Ausdruck des eigenen Denkens und Fühlens schreiben mag, ist diese Persona ein Kunstmittel, das der wirkliche Dichter ersonnen hat, und das Verständnis des Sinns des Textes verlangt, dass wir den Zweck feststellen, den er dabei verfolgte. Freilich empörte sich Proust über die biographische Methode Sainte-Beuves, da sie »darin besteht, den Menschen und das Werk nicht voneinander zu unterscheiden, sich mit allen möglichen Auskünften über den Schrift-

---

[5] Friedrich Schleiermacher, »Über den Begriff der Hermeneutik« (1829), in Schleiermacher, *Hermeneutik und Kritik*, hg. M. Frank (Frankfurt, 1977), 315.

steller umgeben, seinen Briefwechsel zu sammeln, diejenigen zu befragen, die ihn gekannt haben« und so weiter. Er wies sie aber im Grunde deshalb zurück, weil, wie er schreibt, »diese Methode verkennt, was ein etwas tieferer Umgang mit uns selbst uns leicht lehrt: ein Buch ist das Erzeugnis eines anderen *Selbst*« – das Wort wurde von Proust selber hervorgehoben – »als dessen, was wir in unseren Gewohnheiten, in der Gesellschaft, in unseren Lastern zutage treten lassen«.[6] Also sollten wir bei der Lektüre literarischer Werke nicht nur auf das achten, was sie entweder direkt oder mittels des Gebrauchs von Personae und Figuren *sagen*, sondern auch auf das, was sie *tun*, indem sie existierende Konventionen und Ausdrucksweisen sondieren, ändern, problematisieren oder weiter ausarbeiten. Wenn wir aber einem Text solche sogenannten »literarischen« Züge zuschreiben, müssen wir unterstellen, dass sie auch zu dem gehören, was dieser Text nach der Absicht des Autors verkörpern sollte, soweit sich diese Intention im Werk realisiert hat. In der Regel besteht der Sinn eines literarischen Werkes in einer mit seinem Inhalt mehr oder weniger intim verbundenen Beschäftigung mit Form – aber nur deshalb, weil es schließlich die Absicht des Autors war, einen derartigen Text zu schreiben.[7]

---

[6] Marcel Proust, *Contre Sainte-Beuve* (Paris, 1987), 127: »Cette méthode, qui consiste à ne pas séparer l'homme et l'œuvre, à s'entourer de tous les renseignements possibles sur un écrivain, à collationner ses correspondances, à interroger les hommes qui l'ont connu, ... cette méthode méconnaît ce qu'une fréquentation un peu profonde avec nous-mêmes nous apprend: qu'un livre est le produit d'un autre *moi* que celui que nous manifestons dans nos habitudes, dans la société, dans nos vices.«
[7] Ich erwähne beiläufig eine heikle Frage, auf die ich hier nicht eingehen kann: Wie viel gehört zum Inhalt der (realisierten) Intention eines Autors oder einer Intention überhaupt – all die logischen Folgerungen der Intention oder nur diejenigen, der man sich derzeit bewusst ist? Die zweite Antwort kann nicht zutreffen. Denn wenn ich etwa behaupte, »Die Katze liegt auf der Matte«, dann will ich damit verneinen, nicht nur dass sie auf dem Sofa liegt, wo sie gestern war, sondern alle die Gegenteile zu dem von mir Behaupteten, was immer sie auch seien, auch wenn ich sie jetzt nicht aufzählen kann. Jemand, der das nicht meinte, verstünde nicht, was es heißt, etwas zu behaupten. Wahrscheinlich lautet die beste Antwort, dass ich mit meiner Behauptung alle die Gegenteile verneine, was immer sie auch seien, die mir vorschweben könnten. Auf jeden Fall stellt dieses Problem des Inhalts einer Intention die These, der Sinn eines Textes liegt in der realisierten Intention seines Autors, nicht direkt in Frage.

§ 3 Sinn und Bedeutung

Wir lesen Texte jedoch nicht allein, um ihren Sinn zu verstehen. Wir wollen nicht nur oder nicht einmal hauptsächlich feststellen, was der Autor eines Textes meinte, sondern was der Text für uns bedeutet. So können wir uns etwa dafür interessieren, wie er eine größere kulturelle Bewegung repräsentiert oder andere Werke beeinflusst hat. Häufiger wollen wir herausfinden, wie er unsere eigenen Interessen und Sorgen anspricht. Wenn es sich um einen Rechtstext (ein Gesetz, eine gerichtliche Entscheidung oder eine Verfassungsbestimmung) handelt, wollen wir vielleicht seine Relevanz für eine gegebene Rechtssache oder für ein bestimmtes Sozialproblem ermitteln. Alle diese Bemühungen setzen aber voraus, dass wir uns eine Vorstellung von dem machen, was der Text selbst sagt oder meint. Denn wie sonst können wir seine Relevanz auf diese verschiedenen Weisen beurteilen? Was nun der Text meint, besteht in dem, was der Autor intendierte, soweit sich seine Intention im Text verwirklicht hat. Dementsprechend ist es unentbehrlich, zwischen dem *Sinn* eines Textes und – wie ich nunmehr dieses Wort gebrauchen werde – seiner *Bedeutung*, d. h. seiner Relevanz für die jeweiligen Anliegen des Lesers, zu unterscheiden. Die Wichtigkeit einer solchen Unterscheidung haben auch andere erkannt, vor allem E. D. Hirsch, obwohl er sich, wie erwähnt, auf eine fehlerhafte Auffassung der Intention des Autors stützt, um den Sinn eines Textes begrifflich zu bestimmen.[8]

Da wir beim Lesen nicht nur verstehen wollen, was der Text meint, sondern auch, was er für uns bedeutet, befasst sich die Praxis der Interpretation gewöhnlich mit der Feststellung von beidem. Es ist nicht immer nötig, Sinn und Bedeutung in unserer Lektüre eines Textes auseinanderzuhalten. Häufig ist es sogar nicht leicht. Denn zur Bestimmung von beidem – was ein Text sagt und wie er für uns wichtig sein mag – sind Schlussfolgerung, Einbildungskraft und Empfindungsvermögen im Zusammenspiel miteinander erforderlich, und wenn wir beim Lesen auf den Text in einer derart

---

[8] Hirsch, *Validity in Interpretation*, 8 f., 140 f., 255. Es sollte klar sein, dass diese Unterscheidung nichts mit der berühmten sprachphilosophischen, von Frege eingeführten Entgegensetzung von »Sinn« und »Bedeutung« zu tun hat. Seltsamerweise hat aber Hirsch (211) die beiden Unterscheidungen miteinander gleichgesetzt.

vielschichtigen Weise reagieren, verlieren wir oft den Unterschied zwischen den beiden Zielen aus den Augen.[9] Letzten Endes ist die einzig sichere Methode, sie voneinander zu unterscheiden, die Reflexion: Wir müssen uns fragen, welche Teile unseres Verständnisses eines Textes wesentlich von den eigenen Interessen abhängen und sich ändern müssten, wenn unsere Interessen andere wären. Auch dabei können wir auf die Komplikation stoßen, dass uns vielleicht die eigenen Interessen auf bestimmte Aspekte des Textes selbst aufmerksamer gemacht haben, als wir es sonst gewesen wären, so dass wir feststellen müssen, ob es abgesehen von diesen Interessen noch Gründe gibt, dem Text die fraglichen Züge zuzuschreiben. Doch sind alle diese Schwierigkeiten nicht unüberwindbar. Die Unterscheidung zwischen dem Sinn und der Bedeutung eines Textes ist stichhaltig, wie sich nicht zuletzt daran zeigt, dass sich ein Text nur aufgrund dessen, was er sagt oder meint, als relevant erweisen kann.

Nun gilt, dass es normalerweise zur Intention des Autors gehört, dass sein Werk auf bestimmte Weisen bedeutsam oder relevant wird. Vermutlich will kein Autor, dass sein Text lediglich als Ausdruck seines Denkens und Fühlens gelesen wird, sondern dass seine Leser ihn auf ihre eigene Situation anwenden. Denn nur dann werden sie das Werk genießen oder etwas von ihm lernen. Es kann also vorkommen, dass der Autor in dem Werk selbst darauf hinweist, welchen Gebrauch der Leser davon machen soll.

Beabsichtigte und tatsächliche Relevanz sind jedoch zwei unterschiedliche Dinge. Soweit die beabsichtigte Relevanz zur effektiven Intention des Autors gehört, ist sie Teil dessen, was der Text sagt oder meint, – mit anderen Worten, seines Sinns –, wie paradigmatisch in der letzten Zeile von Rilkes Sonett *Archaïscher Torso Apollos*: »Du mußt dein Leben ändern.« Die Bedeutung, die der Text tatsächlich erhält, hängt dagegen nicht nur vom Text, sondern auch von den Interessen und Ansichten seiner Leser ab. Man denke an gewisse Bestimmungen politischer Verfassungen, deren intendierter Sinn lautet, dass gewisse Regierungsorgane ermächtigt sind, sie zu

---

[9] Dieses Phänomen hat verschiedene rezeptionstheoretische Ansätze, wie etwa die Wirkungsästhetik von Wolfgang Iser (s. sein Buch *Der Akt des Lesens*, München, 1976) dazu geführt, die Ansichten des Lesers zu dem, was ein Text sagt, als lediglich einen Aspekt unter anderen seiner Gesamtreaktion auf den Text – als lediglich eine »Wirkung« des Texts unter anderen – aufzufassen und damit den Sinn des Textes in seine Bedeutung aufzulösen.

»interpretieren«, d. h. sie an wandelnde Bedingungen anzupassen, selbst wenn diese Regierungsorgane, etwa Verfassungsgerichte, das Dokument dann auf eine Weise auslegen, die sich von den Erwartungen der Autoren deutlich unterscheidet. Oder man denke an meinen Befehl: »Tun Sie, was Ihnen am besten erscheint!« Wenn die Person, die ich anrede, dann tut, was ihr am besten erscheint, zeigt sie, dass sie den Sinn meiner Worte verstanden hat, obwohl die spezifische Handlung, durch die sie den Befehl ausführt, vielleicht nicht dem entspricht, was ich mir von ihr erhofft habe. Es kann sein, dass William Blake unter den Worten »dunkle satanische Mühlen« in seinem berühmten Gedicht *Jerusalem* nicht so sehr Fabriken oder Kirchen der anglikanischen Staatskonfession (die zwei üblichen Deutungen) meinte, als vielmehr was auch immer seine Leser als die Einrichtungen ansehen mögen, durch die die menschliche Seele zerstört wird. Aber wenn dies zutrifft, dann war es seine (effektive) Intention, und der Sinn dieser Worte ist daher von den konkreteren Auslegungen zu unterscheiden, die verschiedene Leser ihnen anschließend gegeben haben.[10]

Die vorgeschlagene Unterscheidung zwischen Sinn und Bedeutung ermöglicht es uns, einen dritten Grund des Misstrauens gegenüber dem Begriff der Autorenintention zu beseitigen. Der Gedanke, dass der Sinn eines Textes durch die Intention seines Autors bestimmt sei, steht nicht, wie vielfach vermutet wird, im Widerspruch zu dem Umstand, dass literarische und philosophische Werke – und sicherlich die größten unter ihnen – das Vermögen haben, Leser auf immer neue Weise anzusprechen. All das festzustellen, was ein Text sagt oder meint, kann zwar manchmal außerordentlich schwierig sein und sogar als eine unendliche Aufgabe erscheinen. Aber die Unerschöpflichkeit eines Textes besteht grundsätzlich in seiner Fähigkeit, sich als relevant für die vielen verschiedenen Interessen verschiedenster Art zu erweisen, mit denen Leser in unterschiedlichen Kontexten und historischen Umständen an ihn herangehen. Das Unerschöpfliche an einem Text ist sein Bedeutungspotential, nicht

---

[10] Auf die komplexe Frage, was es heißt, die Bedeutung eines Textes richtig zu interpretieren, kann ich hier nicht eingehen. Im Allgemeinen lässt sich sagen, dass Richtigkeit in dieser Hinsicht von zwei Faktoren abhängt: Nicht nur muss der Sinn des Textes richtig verstanden, sondern die Kriterien, die zu den bestimmenden Interessen des Lesers gehören, müssen auch erfüllt werden.

sein Sinn, obwohl das Vermögen der großen Werke, sich auf immer neue Weise bedeutsam zu zeigen, in der Tiefe dessen liegt, was sie sagen oder meinen.

§ 4 Lesen und Respekt

Nachdem der Begriff der Autorenintention verdeutlicht worden ist, kann ich zur Ethik des Lesens zurückkehren. Bislang lautete mein Argument folgendermaßen: Wenn es so etwas wie eine Ethik des Lesens geben und wenn das Verhältnis des Lesers zu einem Text als ein ethisches gelten soll, dann muss dieses Verhältnis letztlich in einem Verhältnis zu einer anderen Person bestehen. Ferner habe ich gezeigt, dass das Leseverhältnis in der Tat ein derartiges Verhältnis ausmacht. Denn das, was ein Text sagt oder meint und was wir also als Leser zunächst einmal zu erfassen haben, ist das, was der Autor im Verfassen des Textes effektiv meinte. Zugleich habe ich aber bemerkt, dass der ethische Charakter des Leseverhältnisses von einer besonderen Art ist, da es uns nicht unmittelbar in Beziehung zum Autor setzt, der abwesend ist, sondern zum Text, der, anders als eine Person, nicht dagegen protestieren kann, wenn er schlecht behandelt, d. h. missdeutet wird. Dazu kommt: Selbst wenn der Autor anwesend wäre, wenn wir lesen, und den Einwand erhöbe, wir hätten den Sinn von dem, was er schrieb, falsch verstanden, so wäre seine Interpretation dieses Sinns (also dessen, was der Text an sich sagt, im Gegensatz zu seiner Bedeutung für den Leser) weder notwendigerweise richtig, noch unsere eigene Interpretation notwendigerweise falsch. Das, was der Text sagt, besteht in dem, was der Autor sagen wollte, während er ihn schrieb. Niemand kann mit absoluter Autorität für den Text sprechen, und der Text kann sich selbst nicht verteidigen.

Gerade angesichts dieses Unterschieds zwischen dem Text und seinem Autor – der Text ist keine Person, noch ist das, was er sagt oder meint, das Eigentum des Autors (obwohl der Text als eine Reihe von Wörtern sein durch Urheberrechte geschütztes Eigentum sein mag) – kann man sich aber die Frage stellen, ob das Leseverhältnis tatsächlich ein ethisches Verhältnis ist und ob es deshalb so etwas wie eine Ethik des Lesens gibt. Tut man dem Autor wirklich ein Unrecht an, wenn man einen Text missdeutet und das, was er sagt oder meint, falsch interpretiert? Meines Erachtens ist das so, wenn das Missdeuten nicht einfach aus Versehen, sondern durch

Nachlässigkeit oder bewusste Verfälschung geschieht, und besonders (obwohl nicht ausschließlich) wenn man die Missdeutung nicht für sich behält, sondern sie öffentlich verbreitet. Denken wir noch einmal an die Ähnlichkeit zwischen einem Text und einer Handlung: Handlungen wie Texte sind, was sie sind, indem sie die Intentionen ihrer Urheber ausdrücken. Eine Art, andere Menschen schlecht zu behandeln, besteht nun darin, dass man ihnen ein Unrecht in Bezug auf ihre Intentionen antut. Angenommen etwa, jemand sähe die Handlungen eines Menschen als so unbedeutend an, dass er seine Geste nicht als das großzügige Angebot anerkennte, das sie ist, oder es sogar nützlich fände, dieses Angebot als etwas ganz anderes zu schildern, z. B. als den Versuch einer Anbiederung: Sicherlich dächten wir dann, dass er diesen Menschen ungerecht behandelt hätte, obwohl der unmittelbare Gegenstand des Unrechts dessen leichtfertig oder böswillig gedeutete Handlung war, und obwohl diese Handlung weder eine Person ist (und sich deshalb nicht verteidigen kann) noch das Eigentum des Handelnden, dessen nachträgliche Aussagen über seine Intentionen nicht autoritativ sind. Ihm wäre ein Unrecht geschehen, indem seine Handlung, so wie er sie vollzog, geringgeschätzt bzw. verfälscht wurde.

Ähnlich verhält es sich mit Autoren und Texten. Ich will nicht behaupten, dass wir dem Autor ein Unrecht antun, wenn wir seinen Text auf eine Weise behandeln, die seinen Wünschen zuwiderläuft. Wenn wir den Text überfliegen, nur einen Teil davon oder das Ende vor dem Anfang lesen, oder wenn wir darin eine Bedeutung für unsere Zwecke finden, die der Autor als anstößig ansehen würde, so tun wir ihm damit ebenso wenig ein Unrecht an wie einem anderen Menschen, indem wir auf seine Handlung in einer Weise reagieren, die ihm nicht gefällt. Es ist aber eine völlig andere Sache, wenn wir den Sinn des Textes selbst verdrehen, und dies nicht deshalb, weil wir lediglich einen Fehler gemacht haben, sondern weil wir es nicht einmal für nötig gehalten haben, ihn richtig zu verstehen oder weil wir es nützlich gefunden haben, das, was der Text sagt, zu entstellen. Dann behandeln wir den Autor ganz anders, als er es verdient. Um dies zu erkennen, brauchen wir nur darüber nachzudenken, wie wir reagieren würden, wenn die Situation umgekehrt wäre und wir selbst der Gegenstand einer solchen Behandlung wären. Würden wir uns nicht ärgern, weil wir dächten, dass uns ein Unrecht angetan wurde, wenn jemand fahrlässig oder vorsätzlich missdeutete, was wir geschrieben haben? Das ist jedenfalls unser Gefühl, wenn das, was wir gesagt haben, verdreht wird, und warum sollte der Umstand, dass es sich um etwas Geschriebenes handelt, unsere Reaktion ändern?[11]

Wie ich angemerkt habe, wird das Unrecht von Belang, sobald die Entstellung des Sinns des Autors nicht für sich behalten, sondern irgendwie bekannt gemacht wird. Dieser Umstand lässt sich ebenfalls durch die Parallele mit Handlungen erklären. Sich eine nachlässige oder absichtlich verfälschende Vorstellung von der Intention zu machen, mit der jemand gehandelt hat, ist nicht dasselbe wie diese Ansicht in dem, was man sagt oder tut, offen auszudrücken. Ersteres ist nicht gut, letzteres aber ist weitaus schlimmer. Denn es handelt sich dabei nicht mehr lediglich um einen Gedanken, sondern um eine Tat, deren Verwerflichkeit – ganz unabhängig von ihren möglichen Folgen – darin besteht, dass man vor aller Augen zeigt, mit welcher Geringschätzung oder Verachtung man den anderen betrachtet. Ähnliches gilt auch, wenn man den Sinn eines Autors nachlässig oder absichtlich entstellt. Dies öffentlich zu tun ist eine Missachtung seiner Person.

Allerdings unterscheiden sich Texte von Handlungen in einer wichtigen, schon erwähnten Hinsicht. Normalerweise befinden sich Handelnde in der Nähe ihrer Handlungen, so dass sie protestieren können, wenn ihre Handlungen falsch ausgedeutet werden, oder wenigstens wenn sie glauben, dass dem so ist. Texte im Gegenteil, wie Platon bemerkt, »schweifen überall umher« und werden selten von ihren Autoren oder jemand anderem begleitet, der sich für sie einsetzen kann, wenn sie falsch gelesen werden. Nun könnte man sich denken, dass gerade dieser Unterschied zeigt, wie fragwürdig es ist, anzunehmen, dass ein nachlässiges oder absichtliches Verdrehen des Sinns eines Textes darauf hinausläuft, dem Autor Unrecht anzutun. Denn nehmen wir an, so lautet der Einwand, dass der Autor schon tot ist, und zwar seit Jahren oder sogar Jahrhunderten, wie kann man dann sagen, dass eine solche Verdrehung seiner Worte ihm Unrecht zufügt? Dieser Einwand vergisst jedoch die vielfältigen Weisen, in denen Tote ungerecht behandelt werden können, wie wenn der

---

[11] Selbst dann, wenn man den Sinn eines Textes vorsätzlich oder leichtfertig so verdreht, dass er besser (etwa interessanter oder tiefer) erscheint, als er tatsächlich ist, wird der Autor, wenn nicht vielleicht »schlecht«, so doch immer noch ungerecht behandelt, gerade wie jemand, deren Handlung auf ähnliche Weise verfälscht wird.

letzte Wunsch eines Sterbenden nicht respektiert, das Andenken der Opfer eines Völkermords entehrt oder der Ruf eines Menschen nach seinem Tod verleumdet wird. Hinzu kommt also noch eine weitere Möglichkeit: Auch toten Autoren, nicht nur lebenden, wird durch nachlässige oder vorsätzliche Entstellungen Unrecht angetan und gerade weil sie nicht mehr da sind, um zu protestieren, sind solche Missdeutungen in ihrem Fall besonders verbreitet.

Einen Text zu schreiben, etwas von sich schriftlich auszudrücken, heißt also, sich anderen gegenüber verletzlich zu machen. Darin liegt die grundsätzliche Bedeutung der Ethik des Lesens. Denn durch sie wird das Wesen selbst des ethischen Denkens zum Vorschein gebracht. Abstrakt formuliert besteht der moralische Standpunkt darin, das Wohl anderer Menschen für sich, unabhängig von unseren eigenen Interessen, als einen hinreichenden Grund anzusehen, so oder anders zu handeln. Mithin zeigt sich unser moralischer Charakter am deutlichsten in der Weise, wie wir Menschen behandeln, die besonders schutzlos sind, die wenig Macht, geringe Ressourcen oder keinen sozialen Rang haben, aufgrund derer es für uns vorteilhaft wäre, sie gut zu behandeln. Wenn eine richtige Handlung zugleich von Vorteil für uns ist, lässt sich fragen – und vielleicht fragen wir uns dies selbst –, was unsere wirklichen Motive waren und welche Einstellung anderen gegenüber wir im Grunde haben. Diese Bedenken werden zerstreut, wenn sich zeigt, wie wir uns in Situationen verhalten, in denen das moralisch Richtige und das Nützliche, das *honestum* und das *utile*, auseinanderlaufen, in denen andere Menschen nicht die Mittel haben, uns dazu zu bewegen, sie gerecht zu behandeln. Zu solchen Situationen gehören nun jene, in denen wir lesen und interpretieren, was ein anderer geschrieben hat. Wie sehr wir dabei bemüht sind, uns dem Text und dem, was der Autor meinte, gegenüber treu zu verhalten, sagt schon viel über unseren moralischen Charakter überhaupt aus. Obwohl ich nicht so weit gehen würde zu behaupten, dass ein schlechter Leser kein guter Mensch sein könne, bezweifle ich, dass ein ständig nachlässiger oder skrupelloser Leser ein solcher sein dürfte. Jemand, den es nicht stört, den Sinn eines Textes zu entstellen, da der Autor nicht dabei ist, um zu protestieren (ob letzterer den Sinn des von ihm Geschriebenen richtig versteht oder nicht), zeugt von einer Gleichgültigkeit gegenüber der Art und Weise, wie ein anderer Mensch verstanden werden will – einer Bereitschaft, die Worte anderer für seine eigenen Zwecke zu verdrehen –, die er ebenso gut in seinem alltäglichen, persönlichen Umgang mit schwachen und schutzlosen Menschen zeigen könnte.

Damit sage ich also nicht, dass nachlässiges oder absichtliches Missdeuten ein besonders schweres Vergehen ausmacht. Es gibt weit schlimmere Dinge, die man jemandem antun kann, als ihn auf diese Weise zu missdeuten. Mir geht es darum herauszustellen, was ein derartiger Mangel an Respekt vor dem, was jemand geschrieben hat, über den Charakter derjenigen sagt, die sich so verhalten, und mithin über die Art und Weise, wie sie sich vermutlich auch in anderen Kontexten verhalten würden.

Ich schließe mit einer etwas ähnlichen Anmerkung von Karl Kraus, die von der Wichtigkeit des Respekts vor der Sprache handelt, sei es im Sprechen und Schreiben (sein explizites Thema) oder auch im Lesen, wie wir hinzufügen dürfen. Dieser Respekt, bemerkt Kraus, besteht in

einer geistigen Disziplin, die gegenüber dem einzigen, was ungestraft verletzt werden kann, der Sprache, das höchste Maß einer Verantwortung festsetzt und wie keine andere geeignet ist, den Respekt vor jeglichem andern Lebensgut zu lehren.[12]

Dem Gedanken zufolge, dem Kraus in diesem Text wie in so vielen seiner Schriften nachgeht, sollten wir die Regeln, Traditionen und Ausdruckskräfte unserer Sprache nicht allein im Interesse der wirksamen Kommunikation mit anderen achten, sondern auch deshalb, weil sich darum zu kümmern, wie man spricht und schreibt, letztlich bedeutet, sich um die Integrität des eigenen Denkens zu kümmern. Die Sprache ist kein bloßes Werkzeug, sondern das Medium unseres Seins.

Ich denke nicht, dass der Respekt vor der Sprache eine im strikten Sinne ethische Haltung ist, da er nicht in einer Beziehung zu einer Person besteht (es sei denn, er verkörpert einen Respekt vor uns selbst). Aber diese Art von Respekt, wie Kraus andeutet, hilft uns zu begreifen, was es eigentlich heißt, einen anderen Menschen zu respektieren. Wenn wir jemandem in unseren alltäglichen Inter-

---

12 Kraus, »Die Sprache«, in: *Magie der Sprache* (Frankfurt, 1982), 344. Dieser Aufsatz, einer der letzten, die in *Die Fackel* veröffentlicht wurden (Ende Dezember 1932), erschien kurz nach der Ernennung Hitlers zum Reichskanzler durch Hindenburg am 30. Januar 1933.

aktionen keinen Respekt erweisen, müssen wir in der Regel einen Preis dafür zahlen – er wird sich rächen, wir werden rechtlich bestraft, andere Menschen werden sich eine schlechte Meinung über unseren Charakter bilden –, so dass wir andere vielleicht deshalb respektieren, weil wir die Konsequenzen fürchten, die entstünden, wenn wir uns anders verhielten. In diesem Fall ist unsere Haltung nicht eigentlich eine des Respekts, wie sie es ist, wenn wir andere respektieren, ohne an solche Sanktionen zu denken. Demgegenüber kann der Respekt vor der Sprache gewöhnlich ohne irgendwelche negativen Auswirkungen verletzt werden. Ein nachlässiger Sprachgebrauch oder eine verworrene oder obskurantistische Ausdrucksweise bringen einen selten in Schwierigkeiten. Deshalb sieht Kraus in einem Verantwortungsgefühl gegenüber der Sprache, die wir sprechen und schreiben, eine Form von Selbstdisziplin, die »wie keine andere geeignet ist, den Respekt vor jeglichem anderen Lebensgut zu lehren«. Es gewöhnt uns daran, uns ohne Hintergedanken dem zu beugen, was einen Eigenwert besitzt.

Nun ist der Respekt vor dem objektiven Sinn eines Textes, wie ich gezeigt habe, tatsächlich eine ethische Haltung, insofern dieser Sinn die effektive Intention des Autors ausdrückt. Er besitzt aber denselben propädeutischen Vorzug wie der Respekt vor der Sprache. Er kann auch ungestraft verletzt werden. Wenn wir uns also als Leser anstrengen, das, was ein Text wirklich sagt, möglichst treu zu erfassen, lernen wir die Grundlage alles moralischen Denkens schätzen: nämlich, dass wir alle gerecht behandeln sollen, unabhängig davon, ob es für uns vorteilhaft ist, sie so zu behandeln – gerade so, als wären sie zu schwach, um sich zu rächen, wenn wir uns anders verhielten, gerade so, als wären sie, wie der Autor eines Textes, nicht einmal dabei, um zu bemerken, wie wir sie behandeln. In dieser Hinsicht befasst sich die Ethik des Lesens nicht bloß mit einer ethischen Beziehung unter anderen. Weit davon entfernt, nur einen fraglichen Bereich der Ethik zu bilden, weist sie auf den eigentlichen Kern des moralischen Standpunkts hin.

Kapitel VIII
Interpretation und Gespräch: Reflexionen zu Gadamers *Wahrheit und Methode*

§ 1 Odi et amo

Als 1960 Hans-Georg Gadamers *Wahrheit und Methode* erschien, wurde es sofort als Klassiker der Philosophie angesehen. Jetzt, mehr als fünfzig Jahre später, bleibt sein Ruhm unangetastet.[1] *Wahrheit und Methode* gilt immer noch als ein Werk, das die philosophische Landschaft verändert hat, ein Meilenstein, mit dem sich jeder auseinandersetzen muss, der sich systematisch für Themen wie Interpretation, Kunst, Sprache, und Geschichtlichkeit interessiert. Klassiker können aber Mängel aufweisen, und zwar so grundlegende, dass man sie streckenweise mit Ärger liest und sich daran erinnern muss, dass auch die wertvollsten Einsichten manchmal um den Preis großer Irrtümer erkauft werden. So reagiere ich, wann immer ich Gadamers *Wahrheit und Methode* aufschlage. Es ist, als wohnten, ach, zwei Seelen in meiner Brust. Ich sehe vor mir ein Buch, das ich liebe, aber auch hasse; ein Buch, in dem ich viel Lobens-, aber auch viel Tadelnswertes finde.

In diesem Kapitel setze ich mir die Aufgabe, diese gemischte Reaktion zu erläutern, und nicht nur deshalb, weil ich den Charakter von Gadamers Leistung deutlicher herausstellen will, als das meines Erachtens bisher getan worden ist. Dabei werden – so meine ich – auch die Themen selbst, mit denen Gadamer sich befasste, erheblich an Klarheit gewinnen.

---

[1] Eine erste Version dieses Kapitels habe ich im November 2010 bei der Tagung »Die Zukunft der Hermeneutik. 50 Jahre *Wahrheit und Methode*« an der Freien Universität Berlin vorgetragen.

Das *odi-et-amo*-Verhältnis zu *Wahrheit und Methode*, das ich erwähnt habe, rührt einerseits daher, dass dieses Buch zahlreiche Aussagen zur Natur des Verstehens und der Interpretation enthält, die mir nicht bloß falsch, sondern schädlich erscheinen.[2] Ich meine Behauptungen wie die folgenden: »Der wirkliche Sinn eines Textes ... ist immer auch durch die geschichtliche Situation des Interpreten mitbestimmt« (WM 280); »Es genügt zu sagen, dass man anders versteht, wenn man überhaupt versteht« (WM 280); oder, »Normbegriffe wie die Meinung des Verfassers ... repräsentieren in Wahrheit nur eine leere Stelle, die sich von Gelegenheit zu Gelegenheit des Verstehens ausfüllt« (WM 373). Es handelt sich nicht um beiläufige Bemerkungen. Diese Aussagen gehören zu den Hauptthesen des Buches. Und schädlich wären sie ohne Zweifel, wenn sie ernstgenommen würden, denn die Art von historischem Relativismus, die sie zum Ausdruck bringen, würde von der Aufgabe entbinden, den eigentlichen Inhalt eines Textes richtig zu verstehen, und daher allerlei Interpretationsverfahren, wie haarsträubend und unverantwortlich sie auch sein mögen, Tür und Tor öffnen. Können sie aber wirklich ernstgenommen werden? Niemand würde solche Aussagen im Geringsten glaubwürdig finden, wenn sie universalisiert und auf das Verstehen nicht nur literarischer Texte, sondern jeder Art von sinnvoller Äußerung oder Handlung ausgeweitet würden. Wer könnte ernsthaft glauben, dass die Meinung eines Anderen, die man aus dessen Worten zu verstehen versucht, nur eine leere Stelle sei, die man von Gelegenheit zu Gelegenheit anders und auf Grundlage der eigenen Situation auszufüllen habe?

Nun hat die Hermeneutik, die sich ursprünglich mit der richtigen Auslegung der heiligen Schriften und dann erweiternd mit der Interpretation von literarischen Texten überhaupt befasste, in den letzten zwei Jahrhunderten genau eine derartige Universalisierung erfahren. Sie ist zu einer allgemeinen Theorie des Verstehens als Grunddimension der menschlichen Existenz geworden. In diesem Sinne bemerkte schon Schleiermacher, dass er sich auch in Gesprächen mit

---

[2] Alle Verweise auf *Wahrheit und Methode* (WM) beziehen sich auf die 3. Auflage (Tübingen, 1972), deren Seitennummern auch in der 5. Auflage, die als erster Band der *Gesammelten Werke* (Tübingen, 1986) erschien, zwischen Klammern wiedergegeben sind.

Interpretation und Gespräch

Freunden der Prinzipien seiner Hermeneutik bediente, wenn es zu Verständnisschwierigkeiten kam.[3]

Gadamer selbst sprach von der »Universalität des hermeneutischen Gesichtspunktes«, da »Verstehen nicht eine unter den Verhaltensweisen des Subjektes, sondern die Seinsweise des Daseins selber ist« (WM XVIII–XIX). Zwar hat man die Stichhaltigkeit dieser verbreiteten Verallgemeinerung in Frage gestellt. Wie lässt sich, so lautet einer der wichtigsten Einwände, die hermeneutische Gleichsetzung von Verstehen und Interpretation aufrechterhalten, wenn Interpretation darin besteht, problematische Zeichen oder Wörter durch andere zu erklären, da alle Interpretation in diesem Sinne letztlich auf eine unmittelbare, nicht interpretative Art von Verstehen beruhen muss, in der wir begreifen, was die interpretierenden Worte selbst bedeuten?[4] Die Schwäche dieses Einwands ist jedoch sein zu enger Begriff der Interpretation. Wir interpretieren nicht nur dann, wenn wir den Sinn von Texten, Äußerungen oder auch Handlungen erläutern, sondern wann immer wir etwas auf eine Weise verstehen, das wir auch (richtig oder nicht) anders verstehen könnten.

Eine solche Verallgemeinerung der Ansprüche der Hermeneutik mag also schön und gut sein. Sie hat aber einen Preis: Wenn sich die Hermeneutik zu einer allgemeinen Theorie des menschlichen Lebens erheben will, dann muss sie besonders darauf achten, keine Auffassung des Textverstehens zum Leitbild zu machen, die eine unsinnige Vorstellung des alltäglichen Verstehens zur Folge hätte. Diese Bedingung scheint nun Gadamer nicht beachtet zu haben. Denn wie konnte er sich sonst die angeführten Aussagen gestatten, die, einmal auf das gewöhnliche Leben angewandt, offensichtlich unhaltbar sind?

---

[3] Friedrich Schleiermacher, »Über den Begriff der Hermeneutik« (1829), wiederabgedruckt in ders., *Hermeneutik und Dialektik*, hg. M. Frank (Frankfurt, 1977), 315.
[4] S. etwa Jacques Bouveresse, *Herméneutique et linguistique* (Paris, 1992). Der Einwand ist Wittgensteinscher Herkunft. Nach Wittgenstein muss es so sein, »daß es eine Auffassung einer Regel gibt, die *nicht* eine *Deutung* ist; sondern sich, von Fall zu Fall der Anwendung, in dem äußert, was wir ›der Regel folgen‹, und was wir ›ihr entgegenhandeln‹ nennen. [Es] besteht eine Neigung, zu sagen: jedes Handeln nach der Regel sei ein Deuten. ›Deuten‹ aber sollte man nur nennen: einen Ausdruck der Regel durch einen anderen ersetzen« (*Philosophische Untersuchungen* § 201). Diese Einsicht bestreite ich nicht, sondern nur Wittgensteins Gebrauch des Begriffs von »Deuten«.

§ 2 Gadamers Einsichten

Soweit zu den negativen Aspekten. Andererseits aber enthält *Wahrheit und Methode* viele Stellen, an denen Gadamer unsere Beziehung zu literarischen Texten und Kunstwerken auf eine so aufschlussreiche Weise analysiert, dass wir den Eindruck haben können, zum ersten Mal wirklich zu begreifen, warum Literatur und Kunst so lebenswichtig sind und warum so viel zeitgenössische Umgangsweisen damit uns zutiefst unbefriedigt lassen. Überdies weisen diese Stellen in die entgegengesetzte Richtung wie die oben zitierten Aussagen. Denn sie zeigen, wie sehr es zum natürlichen Lauf der Interpretation gehört, den wirklichen Sinn eines Werkes richtig verstehen zu wollen und in diesem Sinn die Intention des Autors zu sehen.

Ich denke etwa an Gadamers Kritik des »ästhetischen Bewusstseins« (WM 81–96, 111–112). Was er darunter versteht, ist die Vorstellung, dass es unangemessen sei, nach dem eventuellen Wahrheitsgehalt eines Kunstwerkes zu fragen. Es komme ausschließlich darauf an, seine rein »ästhetischen« Eigenschaften zu genießen, d.h. die eigentümliche Weise, in der der Künstler die darin dargestellten Gegenstände erlebt und dieses Erlebnis im Werk zum Ausdruck gebracht hat, nachzuvollziehen und dann selbst nachzuerleben, ohne sich um das Potential des Werkes zu kümmern, die wirkliche Natur dieser Gegenstände zu erhellen. In der Neuzeit ist diese ästhetische Einstellung zur vorherrschenden Ansicht geworden, weil sich die Annahme durchgesetzt hat, dass Wissenschaft allein imstande sei, eine Erkenntnis der Wirklichkeit zu vermitteln. So groß ist der Einfluss dieser Einstellung geworden, dass sie Gadamer zufolge auch als Modell für das moderne »historische Bewusstsein« gedient hat, das jede Epoche als eine Welt für sich, ein abgeschlossenes Sinnganzes betrachtet, ungeachtet ihrer möglichen Bedeutung für das eigene Leben (WM 38, 185 ff.).

Gegen die Möglichkeit einer solchen »ästhetischen Unterscheidung« zwischen formalen und sachlichen Elementen eines Kunstwerkes macht Gadamer aber geltend, dass das Verstehen eines Textes (auch eines literarischen Textes) immer von einem Vorverständnis der gemeinten Sache ausgehen muss und dass es daher im Normalfall darum bemüht ist, herauszufinden, was der Text – sei es auch durch seine gattungsspezifischen Konventionen und stilistischen Züge – über diese Sache zu sagen hat. Nur in dem Maße, wie sich herausstellt, dass das, was der Text über die gemeinte Sache sagt,

Interpretation und Gespräch

deutlich von dem abweicht, was man schon weiß oder ernst nehmen kann, richtet sich die Aufmerksamkeit des Lesers ausschließlich auf die Art und Weise, wie die Sache im Text erlebt wird, und zwar ungeachtet seiner Beziehung zur Wirklichkeit (WM 168–169, 252–254, 278–279).

Wenn nun das Verstehen diese natürliche Dynamik besitzt, dann muss sein primäres Ziel darin liegen, richtig zu erfassen, was der Text selbst über seinen Gegenstand sagt, und das heißt, ehe man daran gehen kann, nicht nur die Weise, wie der Text es sagt, ästhetisch zu kontemplieren, sondern auch, hierin Gadamer selbst zum Trotz, das Gesagte in Verbindung mit der eigenen »geschichtlichen Situation« zu bringen. Einerseits ist Gadamers Kritik der ästhetischen Einstellung ein wichtiger Schritt zur Rehabilitierung der Kunst als einer »Erkenntnisweise eigener Art«, die nicht weniger als die Wissenschaft einen »Anspruch auf Wahrheit« enthält (WM 93). Andererseits aber gehört es auch zu ihren Verdiensten, dass sie die Unhaltbarkeit einiger der fragwürdigsten Behauptungen von *Wahrheit und Methode* selbst handgreiflich vor Augen führt.

Ähnliches gilt für andere Themen des Buches, so etwa dasjenige, das mir vor allem in den Sinn kommt, wenn ich an die bleibenden Einsichten von *Wahrheit und Methode* denke. Ich meine Gadamers Theorie des Gesprächs sowie seinen Versuch, das Gespräch als Modell für das Verstehen von Texten zu verwenden (WM 349–367). Diese Stellen machen meines Erachtens die besten philosophischen Seiten des Buches aus. Es handelt sich zudem um Ansichten, die bis in die Anfänge seines philosophischen Denkens zurückreichen. Angeregt durch sein Studium der platonischen Dialoge, ist Gadamer schon früh zur Überzeugung gekommen, dass das Gespräch nicht bloß eine Tätigkeit des Denkens unter anderen, sondern die Vollzugsform alles Denkens ist, so wie Platon im *Theaitetos* (189e–190a) und im *Sophistes* (263e) selbst das innere Denken als ein Gespräch, nämlich mit sich selbst, begriff. Diese Überzeugung, die bereits den Ausgangspunkt seiner Habilitationsschrift über Platon bildete,[5] nimmt später in einem Aufsatz von 1955, »Was ist Wahrheit?«, die Form einer systematischen These an, nach der sich der Sinn jeder Aussage nur mit Bezug auf die Frage, worauf sie die Antwort ist, bestimmen lässt:

---

[5] *Platos dialektische Ethik* (1931), wiederabdruckt in Gadamer, *Gesammelte Werke*, Bd. V (Tübingen, 1985), 3–163. S. besonders 15–38.

Nicht das Urteil, sondern die Frage hat in der Logik den Primat [...]. Es gibt keine Aussage, die nicht eine Art Antwort darstellt. Daher gibt es kein Verstehen irgendeiner Aussage, das nicht aus dem Verständnis der Frage, auf die sie antwortet, ihren alleinigen Maßstab gewinnt.[6]

Diese These wird dann in *Wahrheit und Methode* unter dem Namen der »Logik von Frage und Antwort« dargelegt und zur Grundlage der darin entwickelten Theorie der Textinterpretation gemacht. »In Wahrheit«, behauptet er da, »kann man einen Text nur verstehen, wenn man die Frage verstanden hat, auf die er eine Antwort ist« (WM 352). Auf diese Basis sollte aber auch die Universalität der hermeneutischen Erfahrung begründet werden. Wenn Gadamer die allgemeine Lehre von *Wahrheit und Methode* in der Formel zusammenfasst, »Sein, das verstanden werden kann, ist Sprache« (WM 450), hat er dabei im Sinn, dass »Sprache erst im Gespräch, also in der Ausübung der Verständigung ihr eigentliches Sein hat« (WM 422). Alles Verstehen werde durch Gespräch vermittelt, und da das Verstehen die Grunddimension der menschlichen Existenz darstellen soll, gestattet er sich, ganz allgemein im Anklang an Hölderlin von »dem Gespräch« zu reden, »das wir sind« (WM 360).[7] Dem zufolge genügt es Gadamer nicht, den Gesprächscharakter des Textes allein zu unterstreichen. Ihm geht es auch darum, das Verstehen selbst des Textes als eine Art Gespräch mit dem Text zu begreifen. Diesen Ansatz beschreibt er folgendermaßen (WM 360):

Wenn wir das hermeneutische Phänomen nach dem Modell des Gespräches, das zwischen zwei Person stattfindet, zu betrachten suchen, so besteht die leitende Gemeinsamkeit zwischen diesen beiden scheinbar so sehr verschiedenen Situationen, dem Textverständnis und der Verständigung im Gespräch, vor allem darin, dass jedes Verstehen und jede Verständigung eine Sache im Auge hat, die vor einen gestellt ist. Wie einer sich mit seinem Gesprächspartner über eine Sache verständigt, so versteht auch der Interpret die ihm vom Text gesagte Sache.[8]

[6] Gadamer, *Gesammelte Werke*, Bd. II (Tübingen, 1993), 52.
[7] Hölderlin, »Friedensfeier«, 91–93: »Viel hat von Morgen an, / Seit ein Gespräch wir sind und hören voneinander, / Erfahren der Mensch« (F. Hölderlin, *Sämtliche Werke und Briefe*, hg. von Michael Knaupp, München 1992, I, 364).
[8] Diese wesentliche Sachbezogenheit des Gesprächs hob er schon in *Platos dialektischer Ethik* hervor. S. a.a.O., 29–33.

Interpretation und Gespräch

Dadurch setzt er offensichtlich seine Kritik des ästhetischen Bewusstseins fort, da sich, wie eben angedeutet, die Aufmerksamkeit der Teilnehmer eines Gesprächs, wenn es tatsächlich ein echtes Gespräch und nicht ein Anlass zur Selbstdarstellung ist, in erster Linie auf die Sache selbst, über die geredet wird, und nicht auf die Eigenarten ihrer Redeweise, richtet.[9] Das soll dann auch der Fall sein, wenn man sich bemüht, einen Text zu verstehen.

Diese Angleichung des Textverstehens an ein Gespräch steht jedoch kaum in Einklang mit den relativistischen, fast nihilistischen Thesen, die ich aus *Wahrheit und Methode* zitiert habe. Denn wenn diese Angleichung ernstgenommen wird, dann müsste das Verstehen eines Textes genauso wie die Teilnahme an einem Gespräch bestrebt sein, den wirklichen Sinn des Gesagten zu erfassen, ohne ihn mit den eigenen Auffassungen zu verwechseln. Und was kann dieser wirkliche Sinn des Gesagten sonst sein, wenn nicht das, was der Urheber des Gesagten, sei er ein Gesprächspartner oder ein Autor, damit meinte?

Zwar zeigt Gadamer eindringlich – und das ist eine seiner scharfsinnigsten Einsichten – dass ein Gespräch nicht bloß in einem Gedankenaustausch besteht, als ob jedem die Meinungen, die er darin äußert, schon im Voraus zur Verfügung stünden. Ein wirkliches Gespräch hat von Natur aus die Fähigkeit, unser Denken auf unerwartete Weise zu ändern und uns zu Ansichten zu führen, die wir am Anfang gar nicht hatten:

Wir sagen zwar, dass wir ein Gespräch ›führen‹, aber je eigentlicher ein Gespräch ist, desto weniger liegt die Führung desselben in dem Willen des einen oder anderen Partners, [...] Was bei einem Gespräch ›herauskommt‹, weiß keiner vorher. Die Verständigung oder ihr Misslingen ist wie ein Geschehen, das sich an uns vollzogen hat. (WM 361)

Demnach bemüht er sich, dieselbe Tendenz in unserem Umgang mit Texten hervorzuheben und darauf aufmerksam zu machen, dass der Prozess des Verstehens nicht nur den Leser, sondern auch den Text oft dazu bringt, etwas zu sagen, was er sonst nicht hätte sagen

---

[9] Ein echtes Gespräch unterscheidet sich auch von dem Versuch, die Gesprächspartner zu manipulieren, um ein bestimmtes Ergebnis zu erreichen. Zu diesem Aspekt, den Jürgen Habermas bekanntlich hervorgehoben hat, und zu seinen Implikationen, s. Kapitel V, § 6, und Kapitel VI, § 5.

können. Denn während wir lesen, kann der Text anfangen, unsere Stellung zu der von ihm behandelten Sache spezifisch anzusprechen, vielleicht zu erhellen, und eventuell sogar zu ändern. Es gehört zu Gadamers Verdiensten und bildet noch einen weiteren Aspekt seiner Kritik des ästhetischen Bewusstseins, dass er die Wichtigkeit dieses Phänomens betont und darin kein bloßes Nebenprodukt, sondern einen integralen Bestandteil des Verstehensprozesses sieht.

Auch hierbei geht es aber um eine Einsicht, die den relativistischen Hauptthesen seiner Hermeneutik entgegenläuft. Dass bei einem Gespräch etwas herauskommt, was die Teilnehmer nicht erwarten, hängt davon ab, dass jeder auf das hört, was der andere eigentlich sagt, anstatt innerhalb der eigenen Perspektive zu bleiben und von den Äußerungen des anderen nur das mitzubekommen, was seinen bestehenden Ansichten entspricht. So ist es auch beim Verstehen eines Textes. Wenn ein Text uns besonders anspricht und uns etwas sagt, das er unabhängig von unserer Beschäftigung mit ihm nicht sagen würde, dann ergibt sich dies daraus, dass wir bestimmten Aspekten des Textes begegnet sind, die eine besondere Relevanz für unsere Interessen aufweisen. Aber das Hervortreten dieser Relevanz setzt seinerseits voraus, dass wir dem relativistischen Gadamer zum Trotz den Inhalt des Textes selbst, d. h. was er an sich sagt, unabhängig von unserer Begegnung mit ihm, verstanden haben – oder zumindest glauben, ihn verstanden zu haben –, da wir sonst nicht wüssten, was am Text so bedeutsam für unseren eigenen Standpunkt sei.

Einige haben Bedenken geäußert, ob ein solcher Vergleich zwischen Textverstehen und Gespräch gerechtfertigt sei. Albrecht Wellmer hat etwa darauf hingewiesen, dass sich beide Partner im Verstehensprozess, Text und Interpret, nicht im gleichen Sinne bewegen können, wie das bei einem richtigen Gespräch stattfinden kann und soll.[10] Der Text kann nicht von selbst das Wort ergreifen, Gegenfragen an den Interpreten stellen, oder ihn sogar unterbrechen. Nach Wellmer habe Gadamer übersehen, dass der eigentliche Dialog-Charakter der Textinterpretation in der Beziehung des Interpreten, nicht zum Text, sondern zu anderen Interpreten des Textes bestehe.

Dieser Einwand verkennt jedoch den Sinn des Vergleichs (obwohl Gadamer selbst nicht genug tat, um den Vergleich zu erläu-

---

[10] Albrecht Wellmer, *Sprachphilosophie. Eine Vorlesung* (Frankfurt, 2004), 421–422.

Interpretation und Gespräch 227

tern). Natürlich kann unsere Einstellung zu einem Text nicht die eines *wirklichen* Gesprächs sein. Der Text ist fertig, weil er nicht wie ein lebendiger Gesprächspartner in Antwort auf unsere Fragen Zusätze, Erklärungen, oder Berichtigungen dem, was er schon sagt, hinzufügen kann. Aber wenn wir uns deshalb, um einen Text zu verstehen, mit dem beschäftigen müssen, was uns vorliegt, verschiedene Teile des Textes einander gegenüberstellen und die Implikationen verschiedener Stellen ausarbeiten, dann nimmt unsere Anstrengung die Form eines *imaginären* Gesprächs mit dem Text an. Denn wir stellen uns dann vor, was der Text – in Einklang mit dem, was er tatsächlich sagt – in Antwort auf unsere Fragen sagen würde oder könnte. Wir versuchen, den Text expliziter zu machen, was bedeutet, dass wir uns vorstellen, was der Autor dem Text hätte hinzufügen können, damit das, was er im Texte meinte, deutlicher werde (obwohl wir auch verstehen können, warum er gewisse Dinge unausgesprochen ließ). Es stimmt, dass ein Text, im Gegensatz zu einem Gesprächspartner aus Fleisch und Blut, uns nicht mitteilen kann, dass wir ihn falsch verstanden haben. Der Grund dafür ist aber wiederum, dass der Text schon fertig ist und sich selbst kein einziges Wort hinzufügen kann. Zudem soll daran erinnert werden, dass eine Beschwerde wie »Du hast mich falsch verstanden!« in einem wirklichen Gespräch nicht den Abbruch oder die Widerlegung unserer Verstehensanstrengungen bedeuten muss, sondern selbst zum Gegenstand der Interpretation werden kann: Unser Gegenüber mag sich in seiner Einschätzung schließlich irren oder unaufrichtig sein. Eine solche Reaktion unterscheidet sich nicht so sehr von unserer Behandlung eines problematischen Textes, wenn wir angesichts einer bestimmten Passage, die sich unserer sonst völlig befriedigenden Interpretation des Ganzen entgegenstellt, zu dem Schluss kommen, dass der Text selbst widersprüchlich oder zweideutig ist.

Ich bin der Ansicht, dass der einzig wichtige Unterschied zwischen dem Verstehen eines Textes und einem Gespräch mit einem lebendigen Gegenüber in dem Umstand liegt, dass der Text im Gegensatz zu einer Person schon fertig ist und zu dem von ihm bereits Gesagten nichts ergänzen kann: Falls das Gegenüber stirbt, wird die Gesamtheit aller seiner Äußerungen gerade zu einem Text.[11]

---

[11] In diesem Zusammenhang ist an das Argument des vorigen Kapitels zu erinnern, dem zufolge unsere Beziehung zu einem Text eine ethische Beziehung ist, in der wir ihn auf ähnliche Weise wie eine Person respektieren sollen.

Gadamers Punkt war aber jedenfalls nicht, dass die beiden in jeder Hinsicht ähnlich sind. Er wollte lediglich aufzeigen, dass das Textverstehen in einigen wesentlichen Hinsichten gleichsam ein Gespräch sei.[12] Wenn der Leser versucht, einen Text zu verstehen, handelt es sich um ein Zusammentreffen zweier Horizonte, bei welchem der Leser aufgrund seiner Perspektive das erfassen will, was der Text aus der seinigen über das behandelte Thema zu sagen hat, und durch welches nicht nur der Leser, sondern auch der Text – in letzterem Fall nicht tatsächlich, sondern, wie ich erklärt habe, hypothetisch – dahin kommen kann, etwas zu sagen, was er sonst nicht sagen würde. Dieser Vergleich scheint mir eine wichtige Einsicht zu enthalten, auch wenn Gadamer, wie schon angedeutet, in einigen seiner berühmtesten Thesen die Implikationen des Vergleichs nicht gut verstanden hat.

§ 3 Gadamers Selbstmissverständnisse

So stehe ich selbst, als ständiger Leser von Gadamers *Wahrheit und Methode*, vor einer wichtigen hermeneutischen Frage: Was soll man daraus machen, dass dasselbe Buch zwei so völlig gegensätzliche Seiten zeigt? Es versteht sich von selbst, dass jedes ehrgeizige Werk Stärken und Schwächen aufweist. Aber wie ist zu verstehen, dass Gadamer in diesem Buch seine Lehre in einigen Hauptthesen zusammenfasst, die nicht nur an sich unglaubwürdig sind, sondern auch noch von seinen besten Einsichten widerlegt werden? Ist *Wahrheit und Methode* ein bloßer Mischmasch aus Scharfsinn und Irrtum? Oder lässt sich erklären, wie jemand, der so viel Aufschlussreiches über die Natur der Interpretation gesagt hat, zugleich so viel Problematisches darüber sagen konnte? Ich neige zur zweiten Alternative. Aufgabe dieses Kapitels ist es eben, den Zusammenhang zwischen den beiden Aspekten von Gadamers Buch offenzulegen – ohne aber, wohlgemerkt, mein ambivalentes Urteil zurückzunehmen.[13] Denn

---

[12] Vgl. WM 360: »Wenn wir das hermeneutische Phänomen nach dem Modell des Gespräches, das zwischen zwei Personen stattnat, zu betrachten suchen, so besteht die leitende Gemeinsamkeit zwischen diesen beiden scheinbar so sehr verschiedenen Situationen, dem Textverstehen und der Verständigung im Gespräch, vor allem darin, daß jedes Verstehen und jede Verständigung eine Sache im Auge hat, die vor einen gestellt ist.«

[13] Ich beschränke mich im Wesentlichen auf das Hauptwerk *Wahrheit und*

Interpretation und Gespräch

in der Tat ist die argumentative Struktur des Buches oft nicht ganz deutlich verstanden worden.

Allgemein formuliert besteht der fragliche Zusammenhang darin, dass es Gadamer in *Wahrheit und Methode* nicht gelang, sein eigenes Projekt konsistent durchzuführen. Die Aspekte von Gadamers Hermeneutik, die ich seine besten Einsichten genannt habe, gehören in der Tat zu den leitenden Überzeugungen, von denen er in seinem Buch ausging. Im Gegensatz dazu – obwohl dieser Unterschied im allgemeinen nicht gesehen worden ist – haben die drei am Anfang zitierten Thesen, so frappant und durchaus berühmt sie auch sind, eher den Status von Schlussfolgerungen (und noch dazu von schlechten). Die Auffassung des Gesprächs als Vollzugsform alles Denkens reicht, wie gesagt, bis in die Zeit von Gadamers Habilitationsschrift zurück. Sie liegt seiner Kritik des ästhetischen Bewusstseins zugrunde, die ihrerseits den ersten Schritt der Argumentation von *Wahrheit und Methode* ausmacht. Wie aus der Einleitung deutlich hervorgeht, bildet diese Kritik den Ausgangspunkt, von dem aus er sein Hauptziel erreichen will, nämlich die durch die Vorherrschaft der neuzeitlichen Wissenschaft herbeigeführte Verengung des Erkenntnisbegriffes zu überwinden. »Die folgenden Untersuchungen«, erklärt Gadamer,

setzen daher mit einer Kritik des ästhetischen Bewusstseins ein, um die Erfahrung von Wahrheit, die uns durch das Kunstwerk zuteil wird, gegen die ästhetische Theorie zu verteidigen, die sich vom Wahrheitsbegriff der Wissenschaft beengen lässt. Sie bleiben aber bei der Rechtfertigung der Wahrheit der Kunst nicht stehen. Sie versuchen vielmehr, von diesem Ausgangspunkte aus einen Begriff von Erkenntnis und von Wahrheit zu entfalten, der dem Ganzen unserer hermeneutischen Erfahrung entspricht (XXIX).

Da nun Gadamer die ästhetisierende Einstellung durch den Nachweis kritisiert, dass das Verstehen auch von literarischen Texten – dem Modell des Gesprächs gemäß – zuerst einmal sein Augenmerk auf das richten muss, was sie über ihren Gegenstand und daher als Erkenntnis der Wirklichkeit anzubieten haben, drängt sich der Verdacht auf, dass seine relativistischen Stellungnahmen, die schließlich wie ein Verrat an dieser Bemühung aussehen müssen, durch eine

Methode, weil seine späteren Schriften, soweit ich sehe, nichts grundsätzlich Neues zur Lösung der erwähnten Probleme beitragen.

Fehlinterpretation der eigenen Prämissen entstanden sind. Das ist genau die Hypothese, die ich verfolge.

Hierzu wird es erforderlich sein, den Mängeln der drei problematischen Hauptthesen der Gadamerschen Hermeneutik näher nachzugehen. Ich gestatte mir, diese Thesen leicht umzuformulieren, damit ihre verschiedenen Schwerpunkte deutlicher hervortreten:

(i) Es gibt nicht so etwas wie den objektiven Sinn eines Textes, der unabhängig von der Situation des jeweiligen Interpreten bestünde.

(ii) Es ist sinnlos, sich vorzustellen, man könne einen Text besser, anstatt einfach anders, als Interpreten anderer Zeiten verstehen.

(iii) Die Meinung des Autors ist kein möglicher Maßstab der richtigen Interpretation des Sinnes eines Textes.

Offensichtlich ist Gadamer nicht der einzige, der Thesen dieser Art vertreten hat. In der einen oder anderen Form sind sie weit verbreitet, was nicht so sehr ein Zeichen seines Einflusses als vielmehr das Symptom einer allgemeinen Verwirrung in den heutigen Geisteswissenschaften ist. Das ist schon Grund genug, ihre Unhaltbarkeit nachzuweisen. Aber darüber hinaus decken sich meine Einwände nicht mit den Argumenten anderer Gegner, die, sei es in einer Kritik an Gadamer selbst oder in anderen Kontexten, solche Thesen ebenfalls attackiert haben.

Um die Besonderheit meines Ansatzes zu verdeutlichen, weise ich zuerst darauf hin, wie sehr die drei Thesen für einander geschaffen sind. Obwohl jede ihren eigenen Schwerpunkt hat – die Beziehung zwischen Textsinn und Standpunkt des Interpreten, die geschichtliche Bedingtheit des Verstehens, die Beziehung zwischen Textsinn und Intention des Autors –, scheinen sie aus dem gleichen Holz geschnitzt zu sein. Dieser Eindruck ist nicht trügerisch. Es wird sich zeigen, dass alle drei auf demselben Versäumnis beruhen, und zwar auf einem, das Gadamer hindert, dem eigenen Gesprächsmodell und den wirklichen Implikationen seiner Kritik des ästhetischen Bewusstseins treu zu bleiben. Dieses gemeinsame Versäumnis besteht darin, den wesentlichen Unterschied zwischen dem Inhalt oder »Sinn« eines Textes – d.h. dem, was der Text sagt, sowie seiner Weise, es zu sagen – und der Relevanz oder »Bedeutung« des Textes für die Interessen seiner jeweiligen Leser zu verwischen. Im

Interpretation und Gespräch

vorigen Kapitel (§§ 2–3) habe ich die Notwendigkeit einer solchen Unterscheidung bereits erklärt. Wenn man nicht vorsichtig ist, kann man sie aber leicht übersehen, erstens weil der Ausdruck »einen Text verstehen« an sich schon zweideutig ist und sich entweder auf den Inhalt oder auf die Relevanz des Textes beziehen kann, und zweitens weil es oft schwierig ist, im Umgang mit einem Text die beiden auseinanderzuhalten. Gleichwohl kann man nicht umhin, die Gültigkeit einer solchen Unterscheidung vorauszusetzen. Denn wie schon angedeutet, kann der Leser nicht feststellen, was ein Text für seine Stellung zu dem von ihm behandelten Gegenstand bedeutet, ohne bereits eine Vorstellung von dem zu haben, was der Text selbst über diesen Gegenstand sagt.

Nun haben auch andere eine etwas ähnliche Unterscheidung zwischen Sinn und Bedeutung vertreten und Gadamer ebenfalls dafür getadelt, dass er sie nicht beachtet hat. Unter den bekanntesten und wichtigsten solcher Vorgänger sind Emilio Betti und vor allem E. D. Hirsch.[14] Ich habe aber im letzten Kapitel die Unzulänglichkeiten in Hirschs Auffassung des Sinns eines Texts aufgezeigt. Da ich dort meine eigene ebenfalls »intentionalistische«, wenn auch sorgfältiger formulierte Auffassung ausführlich dargelegt habe, werde ich hier nur ihre Hauptpunkte wiederholen.

Der Sinn eines Textes beruht auf dem, was der Autor meinte, soweit seine Absichten im Text selbst realisiert sind. Natürlich gibt es genrespezifische Unterschiede. In einem fiktionalen Text, im Gegensatz zu einem deskriptiven oder wissenschaftlichen, kommt die Meinung des Autors nicht direkt zum Ausdruck: Bei einem Roman oder Theaterstück handelt es sich um das, was der Autor durch die Darstellung der Charaktere und ihrer Handlungen, in einer Lyrik um das, was er durch die Persona des lyrischen »Ich« vermittelt. Es kann auch vorkommen, dass der Text eine Vielzahl gegensätzlicher oder einander ergänzender Absichten verkörpert und dadurch Spannungen oder sogar Einsichten enthält, die als solche vom Autor nicht intendiert wurden – obwohl sie offenbar das Resultat seiner

---

[14] Emilio Betti, *Die Hermeneutik als allgemeine Methodik der Geisteswissenschaften* (Tübingen, 1962), 14 f., 27 f., unterscheidet zwischen »Bedeutung« und »Bedeutsamkeit«; E. D. Hirsch, *Validity in Interpretation* (New Haven, 1965) führt eine Unterscheidung zwischen »meaning« und »significance« (8, 44–57, 140 f., 255) ein und entwickelt auf dieser Basis eine eingehende Kritik an Gadamer (245–264).

Intentionen sind. Aber auf jeden Fall gilt, dass der Inhalt eines Textes nicht durch die ursprüngliche Intention des Autors, als er sich daran setzte, den Text zu verfassen, oder durch seine nachträglichen Erläuterungen zum Text, und auch nicht durch die Relevanz – die Bedeutung – des Textes für die Interessen des Lesers bestimmt wird, sondern allein durch die Absichten des Autors, so wie sie sich tatsächlich im Text verwirklicht haben. Freilich lassen sie sich daher nicht anders als durch ein Betrachten des Textes ermitteln. Wie ich jedoch weiter unten (§ 6) bei der Erörterung von Gadamers dritter These erklären werde, beruhen die elementarsten Methoden, die wir zur Feststellung des Sinns eines Textes verwenden, alle auf der Annahme, dass dieser Sinn in der verwirklichten Intention des Autors besteht.

Die Besonderheit meines Ansatzes liegt aber noch tiefer. Eine zweite Verschiedenheit zu Hirsch und anderen Vorgängern betrifft die Interpretation von Gadamer selbst. In Hirschs Augen ist *Wahrheit und Methode*, wegen seiner Verwechslung des Sinns eines Textes mit seiner Bedeutung, nichts anderes als die Darlegung eines geschichtlichen Relativismus. Er übergeht die anderen Aspekte des Buches – das Modell des Gespräches, die Kritik des ästhetischen Bewusstseins –, die im Widerspruch zu Gadamers relativistischen Thesen stehen, und bemerkt nicht, dass diese Aspekte den wirklichen Ausgangspunkt seines Denkens bilden. So fragt er sich nicht, ob die bedenklichen, relativistischen Thesen durch Gadamers Missverständnis der Tragweite seiner eigenen Prämissen entstanden sind. Anstelle irgendeines *odi-et-amo*-Gefühls empfindet Hirsch augenscheinlich nur Abscheu vor dem Buch. An dem Unterschied zwischen diesen beiden Grundhaltungen kann man schon erkennen, wie sehr mein Ansatz von dem seinigen abweicht.

Jetzt kehre ich zur Hauptaufgabe zurück, in der es darum geht zu erklären, warum Gadamer den Sinn eines Textes in dessen Bedeutung aufgehen lässt. Im Wesentlichen hat er, wie angedeutet, die Implikationen seiner tiefsten Überzeugungen und vor allem seiner Kritik des ästhetischen Bewusstseins falsch verstanden und ist zu den relativistischen Schlussfolgerungen gekommen, die im Widerspruch zu seinem Ausgangspunkt stehen. Genauer gesagt: Wenn Gadamer geltend macht, dass sich das Verstehen eines Textes in erster Linie darauf richtet, das zu erfassen, was der Text zu seinem Thema sagt, behauptet er zugleich, dass wir diesen Inhalt nur unter Berufung auf die eigene Auffassung des behandelten Gegenstandes

Interpretation und Gespräch 233

bestimmen können. Diese Behauptung trifft zu, rechtfertigt aber nicht die Auflösung des Sinnes eines Textes in seiner Bedeutung, so wie sie auf verschiedene Weise in Gadamers drei fragwürdigen Thesen zum Ausdruck kommt. Das werde ich beweisen, indem ich in den folgenden Abschnitten diese Thesen der Reihe nach näher analysiere.

§ 4 Horizonte

Also zur ersten der drei Thesen: (i) Es gibt nicht so etwas wie den objektiven Sinn eines Textes, der unabhängig von der Situation des jeweiligen Interpreten bestünde. Oder in Gadamers eigenen Worten: »Der wirkliche Sinn eines Textes ... ist immer auch durch die geschichtliche Situation des Interpreten mitbestimmt« (WM 280).

Diese These will er durch das Bild einer »Horizontverschmelzung« erläutern (WM 287–290). Das, was als der Sinn des Textes festgestellt wird, sei durch das Zusammentreffen und Ineinanderfließen des Horizontes des Textes – d. h. des »Gesichtskreises«, aus dem sich der Text mit seiner Sache befasst – und des Horizontes, des Gefüges von Annahmen und Interessen des jeweiligen Interpreten konstituiert.

Eine solche Metapher scheint aber für seine relativistischen Zwecke völlig ungeeignet zu sein. Wie kann man von einer Horizontverschmelzung sprechen, ohne zu unterstellen, dass es im Voraus zwei unabhängige Horizonte gibt? Und warum besteht der Sinn des Textes nicht gerade in dem eigenständigen Horizont des Textes selbst, und somit ohne durch die Situation des jeweiligen Interpreten irgendwie »mitbestimmt« zu sein? Gadamer stellt sich selbst diese Frage an einem gewissen Punkt: »Wenn es nun diese voneinander abgehobenen Horizonte gar nicht gibt, warum reden wir dann überhaupt von Horizontverschmelzung?« (WM 290) Darauf kann er aber keine bessere Antwort geben als einen kurzen, nutzlosen Hinweis auf die »Besonderheit« der hermeneutischen Situation.

Man könnte erwidern, dass die Gadamersche These nicht so hoffnungslos ist, da es Phänomene gibt, die eine deutliche Bestätigung der These liefern. So vor allem die Geschichtsschreibung, in der vergangene Ereignisse auf eine Weise narrativ interpretiert werden, die dem Standpunkt der Handelnden selbst nicht entspricht, sondern wesentlich retrospektiv, im Standpunkt des Historikers verankert ist.[15] Betrachten wir etwa die historische Aussage, »Der 30jährige Krieg begann 1618«. Sie bringt in der Tat eine Art Horizontverschmelzung zum Ausdruck, da sie nur dem späteren Historiker, nicht aber den Handelnden von 1618 zur Verfügung steht, obwohl sie sich zugleich auf ihre tatsächlichen Handlungen bezieht. Dennoch bleibt wahr, dass der Historiker zu einer solchen Aussage nur unter der Annahme gelangt, dass er identifizieren kann, was die Handelnden aus ihrer Sicht taten. Denn sonst wüsste er nicht, über welche Ereignisse er spricht, da eine Handlung keine ist, wenn sie nicht intentional, wenn sie nicht durch gewisse Absichten bestimmt ist. Zudem versuchen Historiker häufig, der gewöhnlichen Retrospektivität der historischen Narration entgegenzuwirken, indem sie auch die Geschichte besonders berühmter Ereignisse ausschließlich aus der Perspektive der Teilnehmer erzählen. Was der retrospektive Charakter der üblichen Geschichtsschreibung aufzeigt, ist daher nicht die Wahrheit von Gadamers These, sondern die Komplexität des historischen Verstehens, das sich zugleich mit dem Sinn und der Bedeutung, den Absichten und der Tragweite vergangener Handlungen beschäftigt und das oft in ihren Darstellungen selbst die beiden Gesichtspunkte abwechselnd einnimmt.

Wie ist Gadamer also fehlgegangen? Wie ist er zu dieser ersten, irrtümlichen These gekommen? Wie auch in den zwei anderen Fällen hat er hier eine wichtige Wahrheit erblickt, aus der er aber dann die falschen Schlüsse gezogen hat.

Gadamer sah zu Recht, dass wir uns bei der Interpretation eines Textes ständig auf unsere eigene Auffassung der Dinge berufen müssen, um zuerst festzustellen, um welchen Gegenstand es sich dabei handelt, und dann weitergehend den Sinn gewisser Elemente des Textes als unproblematisch ansehen und, wo Unklarheit herrscht, die angemessenen Mittel – etwa das Heranziehen einer Stelle zur Erhellung einer anderen – bestimmen zu können, damit diese Schwierigkeiten aufgelöst werden. So müssen wir verfahren, ob wir nun das Gesagte als wahr hinnehmen oder, soweit das notwendig wird, lediglich als Ausdruck einer von der eigenen völlig verschiedenen Perspektive betrachten. Im Keim ist eine solche Einsicht bereits in

---

[15] So hat einmal Jürgen Habermas, in Anlehnung an Arthur Dantos *Analytische Philosophie der Geschichte* (1965; dt. Frankfurt, 1980), Gadamers These, alles Verstehen sei Horizontverschmelzung, zu plausibilisieren versucht. S. sein Buch *Zur Logik der Sozialwissenschaften* (Frankfurt, 1970), 267 ff.

Interpretation und Gespräch

Heideggers Analyse der »Vorstruktur« alles Verstehens enthalten.[16] Gadamer hat jedoch diese Analyse seines Lehrers eigenständig im Hinblick auf die Interpretation von Texten weiter entwickelt, und zwar vor allem, um seine Kritik des ästhetischen Bewusstseins formulieren zu können. Denn gerade weil sich der Leser, um einen Text zu verstehen, vom eigenen Wissen über das Thema des Textes leiten lassen muss, richtet sich sein Interesse zunächst einmal auf das, was der Text zu diesem Thema zu sagen hat, und verlagert sich ausschließlich auf den Erlebnisgehalt des Textes nur in dem Maße, wie das Gesagte zu viel von den eigenen Meinungen abweicht. Den Zusammenhang zwischen der leitenden Rolle des eigenen Standpunkts und dem Primat eines Interesses am Inhalt des Textes fasst Gadamer (mit Hinweis auf das Modell des Gesprächs) auf folgende Weise zusammen:

Es ist ja nicht so, dass man, wenn man jemanden anhört, oder an eine Lektion geht, alle Vormeinungen über den Inhalt und alle eigenen Meinungen vergessen müsste. Lediglich Offenheit für die Meinung des anderen oder des Textes wird gefordert. Solche Offenheit aber schließt immer schon ein, dass man die andere Meinung zu dem Ganzen der eigenen Meinungen in ein Verhältnis setzt oder sich zu ihr [...]. Wer einen Text verstehen will, ist bereit, sich von ihm etwas sagen zu lassen. Daher muss ein hermeneutisch geschultes Bewusstsein für die Andersheit des Textes von vornherein empfänglich sein. Solche Empfänglichkeit setzt aber weder sachliche ›Neutralität‹ noch gar Selbstauslöschung voraus, [...]. (WM 253).

All das trifft zu. Aber dann geht Gadamer noch einen Schritt weiter und behauptet, es gebe aufgrund des Gesagten nicht so etwas wie den Sinn selbst, den unabhängigen Sinn eines Textes, sondern nur einen Sinn, der durch die Situation des jeweiligen Interpreten mitbestimmt ist. Diese Schlussfolgerung ist verfehlt. Ihr wird schon durch die Rede von einer geforderten »Offenheit für die Meinung des anderen oder des Textes« widersprochen: Das, wofür man offen sein soll, muss unabhängig vom eigenen Standpunkt bestehen. Gadamer hat zu Unrecht den Sinn des Textes – was der Text zu seinem Thema sagt – in der Bedeutung des Textes für den jeweiligen Leser, die selbstverständlich durch den Horizont des letzteren mitbestimmt ist, aufgehen lassen.

---

[16] Martin Heidegger, *Sein und Zeit*, 11. Aufl. (Tübingen, 1967), §§ 31–32.

Derselbe Irrtum liegt auch Gadamers verwandtem, aber verwirrendem Gebrauch des Wortes »Anwendung« zugrunde. Bis ins 19. Jahrhundert hinein galt in der hermeneutischen Tradition ein dreifacher Unterschied zwischen dem Verstehen (*intellectio*) eines Textes, der Auslegung oder Erläuterung (*explicatio*) des Verstandenen, und der eventuellen Anwendung (*applicatio*) des verstandenen Textes auf die eigene oder eine anderweitige Situation; es verstand sich von selbst, dass man zuerst den Sinn des Textes zumindest teilweise erfassen muss, ehe man darangeht, den Text auf eine beliebige Situation anzuwenden und damit seine Relevanz in dieser Hinsicht zu bestimmen. Eine derartige Auffassung weist Gadamer energisch zurück. Da »im Vollzug des Verstehens eine wirkliche Horizontverschmelzung geschieht«, zieht er den Schluss, dass »im Verstehen immer so etwas wie eine Anwendung des zu verstehenden Textes auf die gegenwärtige Situation des Interpreten stattfindet« (WM 290–291; auch 375). Das, was er hier als das unabdingbare Moment von Anwendung in allem Verstehen bezeichnet, ist, wie wir gesehen haben, die Rolle der eigenen Erfahrung, des eigenen »Horizonts« von Annahmen und Interessen in der Bemühung, den Sinn eines gegebenen Textes zu begreifen. Diese Rolle besteht aber keineswegs grundlegend in der Anwendung des Textes auf die eigene Situation. Im Gegenteil: Die Anwendung, um die es sich dabei handelt, geht zunächst einmal in genau die entgegengesetzte Richtung: Der Interpret wendet seine Erfahrung, die Ressourcen seiner Situation, auf den Text an, um zu verstehen, was dieser sagt. Nur insoweit er mit seinem Verständnis des Textes zufrieden ist, kommt es eventuell darauf an, die Anwendungsbeziehung umzukehren und sich zu fragen, was der Text für das eigene Leben bedeuten mag.

Gadamers Verwirrung beim Gebrauch des Begriffs Anwendung lässt nun deutlich erkennen, dass er seine Kritik des ästhetischen Bewusstseins auch mit einer falschen Auffassung der Wahrheit durchführt. Wir müssen uns zwar auf die eigene Erfahrung stützen, um herauszufinden, was ein Text zu seinem Thema sagt; aber daraus folgt nicht, dass das Ziel dabei etwas anderes ist als der Sinn des Textes selbst, so wie er an sich schon besteht. Das zeigt in aller Klarheit die Alltagskommunikation, an der hermeneutische Theorien immer mit Gewinn zu überprüfen sind.[17] Wenn jemand sagt, »Mein Zahn tut weh«, müssen wir selbst Zahnschmerzen erlebt haben, um uns

---

[17] Zu diesem Punkt s. Kapitel VII, § 2.

Interpretation und Gespräch 237

vorstellen zu können, was er damit meint, ohne dass selbstverständlich der Sinn seiner Äußerung von unserem eigenen Hintergrundwissen oder »Horizont« irgendwie abhinge. Um seine Metapher der Horizontverschmelzung zu rechtfertigen, erklärt Gadamer einmal folgendermaßen, was es heißt, sich in die Situation eines anderen Menschen zu versetzen, um ihn zu verstehen:

Gewiss nicht einfach: Von-sich-absehen. Natürlich bedarf es dessen insoweit, als man die andere Situation sich wirklich vor Augen stellen muss. Aber in diese andere Situation muss man sich selber gerade mitbringen. (WM 288)

Ja, man bringt sich mit, man bringt seine Erfahrung mit, aber nur um die Mittel zu haben, den Anderen selbst zu verstehen. Der Sinn dessen, was der Andere sagt, zumindest wenn seine Äußerung richtig verstanden wird, besteht in keiner Horizontverschmelzung mit der eigenen Perspektive. Das trifft zu, auch wenn man diesen Sinn auf eine Weise beschreibt – z. B., »mit ›mein Zahn tut weh‹ will Hektor sagen, dass wir ihn bedauern sollten« – die über die Worte des Anderen selbst weit hinausgeht.

Gadamers Fehlschluss ist in seiner allgemeinen Form nicht unbekannt, sondern im Gegenteil weit verbreitet: Man lässt das Wesen eines Sachverhalts selbst in den Mitteln aufgehen, die notwendig sind, um das Bestehen dieses Sachverhalts festzustellen. Im Grunde genommen handelt es sich dabei um die Verwechslung des epistemologischen Gesichtspunkts mit dem ontologischen, eine Verwechslung, die einer der häufigsten Irrtümer in der Philosophie überhaupt gewesen ist. Sie tritt etwa, was in diesem Zusammenhang lehrreich ist, im Verifikationismus des Wiener Kreises auf, dem zufolge der Sinn eines Satzes in der Methode seiner Verifikation bestünde.[18] Gadamer ist ein sozusagen verifikationistischer Hermeneutiker.

---

[18] S. etwa Moritz Schlick, »Meaning and Verification« (1936), *Philosophical Review* 45 (4), 339–369. Um die Nachteile des Verifikationismus zu sehen, muss man sich nur überlegen, ob der Sinn eines Satzes wie »Caesar ist ermordet worden« in den Verfahren besteht, durch die wir seine Wahrheit bestätigen.

§ 5 Geschichtlichkeit

Wenden wir uns jetzt der zweiten These zu: (ii) Es ist sinnlos, sich vorzustellen, man könne einen Text besser, anstatt einfach anders, als Interpreten anderer Zeiten verstehen.

Die vorher aus *Wahrheit und Methode* zitierte Formulierung dieser These – »Es genügt zu sagen, dass man anders versteht, wenn man überhaupt versteht« (WM 280) – kommt in einer Besprechung von Schleiermachers Prinzip vor, dem zufolge es gilt, eine »Rede zuerst eben so gut und dann besser zu verstehen als ihr Urheber«.[19] Dass Gadamer seinen Worten eine allgemeine Tragweite zuschreibt und den Begriff von »Besser-Verstehen« selbst aufgrund der Geschichtlichkeit des menschlichen Daseins zurückweisen will, ist aber klar. Nicht nur wird die zitierte Formulierung durch die folgenden Sätze vorbereitet: »Eine jede Zeit wird einen überlieferten Text auf ihre Weise verstehen müssen [...]. Es ist vielleicht nicht richtig, für dieses produktive Moment, das im Verstehen liegt, von Besserwissen zu reden«. Dieselbe These wird auch mehrmals danach und ohne Umschweife wieder vorgetragen: »[...] das in den Geisteswissenschaften geübte Verstehen [ist] ein wesenhaft geschichtliches, d. h. dass auch dort ein Text nur verstanden wird, wenn er jeweils anders verstanden wird« (WM 292) und »Es liegt in der geschichtlichen Endlichkeit unseres Daseins, dass wir uns dessen bewusst sind, dass nach uns andere immer anders verstehen werden« (WM 355). Gadamer ist also der Ansicht, dass die geschichtliche Bedingtheit des Standpunkts jedes Interpreten der Vorstellung im Wege steht, man könnte einen Text besser als sein Autor oder als die Leser einer anderen Epoche verstehen.

Zum Teil setzen diese Behauptungen den Gedankengang der vorhergehenden These fort. Denn wenn der Sinn eines Textes durch den Horizont seines jeweiligen Lesers mitbestimmt ist, dann besitzt er nicht die Art von Objektivität, die es gestatten würde zu sagen, ein Interpret versteht ihn besser als ein anderer, dessen Horizont oder Standpunkt, sei es aus geschichtlichen Gründen, erheblich verschieden ist. So enthält diese zweite These dieselbe Auflösung des Sinnes eines Textes – der Art und Weise, wie er sein Thema behandelt – in dessen Bedeutung für seinen jeweiligen Leser, nur diesmal mit Betonung auf die bestimmende Rolle der geschichtlichen Situation des

---

[19] Schleiermacher, *Hermeneutik und Kritik*, 94.

Interpretation und Gespräch

Lesers. Gadamers Behauptung, »Eine jede Zeit wird einen überlieferten Text auf ihre Weise verstehen müssen«, kann nur wahr sein, wenn das, was dabei am Text verstanden wird, seine historisch sich wandelnde Relevanz ist. Denn jede Zeit muss freilich für sich selbst bestimmen, was ein Text, auch ein Klassiker, für sie bedeutet. (Obwohl ich auch unterstreichen möchte, dass die Relevanz eines Textes in einer gegebenen Hinsicht selbst eine Sache ist, die – angesichts der Interessen und Annahmen des Lesers – richtig oder falsch verstanden werden kann).

Die zweite These bringt aber ein neues Element hinein, nämlich die Geschichtlichkeit des Verstehens selbst, die Zeitgebundenheit der ihm jeweilig zugrundeliegenden Denkweisen und Gewohnheiten, die nach Gadamer die Vorstellung, man könnte einen Text besser, d. h. richtiger als Interpreten anderer Epochen verstehen, unsinnig machen soll. Diesem neuen Element der Geschichtlichkeit und seinen wirklichen Implikationen gilt es jetzt nachzugehen. Ich möchte jedoch zunächst darauf hinweisen, dass die Ansicht, man sollte lieber auf alle Rede von Besser-Verstehen verzichten, an sich schlicht unhaltbar ist. Das zeigt sich schon dadurch, dass Gadamers eigene Beteuerung, »Es genügt zu sagen, dass man anders versteht, wenn man überhaupt versteht«, sich selbst unterminiert. Der Nebensatz, »wenn man überhaupt versteht«, deutet auf die Eventualität hin, dass man den Sinn eines Textes gar nicht oder nur teilweise versteht; wenn das aber passiert, dann hat man nicht das erreicht, was man erreichen wollte und was, hätte man es erreicht, eben ein besseres Verstehen des Textes gewesen wäre. Wenn nun jemand einen Text besser verstehen kann, als er ihn tatsächlich verstanden hat, dann warum nicht auch besser als andere Leser des Textes?

Die Unhaltbarkeit von Gadamers Position rührt davon her, dass das Verstehen seinem Wesen nach eine zweckorientierte Tätigkeit ist, deren Ziel darin besteht, richtig und nicht falsch zu verstehen. Eine Theorie des Verstehens, die nicht erklärt, oder sogar nicht erklären kann, was es heißt, etwas gut oder schlecht, besser oder schlechter, zu verstehen, kann also ihrem Gegenstand kaum gerecht werden. Bei Gadamer ist diese Unzulänglichkeit nicht darauf beschränkt, dass er den Begriff des Besser-Verstehens so herablassend zurückweist. Sie zieht sich durch seine Hermeneutik im Ganzen. Er macht es sich zum Prinzip – fraglos aufgrund der geschichtlichen Skepsis, um die es jetzt geht – seine Hermeneutik von der Frage fernzuhalten, worin das richtige Verstehen eines Textes oder sogar irgendeiner menschlichen Äußerung besteht. Seine Absicht ist, sich mit einem rein deskriptiven Ansatz zu begnügen: einfach zu »beschreiben, was ist« (WM 483) und daher »nicht [zu fragen], was wir tun, nicht, was wir tun sollten, sondern was über unser Wollen und Tun hinaus mit uns geschieht« (WM XVI). Dass ein solches, ausschließlich deskriptives Verfahren jedoch nicht genügen kann, zeigt sich in der Weise, wie Gadamer es rechtfertigen will: Die Frage, »Wie ist Verstehen möglich?«, sei eine »philosophische Frage«, bei der man deshalb sowenig wie bei der kantischen Frage, »Wie ist Erkenntnis möglich?«, an den »Richterstuhl der Vernunft« appellieren müsse, um die Bedingungen der Möglichkeit des Verstehens zu bestimmen (WM XVII). Das ist ein grobes Missverständnis des kantischen Projekts. Eben weil es Kants Ambition war, die Möglichkeit von Erkenntnis zu erklären, musste er den Sinn der in aller Erkenntnis enthaltenen Ansprüche auf Wahrheit und Rechtfertigung klarmachen und nachweisen, dass diese Ansprüche kohärent, einlösbar und daher vernünftig sind. Sonst wäre nicht ausgeschlossen, dass Erkenntnis bloß eine Illusion ist. Eine Erkenntnistheorie kann nicht rein deskriptiv vorgehen; sie muss normativ sein, weil die Erkenntnis selbst, deren Möglichkeit sie aufklären will, durch Normen konstituiert ist. Dasselbe gilt für jede Theorie des Verstehens. Sie muss normativ vorgehen: Sie muss erklären, was es heißt, eine Äußerung oder einen Text erfolgreich zu verstehen, weil alles Verstehen von Natur her danach trachtet, seinen jeweiligen Gegenstand richtig zu verstehen.

An einer Stelle von *Wahrheit und Methode*, und nur an dieser Stelle, geht Gadamer trotz seiner abschätzigen Stellungnahmen in aller Kürze auf die Frage ein, was es heißt, einen Text »richtig« zu verstehen. Seine Antwort ist aber enttäuschend und zudem ein Zeichen seiner Tendenz, den Sinn eines Textes in seiner Bedeutung aufgehen zu lassen. Einen Text hätten wir dann richtig verstanden, wenn es uns gelinge, die zugrundeliegende Einheit aller seiner verschiedenen Aspekte wahrzunehmen:

Einstimmung aller Einzelheiten zum Ganzen ist das jeweilige Kriterium für die Richtigkeit des Verstehens. Das Ausbleiben solcher Einstimmung bedeutet Scheitern des Verstehens. (WM 274)

Ein *Kriterium* der Richtigkeit mag das nun sein, aber was ist das *Wesen* derselben? Im Erreichen welchen Zieles besteht diese Richtigkeit? Kein Wort bei Gadamer, und das ist kein Wunder. Denn er

Interpretation und Gespräch 241

hat sich der Mittel beraubt zu sagen, was man natürlich zu dieser Frage sagen möchte: dass richtig verstehen heißt, den Sinn des Verstandenen, so wie er wirklich ist, zu erfassen.[20]

Was ist also schief gegangen? Warum erblickt Gadamer insbesondere in der Geschichtlichkeit des Denkens einen Grund, den Begriff des Richtig- und Besser-Verstehens beinahe zu verbannen, obwohl seine Hermeneutik dadurch offensichtlich unhaltbar wird? Was ist im gegenwärtigen Fall der Fehler, der ihn dazu veranlasst hat, den Sinn eines Textes in seiner wechselnden Relevanz, d. h. diesmal in der Geschichte seiner verschiedenen Aneignungen, aufzulösen?

Zuerst ist einzuräumen, dass Gadamer zu Recht die geschichtliche Bedingtheit des Verstehens hervorhebt. Dies lässt sich nicht bestreiten. Die inhaltlichen Annahmen und formalen Maßstäbe, auf die wir uns stützen, um den Sinn eines Textes festzustellen, sind in erheblichem Ausmaß nicht das allgemeine Gedankengut der Menschheit, sondern Ausdruck der spezifischen, im Laufe der Zeit sich ändernden Traditionen, in denen wir zu denken gelernt haben.[21] Daraus folgt, wie Gadamer behauptet: »Es liegt in der geschichtlichen Endlichkeit unseres Daseins, dass wir uns dessen bewusst sind, dass nach uns andere immer anders verstehen werden« (WM 355). Allein, »immer anders« schließt »manchmal besser oder schlechter« gar nicht aus. Die Ressourcen, auf deren Basis wir bestimmen, wie der Text seinen Gegenstand behandelt, können – wie geschichtlich bedingt ihre Verfügbarkeit auch ist – nicht bloß Voreingenommenheiten, sondern im Gegenteil Kenntnisse sein: Kenntnisse über das Thema des Textes, über den Kontext des Textes, über andere Texte desselben Autors und über ähnliche Texte derselben Gattung. In diesem Fall haben wir gute Gründe zu denken, dass wir nicht einfach zu einer weiteren, sondern zu einer richtigen Interpretation des Sinnes des Textes gelangt sind.

---

[20] An einer späteren Stelle macht er sich als allgemeine Position eine Kohärenztheorie der Wahrheit zu eigen, fügt aber dann vernünftigerweise hinzu, dass Kohärenz ohne Korrespondenz unzureichend ist, dass »in jeder Weltansicht das Ansichsein der Welt gemeint [ist]« (WM 423). Es ist schade, dass er diesen allgemeinen Grundsatz auf die gegenwärtige Frage nicht angewandt hat.
[21] Gadamer redet so, als ob die bedeutenden Unterschiede in der Auffassung von Mensch und Welt die sind, die zwischen geschichtlichen Epochen auftauchen und nicht jene, die innerhalb von Epochen vorkommen. Das ist sicher eine Vereinfachung, auch wenn die Vorstellung weit verbreitet ist.

Der wichtige Unterschied zwischen Voreingenommenheit und Hintergrundwissen wird bei Gadamer durch einen idiosynkratisch neutralen Gebrauch des Wortes »Vorurteil« verschleiert, besonders wenn er sich gestattet, von »der wesenhaften Vorurteilshaftigkeit alles Verstehens« (WM 254) zu reden. Es stimmt, dass er dann fortfährt und »legitime« von »illegitimen« Vorurteilen unterscheidet: Erstere seien diejenigen Teile unserer überlieferten Denkgewohnheiten, die »im Prinzip eingesehen werden [können]« (WM 264). Und daraus schließt er mit vollem Recht, dass »zwischen Tradition und Vernunft kein ... unbedingter Gegensatz besteht« (WM 265; vgl. auch 267). Das ist eine ebenso bedeutende wie heterodoxe Einsicht, da man gewöhnlich voraussetzt, dass Wahrheit nur durch eine Überwindung der eigenen geschichtlichen Bedingtheit zu erreichen sei. Leider ist er dann aber in genau diese gewöhnliche Voraussetzung zurückgefallen. Hätte Gadamer an seiner Einsicht festgehalten, würde er nie behauptet haben, was er behauptet hat: nämlich, dass wir aufgrund unserer geschichtlichen Endlichkeit einen Text nur anders, nicht besser als Interpreten anderer Epochen verstehen können. Der Fehler, der hinter seiner zweiten fragwürdigen These steckt, ist einer, den er selbst im Prinzip durchgeschaut hat, doch in seinem eigenen Denken nicht zu vermeiden wusste.

Woher diese Inkonsequenz? Ich vermute, es ist einmal mehr eine falsche Auffassung von den Erfordernissen seiner Kritik der ästhetischen Einstellung, die ihn davon abgehalten hat, seinen besten Einsichten zu folgen. Gadamer gelangt, wie gesagt, zu seinen geschichtsrelativistischen Stellungnahmen in einem Zusammenhang, in dem er Schleiermachers Hermeneutik kritisiert (WM 280). Und das, was er darin als Schleiermachers grundsätzlichen Irrtum bezeichnet, ist das Prinzip, »dass man einen Text aus sich selbst verstehen muss« (WM 276). Dieses Prinzip vergesse, so Gadamer, dass es uns beim Verstehen eines Texts in erster Linie darum gehe, nicht den Erlebnisgehalt des Textes für sich selber, sondern das zu erfassen, was der Text über die darin behandelte Sache zu erkennen gibt. Letzteres ist zwar der gültige Kern seiner Kritik des ästhetischen Bewusstseins. Es steht aber streng genommen nicht im Widerspruch zum erwähnten Prinzip, wenn man dasselbe entsprechend, wenn vielleicht auch anders als Schleiermacher selbst, deutet. Zudem fügt Gadamer dann hinzu, als ob es sich von selbst verstünde, dass wir dabei »das sachliche Recht dessen, was der andere sagt, gelten zu lassen suchen. Wir werden sogar, wenn wir verstehen wollen, seine Argumente noch zu verstärken trachten« (WM 276; vgl. auch 349, 372). Das folgt jedoch keineswegs. Oder zumindest sind wir dann nicht mehr mit dem Sinn des Textes, d. h. mit dem, was er über seine Sache sagt, sondern eher mit einem Aspekt seiner Relevanz beschäftigt. Denn wir müssen schließlich verstehen, was »die Argumente« im Text selbst sind, um wahrzunehmen, wie sie für unsere eigenen Zwecke zu verstärken wären. Dass Gadamer das nicht gesehen hat, ist ein Zeichen dafür, wie sehr – aber in diesem Fall ging er einen Schritt zu weit – er sich anstrengte, die ästhetische Neutralisierung des Erkenntnisanspruchs der Kunst zu überwinden.

Ich gestatte mir um der Klarheit willen, auf die wirkliche Beziehung zwischen Tradition und Vernunft, die Gadamer flüchtig gesehen, aber dann aus den Augen verloren hat, näher einzugehen. Ganz allgemein besteht die Geschichtlichkeit des Denkens darin, dass unser Umgang mit der Welt von alltäglichen und intellektuellen Traditionen, in denen wir uns zufälligerweise, aus historischen Gründen befinden, zutiefst geprägt ist. Es ist aber ein Fehler – und letzten Endes Gadamers Fehler – in dieser geschichtlichen Bedingtheit unseres Denkens einen Umstand zu sehen, der uns im Wege steht, die Welt selbst erfassen zu können, so wie sie unabhängig von unserer Perspektive existiert. Die Kontingenzen der Geschichte stellen an sich kein Hindernis auf der Suche nach Wahrheit dar. Sie sind im Gegenteil eher die unabdingbaren Mittel, durch die allein wir einen mehr als oberflächlichen Zugang zur Wirklichkeit zu gewinnen vermögen, da die Ausübung der Vernunft nur dann zu Resultaten führt, wenn sie auf schon gegebenen Prämissen aufbauen kann. Sofern wir also imstande sind zu erklären, dass die Annahmen, auf die wir uns stützen, und die Argumente, die wir von da aus entwickeln, gut begründet, und d. h. im Wesentlichen besser begründet sind als konkurrierende Ansätze, dürfen wir mit Recht behaupten, dass unsere Konklusionen wahr sind. Sicherlich können wir voraussehen, dass andere nach uns zu unterschiedlichen Ergebnissen kommen werden. Aber das ist kein Grund, die Behauptung zurückzunehmen. Vielleicht werden ihre Ergebnisse andere sein, weil sie einfach schlechter denken. Und selbst wenn es sich herausstellt, dass ihre Position vorzuziehen ist, muss das nicht bedeuten, dass wir, soweit wir von ihren Argumenten nichts wussten, nicht berechtigt waren, unsere Konklusionen als wahr zu behaupten. Denn ob jemand berechtigt ist, etwas als wahr zu behaupten, ist von seinem Kontext her zu beurteilen: Es hängt davon ab, welche Gründe ihm verfügbar waren, das Behauptete für wahr oder falsch zu halten, so dass eine Behauptung gut begründet sein kann, auch wenn sie tatsächlich falsch ist. Ein solcher Kontextualismus ist der richtige Standpunkt, von dem aus zu begreifen ist, was daraus folgt, dass wir auf der Basis geschichtlich bedingter Voraussetzungen dennoch Gründe einsehen können, etwas zu denken oder zu tun.[22]

Wie diese allgemeinen Betrachtungen erkennen lassen sollen, ist die epistemologische Situation der Textinterpretation nicht grundverschieden von der der Naturwissenschaften. In beiden Fällen ist die Suche nach Wahrheit auf einen Kontext schon bestehender Denktraditionen angewiesen, und in beiden Fällen gilt jemand als berechtigt (oder sollte als berechtigt gelten), eine Konklusion als wahr zu behaupten, solange er in seinem Kontext gute Gründe für diese Behauptung hat, auch wenn seine Konklusion tatsächlich falsch sein mag. Das, was für die Erkenntnis überhaupt gilt, gilt auch für das Verstehen. Unsere Endlichkeit als geschichtliche Wesen steht nicht der Möglichkeit entgegen, die Dinge so zu erfassen, wie sie wirklich sind. Sie ist im Gegenteil, als die Angewiesenheit auf überlieferte Annahmen und Maßstäbe, die es uns auch gestattet, diese Erbschaft selbst, wenn auch nur stückweise, kritisch zu beurteilen und zu revidieren, genau das Mittel, durch welches wir Wahrheit erreichen können, und zwar Wahrheit im objektiven Sinne als Übereinstimmung mit der Wirklichkeit, so wie sie unabhängig von unseren Erkenntnis- und Verstehensanstrengungen besteht.

§ 6 Die Meinung des Autors

Jetzt zur dritten fragwürdigen These: (iii) Die Meinung des Autors ist kein möglicher Maßstab der richtigen Interpretation des Sinnes eines Textes.

An zahlreichen Stellen von *Wahrheit und Methode* bezieht Gadamer deutlich Stellung gegen die gewöhnliche Annahme, die Meinung oder Absicht des Autors mache den Sinn seines Textes oder sogar den Sinn irgendeiner Äußerung oder sinnvollen Handlung aus. Das ist ein weiterer zentraler Aspekt seiner Hermeneutik, der viel Widerstand (meines Erachtens weitgehend zu Recht) hervorgerufen hat.

---

[22] Ausführlicheres zu diesem Kontextualismus in Kapitel V, § 3, sowie in Kapitel 1 (»History and Truth«) meines Buches, *The Autonomy of Morality*.

Interpretation und Gespräch

Einige Beispiele einer solchen Stellungnahme: »Die *mens auctoris* ist kein möglicher Maßstab für die Bedeutung eines Kunstwerkes« (WM XIX); »Nicht nur gelegentlich, sondern immer übertrifft der Sinn eines Textes seinen Autor« (WM 280); und »Normbegriffe wie die Meinung des Verfassers ... repräsentieren in Wahrheit nur eine leere Stelle, die sich von Gelegenheit zu Gelegenheit des Verstehens ausfüllt« (WM 373).

Wie in den zwei vorher besprochenen Fällen, handelt es sich bei dieser These um eine Mischung aus Einsicht und Irrtum. Die zitierten Aussagen sind in der Tat zugleich wahr und falsch, da der Begriff der »Meinung des Autors« zutiefst mehrdeutig ist. In zwei Bedeutungen des Wortes ist die Meinung des Autors gewiss nicht mit dem Sinn eines Textes oder einer Äußerung gleichzusetzen. Wenn der Autor seinen Text zu Ende geschrieben hat und uns dann mitteilt, was er darin sagen wollte, stellt diese nachträgliche Meinung des Autors in Wirklichkeit nur die erste, mit keiner unanfechtbaren Autorität ausgestattete Interpretation des Textes dar. Und welche Absicht der Autor vor dem Schreiben fasste oder was ihm vorschwebte, als er den Text schrieb, ist ebenfalls mit dem Sinn des Textes nicht notwendigerweise identisch, da der Sinn in dem Inhalt des Textes selbst und nicht in den Antizipationen oder Reflexionen besteht, die der Autor im Voraus oder während des Schreibprozesses über das, was er sagen wollte, gehabt haben mag.

Von diesen zwei Deutungen müssen wir aber »die Meinung des Autors« in einer dritten Bedeutung unterscheiden, nämlich das, was der Autor beim Verfassen des Textes beabsichtigte, als er, bewusst oder nicht, das niederschrieb, was im Text steht – d.h. die Absicht, die sich tatsächlich im Text verwirklichte, wie ich früher (§ 3) in diesem Kapitel und auch im vorhergehenden erklärt habe.[23] In dieser Bedeutung macht ja »die Meinung des Autors« den Sinn des Textes aus, und Gadamer irrt sich, wenn er es leugnet. Da nur die im Text selbst verwirklichte Autorenintention ausschlaggebend ist, mag man versucht sein zu denken, dass es sich dabei um einen Leerbegriff handelt, der keine substantielle Rolle bei der Interpretation eines Textes

---

[23] Natürlich wird diese verwirklichte »effektive« Absicht durch die Überlegungen geprägt, die der Autor vor oder während des Schreibprozesses anstellt. Sie rührt auch von der Weise her, wie der Autor die Absicht schon geschriebener Teile des Texts interpretiert: Ein Autor schreibt, indem er sich liest. Ausführlicher dazu im vorigen Kapitel, § 2.

spielt und auf den wir leicht verzichten könnten, um uns mit dem Inhalt des Textes allein zu beschäftigen. Aber diese Vermutung ist falsch. Erstens lohnt es sich, an die Banalität zu erinnern, dass kein Text sich selbst schreibt. Jeder Text wird von einem Autor geschrieben und ist daher seinem Wesen nach die Verwirklichung einer Absicht, genauso wie irgendeine alltägliche Äußerung, und wer würde verneinen – ich betone erneut den Nutzen dieses Vergleichs –, dass der Sinn einer Äußerung in dem besteht, was der Sprecher, im Akt des Sprechens, meinte? Und zweitens: Nur insofern wir davon ausgehen können, dass der Text Ausdruck einer herrschenden Intention des Autors ist, sind wir berechtigt, zur Erhellung einer problematischen Stelle zunächst einmal, wie es üblich ist, andere Teile desselben Textes, und dann vielleicht andere Texte desselben Autors, Texte anderer Autoren derselben Epoche, frühere Texte, die der Autor gelesen hat, aber in der Regel nicht Texte irgendeiner Epoche oder irgendeines Autors heranzuziehen. Was alle diese Elemente zur Bestimmung des Sinns eines gegebenen Textes relevant macht, ist offensichtlich ihre mutmaßliche kausale Verbindung mit der Intention des Autors, soweit sie im Text realisiert worden ist. Die einfachsten Aspekte unserer Behandlung eines Textes sind von der Annahme geleitet, dass sein Sinn auf der darin realisierten Intention seines Autors beruht.

Die Meinung des Autors als eine leere, vom jeweiligen Leser immer anders auszufüllende Stelle zu bezeichnen, wie Gadamer es tut, ist einmal mehr ein Fehler, der, wie die Gleichsetzung von Verstehen und Horizontverschmelzung und die Abweisung des Besser- zugunsten des Immer-anders-Verstehens, zur Auflösung des Sinnes des Textes in dessen wechselnder Relevanz führen muss. Denn es ist klar, dass die *mens auctoris* kein möglicher Maßstab für die Bedeutung eines Textes ist, da Bedeutung eine Sache der Beziehung des Textes zu den Interessen seines jeweiligen Lesers ist und daher in der Tat nicht nur gelegentlich, sondern immer über die Meinung des Autors hinausgehen muss. Dass Gadamer nicht eingesehen hat, in welcher Hinsicht die Meinung des Autors doch eine bestimmende Rolle bei der Interpretation von Texten spielen muss, ist auf verschiedene Faktoren zurückzuführen. Zum Teil ist er diesem Fehler verfallen, weil er vermutlich angenommen hat, dass »die Meinung des Autors« nach einem der beiden ersten erwähnten Verständnisse des Begriffs aufgefasst werden müsste. Zum Teil sind dieselben irrigen Argumente, die den ersten zwei Thesen zugrunde liegen und die

Interpretation und Gespräch 247

ebenfalls eine Reduktion des Sinnes auf die Bedeutung eines Textes veranlassen, auch dafür verantwortlich.

In letzterer Hinsicht ist es also erneut ein falsches Verständnis der Implikationen seiner zwei Grundanliegen – der Kritik des ästhetischen Bewusstseins und des Gesprächsmodells des Verstehens –, das Gadamer dazu geführt hat, den Begriff der Meinung des Autors zu verwerfen. So hat er etwa gegen die ästhetisierende Einstellung, es komme beim Verstehen eines Textes darauf an, dessen Erlebnis- anstatt dessen eventuellen Erkenntnisgehalt zu erfassen, den folgenden (schon vorher teilweise zitierten) Einwand vorgebracht:

Wenn wir einen Text zu verstehen suchen, versetzen wir uns nicht in die seelische Verfassung des Autors, sondern wenn man schon von Sich-versetzen sprechen will, so versetzen wir uns in die Perspektive, unter der der andere seine Meinung gewonnen hat. Das heißt aber nichts anderes, als dass wir das sachliche Recht dessen, was der andere sagt, gelten zu lassen suchen. Wir werden sogar, wenn wir verstehen wollen, seine Argumente noch zu verstärken trachten (WM 276)

– was dann bedeutete, dass der Gegenstand des Verstehens keineswegs die Meinung des Autors sein könne. Wie ich aber bereits (§ 5) zu diesem Gedankengang bemerkt habe, setzt der Versuch, die Argumente des Autors zu verstärken, ein Verständnis seiner tatsächlichen Argumente voraus, so wie sie im Text vorkommen, und letztere sind nichts anderes als die realisierte Meinung des Autors, die daher als das gelten muss, was im Text selbst gesagt wird und demnach seinen Inhalt oder Sinn ausmacht.

Gadamer hat auch gedacht, dass seine Auffassung des Verstehens als einer Art Gespräch mit dem Text es verbietet, den Sinn eines Textes mit der Meinung des Autors zu identifizieren. Da sich ein echtes Gespräch dadurch auszeichnet, dass die Teilnehmer zu Ansichten gelangen, die sie am Anfang nicht hatten und die ein Ergebnis der Unterhaltung selbst sind, sei zu erwarten, dass der Leser in seinem Versuch, den Sinn eines Textes zu verstehen, zu einer Interpretation des Textes komme, die nicht nur über seine eigene Vormeinung, sondern auch über die Meinung des Autors hinausgehen werde. Das ist nochmals die sogenannte »Horizontverschmelzung«, die nach Gadamer das Wesen alles Textverstehens ausmacht. Darin erkenne man, so sein Schluss, »die Vollzugsform des Gesprächs, in welchem eine Sache zum Ausdruck kommt, die nicht nur meine oder die meines Autors, sondern eine gemeinsame Sache ist« (WM 366; vgl. auch 437–438). Aber weit davon entfernt, diese Schlussfolgerung zu rechtfertigen, hätte das Modell des Gesprächs, wenn er ihm nur treu geblieben wäre, Gadamer geholfen, einen solchen Irrtum zu vermeiden. Denn in einem echten Gespräch bemühen wir uns darum, auf das zu hören, was der Andere eigentlich sagt, auch wenn wir letzten Endes mehr an der eventuellen Relevanz seiner Äußerungen für unsere Anliegen interessiert sind. So ist es auch beim Verstehen von Texten. Gewiss können wir aus einem Text etwas Wichtiges für unser Leben lernen, das nicht zu dem gehört, was der Autor meinte, da es so sehr mit den Besonderheiten unserer eigenen Situation verwoben ist. Aber diese Bedeutsamkeit des Textes, die sich zu Recht eine Horizontverschmelzung nennen lässt, kommt nur dann zum Vorschein, wenn wir darauf achten, was der Text an sich und d. h. was der Autor darin effektiv sagt.

Schließlich erwähne ich ein drittes Argument, mit dem Gadamer zwar auch die Meinung des Autors als Maßstab der Interpretation des Sinns eines Textes zurückweist, das aber nicht wesentlich eine Wiederholung seiner Argumente für die zwei anderen Thesen ist. Der Autor selbst, so bemerkt Gadamer, will in der Regel, dass zukünftige Leser an seinen Text nicht einfach als den Ausdruck seiner Absichten, sondern als einen Anlass herangehen, sich das Gesagte anzueignen und auf ihre eigene Situation anzuwenden: »Texte wollen nicht als Lebensausdruck der Subjektivität des Verfassers verstanden werden. Der Sinn eines Textes kann also nicht von da aus seine Umgrenzung finden« (WM 372). Nun handelt es sich bei diesem Argument einmal mehr um einen Gedankengang, dessen Ausgangspunkt wahr und wichtig, dessen Konklusion aber falsch ist. Nur selten wird es einen Autor gegeben haben, der nicht beabsichtigte, dass Leser seinen Text bedeutend für das eigene Leben finden, und manchmal wird diese Absicht im Text selbst explizit geäußert und sogar konkretisiert, wie etwa am Anfang von Bertolt Brechts *Hauspostille*, wo er nach der Vorbemerkung: »Diese Hauspostille ist für den Gebrauch der Leser bestimmt. Sie soll nicht sinnlos hineingefressen werden« ausführliche (wenn auch ironische) Anleitungen gibt, wie die verschiedenen Gruppen von Gedichten zu lesen sind. Oder wie in einer politischen Verfassung, die sich ausdrücklich zur Benutzung als Grundlage für die Rechtsordnung einer gegebenen Gesellschaft bestimmt. Aber das ändert nichts daran, dass solche Äußerungen Teil des Inhalts oder Sinns des Textes selbst sind, und

Interpretation und Gespräch 249

es liegt am Leser, was er daraus sowie aus dem Text als Ganzem machen wird. Die vom Autor beabsichtigte Relevanz seines Textes ist eine Sache, die tatsächliche Relevanz des Textes für den jeweiligen Leser ist eine andere.

Wie diese Ausführungen deutlich machen, geht es nicht darum, die Suche nach Relevanz als integralen Bestandteil des Verstehensprozesses zu leugnen. Wir lesen, nicht nur um die Meinung des Autors, sondern vor allem um etwas Bedeutsames für die eigenen Interessen zu ermitteln, was normalerweise weit über das hinausgeht, was der Autor selbst meinte oder meinen konnte. Der springende Punkt ist aber, dass wir nur aufgrund eines Verständnisses seiner Intentionen, soweit sie im Text verwirklicht sind und dessen Sinn ausmachen, die Bedeutung des Textes in der einen oder anderen Hinsicht feststellen können. Auch wenn Relevanz das Endziel ist, muss zuerst verstanden werden, was sich dann als relevant erweisen mag. Gadamer war so sehr bemüht, der modernen ästhetisierenden Aufhebung der Erkenntnisfunktion der Kunst entgegenzuwirken, dass er als Devise seiner Theorie der Interpretation »Integration« (mit dem eigenen Standpunkt) anstatt »Rekonstruktion« (des Standpunkts des Autors) wählte (WM 157 ff.). Dabei verkannte er die Zusammengehörigkeit beider Momente. Diesen Irrtum hätte er vermieden, wenn er seine beste Einsicht – das Gespräch als das Wesen des Denkens – sorgfältiger im Auge behalten hätte. Denn wir lernen aus einem Gespräch nur insofern, als wir uns anhören, was unser Gegenüber tatsächlich sagt.

Kapitel IX
Schluss: Warum noch Philosophie

§ 1 Die Krise der Philosophie

In 1962 machte Theodor Adorno die Frage »Wozu noch Philosophie?« zum Titel eines seiner berühmtesten Aufsätze.[1] Wer sich wie Adorno diese Frage stellt, geht davon aus, dass die gegenwärtige Situation der Philosophie ungewöhnlich sei. Früher habe es sich von selbst verstanden, worin der Zweck des philosophischen Denkens liegt. Jetzt sei die Philosophie in eine so tiefgreifende Krise geraten, dass daran gezweifelt werde, ob sie noch eine Funktion habe. Damit ist nicht bloß gemeint, dass sich der Zeitgeist gegenüber philosophischen Fragestellungen gleichgültig zeigt. Das ist fast immer der Fall gewesen. Man will vielmehr sagen, dass die Philosophie in ihrem eigenen Selbstverständnis zutiefst erschüttert worden sei. Es sei nicht mehr klar, ob es überhaupt etwas gibt, was sich als Gegenstand einer philosophischen Untersuchung eignet, und ob sich Philosophieren als eine Art von Denken vorstellen lässt, das man guten Gewissens, angesichts all dessen, was man sonst über die Stellung des Menschen in der Welt kennt, ausüben kann. So verstand Adorno den Sinn seiner Frage.

Offensichtlich war er im letzten Jahrhundert, sowie auch in diesem, nicht der einzige, dem es problematisch erschien, wie Philosophie noch verantwortungsvoll zu betreiben wäre. Zu seiner Zeit waren auch der logische Positivismus des Wiener Kreises und Heideggers Fundamentalontologie – nach Adornos Ansicht die zwei großen zeitgenössischen Konkurrenten seiner eigenen »Kritischen Theorie« – der Meinung, dass sich die Situation der Philosophie

---

[1] Theodor W. Adorno, »Wozu noch Philosophie«, in *Eingriffe. Neun kritische Modelle* (Frankfurt, 1963), 11–28.

dramatisch geändert hatte. In seinem Aufsatz bemängelte Adorno an beiden Bewegungen die Dürftigkeit ihrer Vorstellungen über die Zukunft, die der Philosophie noch übrig bleibe. Mit ihnen teilte er aber die Überzeugung, dass sich die Philosophie wie nie zuvor mit der Frage befassen müsse: »Wozu eigentlich?«.

In den Jahren seit dem Erscheinen von Adornos Aufsatz hat sich die Situation im Grunde genommen nicht erheblich geändert. Freilich wird Philosophie vielerorts weiterhin betrieben wie vorher: Theorien werden immer noch zu diesem oder jenem hergebrachten Thema aufgestellt und Argumente dafür oder dagegen vorgelegt und diskutiert. Und natürlich bleibt Philosophiegeschichte ein besonders aktives Geschäft, damit sozusagen das Museum in guter Ordnung gehalten wird. Aber wenn man einmal ernsthaft darüber nachdenkt, was für ein Wissen über die Welt (nicht bloß über die Philosophie selbst) die philosophische Reflexion, im Unterschied zu den empirischen Wissenschaften, überhaupt beanspruchen könnte, entsteht häufig der Eindruck, ratlos zu sein. Sagen, dass sich Philosophie mit der Klärung unserer Grundbegriffe beschäftigt, kann letztlich, wenn dies von Interesse sein soll, nichts anderes heißen, als dass sie das Wesen der dadurch bezeichneten Sachen (wie etwa Kausalität, Freiheit, Person, Ding) erhellt, und wie soll sie imstande sein, derartige Wahrheiten zu erfassen? Es nimmt daher nicht Wunder, dass ein Großteil der philosophischen Arbeit heute wesentlich negativ verfährt und sich darauf beschränkt, nachzuweisen, dass die eine oder andere herkömmliche Auffassung nicht so sehr auf Fehlern, die durch ein besseres Verständnis der behandelten Sache korrigiert werden könnten, als auf begrifflichen oder sprachlichen Verwirrungen beruhe. Anstatt etwas Positives leisten zu können, bestünde Philosophie bestenfalls im Demontieren ihrer eigenen Anmaßungen. »Die Philosophie«, wie Wittgenstein einmal diese verbreitete Gesinnung prägnant formulierte, »ist ein Kampf gegen die Verhexung unseres Verstandes durch die Mittel unserer Sprache«.[2]

Adornos Aufsatz von 1962 bleibt also relevant, weil die Verwirrung, die er unumwunden beschrieb, unverändert bleibt. Es herrscht immer noch Unsicherheit in der Frage, wie die Philosophie eine

---

[2] Wittgenstein, *Philosophische Untersuchungen*, § 109. In Wirklichkeit hat Wittgenstein selbst meines Erachtens positive und aufschlussreiche Thesen zum Verständnis der Grundstrukturen des menschlichen Lebens entwickelt. S. Kapitel III, § 5.

Form der Erkenntnis darstellen und sogar ihren traditionellen Namen einer »Liebe zur Weisheit« jemals verdienen könnte. Zudem ist aber Adornos Aufsatz auch deshalb wertvoll, weil die Schwächen der von ihm empfohlenen Antwort auf die Frage »Wozu noch?« erkennen lassen, wie fragwürdig die gängige Annahme ist, dass sich die Philosophie wirklich in einer Notlage befindet.

Denn schließlich sind das Wesen und die Bedeutung der Philosophie nicht besonders schwer zu verstehen. Im Grunde genommen ist die Philosophie nicht damit beschäftigt, einfach weitere Tatsachen derselben Art zu entdecken wie diejenigen, welchen die Wissenschaften nachgehen. (Das sah Adorno zu Recht.) Sie besteht vielmehr (was Adorno nicht sah) in der Reflexion über den Gehalt und die Gültigkeit der Prinzipien, auf die wir uns in unserem Denken und Handeln berufen. Wenn es der philosophischen Reflexion gelingt, durch die Klärung von Grundbegriffen das Wesen selbst der dadurch bezeichneten Sachen zu beleuchten, dann deshalb, weil sie sich mit den Prinzipien befasst, die unser Verständnis dieser Gegenstände orientieren sollten. Daraus folgt zwar, dass Philosophie von Natur aus mit einem gewissen Krisenbewusstsein verbunden ist: Ihre Fragestellungen drängen sich auf, wenn es sich nicht mehr von selbst versteht, wie wir grundsätzlich denken oder handeln sollten. Aber was kann es heißen, dass die Philosophie selbst in eine Krise geraten sei? Dass ihre Funktion unklar erscheint, kann nur bedeuten, dass die Rechte und Aussichten einer Reflexion dieser grundlegenden Art zweifelhaft geworden sind. Wie es dazu gekommen ist, ist daher die eigentliche Frage. Um sie zu beantworten, kann eine nähere Betrachtung von Adornos Aufsatz sehr hilfreich sein.

Zuerst ist zu bemerken, dass weder der logische Positivismus noch Heideggers Seinsphilosophie – die zwei zeitgenössischen Strömungen, mit denen sich Adorno in seinem Aufsatz auseinandersetzt, ohne aber diese Unzulänglichkeit zum Vorschein zu bringen – erklären kann, wie die Reflexion über Prinzipien überhaupt möglich ist. Den Positivisten zufolge fallen alle sinnvollen Sätze in zwei Gruppen: Entweder ließen sie sich durch die Sinneswahrnehmung bewähren (bzw. bestätigen) oder widerlegen, oder sie seien analytisch, durch Definitionen oder Logik nachweislich wahr oder falsch. Kein Denk- oder Handlungsprinzip aber, und nicht einmal das positivistische Sinnkriterium selbst, kann durch das eine oder andere dieser beiden Verfahren begründet werden. Damit muss die philosophische Reflexion im Begriffsrahmen des logischen Positivismus

Schluss: Warum noch Philosophie

das Recht verlieren, als ein Erkenntnisorgan zu gelten. Damit wird aber auch unerklärlich, warum seinem Sinnkriterium zuzustimmen sei. Kein Wunder, dürfte man sagen, dass sich die Positivisten des Wiener Kreises so viel Sorgen darum machten, ob Philosophie noch eine Funktion habe!

Auch beim Autor von *Sein und Zeit* sowie von den nach der »Kehre« erschienenen Schriften ist die Möglichkeit von philosophischer Reflexion schwer verständlich. Heidegger greift ständig auf eine einfache Dichotomie zurück, wenn es auf die Analyse der Modalitäten unserer Beziehung zur Welt ankommt: Entweder begegnen wir dem Seienden allein insoweit, als es auf die eine oder andere Weise zu unserer Verfügung steht – sei es als Werkzeug für unsere jeweiligen Projekte oder als der bloß vorhandene Gegenstand einer wissenschaftlichen Behandlung –, oder wir machen einen »Schritt zurück« von solchen praktischen und theoretischen Beschäftigungen, aber nur um uns dann dem Sein und d. h. der Enthüllung eines neuen Weltverständnisses zu übergeben. Keine dieser Einstellungen entspricht jedoch unserer Haltung, wenn wir über die Prinzipien nachdenken, die uns in unserem Umgang mit der Welt leiten sollen. Denn in einer derartigen Reflexion ziehen wir uns zwar von unseren gewöhnlichen Tätigkeiten zurück, aber nicht um etwas so undeutlich und allumfassend wie das Sein walten zu lassen, sondern um uns ganz präzise die Denk- und Handlungsgründe zu überlegen, die dem Sinn dieser Tätigkeiten angeblich zugrunde liegen. Mit den armen begrifflichen Ressourcen, die er sich erlaubt, vermag Heidegger von seinem Gesichtspunkt aus nicht einmal zu erklären, wie er zur Einsicht gekommen sei, dass das Sein die wichtigste Sache des Denkens ausmache. (In dieser Art von Inkonsequenz ähnelt daher sein Seinsdenken dem logischen Positivismus des Wiener Kreises). Kein Zufall, dass er ernstlich bezweifelt, ob die Philosophie noch zu etwas dienen könnte! Wer keinen Raum für die Reflexion über Prinzipien lässt, verschließt sich der Natur der Philosophie.[3]

Kehren wir jetzt zu Adorno zurück. Warum drängt sich ihm auch die Frage auf, ob die Philosophie noch zu etwas nützt? Hängt das damit zusammen, dass er sich ebenfalls die Möglichkeit verschließt, der Bedeutung der philosophischen Reflexion gerecht zu werden?

---

[3] Damit wird natürlich nicht gesagt, dass es bei Heidegger oder dem Wiener Kreis, ihre Auffassungen der Philosophie einmal beiseitegelassen, nichts Philosophisches zu lernen gibt. Zu Heidegger, s. Kapitel I, § 2 (Anm. 14).

Die Bedrängnis der Philosophie führt Adorno auf das wachsende Prestige der Wissenschaften zurück. Viel von dem, was einmal zur Philosophie gehörte, sei zum Gegenstand der wissenschaftlichen Forschung geworden, die, im Gegensatz zur Proliferation philosophischer Lehren, zu verbindlichen Ergebnissen führe. Adorno zufolge hat diese Entwicklung seit dem 19. Jahrhundert bei den Philosophen zwei unbefriedigende Reaktionen hervorgerufen, die durch die beiden von ihm diskutierten Denkbewegungen verkörpert sind. Einerseits wolle man sich in die wissenschaftliche Tendenz zur Spezialisierung einreihen und, wie im Logischen Positivismus, die Philosophie zur Wissenschaftstheorie umdefinieren. Andererseits weigere man sich, die herkömmliche Überzeugung aufzugeben, dass das Ganze den eigentlichen Bereich der Philosophie ausmache. Insofern aber die empirische Welt den verschiedenen Wissenschaften zugewiesen sei, könne dann jemand wie Heidegger nur ein alles Seiende transzendierendes Sein als sein Anliegen heraufbeschwören.

In Adornos Augen sieht die Lage der Philosophie sogar noch düsterer aus. Seiner Meinung nach ist keine Lösung davon zu erwarten, dass man, den Eskapismus des Seinsdenkens vermeidend, den traditionellen Totalitätsanspruch der Philosophie in eine nähere Beziehung zur Wirklichkeit zu bringen versucht. Denn die philosophische Ambition, die Welt in ihrer Totalität der Vernunft durchsichtig zu machen, habe sich in der modernen Gesellschaft auf solche Weise tatsächlich realisiert, dass man sich dieser Ambition nicht mehr vorbehaltlos anschließen dürfte. Nicht die Natur allein, sondern auch der Mensch, und bis in sein innerstes Wesen hinein, werde den Methoden von Vorhersage und Kontrolle unterzogen. Diese »verwaltete Welt« sei natürlich nicht durch die Philosophie selbst hervorgebracht worden. Sie sei aber aus einem geschichtlichen, schicksalsähnlichen Prozess entstanden, in den sich die Philosophie verwickeln lassen habe. Wer sich also ohne Nostalgie dieser Dynamik der Moderne aussetze, um die repressive Gestalt der »Vernunft in der Geschichte« zu erfahren, müsse – so Adorno – zum Schluss kommen, dass die Philosophie nicht mehr sein dürfe, was sie einmal war. Rimbauds Formel »*il faut être absolument moderne*« solle insofern zum kategorischen Imperativ unseres Denkens werden, damit wir imstande seien, die Möglichkeiten von Hoffnung zu erblicken, die uns noch offenstehen.[4]

---

[4] Adorno, »Wozu noch Philosophie«, 28.

Schluss: Warum noch Philosophie 255

Wir werden dann begreifen, behauptet Adorno, dass die Philosophie nicht mehr positiv sein darf. Sie dürfe nicht mehr nach der Begründung von so etwas wie Thesen trachten und umso weniger nach deren Zusammenfügung in Form eines ganzheitlichen Systems. Die Vorstellung, dass man zu philosophischen Erkenntnissen gelangen könnte, sei nicht nur durch die Entwicklung der Wissenschaften diskreditiert worden, sondern auch mit dem Wesen der Philosophie uneinig: Sie bringe das Denken zum Stillstand und diene damit zur Rechtfertigung des Bestehenden. Folglich solle sich die Philosophie auf das zurückziehen, was immer ihre wirkliche Aufgabe ausgemacht habe, nämlich die Kritik. Sie müsse »immanent« verfahren, indem sie die Unwahrheit der Doktrinen des jeweiligen Zeitgeists nach dessen eigenen Kriterien bloßstelle. Nicht, dass Adornos »kritische Theorie« auf einen neuen Skeptizismus hinauslaufe. Der Skeptiker will die innere Demontage der dogmatischen Haltung dergestalt durchführen, dass er vermeidet, sich selbst auf einen Standpunkt festzulegen. Adorno hingegen sieht die Kritik nicht als neutral an, denn sie entspringe einer Parteinahme für die Freiheit der »Selbstbestimmung«. Ihre Absicht sei, der »sich ausbreitenden Heteronomie« der modernen Welt wenigstens dadurch Widerstand zu leisten, dass sie die »Autonomie« des Denkens aufrechterhalte.[5]

Dennoch bietet Adorno in diesem Aufsatz (wie in anderen Schriften) wenig zur Erläuterung seiner eigenen, letzten Maßstäbe und Ziele, die diese »negative Dialektik« leiten sollen. Was heißt genau »Selbstbestimmung« oder »Autonomie«? Und inwiefern gilt immanente Kritik als eine Tätigkeit der Vernunft? Obwohl Adorno ahnen lässt, dass dem so sei, kommt der Vernunftbegriff selbst in seinen Schriften immer wieder abschätzig in der bloß instrumentellen Bedeutung von Beherrschung, von Vorhersage und Kontrolle vor. Diesem Ansatz folgend wurde er sogar dazu gebracht, eine so erstaunliche Aussage zu machen wie »Aufklärung ist totalitär«.[6] Woher Adorno spricht, bleibt dunkel. Denn schließlich kann man nicht das Nichtseinsollende anprangern, ohne sich zumindest implizit auf eine Idee des Seinsollenden zu stützen.

Die Unschärfe von Adornos Auffassung der Philosophie rührt meines Erachtens letztlich davon her, dass er Kritik statt Reflexion

---

[5] Adorno, »Wozu noch Philosophie«, 17–18, 21.
[6] T. W. Adorno und M. Horkheimer, *Dialektik der Aufklärung* [1944] (Frankfurt, 1969), 10.

zum Stichwort seines Denkens machte. Ihm war es wichtiger, das faktisch Gegebene herabzusetzen, als den Standpunkt zu bestimmen, aus dem eine solche Beurteilung möglich wird. Natürlich ist Kritik eine Leistung der Reflexion, und indem Adorno die Philosophie als eine kritische Tätigkeit verstand, gewährte er der Reflexion, anders als seine Gegner, eine wesentliche Rolle. Sein Begriff der philosophischen Reflexion war aber ungeheuer dürftig. In welchem Sinne gilt die kritische Reflexion als Ausübung der Vernunft? Welche Art von Erkenntnis kann sie uns dabei überhaupt geben? Auf diese fundamentalen Fragen, die unausweichlich werden, sobald man die Reflexion über Prinzipien als die Grundlage der Philosophie anerkennt, bietet Adorno keine Antwort.

§ 2 Der Ausweg

An gerade diesem Punkt hat sich bekanntlich Jürgen Habermas von Adorno distanziert, um der »kritischen Theorie« eine neue Ausgangsbasis zu verschaffen. Man irrt sich, so lautet seine Leitidee, wenn man die Vernunft mit der Bestrebung gleichsetzt, die Erfahrung methodisch zu beherrschen. Die Vernunft sei nicht nur instrumentell, sondern auch, und zwar in erster Linie, argumentativ. Denn sie sei das Vermögen, unsere Denk- und Handlungsmöglichkeiten, gleich welcher Art, vom Gesichtspunkt ihrer Begründbarkeit aus zu beurteilen und damit dem »zwanglosen Zwang des besseren Arguments« zu gehorchen – ein Habermas'sches Thema, das ich bereits in Kapitel V eingehend analysiert habe. Adorno, erklärt er, konnte sich dem »herrschenden Bewusstsein« im Namen der Kritik nur deshalb entgegensetzen, weil er sich stillschweigend auf diese breitere Auffassung der Vernunft verließ.[7]

Wie das vorliegende Buch zeigt, teile ich die Auffassung, dass die Vernunft, wie ich sagen würde, in dem allgemeinen Vermögen besteht, sich nach Gründen zu richten. Damit kommt unter anderem die Reflexion über Prinzipien wieder zu ihrem Recht, da Prinzipien eben Grundsätze sind, die die entscheidenden Gründe angeben, nach denen wir überhaupt denken und handeln sollen. Damit

---

[7] Für seine Kritik an Adorno, s. Habermas, *Theorie des kommunikativen Handelns* (Frankfurt, 1981), Bd. 1, 502 f., und *Der philosophische Diskurs der Moderne* (Frankfurt, 1985), Kapitel 5.

fängt die Idee von Philosophie an, weniger problematisch auszusehen. Soweit sie sich mit der Erläuterung und Begründung solcher Grundprinzipien befasst, lässt sich tatsächlich sagen, dass sich Philosophie mit dem Ganzen beschäftigt, ohne aber in Konkurrenz mit den Wissenschaften zu geraten.

Trotzdem scheint mir Habermas die Natur der Hindernisse zu unterschätzen, die einem derartigen Vernunftbegriff, der auf dem Sich-Richten nach argumentativ teilbaren Gründen basiert, entgegengestanden haben. Diese Hindernisse stammen seiner Meinung nach aus der Fixierung an die »bewusstseinstheoretische« Perspektive eines Subjekts, das sich in seinem Denken und Handeln den Gegenständen der Welt gegenüberstellt. Das argumentative Wesen der Vernunft rücke in den Vordergrund, wenn »das Paradigma der Erkenntnis von Gegenständen durch das Paradigma der Verständigung zwischen sprach- und handlungsfähigen Subjekten« abgelöst werde.[8] Dass ein solcher Paradigmenwechsel hilfreich sein könnte, bestreite ich nicht. Ihm entspricht gewissermaßen die in einem früheren Kapitel (I, § 4) empfohlene Ersetzung des klassischen Repräsentationsmodells, nach dem die Grundtätigkeit des Geistes darin besteht, sich Vorstellungen von Dingen zu bilden, durch ein Inferenzmodell, nach dem sie im Beachten von Gründen und daher im Erfassen der inferentiellen Beziehungen besteht, aufgrund deren der Inhalt unserer Vorstellungen überhaupt erst bestimmt wird. Die Frage aber ist: Was sind dann Gründe? Und da liegt der wirkliche Haken.

Zunächst eine Antwort, die wegen ihrer relativen Anspruchslosigkeit vielleicht verlockend ist, die aber nicht genügt: Was als ein »guter Grund« gilt, werde, so könnte man sagen, letzten Endes aus der Perspektive der Argumentation entschieden. An sich mag das wahr sein: Obwohl wir in der Regel Gründe sehen, so oder anders zu denken oder zu tun, ohne darüber nachzudenken, sondern einfach insofern, als wir etwas wahrnehmen oder auf gegebene Umstände unmittelbar reagieren, gehen wir davon aus, dass diese Gründe anderen gegenüber argumentativ gerechtfertigt werden könnten. Aber dabei geht es nur um die Auffassungsweise von Gründen, nicht um ihre Beschaffenheit selbst. Wenn sich sprach- und handlungsfähige Subjekte darüber verständigen, dass es gute Gründe gibt, etwas zu denken oder zu tun, was ist genau die Natur des Gegenstands ihrer Verständigung? Auf diese Frage geht Habermas selbst nie direkt

---

[8] Habermas, *Der philosophische Diskurs der Moderne*, 345.

und systematisch ein. Einige seiner Formulierungen aber – besonders seine Rede vom »zwanglosen Zwang des besseren Arguments« – weisen, wenn auch seinem offiziell »nachmetaphysischen« Standpunkt zuwiderlaufend, in die Richtung der Antwort, die in diesem Buch bereits dargelegt worden ist.[9]

Gründe, wie hier mehrfach unterstrichen, besitzen einen wesentlich normativen Charakter, da einen Grund haben, etwas zu tun, bedeutet, dass man es tun *sollte*, wenn nichts anderes dagegen spricht. Dieser normative Charakter besteht, genauer gesagt, in der Relevanz bestimmter Umstände in der Welt – physischer (einschließlich sozialer) Tatsachen oder unserer eigenen seelischen Zustände – für unsere Denk- oder Handlungsmöglichkeiten: D. h. die Umstände sind derart, dass sie die Aufnahme dieser oder jener Möglichkeit rechtfertigen. Deshalb hängen (selbstverständlich) die Gründe, die wir haben, davon ab, wie die Welt ist. Ich habe zum Beispiel einen Grund, zum Schönberg-Konzert zu gehen, soweit ein derartiges Konzert tatsächlich stattfindet und soweit ich das Programm, *Verklärte Nacht* und das *Zweite Streichquartett*, besonders schätze. Der Grund, dahin zu gehen, ist aber mit dem Zusammenkommen dieser beiden Gegebenheiten nicht identisch, sondern mit einer besonderen Beziehung, in der sie zur Möglichkeit stehen, das Konzert zu besuchen: nämlich damit, dass sie dafür sprechen. Zudem ist diese Beziehung des Sprechens-für nicht ihrerseits mit dem Kausalverhältnis identisch, das darin besteht, dass der Besuch des Konzerts meinen Wunsch, *Verklärte Nacht* gespielt zu hören, befriedigen würde. Vielmehr steht dieses Kausalverhältnis selbst in einer solchen Beziehung, denn nur soweit es dafür spricht, zum Konzert zu gehen, gibt es uns einen Grund, das zu tun.[10] Gründe sind relationale Wesen, aber die Relation selbst ist irreduzibel normativ. Sie lassen sich nicht mit den physischen und seelischen Tatsachen, von denen sie abhängen, gleichsetzen, sondern sind eigener Art.

Gleichzeitig sind Gründe etwas Wirkliches, in dem Sinn, dass es einen Unterschied gibt zwischen Gründen und den Vorstellungen von Gründen, durch die wir sie richtig zu erfassen versuchen. Wenn wir etwa überlegen, was wir denken oder wie wir handeln sollten, wollen wir uns von den relevanten Gründen selbst leiten lassen, und nicht bloß von unseren Meinungen darüber, die schließlich falsch

---

[9] S. Kapitel I (§§ 2, 5), II (§ 2), IV (§ 5), V (§ 5) und VI (§ 5).
[10] S. dazu Kapitel I, § 5.

sein könnten. Auf diese beiden Eigenschaften von Gründen – ihren normativen Charakter und ihre Realität – scheint die Redewendung des »zwanglosen Zwangs des besseren Arguments« hinzudeuten. Zwanglos sind sie, insofern sie uns nicht durch Gewalt bewegen, so oder anders zu denken oder zu handeln, sondern dadurch, dass sie uns anweisen, wie wir denken oder handeln sollten. Gleichwohl üben sie auf uns dabei einen eigentümlichen Zwang aus, indem sie als etwas Unabhängiges von unseren Einstellungen unsere Zustimmung fordern und, wenn wir sie erkennen, uns dadurch motivieren, entsprechend zu denken oder zu handeln.

Gründe, soweit sie also weder physischer noch psychologischer Natur sind, dürfen einer herkömmlichen Terminologie gemäß als »ideell« gelten. Andere Gegenstände, die die philosophische Tradition manchmal so bezeichnet hat – mathematische Objekte, Bedeutungen, die Geltung von Aussagen – möchte Habermas selbst, seiner »nachmetaphysischen« Auffassung der Philosophie gemäß, als Idealisierungen begreifen, d. h. als Konstruktionen, die wir selbst durch Extrapolation der Bedingungen und Ergebnisse unserer schon bestehenden Praktiken einführen. Ihnen solle man nicht platonistisch eine davon unabhängige Existenz zuschreiben.[11] Ein solcher Konstruktivismus, was immer seine Aussichten in diesen Fällen sein mögen, kann aber keine Erläuterung des ontologischen Status von Gründen erbringen – worüber übrigens, wie gesagt, Habermas nichts Explizites zu sagen hat. Idealisierungen werden immer in einem bestimmten Kontext und in bezug auf bestimmte Ziele vorgenommen. Sie haben deshalb keinen Sinn, wenn man nicht nach den Gründen fragen darf, die ihre Einführung rechtfertigen sollen. Weit davon entfernt, das Wesen von Gründen erklären zu können, setzen also Idealisierungen – genauso wie all unser Denken und Handeln – voraus, dass es Gründe gibt, nach denen wir uns dabei richten. Soweit Gründe eine irreduzibel normative Dimension der Wirklichkeit darstellen, die in der Relevanz bestimmter Umstände in der Welt für unsere Denk- und Handlungsmöglichkeiten besteht, empfiehlt sich in dieser Hinsicht tatsächlich ein gewisser Platonismus.[12]

Ganz offensichtlich lässt sich also das Wesen von Gründen, dem Habermas'schen Standpunkt zum Trotz, »nachmetaphysisch« nicht adäquat begreifen. Das aber ist so wenig bedauerlich, dass es hinge-

---

11 S. etwa J. Habermas, *Faktizität und Geltung* (Frankfurt, 1992), 24–45.
12 Näheres zum Gehalt dieses Platonismus von Gründen in Kapitel IV, § 5.

gen deutlich aufzeigt, nicht nur wie sinnlos das Vorhaben überhaupt ist, die Metaphysik »überwinden« zu wollen, sondern auch warum Adorno und so viele andere Denker unserer Zeit es schwer gehabt haben, die eigentliche Aufgabe der Philosophie einzusehen. Metaphysik als solche betreibt man immer schon insofern, als man sich, ausdrücklich oder implizit, auf eine allgemeine Auffassung davon stützt, was im Grunde genommen als existierend gelten soll und was nicht. Denn eine solche Auffassung geht über das hinaus, was die Wissenschaften selbst in ihren jeweiligen Bereichen feststellen können. Man kann nicht über die Natur der Welt und über die Stellung des Menschen darin reflektieren, ohne in diesem Sinne metaphysisch zu denken – was bedeutet, dass jeder Philosoph seine Metaphysik hat, wenn auch uneingestanden und was auch immer ihr Charakter sein mag.

Nun hat sich mit den enormen Fortschritten der empirischen Wissenschaften seit dem 17. Jahrhundert ein naturalistisches Weltbild durchgesetzt, nach dem alles, was existiert, letztlich aus Gegenständen der Naturwissenschaften, d. h. aus physischen und psychologischen Tatsachen besteht. Was sonst, denkt man sich, könnte es überhaupt geben, wenn man nicht mehr an Gott und die Unsterblichkeit der Seele glaubt? Dieser herrschende Naturalismus ist jedoch, wie ich in früheren Kapiteln unterstrichen habe, kein naturwissenschaftliches Ergebnis, sondern eine philosophische Verallgemeinerung und daher selbst eine Metaphysik.[13] Ferner fragt sich, ob er mit sich selbst konsistent ist. Vorausgesetzt wird, dass es gute Gründe gebe, sich ein solches Weltbild zu eigen zu machen. Aber welchen Platz können Gründe selbst in diesem Weltbild einnehmen? Seine Vertreter sind gezwungen anzunehmen, dass es möglich sei, Gründe naturalistisch zu erklären. Wie ich aber gezeigt habe, sind solche Versuche zum Scheitern verurteilt: Gründe haben einen irreduzibel normativen Charakter. Insofern ist der Naturalismus eine widersprüchliche Metaphysik. Wenn die Welt wäre, wie er behauptet, könnte es nicht so etwas wie Gründe geben, sondern nur Präferenzen.

Gleichwohl hat seine Inkonsequenz den Naturalismus nicht daran gehindert, zu einer Selbstverständlichkeit unserer Epoche zu werden. Viele – wie die Positivisten, denen sich Adorno entgegensetzte, sowie szientistische Denker der Gegenwart – bekennen sich

---

[13] S. Kapitel I (§ 5), IV (§ 5), V (§ 5) und VI (§ 5).

ausdrücklich zum naturalistischen Weltbild. Zahlreiche andere – wie etwa Adorno selbst – stehen unter seinem Einfluss, insofern es ihnen unklar geworden ist, wozu die Philosophie nützlich ist. Denn soweit man sich die Welt so vorstellt, dass sie nicht so etwas wie Gründe enthalten könnte, die unabhängig von unseren Vorstellungen derselben existieren, ist es nicht nur die Auffassung der Vernunft als das Vermögen, sich nach argumentativ teilbaren Gründen zu richten, die schwer zu erfassen ist. Unbegreiflich wird auch insbesondere, wie Prinzipien des Denkens und Handelns als ein Gegenstand der Erkenntnis gelten kann, da Prinzipien, wie gesagt, die wesentlichen, allgemeingültigen Gründe angeben, nach denen wir denken und handeln sollten. Kurz: Es ist die verbreitete, weitgehend unhinterfragte Metaphysik des Naturalismus, die dafür verantwortlich ist, dass die Bedeutung und die Möglichkeit von Philosophie problematisch erschienen sind.

Nur solange man den Bann dieses Weltbildes nicht gebrochen hat, wird man sich fragen, »Wozu noch Philosophie?«. Denn einerseits ist die Antwort auf diese Frage so leicht, dass das Wort »noch« fehl am Platz ist: Was verdient mehr, zum Gegenstand der Reflexion zu werden, als die Grundprinzipien des Denkens und Handelns? Andererseits gerät die Philosophie zwangsläufig in die Krise, wenn die Wahrheitsfähigkeit dieser Art von Reflexion unbegreiflich wird.

Zugleich ist aber die Zurückweisung des Naturalismus nicht nur wichtig für das Selbstverständnis der Philosophie. Wie ich in früheren Kapiteln nachzuweisen gesucht habe, ist sie ebenfalls unerlässlich, damit wir uns Klarheit über solche Schlüsselbegriffe wie Vernunft, Subjektivität und Freiheit sowie auch über das Wesen der Moral verschaffen. Es kommt nicht darauf an, die Metaphysik zu überwinden, sondern vielmehr die richtige Metaphysik zu entwickeln.

Gleichwohl habe ich nicht die Schwierigkeiten herunterspielen wollen, die auch dieser besonderen Metaphysik – der Auffassung einer normativen Dimension der Wirklichkeit selbst – entgegenstehen. Vor allem stellt sich das Problem, wie Gründe und Prinzipien, wenn sie einen irreduzibel normativen Charakter haben sollen, eine kausale Rolle spielen, wie sie uns dazu bewegen können, so oder anders zu denken und zu handeln – ein Problem, das gar nicht auftritt, wenn Gründe dagegen mit irgendeiner Kombination von physischen und seelischen Zuständen gleichgesetzt sind. Dass man mit einem solchen Für und Wider rechnen muss, ist ein Beispiel des allgemeinen Gesetzes der »*Erhaltung des Ärgers*«, durch das, wie ich in der

Einleitung (§ 4) erklärt habe, Philosophie überhaupt charakterisiert ist Dennoch wurde im Kapitel VI (§ 5) zumindest skizziert, wie Gründe, als wesentlich normativ begriffen, auf uns kausal einwirken können, nämlich mittels der weniger problematischen kausalen Einwirkung der physischen und seelischen Tatsachen, die ihnen zugrunde liegen. Es ist zu erwarten, dass sich weitere Schwierigkeiten in dieser oder anderen Hinsichten zeigen werden, genauso wie beim Naturalismus. Die Philosophie kann nie zur Ruhe kommen. Es gibt keine unangreifbaren Argumente. Man kann nur versuchen, durch Abwägen der Alternativen festzustellen, wo alles in allem die Wahrheit liegt.

Danksagung und Textnachweise

Ich habe mich sehr über die Bereitschaft des Klostermann-Verlages gefreut, eine Sammlung einiger meiner auf Deutsch erschienenen Aufsätze zu veröffentlichen. Insbesondere Anastasia Urban möchte ich für ihr großes Interesse und Engagement bei der Verwirklichung dieses Projekts danken. Mein Dank gilt auch Peter Trawny, dem Lektor des Verlags, der das Manuskript sorgfältig geprüft und zur besseren Lesbarkeit der Texte wesentlich beigetragen hat. Für ihre kritischen Hinweise zu den verschiedenen Kapiteln des Bandes möchte ich mich ferner bei den folgenden Kollegen bedanken: Karl Ameriks, Rüdiger Bittner, Vincent Descombes, Manfred Frank, Rainer Forst, Jürgen Habermas, Dieter Henrich, Gunnar Hindrichs, Axel Honneth, Rolf-Peter Horstmann, Richard Moran, Glenn Most, Robert Pippin, Martin Seel, Richard Strier und Lutz Wingert. Eva Buddeberg schulde ich besonderen Dank – nicht nur für ihre philosophischen Kommentare, sondern auch für die Geduld und den Scharfsinn, mit denen sie mir in den letzten Jahren geholfen hat, philosophische Texte auf Deutsch zu verfassen.

Für diese Textsammlung habe ich alle Aufsätze umfangreich überarbeitet. Die Erstveröffentlichungen finden sich in folgenden Quellen:

Kapitel I. »Die normative Struktur des Selbst«, in *Von der Logik zur Sprache. Stuttgarter Hegel-Kongress 2005* (Stuttgart, 2007), 498–514.

Kapitel II. »Selbstwissen und Selbstfestlegung«, in *Deutsche Zeitschrift für Philosophie* 63(4), 2015, 686–704.

Kapitel III. »Person und Anerkennung«, *Deutsche Zeitschrift für Philosophie* 46 (3), 1998, 459–64.

Kapitel IV. »Was Autonomie sein und nicht sein kann«, in *Freiheit. Stuttgarter Hegelkongress 2011* (Frankfurt, 2013), 279–300.

Kapitel V. »Der Zwang des besseren Arguments«, in L. Wingert und K. Günther (eds.), *Die Öffentlichkeit der Vernunft und die Vernunft der Öffentlichkeit. Festschrift für Jürgen Habermas* (Frankfurt, 2001), 106–125.

Kapitel VI. »Die Freiheit verstehen, aufzubrechen, wohin man will«, in *Hegel-Studien* 47, 2013, 11–40.

Kapitel VII. »Zur Ethik des Lesens«, in *Deutsche Zeitschrift für Philosophie* 63(3), 2015, 427–47.

Kapitel VIII. »Interpretation und Gespräch. Reflexionen zu Gadamers *Wahrheit und Methode*«, in *Poetica* 43 (1–2) 2011, 177–203.

Kapitel IX. »Warum nicht Philosophie?« (ursprünglicher Titel), in *Deutsche Zeitschrift für Philosophie* 47 (3), 1999, 505–509.

Personenregister

Kursiv gesetzte Ziffern verweisen auf die Anmerkungen

Adorno, T. W. 250ff, 253–256, 260
Anscombe, G. E. M. 74f
Aquin, T. von *74*
Aristoteles 13f, 15, 18, 169, 177
Augustinus 56f

Bar-On, D. 69f, 71f, 74
Barthes, R. *201*
Beardsley, M. *201*
Betti, E. 231
Bieri, P. *172*, *173*
Blackburn, S. 48
Blake, W. 207, 212
Blumenberg, H. 77
Bouveresse, J. *221*
Brandom, R. 41, 42, 90, *127*, 140, 147ff
Brecht, B. 248
Broad, C. D. *189*

Chisholm, R. *189*

Danto, A. *234*
Davidson, D. *146*, 185f, *187*
Descartes, R. 14, 23, 24, 29, 57f, 60, 65, 70, 73, 77f, 79, *174*
Descombes, V. 24, *26*, 37f

Dworkin, R. 45, *185*

Evans, G. 68, 70f, 74

Fichte, J. G. 12, 28f, 37, 50, 84, 91–94, 97, 99, 102, 156f
Frank, M. *30*

Gabriel, M. *11*
Gadamer, H.-G. 13, *201*, 219–249
Gibbard, A. 48f, *146*
Goethe, J. W. von 155
Guyer, P. *11*

Habermas, J. 131–153, *169*, *186*, *225*, *234*, 256–260
Hegel, G. W. F. 23, 84, 91
Heidegger, M. 18, *32*, 41, 102, 194, 235, 250, 252f, 254
Henrich, D. 28, *30*, *123*, *191*
Heraklit, 192
Hillis Miller, J. 196ff
Hirsch, E. D. 205, 210, 231
Hölderlin, F. 154–158, 161, *188*, 190–195, 224
Honneth, A. 102–105
Horstmann, R.-P. *11*
Hume, D. 26, *40*, 48, 123, 144

Iser, W. 211

Jacobi, F. H. 156
James, H. 202
Juhl, P. D. *204*

Kane, R. *161*
Kant, I. 11, 17, 43 f, 48, 106–126, 128, 147 ff, 157–181, 189, 190, 194, 240
Keil, G. *161*, *175*
Korsgaard, C. 127 f
Kraus, K. 217 f

Leibniz, G. W. von 180
Locke, J. 27, 29, 85, 87
Luther, M. 53

Mead, G. H. 88
Milton, J. 207
Montaigne, M. de 21, 57, 79
Moore, G. E. *173*
Moran, R. 69 f, 73 f

Nagel, T. *151*

Ovid 35

Parfit, D. *45*, *185*
Paulus 117 f
Pistorius, H. A. 181
Planck, M. *172*
Platon 17 f, 56 f, 129, 145, *151*, 199 f, 204, 215, 223, 259
Plessner, H. 66
Pohlmann, R. *107*

Pothast, U. *168*
Proust, M. 208 f

Rilke, R. M. 30, 211
Rorty, R. 41, 138
Ryle, G. 77

Scanlon, T. M. *45*, *185*
Schiller, F. 154
Schleiermacher, F. 207 f, 220 f, 238, 242
Schlick, M. *237*
Schneewind, J. B. 117
Schopenhauer, A. 30, *173*, 178, *180*
Schroeder, M. 47
Seel, M. *166*
Sellars, W. 39
Siep, L. *90*
Smith, A. 89
Spaemann, R. 80–94, 97–101, 105
Spinoza, B. von 156, 161 f, *188*
Stemmer, P. 47
Strawson, G. 162

van Inwagen, P. 162, *175*

Wellmer, A. 226
Willaschek, M. *163*
Wimsatt, W. 201
Wittgenstein, L. 20 f, 41, *91*, 101, *103*, 128, *221*, 251
Wolff, C. 108 f
Wright, C. *134*

Sachregister

Kursiv gesetzte Ziffern verweisen auf die Anmerkungen

Absicht, s. Intention
Anerkennung
– von Gründen 16, *17*, 45, 48, 49, 115, 125, 132, 141f, 164
– von Personen 85, 88ff, 91ff, 95–105
Autonomie 17f, 39f, *42*, 43–50, Kap. IV, 147f, 163f

Begründbarkeit, s. Rechtfertigung
Bekundungen 51, 52ff, 60ff, 69–79

Dankbarkeit 156f, 190–194

Empfindungen 38, 64, 70, 101, 103f
Erhaltung des Ärgers 19–22, 186f, 261f
Erkenntnis, s. Wissen
Erste-Person-Perspektive 52ff, 58–61, 65f, 68, 70, 72ff, 76–79
Expressivismus 48f, 146f

Festlegungen 33f, 40, *42*, 49, 51, 54, 60, 63, 69, 70, 73, 74, 77, 78f, 91, 137, 149

Freiheit 82, 92, 114f, 156f, 158–163, 165f, 167ff, 171–174, 176f, 179ff, 184, 191–195
– Natur als Träger der F. 161f, *188*
– und kausale Bedingtheit 82, 157f, 159–163, 165f, 167f, 170–175, 181f, 184, 189f, 191ff

Gefühle 64, 194
Geschichtlichkeit 49, 160, 220, 230, 232, 238–244
Gespräch 151, 185, 223–228, 229, 247f, 249
Gott 17, 45, 49, 56f, 110, 117, 123, 162, 260
Gründe 15ff, 31f, *37*, 39f, 45–49, 62f, 64f, 121f, 125, 126, 128ff, 132, 139, 142, 145–153, 158, 164f, 183–186, 257–260
– und Kausalität 46, 150–153, 182–188

Handeln 24, 37f, 74ff, 100, 160, 165, 168–171, 173ff, 193f, 214ff, 234
Hermeneutik, s. Interpretation

Idealismus 11–14, 18, 186
innen und außen 59, 83 f, 99–102
Intention 13, 53 f, 60, 71, 74 ff, 86, 198 f, 201–209, 211 f, 214, 222, 231 f, 234, 244–249
Interpretation
- von Texten 13, Kap. VII–VIII
- von Verhalten 13, 61–65, 100 ff, 103 f, 206 ff, 220 f, 233 f
Intersubjektivität 85, 88, 91–95
Introspektion 50, 67 f

Konstruktivismus 132, 139, 142, 148 ff, 259
Kontextualismus 134, 136 ff, 244

Liebe 92 ff, 192, 194 f

Metaphysik 128, 152 f, 185, 258–261
moralischer Standpunkt 66, 87, 95, *105*, 197, 216 ff

Nachmetaphysik, s. Metaphysik
Naturalismus 17 f, *41*, 46 f, 49, 123 f, *126*, 128, 144 ff, *151*, 152 f, *158*, 183 f, 260 ff
Normativität, s. Gründe

Person 39, 80–95, 97–101, 102, 104 f, 198 f, 213, 227
- und Selbst 39, 82, 86 f, 88, 100
Platonismus 17 f, 22, 129 f, *151*, 259

politische Philosophie *17*, *147*
privilegierter Zugang 29, 52, 54, 60, 71, *84*

Realismus 11–15, 16, *17*, 138, 139, 151 f
- moralischer 18, *40*, 105, 139–143, 148, 151 ff
Rechtfertigung 133–139, 140 f
Reflexion 27 f, 36, 39, 50 ff, 65–69, 79, 81, 87, 94, 95, 252 f, 255 f
Repräsentation 40 ff, 44
Respekt 92 ff, 96 f, 98 ff, 102, 104 f, 213–218

Selbst, s. Subjekt
Selbstbestimmung 24, 27, 32, 39 f, 166, 255
Selbstdenken 44, 112–117, 122
Selbstführung 44, 117–120
Selbsttransparenz 24, 27, 52, 54, 55
Selbstwissen 50–55, Kap. II
- präreflexives 14, 28 ff, 31, 36 f, 50, 53, 54, 59, 78
Sich-Richten nach Gründen 14 ff, 18, 30 f, 33–36, 38, 39, 41 f, 45, 51, 62 ff, 78, 82, 86, 126, 145, 164, 256 f
Subjekt, Subjektivität 13 ff, 17, 18, Kap. I, 60 f, 78, 85 ff, 164

Tiere 38 f, 43, 66, 87, 89, 90 f, *129*

Überzeugungen 31, 33 f, 35, 40 f, 61 ff

Sachregister

Vernunft 42f, 45, 110, 115, 116, 118, 122, 124f, 126, 128, 164, 166, 243f, 254f, 256f, 261

Wahrheit 133ff, 138, 140, 237, 243f

Wiener Kreis 237, 250, 252f, 254
Wissen 29, 36, 52, 54f, 70, 74f, 103, 138, 170, 171, 240
Wünsche 31, 34f, 41f, 63